中等职业教育电子技术应用专业规划教材

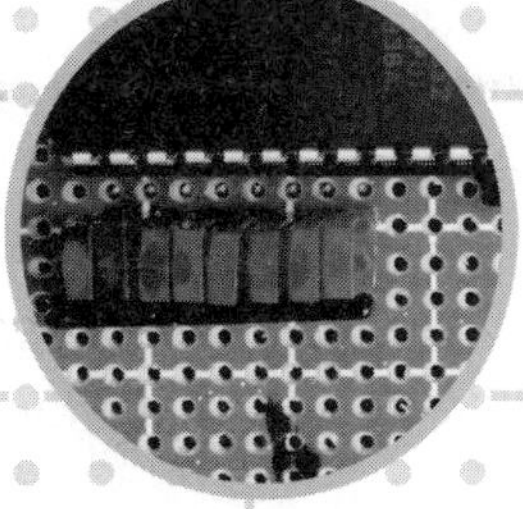

电子技术基础与技能项目教程

DIANZIJISHU JICHU YU
JINENG XIANGMU JIAOCHENG

主　编　周　波　徐文平
副主编　何祖权　米运波　万川利

中国人民大学出版社
·北京·

前　言

本书是根据教育部颁布的《中等职业学校电子技术基础与技能教学大纲》，再结合作者团队对周边企业的调研情况编写而成的。“电子技术基础与技能”是中等职业学校电类专业必修的一门专业基础课，通过学习学生应掌握电类专业必备的电子技术基础知识和基本技能，具有分析和解决生产与生活中一般电子问题的能力，具备学习后续电类专业技能课程的能力。

本书包含了模拟电子技术和数字电子技术两部分，内容以项目为载体，结合电子技术基础和电子技能理论体系，以产品制作及应用带动理论学习为主线，并在附录中介绍了常用电子元器件手册和电子仪器仪表装配工国家职业技能鉴定标准，从而更好地实现了与企业和行业的对接。本书选取“电子音乐门铃的组装——入门篇”、“基本元器件的识别与检测”、“常用基本元件焊接技术”、“检测仪器的使用”、“三极管及其基本放大电路”、“低频功率放大器的组装与调试”、“高频处理电路及典型产品的制作与调试”、“直流稳压电源的制作与调试”、“三人表决器的设计与组装”、“四路抢答器与十二进制计数器的设计与组装”、“双音报警器的组装与调试”、“Protel DXP 2004 简介”12 个项目、24 个任务为载体实施教学。项目内容按照从电子技能到电子技术，从激发学生兴趣开始，从相对单一的元器件到综合应用的逻辑关系排序，以产品制作带动理论体系，提高学生学习的兴趣并培养完成工作任务的成就感，使学生在学习、实践中能体验到成功的喜悦。

本书由周波和徐文平担任主编，参与编写的人员还有万川利、米运波、杨智渊、向勇、何祖权、李彦仪、谢建金，期间还得到了陈忠明（四川省宜宾南溪职业技术学校电子技术应用专业部部长）、陈平（宜宾金川电子有限责任公司技师）、曾勇强（四川省宜宾南溪职业技术学校物理学科带头人）三位老师的指导，特别是他们在课程调研、基础知识与技能分析和项目的确定中提出了宝贵意见，在此表示感谢。同时感谢教育部职成司、宜宾市教育局、南溪教育局、中国人民大学出版社、四川省宜宾市南溪职业学校的领导和有关同志对本书编写工作的指导和支持。

由于电子技术日新月异，编者学识和水平有限，书中难免有不足之处，恳请广大读者批评指正。

编　者

2014 年夏

目　录

项目 1　电子音乐门铃的组装——入门篇

【知识目标】

- 初识电子实训室，了解学习内容和方法
- 掌握实训过程中安全用电的操作规范
- 掌握实训室 6S 管理规范和标准
- 掌握常用电子产品组装工具的名称及作用

【技能目标】

- 能正确选用工具进行电子产品的组装
- 养成良好的实训操作习惯，能做好工位的整理和清洁

【情感目标】

- 兴趣激发，能对电子技术产生学习的动力
- 初步形成良好的职业操作素养

【实训任务】

- 实训任务 1　电子产品组装工具的选用与维护整理
- 实训任务 2　初识产品组装——电子音乐门铃组装

【情景导入】

欢迎大家进入电子技术学习天地。我是 T 老师，下面就由我带领大家开始《电子技术基础与技能项目教程》的学习。电子技术基础是我们学习电子相关技术最基础的知识，只有掌握好它，电子世界才会给你第一把迈向就业的金钥匙。作为一名电子产品组装维修人员，我们应该选用哪些工具来操作呢？操作的时候又有哪些省时省力的方法呢？接下来，就让我们先来认识一下我们即将要结交的新朋友吧！

任务 1　电子产品组装工具的选用与维护整理

知识链接 1.1　认识电子技能实训室

“电子技术基础与技能实训”是电子专业学生必修的基础课程之一。电子技能实训室的配置能满足学生对于以下技能的学习：元件的识别与检测、手工焊接技术、SMT 焊接技术、基本电路分析、产品组装与调试、仪器仪表的使用。为了满足学生的实训需要，全面培养学生的职业技能和劳动素养，实训室建设应注重以下几个方面。

1.1.1　实训安全

实训室的电路配置，应采取多重安全保护电路。常见的保护措施应该包括短路保护、过载保护、漏电保护、接地保护。实训室总电源管理应设置独立的配电柜，安装位置应便于老师处理突发事件。配电箱管理要严格。

工位流水线配备专门的小型配电箱，照明线路、电器线路、电机控制线路分开，安装独立的漏电保护器、过载保护器，保证学生实训时用电的安全性。

1.1.2　工位配置

实训室建有两条生产线，模拟工厂实训环境，共 60 个标准工位。每个工位配备独立的照明、插座（220V）、工具架、元件收纳抽屉。工位配置能同时满足 60 名学生的电子实训操作。

1. 电子产品组装工具包

电子产品组装工具包里应该有：镊子、尖嘴钳、偏口钳、吸锡器、不同规格的螺丝刀、剥线钳、美工刀、卷尺、焊锡丝等。如图 1—1 所示。

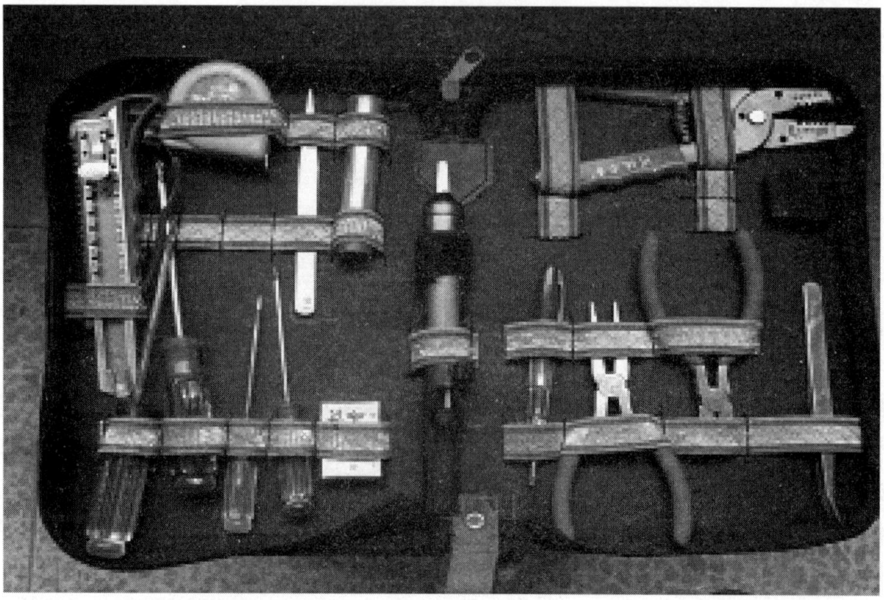

图 1—1　电子产品组装工具包

2. 仪器仪表

（1）万用表。

万用表是电子测量中最常用的多功能仪表。它的基本用途是测量交、直流电压和直流电流及电阻等参数，有指针万用表和数字万用表两类。本书将以 UT-39A 型数字万用表（见图 1—2）和指针万用表为例来进行介绍和学习。

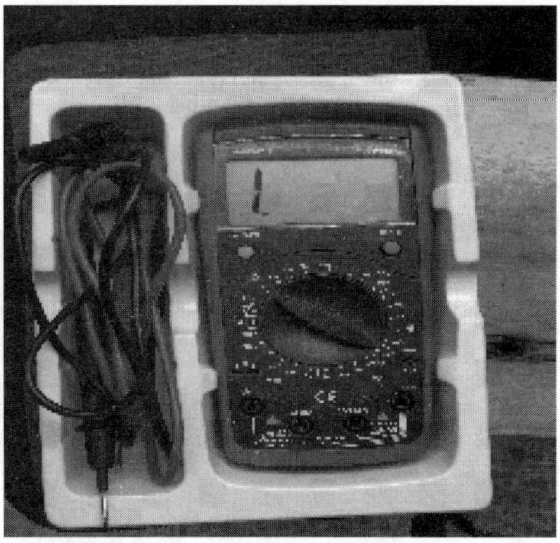

图 1—2　UT-39A 型数字万用表

（2）示波器、信号发生器。

示波器是用于测量电路中各种信号波形的仪器，波形是衡量一个电路工作是否正常的重要标准。

信号发生器可产生矩形波、三角波、正弦波等波形信号，主要用于电路调试。

示波器和信号发生器如图 1—3 所示。

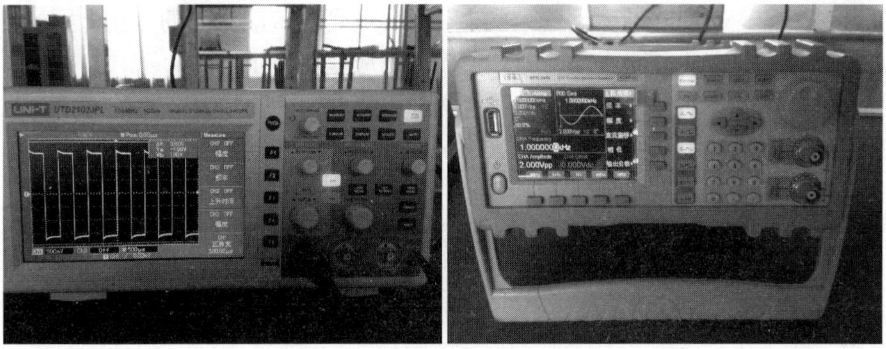

图 1—3　示波器和信号发生器

（3）直流稳压电源。

输出 0～30V 直流电压，可满足绝大部分电子产品的所需。直流稳压电源如图 1—4 所示。

图 1—4　直流稳压电源

后面有专门项目对这些仪器的应用进行讲解和学习，这里不再多加叙述。

3. 焊接及拆焊工具

电子产品焊接工具用于各类无线电整机产品的手工焊接、补焊、维修及更换元器件。其中，内热式电烙铁如图 1—5 所示；恒温电烙铁如图 1—6 所示。

图 1—5 内热式电烙铁

图 1—6 恒温电烙铁

1.1.3 实训过程

实训过程就是一个劳动过程，是一个劳动者养成良好劳动素养的方式。同学们在实训过程中必须遵守实训室的各项规章制度。实训过程应包括以下内容：

（1）线长清点线上人员并整队等候进入实训室；

（2）学生进行财产清点确认，教师布置实训任务；

（3）教师教学并指导学生进行实训操作、填写实训考核任务书；

（4）实训操作完毕后等待老师指导调试并评定本次实训成绩；

（5）小组讨论与评价；

（6）学生清点并整理自己的工位（工具摆放、工位卫生、财产清点），填写财产清点报表并签字，交由线长检查并上交；

（7）填写实训报告并于实训结束次日晚自习前交到实训中心；

（8）教师批改实训报告，作出实训成绩评定。

知识链接 1.2 电子产品组装及工具的选用与维护

1.2.1 工具的选用与维护

1. 常用组装工具

常用工具用途表如表 1—1 所示。

表 1—1 常用工具用途表

序号	名　称	作　　用	使用注意事项
1	镊子	用于元件整形、夹持元件进行焊接、拾取零件	不可作为旋具使用，严禁插入插座
2	尖嘴钳	用于元件整形、夹持较大零件	绝缘防护效果
3	偏口钳	剪取导线、引脚	绝缘防护效果
4	吸锡器	用于拆焊时对焊锡的吸取	注意锡囊的及时清洁
5	螺丝刀	拆卸或紧固螺丝	按规格选用

续前表

序号	名　称	作　　用	使用注意事项
6	剥线钳	剥离导线，导线截取	
7	美工刀	剥离导线	小心割伤

2. 手工焊接工具

手工焊接工具是指电气焊接用的工具，用于各类无线电整机产品的手工焊接、补焊、维修及更换元器件，如电烙铁。

工作原理：烙铁芯内的电热丝通电后，将电能转换成热能，经烙铁头把热量传给被焊元件，对被焊接点部位的焊盘加热，同时熔化焊锡，完成焊接任务。电烙铁的种类繁多，可分为吸锡电烙铁、恒温电烙铁、防静电电烙铁、自动送锡电烙铁、感应式烙铁（又称速烙铁，俗称焊枪）等。

按传热方式分，可分为内热式电烙铁和外热式电烙铁，其结构如图1—7、图1—8所示。

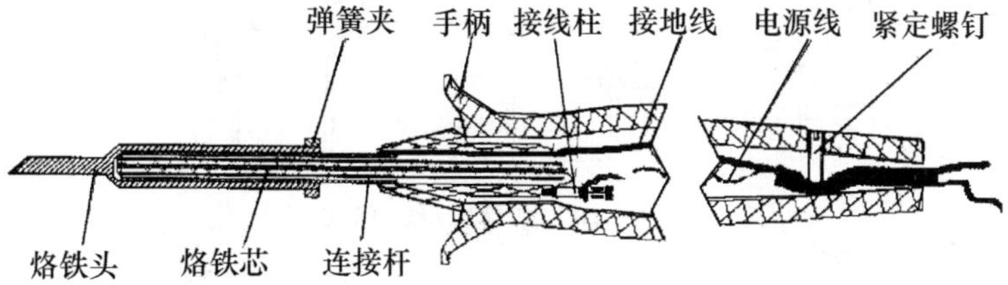

图1—7　内热式电烙铁

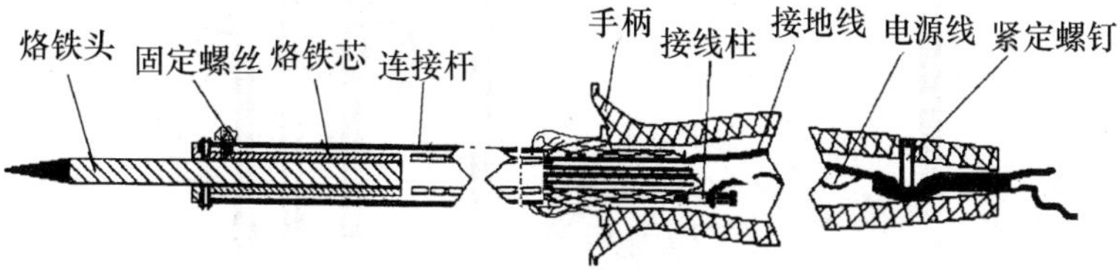

图1—8　直立型外热式电烙铁

在手工焊接中，对于普通元件通常选用内热式35W的电烙铁，对于精密元件则需采用恒温电烙铁。在工业生产中，手工焊接主要用作二次补焊、维修等。

1.2.2　电子产品组装基本流程

1. 元件的识别

元件的识别指的是对元件的参数作出筛选，以保证选出来的元件参数正确。

2. 元件的检测

检测元件的实际值是否等于标称值，以判断元件性能的好坏，损坏的元件或性能变差的元件都将导致组装出来的产品失败或性能不好。

3. 元件的整形

因电路板焊盘的实际间距与元件引脚有差异，从而新元件不可能直接符合安装要求，需对元件引脚进行整形，以保证元件的正常插接。同时，整形过程还应注意以下技术要求：

（1）导线整形必须距离元件体1.5mm以上，不能出现死弯，以避免元件引脚与元件内部发生断裂。

（2）导线弯曲角度不能出现 90°。

具体的元件情况如图 1—9～图 1—11 所示。

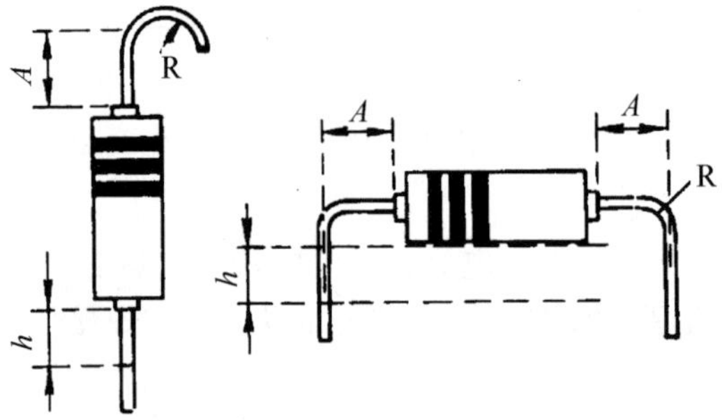

图 1—9　电阻引线成形基本要求

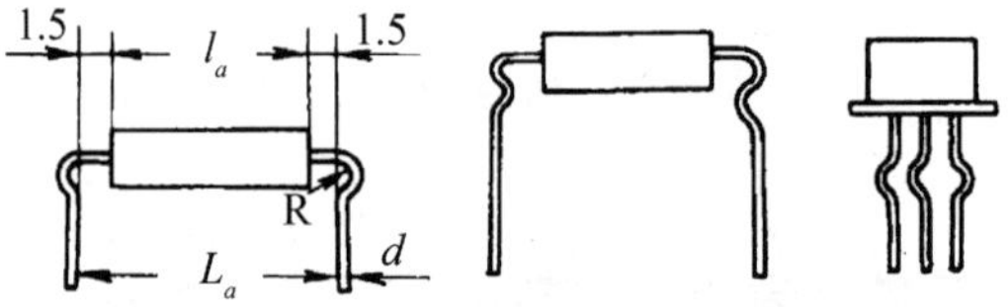

图 1—10　磨具成形的形状

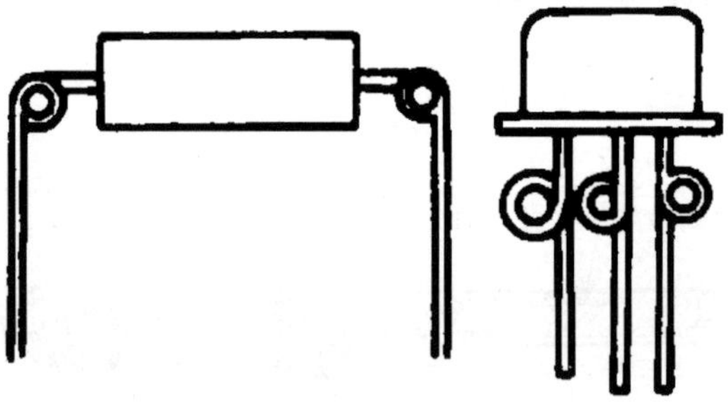

图 1—11　发热元器件引线成形的形状

4. 元件的插装

将整形好的元件插接在电路板对应的位置中，做好焊接准备。

5. 元件的焊接

利用电烙铁完成元件的焊接。焊接五步法：准备、加热、给焊锡、撤焊锡、撤烙铁。

任务 2　初识产品组装——音乐门铃组装

知识链接 1.3　安全用电操作规范

1.3.1　触电与触电防护的技术措施

1. 触电的基本知识

电流流经人体，造成人体器官或组织的损伤乃至人员死亡的事故称为触电。

人体触电的种类有电击和电伤。电伤指的是电流流经人体表面，造成人体表面灼伤的触电事故；电击指的是电流流经人体内部器官，造成器官损伤的触电事故。电击和电伤在发生时通常伴随共发性，一旦发生触电事故，是非常危险的，因此我们应该特别注意用电的安全。

2. 防止触电的保护措施

触电事故的发生，伴随着不可预见性、突然性。由于触电事故会在极短的时间内造成极为严重的后果，因此必须非常重视触电的安全防护工作，避免触电事故在实训教学中的发生。现在，电子方面常用的安全用电保护措施有以下几种：

（1）采用安全电压限制。

我们知道，人体触电后所产生的伤害程度主要与电压和电流的大小、触电路径、触电时间的长短、周围的环境等因素有关。安全电压是为了防止触电事故而采用的由特定电源供电的电压系列。两根导体之间或者任意一个导体与地之间均不得超过这个电压系列的上限值，即交流有效值50V。

安全电压额定值一般有以下5个等级：42V，36V，24V，12V，6V。

（2）采用安全色标标注。

电气上我们采用红、绿、黄三色表示U、V、W三相；红、绿、黄三根导线我们称为三相线。相线上由于承担电能的传输而带电，人体接触是非常危险的。除相线外，我们用线路中黑色的线代表工作零线，用黄绿相间的线表示保护零线（地线）。

国家规定的安全色包括红、绿、黄、蓝四种颜色。红色表示危险、禁止、停止；绿色表示安全、指示、通行；黄色表示警告、注意；蓝色表示指令、必须遵守的规定。

（3）采用漏电保护器。

漏电保护器是一种使用非常普遍的防止人触电的安全保护装置。

（4）保护接地。

保护接地是将用电器的外壳利用地线与大地连接起来，以避免在使用电器发生漏电时人发生触电的危险。

（5）保护接零。

将用电器的外壳利用导线与零线相连接，形成电流的通路，保证人员用电安全。

1.3.2　电气火灾的防范

1. 电气火灾产生的原因

（1）输电线路老化；输电线路选型偏小，超过负荷。

（2）输电线路受动物破坏损坏；电气设备打火。

（3）电气设备损坏故障，打火。

（4）雷击导致的大电流引起线缆烧毁或电气设备故障打火。

2. 日常维护

电气火灾前，都有一种前兆，要特别引起重视，就是电线因过热首先会烧焦绝缘外皮，散发出一种烧胶皮、烧塑料的难闻气味。主要是认真做好日常使用中的以下几个方面：

（1）对用电线路进行巡视，以便及时发现问题。

（2）在设计和安装电气线路时，导线和电缆的绝缘强度不应低于电路的额定电压，绝缘子也要根据电源的不同电压进行选配。

（3）安装线路和施工过程中，要防止划伤、磨损、碰压导线绝缘，并注意导线连接接头质量及绝缘包扎质量。

（4）在特别潮湿、高温或有腐蚀性物质的场所内，严禁绝缘导线明敷，应采用套管布线。在多尘场所，线路和绝缘子要经常打扫，勿积油污。

（5）严禁乱接乱拉导线。安装线路时，要根据用电设备负荷情况合理选用相应截面的导线。并且，导线与导线之间、导线与建筑构件之间及固定导线用的绝缘子之间应符合规程要求的间距。

（6）定期检查线路熔断器，选用合适的保险丝，不得随意调粗保险丝，更不准用铝线和铜线等代替保险丝。

（7）检查线路上所有连接点是否牢固可靠，要求附近不得存放易燃可燃物品。

3．施救措施

万一发生了火灾，不管是否是电气方面引起的，首先要想办法迅速切断火灾范围内的电源。因为，如果火灾是电气方面引起的，切断了电源，也就切断了起火的火源；如果火灾不是电气方面引起的，也会烧坏电线的绝缘，若不切断电源，烧坏的电线会造成碰线短路，引起更大范围的电线着火。发生电气火灾后，应使用盖土、盖沙方式或灭火器，但绝不能使用泡沫灭火器，因为此种灭火剂是导电的。

4．实训室安全用电公约

实训场地必须做到清洁明亮，实训设备布局合理，要悬挂安全文明操作规程和规章制度。在实训中，必须严格遵守安全操作规章制度。任何侥幸心理都可能产生不可预计的后果。

良好职业素养的养成是确保人身和设备安全的重要保证，请务必遵守以下规定：

> **切记：**
> 凡是用电就存在危险，再多的保护措施也比不上你时刻的高度警惕！

- 进入实训室要统一着实训服装、胶鞋。
- 进入实训工位后要检查工位情况，重点观察是否存在安全隐患，插板有无损坏和漏电。
- 所有学生严禁私自动配电箱中任何电气设备，私自合闸者一律取消实训资格。
- 严禁在实训室使用大功率电器，不得擅自在实训室充电和使用手机。
- 手上沾水或出汗过多时，不能进行操作。
- 发现电线破损时，千万不要触碰，应及时断开电源，然后交由老师处理。
- 焊接操作中，将自己的电烙铁插接在右手边下一工位的插座上，避免导线被烫坏。
- 操作过程中安静有序，不拿工具打闹或开玩笑，不得高声喧哗，不得随意丢弃工具。
- 实训过程中有疑问的、不了解产品情况的，不盲目操作，一定要询问老师，按操作步骤操作，不可搞特殊，自我向前推进。
- 电烙铁不要靠近电线，以免电线被烤焦而埋下隐患。
- 电烙铁不使用时应放置在烙铁架上。若电烙铁发生短路，不用惊慌，迅速拔掉插座，切不可直接丢掉，否则可能会导致人员或物品的损坏。
- 不要在电线上晾晒、搭挂衣物。
- 人走断电，用毕断电，停电时也要临时切断电源。

● 发现有人触电，要先用绝缘体如干燥的木棒挑开电源，切忌在电源未与触电者分离的状态下拖拉触电者。

● 实训结束后，需按要求整理好实训工位，并由线长负责检查清点。

● 严格遵守电子实训室的操作规程是做好实训工作、完成实训项目的前提。

实训任务 1　电子产品组装工具的选用与维护整理

【实训目的和任务】

1. 认识电子组装基本工具，掌握各工具的作用和使用方法。
2. 能正确使用各种工具进行基本操作。
3. 能快速地进行工位的规范整理。
4. 养成良好的职业素养。

【实训仪器和耗材】

1. 常用电子组装工具一套。
2. 数字万用表、指针万用表。

【实训内容和步骤】

1. 常用基本工具的使用。

(1) 认识镊子。

镊子主要用于元件的整形、夹取，是手工焊接中不可缺少的工具。

(2) 认识尖嘴钳、偏口钳。

尖嘴钳主要用于较大元件的整形、夹取。偏口钳主要用于导线、引脚的处理。

(3) 认识剥线钳。

剥离导线绝缘层。

(4) 认识螺丝刀。

它主要用于对螺钉进行紧固。

2. 电烙铁的测试与维修。

电烙铁是电子产品组装中最重要的工具之一，其核心是烙铁芯，使用前要使用万用表检测其阻值是否在 1kΩ～2kΩ 之间。要能区分电烙铁的各组成部分，并对电烙铁进行拆分维修。

考核任务书

成　绩：__________

一、实训任务 1. 认识数字万用表 请写出数字万用表校表的正确方法： ______________________________

请写出数字万用表表笔的插接方法：

____

2. 认识常用工具

序号	名　称	工具用途	使用注意事项
1	镊　子		
2	尖嘴钳		
3	偏口钳		
4	吸锡器		
5	螺丝刀		
6	剥线钳		
7	美工刀		

3. 电烙铁的维修

将一把内热式电烙铁拆开，分解出它的组成结构，并完成下表的填写。

完成内热式电烙铁的组装，并用数字万用表检测其好坏。

4. 实训工位的整理

第一步，完成工具的回收和工具架的整理。

第二步，完成桌面的卫生整理。

第三步，摆放好凳子。

二、实训心得体会

____

____

____

____

实训任务 2　初识产品组装——电子音乐门铃组装

【实训目的和任务】

1. 掌握电子装配的步骤和方法。
2. 掌握电阻、电容、二极管等基本元件的检查方法和作用。

【实训仪器和耗材】

1. 常用电子组装工具一套。
2. 数字万用表、指针万用表。
3. 电子音乐门铃一套。
4. 导线、连接线若干。

【实训内容和步骤】

1. 电路原理图的识别。

读懂电路原理图（见图 1—12），熟悉电路板结构。

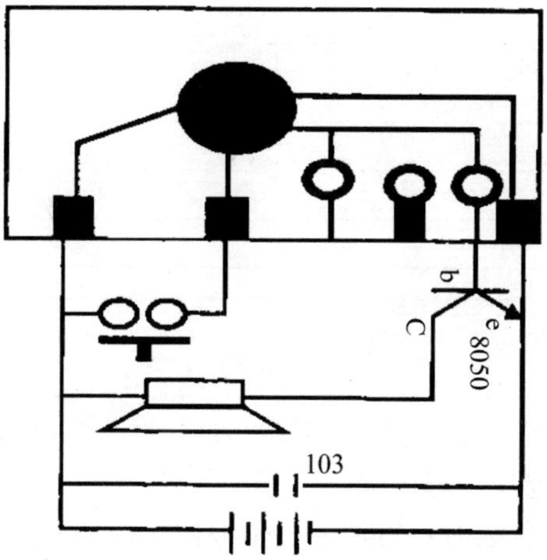

图 1—12

2. 元件清点与焊接。

（1）对照元件清单，认真查对元件及配件的数量。

（2）采用万用表检测阻容元件、二极管、三极管等的质量。

（3）对元件进行整形并插装焊接。

（4）焊接完成后，认真对照电路板检查有无漏焊、错焊、虚焊、短路等现象。

3. 产品功能调试。

考核任务书

成　绩：__________

一、实训内容

1. 电子音乐门铃电路原理图的识别（20 分）

请绘制电路原理图。

2. 元件的识别（40 分）

电子音乐门铃由哪些元件组成？画出它们的电路符号。

3. 总结焊接的步骤和要领（20 分）

____

____

____

____

二、实训心得体会（20 分）

____

____

____

____

【项目小结】

1. 电子产品组装工具包里应该有：镊子、尖嘴钳、偏口钳、吸锡器、各种规格的螺丝刀、剥线钳、美工刀、卷尺、焊锡丝。

2. 电子常用检测仪器仪表有：万用表、示波器、信号发生器、直流稳压电源。

3. 电烙铁是用于手工焊接的工具，分为内热式和外热式。

4. 简单电子产品组装的基本流程包括：元件识别、元件检测、元件整形、元件插装、元件焊接。

5. 焊接五步法：准备、加热、给焊锡、撤焊锡、撤烙铁。

6. 触电有电击和电伤两种形式。

7. 常见的防触电保护措施包括采用安全电压限制、采用安全色标标注、采用漏电保护器、保护接地、保护接零。

8. 相序用颜色区分，分别为红、绿、黄，以对应 U、V、W 三相。

【知识能力测验】

一、判断题（正确的在题后括号内打“√”，错的打“×”）

1. 交流 220V 的电压不会对人造成危害。（　）
2. 万用表在使用后只需关闭电源即可。（　）
3. 示波器是用于产生各种常用信号的仪器。（　）
4. 元件焊接过程中，我们采用电烙铁对元件进行焊接。（　）
5. 尖嘴钳可用于元件的整形。（　）
6. 36V 以下的电压就一定是安全的，不会对人身造成伤害。（　）
7. 在使用螺丝刀时，不必考虑螺丝刀的刀口型号。（　）
8. 内热式电烙铁比外热式电烙铁的加热速度更快。（　）
9. 发生电气火灾时，不可选用泡沫灭火器进行灭火。（　）
10. 铝芯线比较软，可以用来替代保险丝进行电路更换。（　）

二、填空题

1. 万用表是电子测量中最常用的多功能仪表。它的基本用途是测量交、直流电压和直流电流及电阻等参数，有________和________两种。

2. 信号发生器可产生________、________、________三种基本波形。
3. 直流稳压电源输出电压范围为________。
4. 焊接五步法是________、________、________、________、________。
5. 触电的形式分为________、________。
6. 当发现有人触电时，我们首先应该________________。

项目 2　基本元器件的识别与检测

【知识目标】

- 掌握电阻的识别及检测方法
- 掌握电容的分类及识别方法
- 了解晶体管中二极管、三极管的作用、特点、分类及检测技术

【技能目标】

- 掌握基本电子元器件的作用及应用领域
- 掌握基本电子元件的检测及判断方法
- 熟练使用万用表进行参数的测量

【情感目标】

- 进一步激发学习兴趣
- 初步形成良好的职业操作素养

【实训任务】

- 实训任务 1　电阻、电容的参数检测与判断
- 实训任务 2　二极管、三极管的识别与管脚判定
- 实训任务 3　其他常用元件的识别

【情景导入】

同学们，前面我们已经讲解了实训室的安全用电常识及电子产品基本工具的使用等知识；现在我们要组装一个电子产品，比较常见的元件有哪些？我们怎样选用及进行判断呢？需要用什么工具来判断呢？

任务 1　电阻、电容的参数检测与判断

知识链接 2.1　电阻器

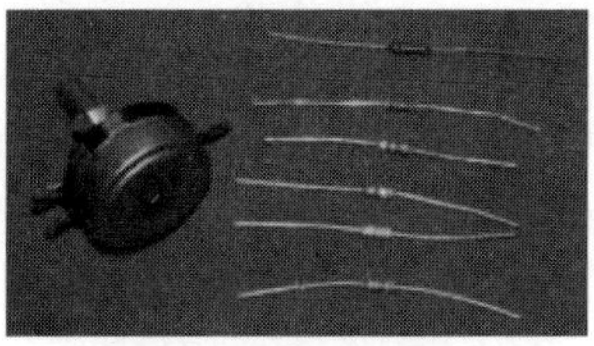

图 2—1　电阻器

电阻器（见图 2—1）是电路元件中应用最广泛的一种，在整个电子产品中，它的出现占据了总元件数的 30％以上，其质量的好坏直接影响到电路的工作稳定性。

电阻器的主要用途是：为电路限流和提供偏置电压，调节电流电压的大小；以串联或并联的方式构成分压器、分流器；在电路分析中，也常作负载使用。

2.1.1　分类

在电子电路中，常用的电阻器有固定电阻和可变电阻（电位器）之分。按制作材料和工艺的不同，固定电阻器可分为膜式电阻（碳膜电阻 、金属膜电阻、合成膜电阻和氧化膜电阻）、实芯电阻、金属线绕电阻、特殊电阻（光敏电阻、热敏电阻）四种。

几种常用电阻的结构和特点详见表 2—1。

表 2—1　几种常用电阻的结构和特点

种类	结构和特点	实物图片
碳膜电阻	气态碳氢化合物在高温和真空中分解，碳沉积在瓷棒或者瓷管上，形成一层结晶碳膜。改变碳膜厚度和用刻槽的方法变更碳膜的长度，可以得到不同的阻值。碳膜电阻成本较低，性能一般。	
金属膜电阻	在真空中加热合金，合金蒸发，使瓷棒表面形成一层导电金属膜。刻槽和改变金属厚度可以控制阻值。这种电阻和碳膜电阻相比，体积小、噪声低、稳定性好，但成本较高。	
金属线绕电阻	用康铜或者镍铬合金电阻丝在陶瓷骨架上绕制而成。这种电阻的特点是工作稳定，耐热性能好，误差范围小，适用于大功率的场合，额定功率一般在 1W 以上。	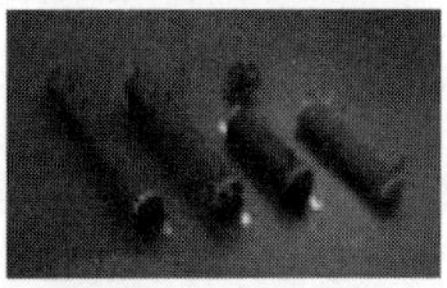
碳膜电位器	是目前应用最广泛的电位器，制作工艺简单，其电阻体是用经过研磨的炭黑、石墨、石英等材料涂敷于基体表面而成。特点是分辨力高，耐磨性好，寿命较长。缺点是电流噪声大，耐潮性以及阻值稳定性差。 碳膜电位器有大型、小型、微型几种，有的和开关一起组成带开关的电位器，还有一种直滑式碳膜电位器，它是靠滑动杆在碳膜上滑动来改变阻值的，调节很方便。	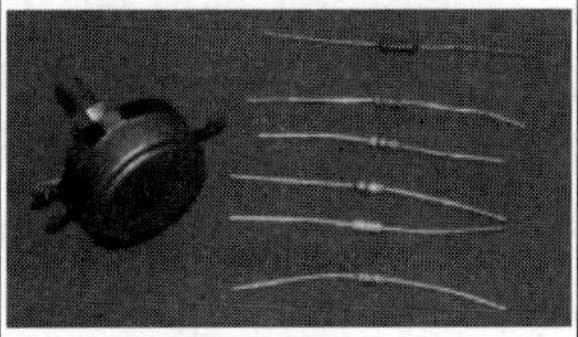

续前表

种类	结构和特点	实物图片
金属线绕电位器	用电阻丝在环状骨架上绕制而成。它的特点是阻值范围较小，功率较大。	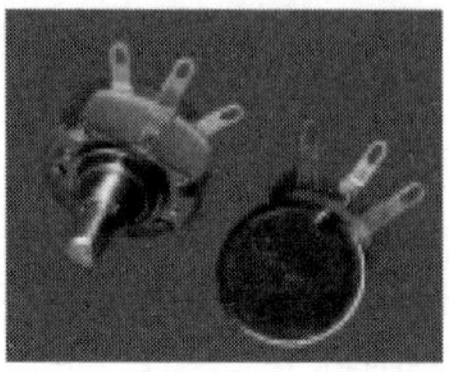

2.1.2 命名方法

根据我国有关标准的规定，电阻器、电位器的名称由下列四部分组成：主称；电阻体材料；分类特征；序号。它们的型号及意义如表2—2所示。

表2—2　　电阻器、电位器的命名方法

第一部分		第二部分		第三部分		第四部分
主称（用字母表示）		电阻体材料（用字母表示）		分类特征（用数字或字母表示）		序号（用数字表示）
R W	电阻器 电位器	T U C H I J Y S N X R G M	碳膜 硅碳膜 沉积膜 合成膜 玻璃釉膜 金属膜 氧化膜 有机实芯 无机实芯 线绕 热敏 光敏 压敏	1 2 3 4 5 6 7 8 9 G T X L …	普通 普通或阻燃 超高频 高阻 高温 高湿 精密 高压 特殊 高功率 可调 小型 测量 ……	用于区别外形尺寸和性能参数

2.1.3 主要的性能指标

1．额定功率

额定功率是指电阻器在规定的环境温度和湿度下，长期连续工作而不损坏或基本不改变性能，所允许消耗的最大功率。一般情况下，在选择电阻的时候需将其额定功率选择为电路中消耗功率的1～2倍。额定功率共分为19个等级，在微电子产品中，很少会出现功率超过1W的电阻器。电阻器额定功率的符号表示如图2—2所示。

2．标称电值

阻值表明该元件对电流阻碍能力的大小，其单位为欧（Ω）、千欧（kΩ）、兆欧（MΩ）。阻值的标识方法有：色标法、直标法、数标法。其中，色标法用于色环电阻；直

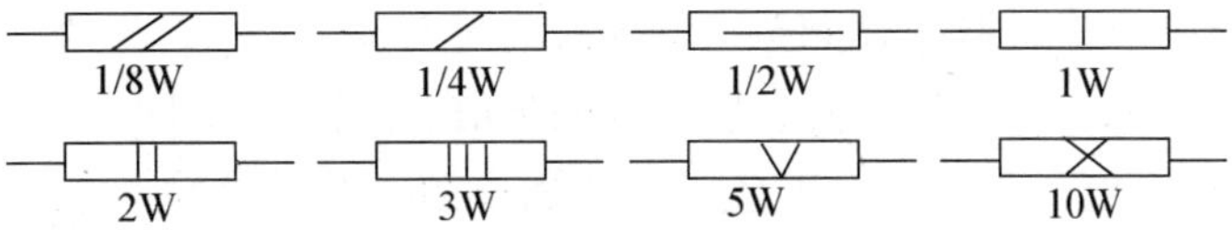

图 2—2　电阻器额定功率符号

标法用于体积较大的电阻。下面主要介绍色标法和直标法。

(1) 色标法。

用色标法标注电阻阻值的电阻器统称色环电阻，是我们使用最多的电阻器，能否快速地读准色环电阻阻值，是我们进行电子产品组装最重要的基本功。无论哪种电阻，其电阻阻值读取内容应包括标称阻值和允许误差。

允许误差：电阻器和电位器实际阻值对于标称阻值的最大允许偏差范围。它表示产品的精度。

下面，介绍色环电阻阻值的读取方法。

色环电阻按色环条数分为普通电阻和精密电阻，如图 2—3 所示。

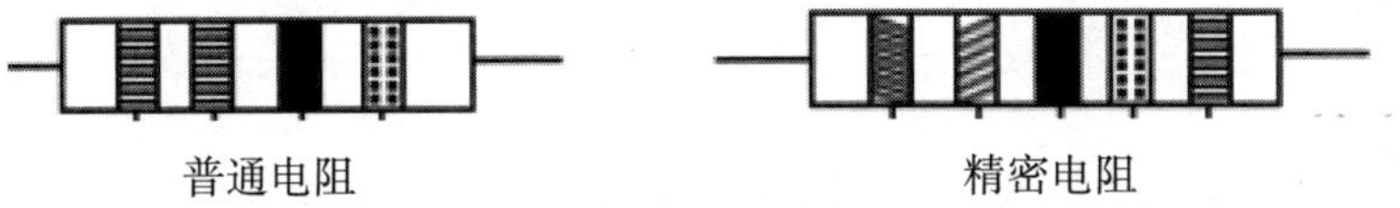

图 2—3　色环电阻

普通电阻：前两条为有效数字环，第三条为倍乘环（即 0 的个数），第四条为误差环。一般情况下，普通电阻的误差只有 3 个等级：5%（金色）、10%（银色）、20%（无色）。

精密电阻：前三条为有效数字环，第四条为倍乘环（即 0 的个数），第五条为误差环。

其色环颜色所代表的数字与意义如表 2—3 所示。

表 2—3　色环颜色对应表

色别	第一有效数字环	第二有效数字环	第三有效数字环	倍乘环	误差环
棕	1	1	1	10	±1%
红	2	2	2	100	±2%
橙	3	3	3	1 000	
黄	4	4	4	10 000	
绿	5	5	5	100 000	±0.5%
蓝	6	6	6	1 000 000	±0.25%
紫	7	7	7	10 000 000	±0.1%
灰	8	8	8	100 000 000	±0.05%
白	9	9	9	1 000 000 000	
黑	0	0	0	1	
金				0.1	±5%
银				0.01	±10%
无色					±20%

思考：一个色环电阻，其色环颜色从左到右依次为红、红、红、金，其阻值应该是多少？若其色环颜色为棕、棕、黑、红、棕，它的阻值又应该是多少？

解：1）红、红、红、金是一个四色环的普通电阻，其前 2 位为有效位，第 3 位为倍乘位，查表得红为 2，金表示误差 5%。计算出阻值为：2 200Ω。

2）棕、棕、黑、红、棕，这是一个五色环的精密电阻，其前 3 位为有效位，第 4 位为倍乘位，第 5 位为误差。按上述色环排列，阻值应该为：11 000Ω，误差 1%。

再思考：如果调换色环顺序呢？

【注意：如何找误差环】

1. 对于普通电阻而言，误差环为金、银、无色。找到误差环就找到了正确的读取顺序。如红、红、红、金，我们就只能这样排列顺序，而不可能读为金、红、红、红。因为金色表示有效数字的时候无对应值。

2. 误差环与其他色环的间距大一些，约为 2 倍关系。

3. 有些精密电阻会印制第 6 色环在电阻器元件体边缘或引脚上，最靠近第 6 色环的就是误差环。

（2）直标法。

直标法就是将电阻器的类别、标称阻值、允许误差、额定功率等用数字和符号直接标注在电阻器的外表面上。通常直标法用于电阻表面体积较大的电阻器上。

实例如图 2—4 所示。图 2—4（a）是标称阻值为 47Ω、允许偏差为±0.1%、额定功率为 5W 的水泥电阻；图 2—4（b）是标称阻值为 2kΩ、额定功率为 4W 的线绕电阻器。

(a)

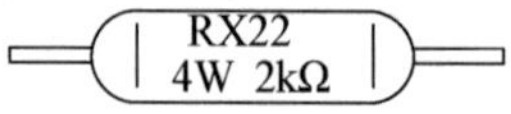

(b)

图 2—4　直标法

3. 最高工作电压

它是指电阻器长期工作不发生过热或电击穿损坏时的电压。常用的最高工作电压如表 2—4 所示。

表 2—4

标称功率（W）	1/16	1/8	1/4	1/2	1	2
最高工作电压（V）	100	150	350	500	750	1 000

2.1.4　电阻器的检测判断

根据电子设备的技术指标和电路的具体要求选用电阻的型号和误差等级；额定功率应大于实际消耗功率的 1.5～2 倍；电阻装接前要测量核对，在要求较高时，还要人工老化处理，提高稳定性；根据电路工作频率选择不同类型的电阻。

常用电阻器的检测方法如下。

1. 固定电阻的检测

将两表笔（不分正负）分别与电阻的两端引脚相接即可测出实际电阻值。

为了提高测量精度，先根据被测电阻标称值的大小来选择量程。对于指针万用表而言，其挡位对应的是示数的倍乘，由于欧姆挡刻度的非线性关系，它的中间一段分度较为精细，因此应使指针指示值尽可能落到刻度的中段位置，即全刻度起始的 20%～80%弧度范围内，以使测量更准确。对于数字万用表而言，选取的挡位应是所能测量的最大值，否则有可能不能被测出。

根据电阻误差等级不同，读数与标称阻值之间分别允许有±5%、±10%、±20%的误差。如超出误差范围，则说明该电阻值变值了。如：一电阻标称阻值为 1kΩ+5%，测出阻值为 950Ω，其实际阻值和标称阻值之间相差 10Ω，在允许误差范围之内，表明该电阻可以使用。

注意：测试时，特别是在测几十千欧以上阻值的电阻时，手不要触及表笔和电阻的导电部分；被检测的电阻从电路中焊下来，至少要焊开一个头，以免电路中的其他元件对测试产生影响，造成测量误差；色环电阻的阻值虽然能以色环标志来确定，但在使用时最好还是用万用表测试一下其实际阻值。

2. 水泥电阻的检测

水泥电阻的检测与普通电阻的检测方法完全相同。

3. 可变电阻的检测——电位器

检查电位器时，首先要转动旋柄，看看旋柄转动是否平滑，开关是否灵活，开关通、断时“喀哒”声是否清脆，并听一听电位器内部接触点和电阻体摩擦的声音，如有“沙沙”声，说明质量不好。用万用表测试时，先根据被测电位器阻值的大小，选择好万用表的合适电阻挡位，然后可按下述方法进行检测。

（1）用万用表的欧姆挡测“1”、“2”两端，其读数应为电位器的标称阻值，如万用表的指针不动或阻值相差很多，则表明该电位器已损坏。

（2）检测电位器的活动臂与电阻片的接触是否良好。用万用表的欧姆挡测“1”、“2”（或“2”、“3”）两端，将电位器的转轴按逆时针方向旋至接近“关”的位置，这时电阻值越小越好。再顺时针慢慢旋转轴柄，电阻值应逐渐增大，表头中的指针应平稳移动。当轴柄旋至极端位置“3”时，阻值应接近电位器的标称值。如万用表的指针在电位器的轴柄转动过程中有跳动现象，说明活动触点有接触不良的故障。

4. 光敏电阻的检测

（1）用一黑纸片将光敏电阻的透光窗口遮住，此时万用表的指针基本保持不动，阻值接近无穷大。此值越大说明光敏电阻性能越好。若此值很小或接近为零，说明光敏电阻已烧穿损坏，不能再继续使用。

（2）将一光源对准光敏电阻的透光窗口，此时万用表的指针应有较大幅度的摆动，阻值明显减小。此值越小说明光敏电阻性能越好。若此值很大甚至无穷大，表明光敏电阻内部开路损坏，也不能再继续使用。

（3）将光敏电阻透光窗口对准入射光线，用小黑纸片在光敏电阻的遮光窗上部晃动，使其间断受光，此时万用表指针应随黑纸片的晃动而左右摆动。如果万用表指针始终停在某一位置不随纸片晃动而摆动，说明光敏电阻的光敏材料已经损坏。

5. 压敏电阻的检测

用万用表的 R×1k 挡测量压敏电阻两引脚之间的正、反向绝缘电阻，应均为无穷大，否则说明漏电流大。若所测电阻很小，说明压敏电阻已损坏，不能使用。

知识链接 2.2　电容器

电容器，通常叫做电容，是一种储能元件，在电路中用于调谐、滤波、耦合、旁路、能量转换和延时，见图 2—5。其单位是法拉（F），常用单位还有微法（μF）、皮法（pF），它们之间满足 10^6 的换算关系。即：

$$1F=10^6\mu F=10^{12}pF$$

纳法也是常用的单位之一，$1F=10^9nF$。

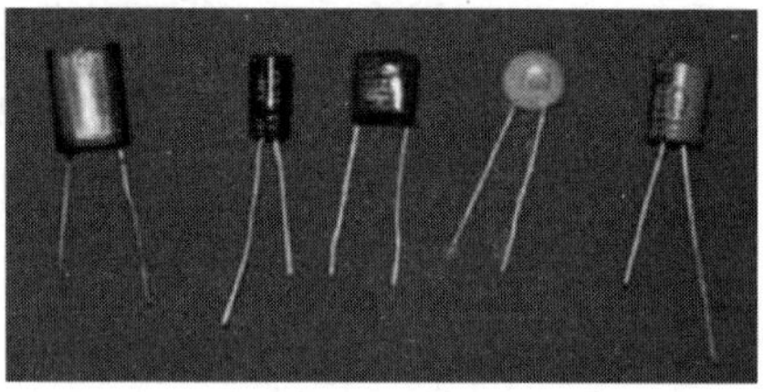

图 2—5　电容器

2.2.1　分类

电容器按其结构可分为固定电容器、半可变电容器、可变电容器三种。常用电容器的介绍如表 2—5 所示。

表 2—5　几种常用的电容器

种类	结构和特点	实物图片
铝电解电容	它是由铝圆筒做负极，里面装有液体电解质，插入一片弯曲的铝带做正极制成。还需要经过直流电压处理，使正极片上形成一层氧化膜做介质。它的特点是容量大，但是漏电大、误差大、稳定性差，常用作交流旁路和滤波，在要求不高时也用于信号耦合。有正负极性，使用的时候，正负极不能接反	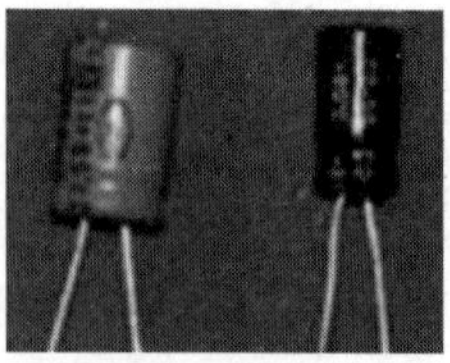
陶瓷电容	用陶瓷做介质，在陶瓷基体两面喷涂银层，然后烧成银质薄膜形成极板。它的特点是体积小、耐热性好、损耗小、绝缘电阻高，但容量小，适用于高频电路。	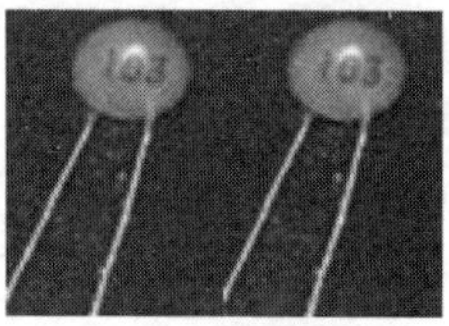
薄膜电容	介质是涤纶或者聚苯乙烯。涤纶薄膜电容，介电常数较高，体积小、容量大、稳定性较好，适宜做旁路电容。聚苯乙烯薄膜电容，介质损耗小，绝缘电阻高，但是温度系数大，可用于高频电路。	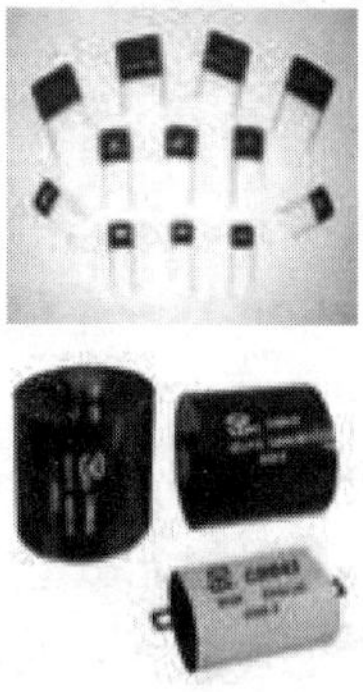

续前表

种类	结构和特点	实物图片
钽、铌电解电容	它用金属钽或者铌做正极，用稀硫酸等配液做负极，用钽或铌表面生成的氧化膜做介质。它的特点是体积小、容量大、性能稳定、寿命长、绝缘电阻大、温度特性好，多用在要求较高的设备中。	
可变电容	它由一组定片和一组动片组成，容量随着动片的转动可以连续改变。把两组可变电容装在一起同轴转动，叫做双连。可变电容的介质有空气和聚苯乙烯两种。空气介质可变电容体积大，损耗小，多用在电子管收音机中。聚苯乙烯介质可变电容做成密封式的，体积小，多用在晶体管收音机中。	

2.2.2　命名方法

根据我国相关标准规定，电容器的命名由下列四部分组成：主称；介质材料；分类特征；序号。它们的型号及意义见表 2—6。

表 2—6　电容器的命名方法

第一部分		第二部分		第三部分		第四部分
主称（用字母表示）		介质材料（用字母表示）		分类特征（用数字或字母表示）		序号
C	电容器	C	高频陶瓷	T	铁电	用阿拉伯数字表示
		I	玻璃釉	W	微调	
		O	玻璃膜	J	金属化	
		Y	云母	X	小型	
		V	云母纸	S	独石	
		Z	纸介	D	低压	
		J	金属化纸介	M	密封	
		B	聚苯乙烯	Y	高压	
		F	聚四氟乙烯	C	穿心式	
		L	涤纶			
		S	聚碳酸酯			
		Q	漆膜			
		H	纸膜复合			
		D	铝电解			
		A	钽电解			
		G	合金电解			
		N	铌电解			
		T	钛电解			
		M	压敏			
		E	其他材料电解			

2.2.3 主要性能指标

1. 额定工作电压

在规定的工作温度范围内，电容长期可靠地工作所能承受的最大直流电压，就是电容的耐压，也叫做电容的直流工作电压。如果在交流电路中，要注意所加的交流电压最大值不能超过电容的直流工作电压值。常用的固定电容工作电压有 6.3V，10V，16V，25V，50V，63V，100V，2 500V，400V，500V，630V，1 000V。

2. 标称容量和允许误差

标称容量是衡量电容器储存电荷的能力大小的物理量，常用的单位是 F、μF、pF。电容器标称容量的标注方法通常包括直标法、数标法。

直标法通常用在电解电容上，即在电解电容体上直接标注出电容的标称容量和误差。如：4.7μF+5%。

数标法主要用在瓷片电容上，读取方法与电阻一致，即前 2 位表示有效数字位，第 3 位表示倍乘位，默认单位为 pF。如：101，其容量为 100pF。但当容量大于 10 000pF 的时候，一般需要将其换算为 μF 做单位。如：104，其容量为 10 000pF，我们通常读作 0.1μF。

为了简便起见，大于 100pF 而小于 1μF 的电容常常不标注单位。没有小数点的，它的单位是 pF；有小数点的，它的单位是 μF。

3. 绝缘电阻

电容两极之间的介质不是绝对的绝缘体，电容两极之间的电阻称为绝缘电阻，或者称为漏电电阻，其大小是额定工作电压下的直流电压与通过电容的漏电流的比值，一般在 1 000 兆欧以上。漏电电阻越小，漏电越严重。电容漏电会引起能量损耗，这种损耗不仅影响电容的寿命，而且会影响电路的工作。因此，漏电电阻越大越好。

4. 介质损耗

电容器在电场作用下消耗的能量，通常用损耗功率和电容器的无功功率之比（即损耗角的正切值）表示。损耗角越大，电容器的损耗越大，损耗角大的电容不适于在高频情况下工作。

2.2.4 选用常识

电容因种类繁多，频率特性和性能各有优劣，在选择的时候我们主要考虑以下几个要点：

（1）电容在电路中实际要承受的电压不能超过它的耐压值。

（2）在滤波电路中，电容的耐压值不要小于交流有效值的 1.42 倍。使用电解电容的时候，还要注意正负极不要接反。

（3）不同电路应该选用不同种类的电容。谐振回路可以选用云母、高频陶瓷电容，隔直流可以选用纸介、涤纶、云母、电解、陶瓷等电容，滤波可以选用电解电容，旁路可以选用涤纶、纸介、陶瓷、电解等电容。

（4）电容在装入电路前要先检查它有没有短路、断路和漏电等现象，并且核对它的电容值。安装的时候，要使电容的类别、容量、耐压等符号容易看到，便于检查元件安装时核实。

就温漂而言：独石为正温系数＋130 左右，CBB 为负温系数－230，用适当比例并联使用，可使温漂降到很小。

就价格而言：钽、铌电容最贵；独石、CBB 较便宜；瓷片最低。但有种高频零温漂黑点瓷片稍贵。云母电容 Q 值较高，也稍贵。

【电路设计】

(1) 铝电解电容分正负极，不得加反向电压和交流电压，对可能出现反向电压的地方应使用无极性电容。

(2) 对需要快速充放电的地方，不应使用铝电解电容器，应选择特别设计的具有较长寿命的电容器。

(3) 电解电容下面不应有任何走线，不能靠近散热板或发热较大的元件，避免元件受损爆裂腐蚀电路板。

(4) 小容量电容一般用于高频电路中，大容量电容一般用于滤波和耦合电路。1μF 的电容大多为电解电容，1μF 以下的电容多为瓷片电容。

2.2.5 检测方法

(1) 因为电解电容的容量较一般固定电容大得多，所以，测量时，应针对不同容量选用合适的量程。根据经验，一般情况下，1～47μF 间的电容，可用 R×1k 挡测量，大于 47μF 的电容可用 R×100 挡测量。

(2) 将万用表红表笔接负极，黑表笔接正极，在刚接触的瞬间，万用表指针即向右偏转较大偏度（对于同一电阻挡，容量越大，摆幅越大），接着逐渐向左回转，直到停在某一位置。此时的阻值便是电解电容的正向漏电阻，此值略大于反向漏电阻。实际使用经验表明，电解电容的漏电阻一般应在几百千瓦以上，否则，将不能正常工作。在测试中，若正向、反向均无充电的现象，即表针不动，则说明容量消失或内部断路；如果所测阻值很小或为零，说明电容漏电大或已击穿损坏，不能再使用。

(3) 对于正、负极标志不明的电解电容器，可利用上述测量漏电阻的方法加以判别。即先任意测一下漏电阻，记住其大小，然后交换表笔再测出一个阻值。两次测量中阻值大的那一次便是正向接法。

(4) 采用给电解电容进行正、反向充电的方法，根据指针向右摆动幅度的大小，可估测出电解电容的容量。

(5) 可变电容的检测：用手轻轻旋动转轴，应感觉十分平滑，不应感觉有时松时紧甚至有卡滞现象。用一只手旋动转轴，另一只手轻摸动片组的外缘，不应感觉有任何松脱现象。将万用表置于 R×10k 挡，一只手将两个表笔分别接可变电容器的动片和定片的引出端，另一只手将转轴缓缓旋动几个来回，万用表指针都应停在无穷大位置不动。在旋动转轴的过程中，如果指针有时指向零，说明动片和定片之间存在短路点。

任务 2　二极管、三极管的识别与管脚判定

知识链接 2.3　半导体晶体二极管

物体按导电能力的强弱可分为导体、半导体、绝缘体三大类。半导体材料是指导电性能介于导体和绝缘体之间的材料。电子技术的核心是半导体，半导体材料有硅材料和锗材料，半导体材料具有热敏性、光敏性和掺杂性三个可贵的特征。

半导体晶体二极管（简称二极管）问世于 1948 年，从此电子技术进入了晶体管时代，也使得人类社会迈入了新的阶段。常用的二极管有整流二极管、发光二极管、稳压二极管等，如图 2—6 所示。

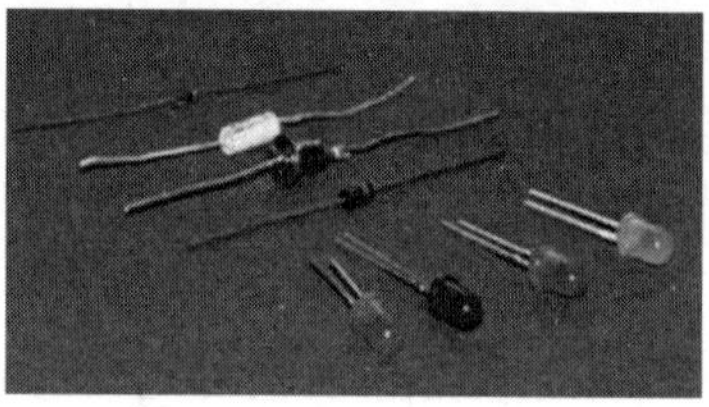

图 2—6　常用二极管

2.3.1　二极管的封装与电气图形符号

用于电视机、收音机、电源装置等电子产品中的各种不同外形的二极管。二极管通常用塑料、玻璃或金属材料作为封装外壳，外壳上一般印有标记以便区别正负电极，如图 2—7 所示。

二极管的电气图形符号如图 2—8 所示。

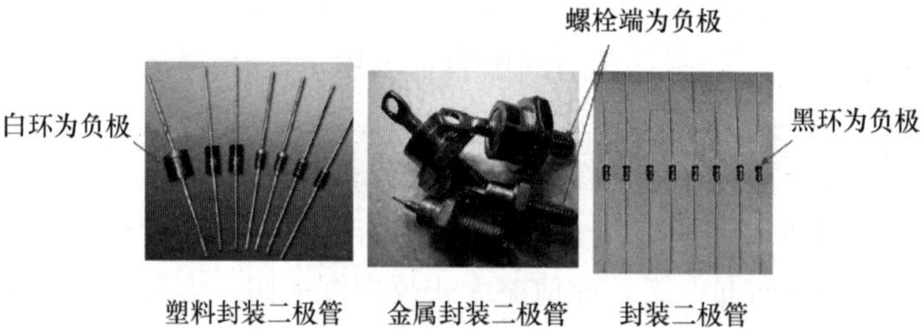

图 2—7　二极管的封装及图形符号

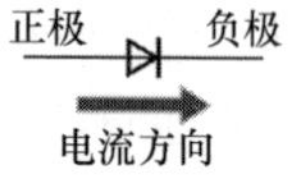

图 2—8　二极管电气图形符号

2.3.2　二极管的结构与导电特性

1. 结构

在 P 型与 N 型半导体的交界面会形成一个具有特殊电性能的薄层，称为 PN 结。从 P 区引出的电极作为正极，从 N 区引出的电极作为负极，如图 2—9 所示。

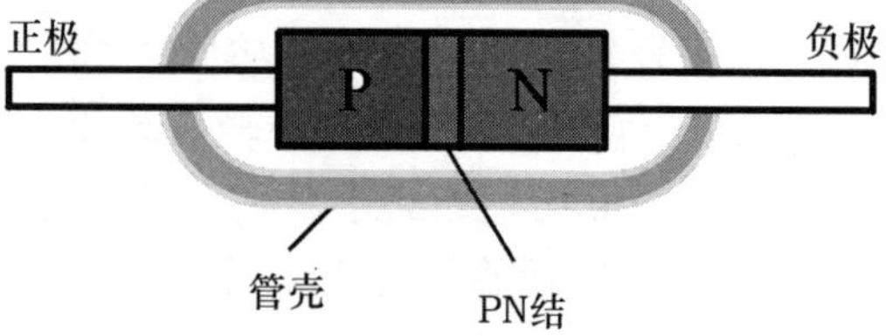

图 2—9　二极管的结构

2. 单向导电性

为了观察二极管的导电特性，将二极管串联到电池和小灯泡组成的电路中，如图 2—10 所示。

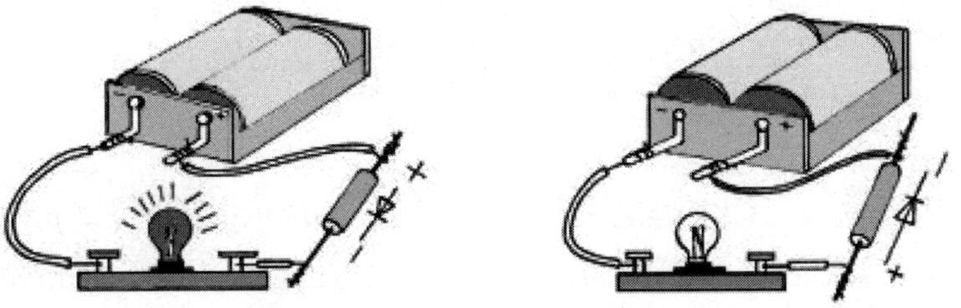

(a) 二极管加正向偏置电压　　(b) 二极管加反向偏置电压

图 2—10　二极管单向导电性实验图

通过观察可知，二极管具有单向导电性：如图 2—10（a）所示，给二极管加正向偏置电压（电源的正极—二极管的正极，电压的负极—二极管的负极）时，二极管导通，内部等效电阻小，可等效于开关的闭合；如图 2—10（b）所示，给二极管加反向偏置电压（电源的正极—二极管的负极，电压的负极—二极管的正极）时，二极管截止，内部等效电阻大，可等效于开关的断开。

3. 二极管的伏安特性

二极管的伏安特性是指二极管两端的电压和流过二极管电流之间的关系，如图 2—11 所示。

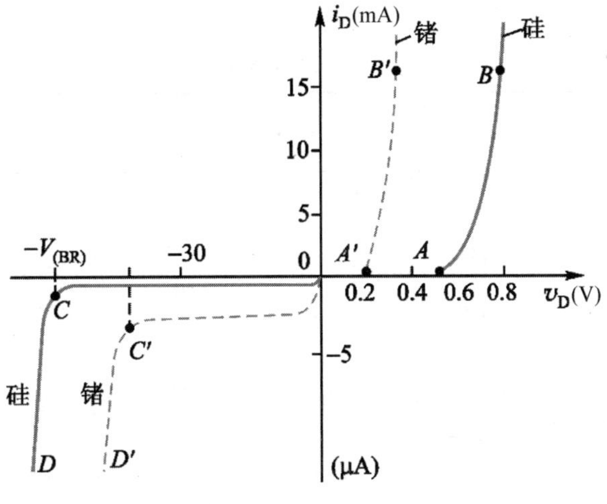

图 2—11　二极管的伏安特性曲线

(1) 正向特性。

在二极管两端的正向电压（P 为正、N 为负）很小时（锗管小于 0.1V，硅管小于 0.5V），管子不导通处于“死区”状态，当正向电压超过一定数值后，管子才导通，硅管为 0.5～0.7V，锗管为 0.1～0.3V。

(2) 反向特性。

二极管两端加上反向电压时，反向电流很小，当反向电压逐渐增加时，反向电流基本保持不变。不同材料的二极管，反向电流大小不同，硅管为 1 微安到几十微安，锗管则可高达数百微安。

（3）击穿特性。

当反向电压增加到某一数值时，反向电流急剧增大，这种现象称为反向击穿。这时的反向电压称为反向击穿电压。不同结构、工艺和材料制成的管子，其反向击穿电压值差异很大，可由 1 伏到几百伏，甚至高达数千伏。

（4）频率特性。

因为有结电容的存在，当频率高到某一程度时，容抗小到使 PN 结短路，导致二极管失去单向导电性，不能工作。PN 结面积越大，结电容也越大，越不能在高频情况下工作。

2.3.3 常用二极管

1. 整流二极管

能将交流电转换为脉动直流电的二极管叫作整流二极管，常用的有塑料封装和金属封装两类，如图 2—12 所示。它是面接触型的功率器件，因结电容大，故工作频率低。

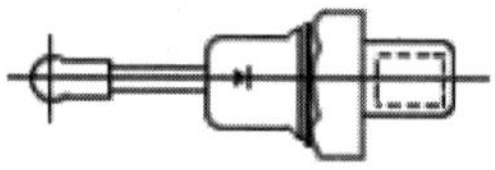

(a) 金属封装

(b) 塑料封装

图 2—12 整流二极管的封装

常用的整流二极管型号如表 2—7 所示。

表 2—7　　常用整流二极管

型号	IN4001	IN4002	IN4003	IN4004	IN4005	IN4006	IN4007
整流耐压	50	100	200	400	600	800	1 000

2. 发光二极管（LED）

发光二极管属于电流型元件，完成电到光的转换，在电路中常用作指示、照明等。在生产生活的方方面面，随处可见发光二极管的身影，是现阶段使用最多的二极管类型之一。

发光二极管是一种把电能转换成光能的半导体器件。发光二极管由磷化镓、砷化镓等半导体材料制成，其电路符号和实物照片如图 2—13 所示。

(a) 发光二极管电路符号

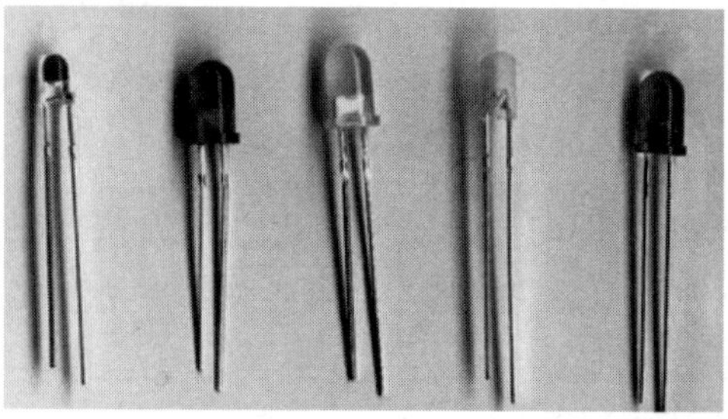

(b) 发光二极管实物图

图 2—13 发光二极管电路符号和实物照片

当给发光二极管加上偏压，有一定的电流流过时，二极管就会发光，这是 PN 结的电子与空穴直接复合放出能量的结果。发光二极管的种类很多，按发光的颜色可分为普通单色发光二极管、变色发光二极管，还有红外发光二极管、闪烁发光二极管等；按外形有圆形、方形等。

发光二极管的管脚引线以较长者为正极，较短者为负极。如管帽上有凸起标志，那么靠近凸起标志的管脚就为正极。

发光二极管好坏的判别可通过万用表的 R×10k 挡测其正、反向阻值实现：当正向电阻小于 50kΩ，反向电阻大于 200kΩ 时均为正常；如正、反向电阻均为无穷大，表明此管已坏。

3. 稳压二极管

（1）工作特性及应用。

稳压二极管又称齐纳二极管，实物外形如图 2—14 所示，在电路中通常用“V”代表。它是一种用特殊工艺制造的硅二极管，只要反向电流不超过极限电流，管子工作在击穿区并不会损坏，属可逆击穿，这与普通二极管破坏性击穿是截然不同的。稳压二极管工作在反向击穿区域时，利用其陡峭的反向击穿特性在电路中起稳定电压作用。

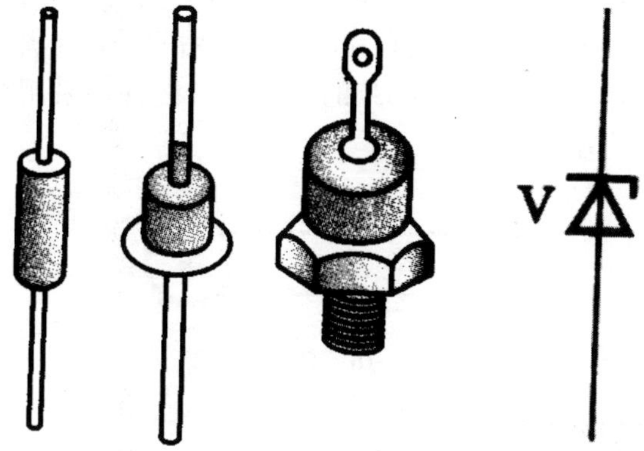

图 2—14　稳压二极管的外形及电路符号

（2）稳压二极管的伏安特性。

稳压二极管的伏安特性曲线的正向特性与普通二极管相同，如图 2—15 所示。

反向特性曲线在击穿区域比普通二极管更陡直，这表明稳压二极管击穿后，通过管子的电流变化（ΔI_Z）很大，而管子两端电压变化（ΔV_Z）很小，或者说管子两端的电压基本保持一个固定值。

稳压二极管在电路中主要功能是起稳压作用。

（3）稳压二极管在电路中的应用。

1）稳压二极管要实现稳压功能，在电路中需反向并联。

2）稳压二极管在电路中正向连接时，相当于普通二极管。

3）当两个稳压二极管在电路中反向并联时，输出电压等于较小的稳压二极管的稳压值。

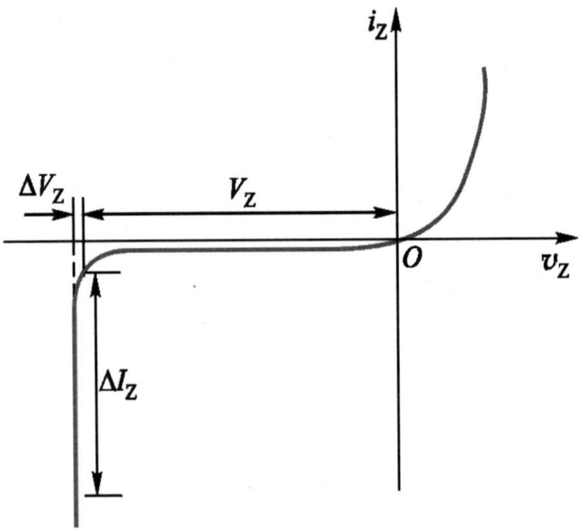

图 2—15　稳压二极管的伏安特性曲线

4．开关二极管

在脉冲数字电路中，用于接通和关断电路的二极管叫开关二极管，如图 2—16 所示。它的特点是反向恢复时间短，能满足高频和超高频应用的需要。开关二极管有接触型、平面型和扩散台面型几种，一般 I_F＜500mA 的硅开关二极管多采用全密封环氧树脂、陶瓷片状封装，引脚较长的一端为正极。

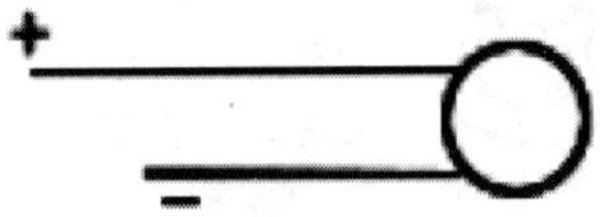

图 2—16　开关二极管

2.3.4　二极管使用常识

1．二极管的主要参数

（1）最大整流电流 I_{fm}：是管子长期运行时允许通过的最大正向平均电流。

（2）最高反向工作电压 V_{rm}：又称额定工作电压，它保证二极管不至于反向击穿。

（3）反向饱和电流 I_R：指管子未进入击穿区的反向电流，其值越小，则管子的单向导电性越好。

（4）最高工作频率 F_m：是保证管子正常工作的最高频率。

2．二极管的型号

国产二极管的型号由五部分组成，如图 2—17 所示。

第一部分是数字“2”，表示二极管。

第二部分是用字母表示管子的材料。例如：A——N 型锗材料；B——P 型锗材料；C——N 型硅材料；D——P 型硅材料。

第三部分是用字母表示管子的类型。

第四部分用数字表示器件的序号。

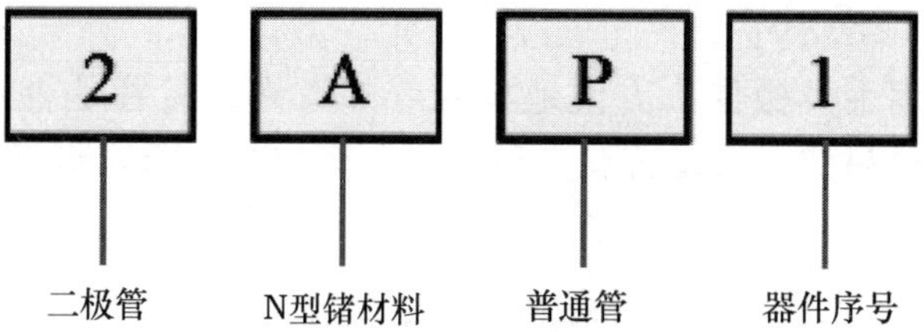

图 2—17　二极管的型号组成

3. 常用二极管的检测

(1) 普通整流二极管的检测。

二极管的极性在管壳上通过长短来标记。短端为负极，长端为正极。如果没有标记正负极，则我们可以利用其正向电阻小、反向电阻大来判别。详见表 2—8。

表 2—8　　普通整流二极管测试

项目	正向电阻	反向电阻
测试方法	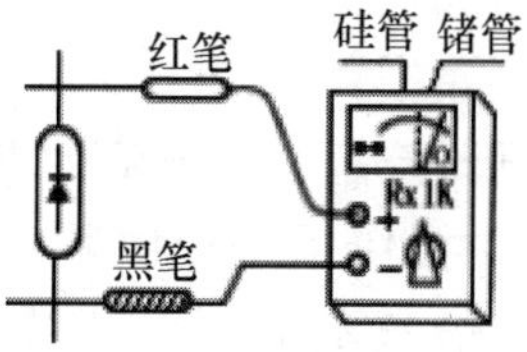	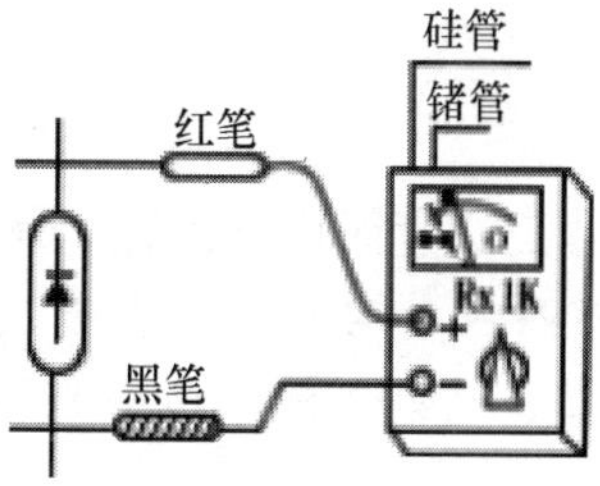
测试情况	硅管：表针指示位置在中间或中间偏右一点。锗管：表针指示在右端靠近满刻度的地方（如上图所示）表明管子正向特性是好的。如果表针在左端不动，则说明管子内部已经短路。	硅管：表针在左端基本不动，极靠近 00 位置。锗管：表针从左端起动一点，但不应超过满刻度的 1/4（如上图所示），则表明反向特性是好的，如果表针指在 0 位，则说明管子内部已经短路。

指针万用表：电阻 R×1k 挡，测量 2 次电阻，其中阻值小（几百欧）的一次，黑表笔接的为正极，红表笔所接为负极。

数字万用表：二极管挡，测量 2 次阻值，阻值小的一次，红表笔所接为二极管的正极，黑表笔所接为二极管的负极。

(2) 普通发光二极管的检测。

管脚区分：小正大负，长正短负。

1) 用指针万用表的 R×100 或 R×10 挡进行测试，能正常发光表明发光二极管能正常工作。

2) 用数字万用表的二极管挡，也可方便地对二极管进行测量，观察其发光情况。

3) 采用 3V 稳压电源或者干电池可以较准确地测量发光二极管的光、电特性。但测量的时候，需对发光二极管串联限流电阻。

(3) 红外发光二极管的检测。

红外发光二极管发射的是 1～3mm 的红外光，人眼看不到。通常单只红外发光二极管的发射功率只有数毫瓦，不同型号的红外 LED 发光强度角的分布也不相同。红外 LED 的正向压降一般为1.3～2.5V。

检测时，可利用手机摄像头方便地检测红外发光二极管是否发光。对准手机摄像头，接通电源，通过摄像头看是否有光亮产生，如果有，则表明该红外发光二极管工作正常。

（4）稳压二极管。

稳压二极管一般用ZD标示，在工作时应该加反向偏压。其可能出现的故障主要有：

1）当二极管开路时，输出电压升高；

2）当二极管短路时，输出电压降低，输出不稳定。

常见稳压二极管及其稳压值如表2—9所示。

表2—9　　稳压二极管及其稳压值

型号	IN4728	IN4729	IN4730	IN4732	IN4733	IN4734	IN4735	IN4744
稳压值	3.3	3.6	3.9	4.7	5.1	5.6	6.2	15

知识链接2.4　晶体三极管

晶体三极管简称三极管，是一种利用输入电流控制输出电流的电流控制型器件。它是由两个PN结构成的三个电极半导体器件，主要作用是构成基本放大电路，分为共射、共基、共集三种。其中共射电路功率放大倍数最大，因此被广泛采用作为放大电路。

2.4.1　三极管概述

1. 外形

近年来生产的小、中功率三极管多采用硅酮塑料封装；大功率三极管多采用金属封装，通常做成扁平形状并有螺钉安装孔，有的大功率管制成螺栓形状，如图2—18所示。

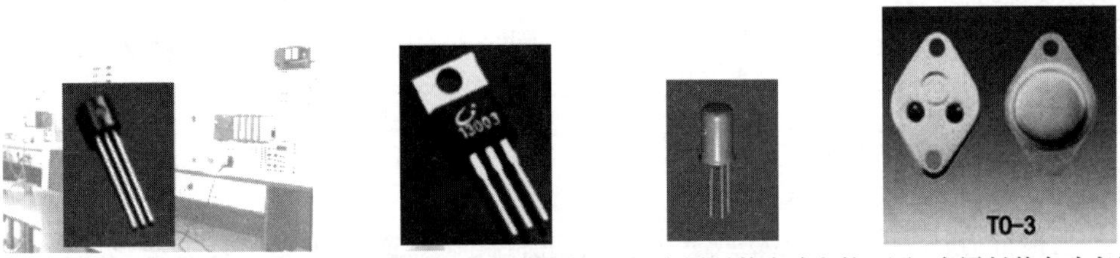

(a) 塑料封装小功率管　(b) 塑料封装中功率管　(c) 金属封装小功率管　(d) 金属封装大功率管

图2—18　三极管的外形及封装

2. 结构

三极管的核心是两个互相连接的PN结，按两个PN结的组合方式不同，可分为NPN型和PNP型两类，如图2—19所示。

三极管内部有发射区、基区和集电区，引出电极分别为发射极e、基极b、集电极c。发射区与基区之间的PN结称为发射结，集电区与基区之间的PN结称为集电结。

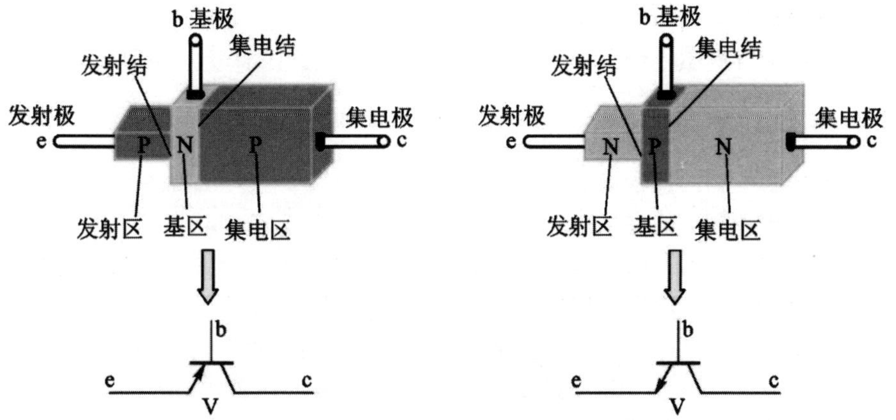

图 2—19　三极管的结构

3. 分类

三极管的种类很多，通常按以下方法进行分类：

（1）按半导体制造材料可分为：硅管和锗管。硅管受温度影响较小、工作稳定，因此在自动控制设备中常用硅管。

（2）按三极管内部基本结构可分为：NPN 型和 PNP 型。目前我国制造的硅管多为 NPN 型（也有少量 PNP 型），锗管多为 PNP 型。

（3）按工作频率可分为：高频管和低频管。工作频率高于 3MHz 为高频管，工作频率在 3MHz 以下为低频管。

（4）按功率可分为：小功率管和大功率管。耗散功率小于 1W 为小功率管，耗散功率大于 1W 为大功率管。

（5）按用途可分为：普通放大三极管和开关三极管等。

4. 型号

三极管的类型非常多，从晶体管手册可以查找到三极管的型号、主要用途、主要参数和器件外形等，这些技术资料是正确使用三极管的依据。国产三极管的型号由五部分组成，如图 2—20 所示。

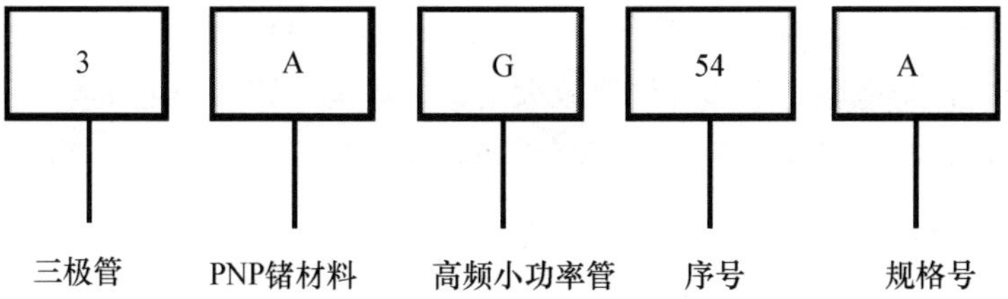

图 2—20　三极管命名方法

第一部分是数字“3”，表示三极管。

第二部分是用字母表示管子的材料和极性。如：A——PNP 锗材料；B——NPN 锗材料；C——PNP 硅材料；D——NPN 硅材料。

第三部分是用字母表示管子的类型。如：X——低频小功率管；G ——高频小功率管；D——低频大功率管；A ——高频大功率管。

第四部分用数字表示器件的序号。

第五部分用字母表示规格号。

2.4.2 用万用表测试三极管

用指针万用表检测的过程如下：

（1）判断基极和管子的类型。

选用欧姆挡的 R×100（或 R×1k）挡，先用红表笔接一个管脚，黑表笔接另一个管脚，可测出两个电阻值，然后再用红表笔接另一个管脚，重复上述步骤，又测得一组电阻值。这样测 3 次，其中有一组两个阻值都很小，对应测得这组值的红表笔接的为基极，且管子是 PNP 型的；反之，若用黑表笔接一个管脚，重复上述做法，若测得两个阻值都小，对应黑表笔接的为基极，且管子是 NPN 型的。

（2）判断集电极。

因为三极管的发射极和集电极正确连接时 b 值高（表针摆动幅度大），反接时 b 值就低得多。因此，先假设一个集电极，用欧姆挡连接（对 NPN 型管，发射极接黑表笔，集电极接红表笔）。测量时，用手捏住基极和假设的集电极，两极不能接触，若指针摆动幅度大，而把两极对调后指针摆动小，则说明假设是正确的，从而确定集电极和发射极。

（3）电流放大倍数的估算。

选用欧姆挡的 R×100（或 R×1k）挡，对 NPN 型管，红表笔接发射极，黑表笔接集电极，测量时，只要比较用手捏住基极、集电极（两极不能接触）和把手放开两种情况指针摆动的大小，摆动越大，b 值越高。

任务 3 其他常用元件的识别

知识链接 2.5 其他常用基本元件功能简介

2.5.1 电感

电感的作用：与电阻、电容等构成放大电路。震荡电路。用电路符号 L 来表示。

电感的分类：漆包线缠绕的空心电感线圈、漆包线在磁棒上绕制而成的天线线圈等。

2.5.2 变压器

变压器在电路中能起到以下作用：耦合交流信号，阻断直流信号；改变输入输出电压比；使电路两端达到阻抗匹配，以获得最大的信号传输功率。

电源变压器因为其体积较笨重，现已逐步被电子变压器所取代。

2.5.3 继电器

继电器是一种电子控制开关，原理是通电线圈四周产生一巨大磁场，吸合电板，使电路达到通断控制。

2.5.4　集成电路

集成电路是一种具备一定功能的电路系统，又称集成芯片。

集成电路通常以塑料外壳的缺口或标志点为起点，逆时针方向区分管脚顺序。

常用集成电路有：LM324 、TDA2822、KD9300、LM317。

2.5.5　三端稳压集成块

电子产品中，经常见到需要正电源输出和负电源输出的情况，其中 78 系列为正电源输出，79 系列为负电源输出。后面的序号表示其输出电压的多少。78 系列输出电流为 1A，79 系列输出电流为 100mA。若要提高电源输出功率，可采取并联相同型号的三端稳压集成块得到。

使用三端稳压集成块时应注意其输入与输出电压的差值为 4～5V，不然无法输出稳定电压。

2.5.6　语音芯片

该芯片直接用黑胶固封在一小块电路板上，只需少量外围元件即可工作。

2.5.7　数字集成电路

对于采用 CMOS 封装的数字集成电路，在使用时需要采取静电保护措施，多用防静电手腕带。如果没有防静电手腕带，则可将烙铁插头拔掉，利用余温进行焊接。

收音机采用 CXA1019，内部集成了高放、中放、本振、低放等电路，因此制作和调试起来比较简单。

实训任务 1　电阻、电容的参数检测与判断

【实训目的和任务】

1. 掌握电阻器、电容器的参数识读方法。
2. 能使用数字万用表、指针万用表对电阻阻值、电容漏电阻进行检测。
3. 通过对基本元件的识别检测，使学生认识到小小元件的作用和重要性，从而更加有兴趣投入到电子技术的学习中。

【实训仪器和耗材】

1. 指针万用表和数字万用表。
2. 杂电阻：若干。
3. 杂电容：若干。

【实训内容和步骤】

1. 电阻的识别与检测。

取不同色环电阻若干（记录 10 支），完成对电阻的阻值读取和检测。

步骤：写出各色环颜色，算出标称阻值，测量该电阻的实际阻值，并判断该电阻的好

坏。完成下面的考核任务书中表 1 的填写。

2. 电阻的找取。

请根据提供的阻值写出该色环电阻的颜色，并从元件盒里找出对应的电阻。完成考核任务书中表 2 的填写。

3. 电容器参数的识别。

选择不同标值的常用电容器若干，说明其类型并读出其容量大小，并指出其使用的标注方法。完成考核任务书中表 3 的填写。

4. 使用指针万用表测量电解电容器的漏电阻。

完成考核任务书中表 4 的填写。

考核任务书

成　绩：________

一、考核内容

1. 电阻的识别与检测

表 1

颜 色	标称阻值	挡位选择	实际阻值	误差	好坏判断
棕黑红金	1kΩ+5%	2kΩ	0.99kΩ	0.01kΩ	好

2. 电阻的找取

表 2

标称阻值	精密	普通
1kΩ		
510		
3.3kΩ		
2.2kΩ		
100		
0.68		
510kΩ		

3. 电容器参数的识别

表 3

参数	类型	有无极性	标注方法
48V/ 220μF	电解电容	有	直标法

4. 电容器漏电阻的检测

表 4

容量	挡位	指针偏转角度	实测漏电阻值

二、评分及考核

1. 电阻的识别与检测，表 1、表 2 占 60 分，各 30 分，按比例折算每一个空的分值，计算最后得分。
2. 电容的识别与检测，表 3、表 4 占 40 分，各 20 分，按比例折算每一个空的分值，计算最后得分。
3. 考核成绩低于 80 分者为不及格，不能进入下一轮的实训工作。
4. 评分成绩由老师评定，纳入实训总成绩比例考核。

三、实训收获、总结

____

____

____

实训任务 2　二极管、三极管的识别与管脚判定

【实训目的和任务】

1. 掌握二极管、三极管的类型和参数特点。
2. 能使用数字万用表、指针万用表对二极管正、反向电阻和三极管引脚进行判别。
3. 通过对二极管、三极管的识别检测，使学生认识到小小元件的作用和重要性，从而更加有兴趣地投入电子技术的学习中。

【实训仪器和耗材】

1. 指针万用表和数字万用表。
2. 普通整流二极管：IN4001—4004 各 2 支。
3. 发光二极管：若干。

4. 三极管：90 系列管、国产低频小功率管、国产高频小功率管若干。

【实训内容和步骤】

1. 二极管的识别与检测。

使用万用表对普通整流二极管的正向电阻、反向电阻进行检测，理解二极管的单向导电性，并对应填写各二极管的主要参数。

2. 三极管的识别与检测。

用万用表检测三极管各引脚间的电阻阻值，判断三极管的管型和各引脚的位置关系。填入下面考核任务书的表 2 中。

（1）判断基极和管子的类型。

（2）判断集电极。

考核任务书

成　绩：________

一、考核内容

1. 二极管的识别与检测

表 1

型号	挡位选取		封装形式	耐压	质量好坏
	正向	反向			
IN4001					
IN4002					
IN4003					
IN4004					
2AP9					

2. 三极管的识别与检测

表 2

型号	B-E 之间阻值		B-C 之间阻值		三极管管脚示意图	管型	
						NPN	PNP
9013							
9014							
C3100							
3DG6A							

二、实训收获、总结

____

____

____

实训任务 3　其他常用元件的识别

【实训目的和任务】

本任务主要是让学生掌握一些比较常见元件如电感、变压器、继电器、集成电路、三端稳压集成块等元件的相关知识。

【实训仪器和耗材】

其他常用元件数个。

【实训内容和步骤】

1. 先讲解其他常用元件的理论知识。

2. 给出电感、变压器、继电器、集成电路、三端稳压集成块、语音芯片让学生识别相应元件，并写出相应元件的作用。

考核任务书

成　绩：________

元件外形	元件名称	元件作用	元件应用

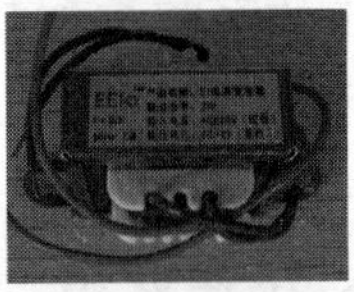			

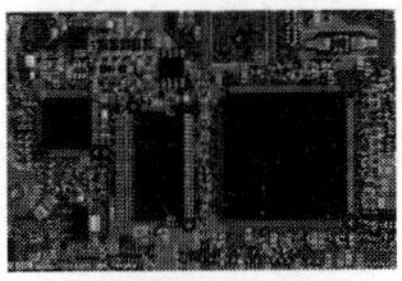			
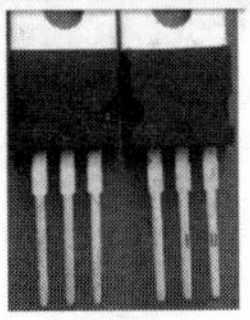			

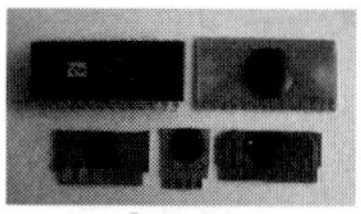			
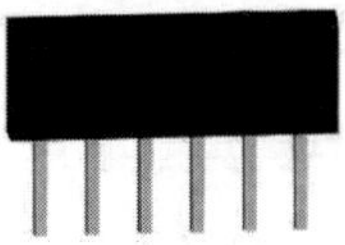			

【项目小结】

1. 电阻器的主要用途是为电路限流和提供偏置电压。电阻器有固定电阻和可变电阻之分。其常用单位为欧姆、千欧、兆欧。

2. 电位器是用于音量调节的器件，其本质就是一个可变电阻器。

3. 色环电阻有精密电阻和普通电阻之分，精密电阻色环为五色环，普通电阻色环为四色环。

4. 电容器是一种储能元件，在电路中用于调谐、滤波、耦合、旁路、能量转换和延时。按结构不同其可分为固定电容器、半可变电容器、可变电容器。

5. 电解电容是有极性元件，其正负极性满足长正短负。其他元件多为无极性元件。

6. 基本元件的标注方法有直标法、色标法、数标法等。

7. 电容的重要参数包括额定工作电压、标称容量和允许误差、绝缘电阻和介质损耗。

8. 半导体具有热敏性、光敏性和掺杂性，半导体材料是当今电子元器件的关键材料。

9. 二极管的正向导通指二极管 P 区接电源正极，N 区接电源负极，硅管为 0.5～0.7V，锗管为 0.1～0.3V。

10. 晶体三极管简称三极管，是一种利用输入电流控制输出电流的电流控制型器件，它是由两个 PN 结构成的三个电极半导体器件，在电路中主要用于放大电路和开关元件。

11. 三极管内部有发射区、基区和集电区，引出电极分别为发射极 e、基极 b、集电极 c。

【知识能力测验】

一、判断题（正确的在题后括号内打“√”，错误的打“×”）

1. 电解电容在使用过程中需要考虑极性，电阻也一样。 （　　）

2. 一电阻标称阻值为 2kΩ+5%，实际测量值为 1.98kΩ，说明这个电阻质量较好，可以使用。 （　　）

3. 发光二极管在测量时需要串联限流电阻，以保证发光二极管不被烧坏。 （　　）

4. 稳压二极管工作在正向导通区。 （　　）

5. 整流二极管的作用是将交流电转化为直流电。 （　　）

二、填空题

1. 半导体具有________性、________性、________性。

2. 电阻的定义是________________，其常用单位有________、________、________。

3. 色环电阻的误差环，金色表示________，银色表示________。

4. 色环电阻颜色为棕黑红金，其阻值为________，颜色为绿蓝黑棕棕，其阻值为________。

5. 电解电容属于________性元件，其正负判别方法是________。

6. 基本元件的参数标注方法有________、________、________等。

7. PN 结的重要属性是________________。

8. 晶体二极管内部由________ PN 结组成，三极管内部由________ PN 结组成。

9. 锗二极管的死区电压为________，硅二极管的死区电压是________。锗二极管导通时的电压降为________，硅二极管的导通电压是________。

10. 整流二极管 IN4007 的最大工作电压为________，稳压二极管 IN4732 的最大稳压值为________。

11. 发光二极管的功能是____________，光电二极管的功能是____________。

12. 三极管在工作时有三个区，分别是________、________、________。

13. 大功率的三极管必须要有________，金属封装的三极管一定是________频管。

14. 瓷片电容主要采用数字法标注，如一瓷片电容上标注“101”，则其容量应为________。

15. 电容常用的单位有________、________、________；它们之间的换算关系满足________。

项目 3　常用基本元件焊接技术

【知识目标】

- 焊接的基本知识及手工焊接的工艺要求、质量分析
- 掌握手工焊接技术和手工焊接的工艺要求
- 学习自动焊接技术、接触焊接技术

【技能目标】

- 熟练使用手工焊接工具进行常用元器件的焊接
- 能够熟练焊接特殊元器件

【情感目标】

- 培养学生规范意识，养成良好的操作习惯
- 培养学生热爱专业技能，产生主动学习的动力

【实训任务】

- 实训任务 1　元件的焊接技术
- 实训任务 2　元件的拆焊技术

【情景导入】

同学们，通过近一个月的学习，你们已经掌握了基础电子元器件的识别、检测，具有一定的读图能力。一台性能稳定的电子产品是由若干元件组成的，而这些元件需要按严格的标准焊接。所以，焊接是我们电子专业学生必须掌握的基础技能。

任务 1　元件的焊接技术

知识链接 3.1　焊接的基本知识

3.1.1　焊接的种类

焊接是使金属连接的一种方法，是电子产品生产中必须掌握的一种基本操作技能。

现代焊接技术主要分为三类：熔焊；钎焊；接触焊。

熔焊：是一种直接熔化母材的焊接技术。

钎焊：是一种母材不熔化，焊料熔化的焊接技术。

接触焊：是一种不用焊料和焊剂，即可获得可靠连接的焊接技术。

3.1.2　焊料、焊剂和焊接的辅助材料

1. 焊料

焊料是一种熔点低于被焊金属，在被焊金属不熔化的条件下，能润湿被焊金属表面，并在接触面处形成合金层的物质。

电子产品生产中，最常用的焊料称为锡铅合金焊料（又称焊锡），它具有熔点低、机械强度高、抗腐蚀性能好的特点。

手工焊接中最常见的焊锡是管状松香芯焊锡丝。这种焊锡丝将焊锡制成管状，其轴向芯是由优质松香添加一定的活化剂组成的。

2. 焊剂（助焊剂）

焊剂是进行锡铅焊接的辅助材料。

焊剂的作用：去除被焊金属表面的氧化物，防止焊接时被焊金属和焊料再次出现氧化，并降低焊料表面的张力，有助于焊接。

常用的助焊剂有：无机助焊剂；有机助焊剂；松香类焊剂。

3. 清洗剂

在完成焊接操作后，要对焊点进行清洗，避免焊点周围的杂质腐蚀焊点。

常用的清洗剂有：无水乙醇；航空洗涤汽油；三氯三氟乙烷。

4. 阻焊剂

阻焊剂是一种耐高温的涂料，其作用是保护印制电路板上不需要焊接的部位。

阻焊剂的种类包括：热固化型阻焊剂；紫外线光固化型阻焊剂（光敏阻焊剂）；电子辐射固化型阻焊剂。

3.1.3　锡焊的基本过程

锡焊是使用锡铅合金焊料进行焊接的一种焊接形式。其过程分为下列三个阶段：（1）润湿阶段。（2）扩散阶段。（3）焊点的形成阶段。

3.1.4　锡焊的基本条件

（1）被焊金属应具有良好的可焊性。

（2）被焊件应保持清洁。

（3）选择合适的焊料。

（4）选择合适的焊剂。

（5）保证合适的焊接温度。

对印制板上的电子元器件进行焊接时，一般选择 20W～35W 的电烙铁；每个焊点一次焊接的时间应不多于 3s。

知识链接 3.2　手工焊接技术

3.2.1　手工焊接的姿势和基本步骤

手工焊接适合于产品试制、电子产品的小批量生产、电子产品的调试与维修以及某些不适合自动焊接的场合。

手工焊接的要点是：保证正确的焊接姿势；熟练掌握焊接的基本操作步骤；掌握手工焊接的基本要领。

1. 正确的焊接姿势

一般采用坐姿焊接，工作台和坐椅的高度要合适。

焊接操作者握电烙铁的方法如图 3—1 所示。

反握法：适合于较大功率（大于 75W）的电烙铁对大焊点的焊接操作。

正握法：适用于中功率的电烙铁及带弯头的电烙铁的操作，或直烙铁头在大型机架上的焊接。

笔握法：适用于小功率的电烙铁焊接印制板上的元器件。

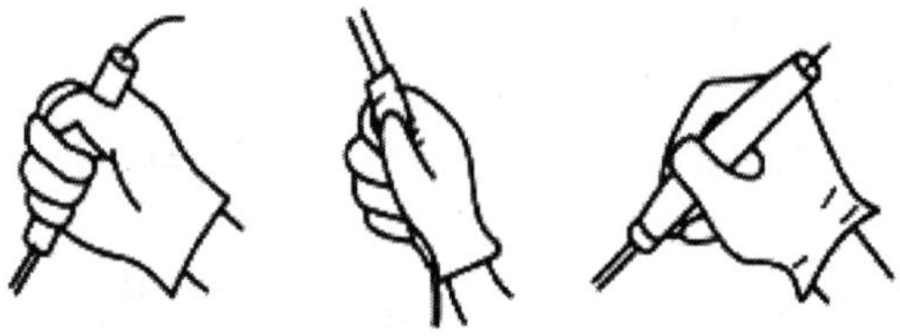

(a) 反握法　(b) 正握法　(c) 笔握法

图 3—1　电烙铁的握法

2. 手工焊接操作的基本步骤

焊接操作分为五个步骤（也称五步法，如图 3—2 所示）：（1）准备；（2）加热被焊件；（3）放上焊料；（4）移开焊料；（5）移开电烙铁。一般要求在 2～3s 内完成。

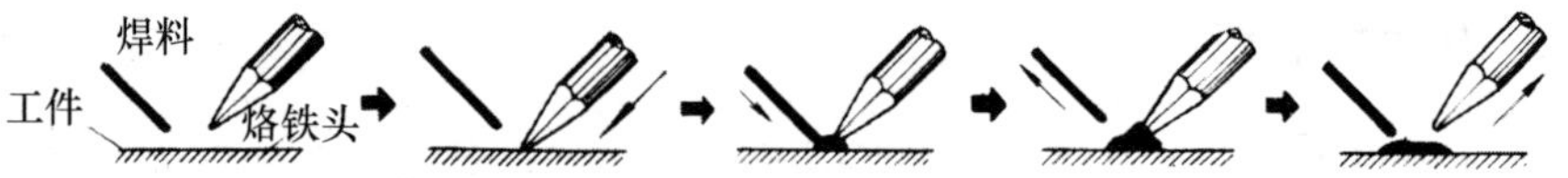

第（1）步　第（2）步　第（3）步　第（4）步　第（5）步

图 3—2　五步法

在焊点较小的情况下，也可采用三步操作法完成焊接，即将五步操作法中的（2）、（3）步合为一步，（4）、（5）步合为一步，如图 3—3 所示。

第一步　第二步　第三步

图 3—3　三步操作法

另外，电烙铁的撤离方向与焊料留存量如图 3—4 所示。

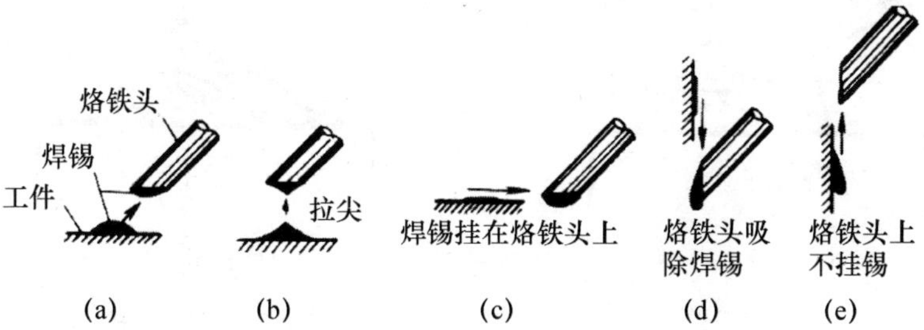

图 3—4　电烙铁的撤离方向与焊料的留存量

3.2.2　手工焊接的工艺要求

(1) 保持烙铁头的清洁。
(2) 采用正确的加热方式。
(3) 焊料、焊剂的用量要适中。
(4) 选择正确的烙铁撤离方法。
(5) 焊点的凝固过程正常。
(6) 正确清洗焊点。

3.2.3　焊点的质量分析

1. 对焊点的质量要求
(1) 电气接触良好。
(2) 机械强度可靠。
(3) 外形美观。
2. 焊点的常见缺陷
(1) 虚焊（假焊）。
(2) 拉尖。
(3) 桥接。
(4) 球焊。
(5) 印制板铜箔起翘、焊盘脱落。
(6) 导线焊接不当。
部分焊接缺陷见图 3—5。

知识链接 3.3　自动焊接技术

目前常用的自动焊接技术包括：浸焊；波峰焊接；再流焊；表面安装技术（SMT）。

3.3.1　浸焊

浸焊是指将插装好元器件的印制电路板浸入有熔融状焊料的锡锅内，一次完成印制电路板上所有焊点的自动焊接过程。

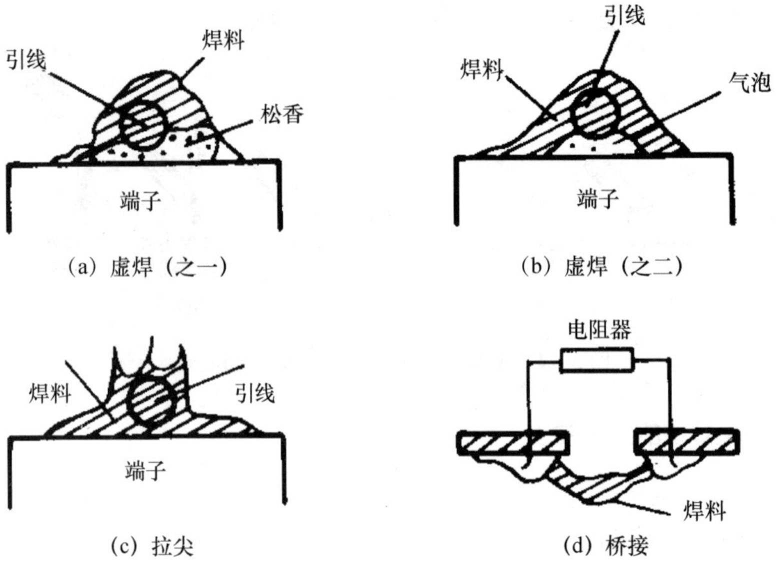

图 3—5　常见的焊接缺陷

1. 浸焊的特点

操作简单，无漏焊现象；但需要补焊和修正焊点；焊槽温度掌握不当时，会导致印制板起翘、变形，元器件损坏。

2. 浸焊的工艺流程

（1）插装元器件。

（2）喷涂焊剂。

（3）浸焊。

（4）冷却剪脚。

（5）检查修补。

3.3.2　波峰焊接

波峰焊接是指将插装好元器件的印制电路板与融化焊料的波峰接触，一次完成印制板上所有焊点的焊接过程。

1. 波峰焊接的特点

波峰焊接的生产效率高，最适合单面印制电路板的大批量焊接；焊接的温度、时间，焊料及焊剂等的用量，均能得到较完善的控制。但波峰焊接容易造成焊点桥接的现象，需要补焊修正。

2. 波峰焊接机的组成

波峰焊接机通常由下列部分组成：波峰发生器；印制电路板夹送系统；焊剂喷涂系统；印制电路板预热和电气控制系统；锡缸以及冷却系统。

3. 波峰焊接的工艺流程

（1）焊前准备。

（2）元器件插装。

（3）喷涂焊剂。

（4）预热。

（5）波峰焊接。

（6）冷却。

（7）清洗。

3.3.3　再流焊（回流焊）

再流焊技术是将焊料加工成一定的颗粒，并拌以适当的液态黏合剂，使之成为具有一定流动性的糊状焊膏，用它将贴片元器件粘在印制电路板上，然后通过加热使焊膏中的焊料熔化而再次流动，达到将元器件焊接到印制电路板上的目的。

该技术主要用于贴片元器件的焊接。

1. 再流焊的特点

被焊接的元器件受到的热冲击小，不会因过热造成元器件的损坏；无桥接缺陷，焊点的质量较高。

2. 再流焊的工艺流程

（1）焊前准备。

（2）点膏并贴装元器件。

（3）加热、再流。

（4）冷却。

（5）测试。

（6）修复、整形。

（7）清洗、烘干。

3.3.4　表面安装技术（SMT）

表面安装技术（Surface-Mount Technology，SMT）是一种包括电子元器件、装配设备、焊接方法和装配辅助材料等内容的系统性综合技术；是把无引线或短引线的表面安装元件（SMC）和表面安装器件（SMD）直接贴装在印制电路板的表面上的装配焊接技术。元器件的表面安装示意如图 3—6 所示。

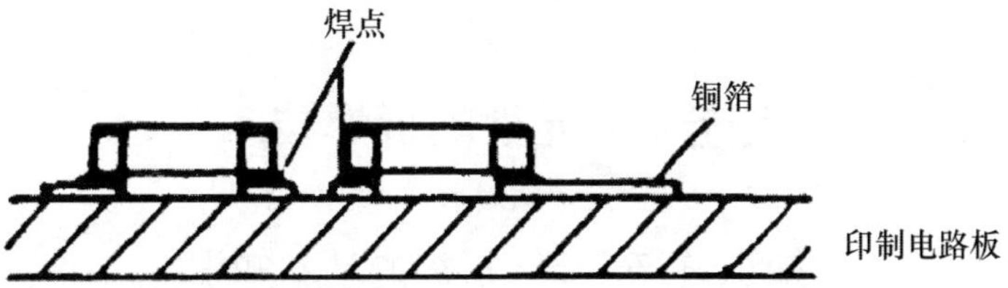

图 3—6　元器件的表面安装

1. 表面安装技术的特点（优点）

（1）微型化程度高。

（2）高频特性好。

（3）有利于自动化生产。

（4）简化了生产工序，降低了成本。

2. 表面安装技术的安装方式

（1）完全表面安装。

完全表面安装是指所需安装的元器件全部采用表面安装元器件（SMC 和 SMD），印制电路板上没有通孔插装元器件。

（2）混合安装。

混合安装是指在同一块印制电路板上，既装有贴片元器件，又装有通孔插装的传统元器件。目前，使用较多的安装方式还是混合安装。

3. 表面安装技术的工艺流程

（1）安装印制电路板。

（2）点胶。

（3）贴装 SMT 元器件。

（4）烘干。

（5）焊接。

（6）清洗。

（7）检测。

知识链接 3.4　接触焊接（无锡焊接）

接触焊接是一种不需要焊料和焊剂，即可获得可靠连接的焊接技术。

电子产品中，常用的接触焊接种类有：压接；绕接；穿刺；螺纹连接。

压接：是使用专用工具，在常温下对导线和接线端子施加足够的压力，使两个金属导体（导线和接线端子）产生塑性变形，从而达到可靠的电气连接。

绕接：是用绕接器将一定长度的单股芯线高速地绕到带棱角的接线柱上，形成牢固的电气连接。

穿刺：适合于聚氯乙烯为绝缘层的扁平线缆和接插件之间的连接。

螺纹连接：是指用螺栓、螺钉、螺母等紧固件，把电子设备中的各种零部件或元器件连接起来。

任务 2　元件的拆焊技术

知识链接 3.5　拆焊的基本知识

拆焊又称解焊。在调试、维修或焊错的情况下，常常需要将已焊接的连线或元器件拆卸下来，这个过程就是拆焊，它是焊接技术的一个重要组成部分。在实际操作上，拆焊要比焊接更困难，更需要使用恰当的方法和工具。如果拆焊不当，便很容易损坏元器件，或使铜箔脱落而破坏印制电路板。因此，拆焊技术也是应熟练掌握的一项操作基本功。

3.5.1　拆焊工具

除普通电烙铁外，常用的拆焊工具还有如下几种。

1. 空心针管

空心针管可用医用针管改装，要选取不同直径的空心针管若干只，市场上也有出售维修专用的空心针管，如图3—7所示。

2. 吸锡器

吸锡器用来吸取印制电路板焊盘的焊锡，它一般与电烙铁配合使用，如图3—8所示。

3. 镊子

拆焊以选用端头较尖的不锈钢镊子为佳，它可以用来夹住元器件引线，挑起元器件引脚或线头。

4. 吸锡绳

吸锡绳一般是利用铜丝的屏蔽线电缆或较粗的多股导线制成的。

5. 吸锡电烙铁

吸锡电烙铁主要用于拆换元器件，它是手工拆焊操作中的重要工具，用以加温拆焊点，同时吸去熔化的焊料。它与普通电烙铁不同的是其烙铁头是空心的，而且多了一个吸锡装置，如图3—8所示。

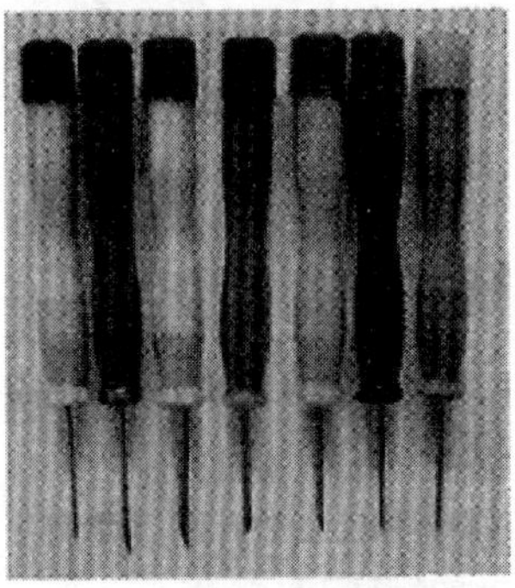

图3—7　空心针管

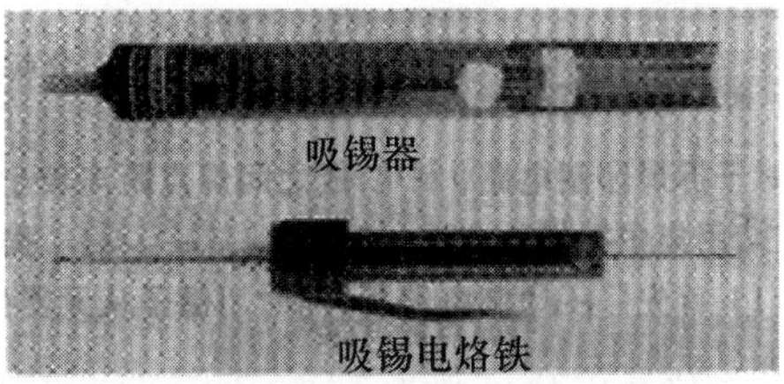

图3—8 吸锡器和吸锡电烙铁

3.5.2　用镊子进行拆焊

在没有专用拆焊工具的情况下，用镊子进行拆焊因方法简单而成为印制电路板上元器件拆焊常采用的拆焊方法。由于焊点的形式不同，其拆焊的方法也不同。

对于印制电路板中引线之间焊点距离较大的元器件，拆焊时相对容易，一般采用分点拆焊的方法，如图3—9所示。操作过程如下：

（1）固定印制电路板，同时用镊子从元器件面夹住被拆焊元器件的一根引线。

（2）用电烙铁对被夹引线上的焊点进行加热，以熔化该焊点的焊锡。

（3）待焊点上焊锡全部熔化，将被夹的元器件引线轻轻从焊盘孔中拉出。

（4）用同样的方法拆焊被拆元器件的另一根引线。

（5）用烙铁头清除焊盘上的多余焊料。

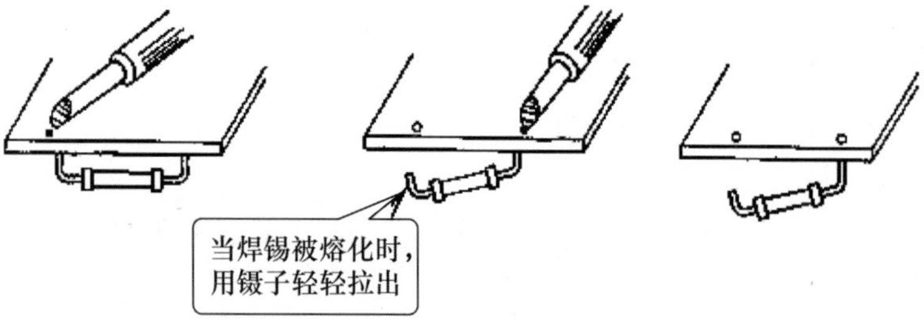

图 3—9 分点拆焊示意图

对于拆焊印制电路板中引线之间焊点距离较小的元器件，如三极管等，拆焊时具有一定的难度，多采用集中拆焊的方法，如图 3—10 所示。操作过程如下：

(1) 固定印制电路板，同时用镊子从元器件一侧夹住被拆焊元器件。

(2) 用电烙铁对被拆元器件的各个焊点快速交替加热，以同时熔化各焊点的焊锡。

(3) 待焊点上的焊锡全部熔化，将被夹的元器件引线轻轻从焊盘孔中拉出。

(4) 用烙铁头清除焊盘上的多余焊料。

注意：此办法加热要迅速，注意力要集中，动作要快。

如果焊接点引线是弯曲的，要逐点间断加温，先吸取焊接上的焊锡，露出引脚轮廓，并将引线拉直后再拆除元器件。

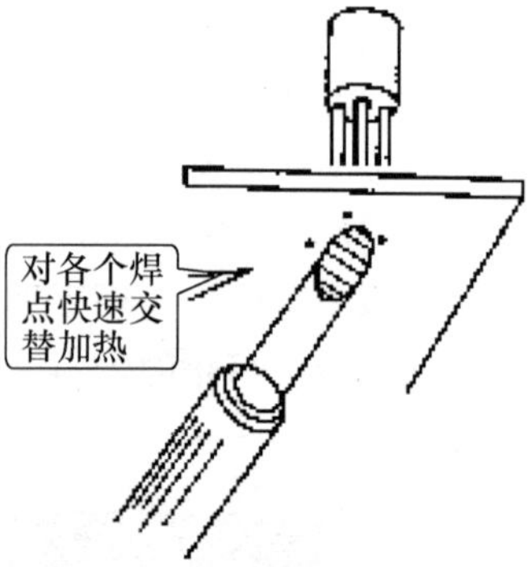

图 3—10 集中拆焊示意图

拆卸引脚较多、较集中的元器件时（如天线圈、振荡线圈等），采用同时加热方法比较有效。操作过程如下：

(1) 用较多的焊锡将被拆元器件的所有焊点连在一起。

(2) 用镊子钳夹住被拆元器件。

(3) 用内热式电烙铁头对被拆焊点连续加热，使被拆焊点同时熔化。

(4) 待焊锡全部熔化后，用镊子将元器件从焊盘孔中轻轻拉出。

(5) 清理焊盘，用一根不沾锡的 φ3mm 的钢针从焊盘面插入孔中，如焊锡封住焊孔，则需用烙铁熔化焊点。

3.5.3 用吸锡工具进行拆焊

1. 用专用吸锡烙铁进行拆焊

对焊锡较多的焊点，可采用吸锡烙铁去锡脱焊。拆焊时，吸锡烙铁加热和吸锡同时进行，其操作如下：

(1) 吸锡时，根据元器件引线的粗细选用锡嘴的大小。

(2) 吸锡烙铁通电加热后，将活塞柄推下卡住。

(3) 锡嘴垂直对准吸焊点，待焊点焊锡熔化后，再按下吸锡烙铁的控制按钮，焊锡即被吸进吸锡烙铁中。反复几次，直至元器件从焊点中脱离。

2. 用吸锡器进行拆焊

吸锡器是专门用于拆焊的工具，装有一种小型手动空气泵，如图3—11所示。其拆焊过程如下：

(1) 将吸锡器的吸锡压杆压下。

(2) 用电烙铁将需要拆焊的焊点熔融。

(3) 将吸锡器的吸锡嘴套入需拆焊的元件引脚，并没入熔融焊锡。

(4) 按下吸锡按钮，吸锡压杆在弹簧的作用下迅速复原，完成吸锡动作。如果一次吸不干净，可多吸几次，直到焊盘上的锡吸净，而使元器件引脚与铜箔脱离。

图3—11　吸锡器拆焊示意图

3. 用吸锡带进行拆焊

吸锡带是一种通过毛细吸收作用吸取焊料的细铜丝编织带。使用吸锡带去锡，操作简单，效果较佳，如图3—12所示。其拆焊操作方法如下：

(1) 将铜编织带（专用吸锡带）放在被拆焊的焊点上。

(2) 用电烙铁对吸锡带和被焊点进行加热。

(3) 一旦焊料熔化时，焊点上的焊锡逐渐熔化并被吸锡带吸去。

(4) 如被拆焊点没完全吸除，可重复进行。每次拆焊时间为2～3s。

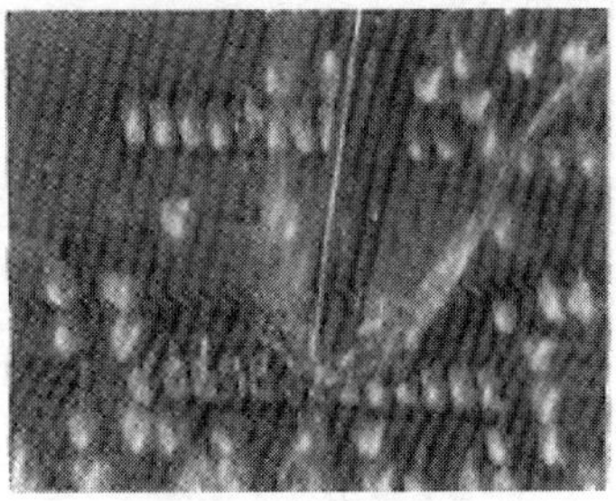

图3—12　吸锡带拆焊示意图

注意：

(1) 被拆焊点的加热时间不能过长。当焊料熔化后，应及时将元器件引线按与印制电路板垂直的方向拔出。

(2) 尚有焊点没有被熔化的元器件，不能强行用力拉动、摇晃和扭转，以免造成元器件或焊盘的损坏。

(3) 拆焊完毕，必须把焊盘孔内的焊料清除干净。

3.5.4　拆焊技术的操作要领

1. 严格控制加热的时间与温度

一般元器件及导线绝缘层的耐热性较差，受热易损元器件对温度更是十分敏感。在拆焊时，如果时间过长，温度过高，会烫坏元器件，甚至会导致印制电路板焊盘翘起或脱落，进而给继续装配造成很多麻烦。因此，一定要严格控制加热的时间与温度。

2. 拆焊时不要用力过猛

塑料密封器件、瓷器件和玻璃端子等在加温情况下，强度都有所降低，拆焊时用力过猛会引起器件和引线脱离或铜箔与印制电路板脱离。

3. 不要强行拆焊

不要用电烙铁去撬或晃动接点，不允许用拉动、摇动或扭动等办法强行拆除焊接点。

3.5.5　各类焊点的拆焊方法和注意事项

各类焊点的拆焊方法和注意事项如表3—1所示。

表 3—1　　　　各类焊点的拆焊方法和注意事项

<table>
<tr><th colspan="2">焊点类型</th><th>拆焊方法</th><th>注意事项</th></tr>
<tr><td colspan="2">引线焊点拆焊</td><td>首先用烙铁头去掉焊锡，然后用镊子撬起引线并抽出。如引线采用的是缠绕的焊接方法，则要将引线用工具拉直后再抽出。</td><td>撬、拉引线时不要用力过猛，也不要用烙铁头乱撬，要先弄清引线的方向。</td></tr>
<tr><td colspan="2">引脚不多元器件的焊点拆焊</td><td>采用分点拆焊法，用电烙铁直接进行拆焊。一边用电烙铁对焊点加热至焊锡熔化，一边用镊子夹住元器件的引线，轻轻地将其拉出来。</td><td>这种方法不宜在同一焊点上多次使用，因为印制电路板上的铜箔经过多次加热后很容易与绝缘板脱离而造成电路板的损坏。</td></tr>
<tr><td colspan="2">有塑料骨架的元器件的拆焊</td><td>因为这些元器件的骨架不耐高温，所以可以采用间接加热拆焊法。拆焊时，先用电烙铁加热除去焊接点焊锡，露出引线的轮廓，再用镊子或捅针挑开焊盘与引线间的残留焊锡，最后用烙铁头对已挑开的个别焊点加热，待焊锡熔化时，迅速拔下元器件。</td><td>不可长时间对焊点加热，防止塑料骨架变形。</td></tr>
<tr><td rowspan="4">焊点密集的元器件的拆焊</td><td>采用空心针管</td><td>使用电烙铁除去焊接点焊锡，露出引脚的轮廓。选用直径合适的空心针管，将针孔对准焊盘上的引脚。待电烙铁将焊锡熔化后迅速将针管插入电路板的焊孔并左右旋转，这样元器件的引线便和焊盘分开了。
优点：引脚和焊点分离彻底，拆焊速度快。很适合体积较大的元器件和引脚密集的元器件的拆焊。
缺点：不适合如双联电容器引脚呈扁片状元器件的拆焊；不适合像导线这样不规则引脚的拆焊。</td><td>① 选用针管的直径要合适。直径小了引脚插不进；直径大了，在旋转时很容易使焊点的铜箔和电路板分离而损坏电路板。
② 在拆焊中周、集成电路等引脚密集的元器件时，应首先使用电烙铁除去焊接点焊锡，露出引脚的轮廓，以免连续拆焊过程中残留焊锡过多而对其他引脚拆焊造成影响。
③拆焊后若有焊锡将引线插孔封住，可用铜针将其捅开。</td></tr>
<tr><td>采用吸锡电烙铁</td><td>它具有焊接和吸锡的双重功能。在使用时，只要把烙铁头靠近焊点，待焊点熔化后按下按钮，即可把熔化的焊锡吸入储锡盒内。</td><td></td></tr>
<tr><td>采用吸锡器</td><td>吸锡器本身不具备加热功能，它需要与电烙铁配合使用。拆焊时先用电烙铁对焊点进行加热，待焊锡熔化后撤去电烙铁，再用吸锡器将焊点上的焊锡吸除。</td><td>撤去电烙铁后，吸锡器要迅速地移至焊点吸锡，避免焊点再次凝固而导致吸锡困难。</td></tr>
<tr><td>采用吸锡绳</td><td>使用电烙铁除去焊接点上的焊锡，露出导线的轮廓。将在松香中浸过的吸锡绳贴在待拆焊点上，用烙铁头加热吸锡绳，通过吸锡绳将热量传导给焊点以熔化焊锡，待焊点上的焊锡熔化并吸附在锡绳上，抻起吸锡绳。如此重复几次即可把焊锡吸完。此方法在高密度焊点拆焊时具有明显优势。</td><td>吸锡绳可以自制，方法是将多股胶质电线去皮后拧成绳状（不宜拧得太紧），再加热吸附上松香助焊剂即可。</td></tr>
</table>

实训任务1 元件的焊接技术

【实训目的和任务】

1. 了解焊接工具、焊料和助焊剂相关知识。
2. 掌握焊接方法。
3. 认识并掌握电子装配的步骤和方法。

【实训工具和器材】

1. 35W内热式电烙铁1把。
2. 焊接练习印制板1块。
3. 杂电阻、电容、二极管若干。
4. 数字万用表1块。

【实训原理和技术】

1. 电烙铁的分类及使用。

电烙铁分为内热式和外热式两种。

电烙铁的握法有正握、反握和笔握，手工小功率焊接一般采用笔握法来进行操作。

2. 焊料和助焊剂的选用。

焊料的要求：焊料的熔点要低于被焊接物；易于与被焊物连成一体，要具有一定的抗压能力；导电性能良好；结晶的速度要快。

助焊剂的作用是帮助焊料流动，能加快热量从烙铁头向焊料和被焊物表面的传递。手工焊接一般采用松香助焊剂。

3. 元件装配。

元件装配包括元器件和导线的整形预加工和插装、排列。

4. 对焊点的要求。

要有足够的机械强度，焊接可靠，到点性能良好，焊点光滑、干净。

【实验内容和步骤】

1. 根据印制板上电路符号的标注，确定所需元器件的个数，并找取好相应类型元件。
2. 将找好的元件引脚去氧化待用。
3. 根据印制板位置要求对元件引脚进行整形。
4. 将整形好的元件插装在印制板上。
5. 对元件进行焊接。
6. 焊接完成后仔细检测元件焊接的质量是否可靠，对存在问题的地方进行补焊。
7. 交由指导教师评定成绩。

元件焊接技术评分表

质量要求	出现问题	扣分
元件整形		
元件插装		
元件顺序		
焊点		
整体感觉		

实训任务 2　元件的拆焊技术

【实训目的和任务】

1. 了解拆焊工具、焊料和助焊剂相关知识。
2. 掌握拆焊的方法。
3. 认识并掌握元件的更换方法。

【实训仪器和器材】

1. 练习板 2 块。
2. 吸锡器 1 把。
3. 电烙铁 1 把。
4. 镊子 1 把。
5. 偏口钳 1 把。

【实训原理和技术】

1. 采用空心针管。

在拆焊的时候，先用烙铁把焊点熔化，将针头插入印制电路板上的焊点内，使元件的引脚和印制电路板的焊盘脱离。

2. 采用铜编织线。

先将铜编织线放在松香槽中浸润，再将编织线放在要拆焊的焊盘上，加热焊盘，移开编织线即可将焊料吸走，重复几次即可把焊锡吸完。

3. 采用吸锡器。

加热焊盘，将吸锡器的吸嘴放置在相应焊盘上，按下按钮，焊锡就被吸进吸锡器。

【实训内容和步骤】

1. 根据老师的演示，对练习板上的元件进行拆焊练习。
2. 待练习板全部拆卸完成后，交由老师评分。

元件拆焊技术评分表

质量要求	出现问题	得分
元件拆焊		
焊盘情况		
过孔情况		
整体感觉		

【项目小结】

1. 手工焊接的基本步骤：（1）准备；（2）加热被焊件；（3）放上焊料；（4）移开焊料；（5）移开电烙铁。

2. 焊接注意事项：（1）烙铁的温度要适当；（2）焊接的时间要适当；（3）焊料与焊剂的使用要适量；（4）焊接过程中不要触动焊接点。

3. 拆焊的常用工具：（1）空心针管；（2）吸锡器；（3）镊子；（4）吸锡绳；（5）吸锡电烙铁。

【知识能力测验】

一、填空题

1. 手工焊锡的主要工具是________，正确的握烙铁方法是________；焊接好后，电烙铁以基于被焊体约________°角移开；在焊接时，应按照________或________的要求进行焊接，焊接时要快，一般焊接时间应不超过________秒。

2. 一般手工的烙铁是输入________的电压。

3. 执锡补焊时应按照从________到________，由________到________的顺序，避免检查时漏检或焊接时漏修。

4. 焊接时要经常清洗烙铁头，防止烙铁头的杂物造成________等不良情况发生。

5. 不要在基板上给烙铁头加焊锡，生产过程中不能________，防止焊锡渣、焊锡珠掉到基板上面。

6. 拿烙铁时手指要离开烙铁的金属部位，预热的电烙铁（预热时间为________分钟至________分钟）不能对着人挥动，以免烫伤自己和周围的人。

7. 焊接时，对于小于或等于________的电烙铁，应用握笔的动作拿；对于大于或等于________的电烙铁一般握在手心。

8. 焊锡应满足的条件有________、________、________。

9. 焊接的目的是________。

10. 加热焊接部位，用适当的力将烙铁头压在加热的部位。烙铁与铜箔之间的角度为40°至________°。

二、单项选择题

1. 根据作业指导书或样板之要求，该焊元件未焊而焊成其他元件叫________。

A. 焊反　　B. 错焊　　C. 漏焊

2. 加锡的顺序是________。

A. 先加热后放焊锡　　B. 先放锡后焊　　C. 锡和烙铁嘴同时

3. 根据作业指导书或样板之要求，不该断开的地方断开叫________。

A. 短路　　B. 开路　　C. 连焊

4. 焊锡过程中使用的材料有________。

A. 铝丝　　B. 铜铝锡丝、铜锡丝　　C. 焊条

5. 常用的铜端子有 R8－6，其中的 R 表示________。

A. 椭圆形　　B. 正方形　　D. 扁形

6. 焊锡时在常压操作条件下烙铁温度高于________。

A. 200℃　　B. 300℃　　C. 600℃

三、问答题

1. 在焊锡过程中发现端子用错或端子夹接松动时，你是如何处理的？

2. 当焊锡时发现有的导线脱漆不干净，你应该如何解决？

3. 焊锡作业完成时你需要做哪些检查项目？

项目 4　检测仪器的使用

【知识目标】

- 初识电子仪器仪表，了解电子设备的原理和使用方法
- 掌握实训过程中安全用电的操作规范
- 掌握实训室 6S 管理规范和标准
- 掌握常用仪器仪表的功能及作用

【技能目标】

- 能使用仪器仪表测量一些简单数据
- 掌握良好的实训操作习惯，能做好工位的整理和清洁

【情感目标】

- 兴趣激发，能对电子测量学习产生学习的动力
- 初步形成良好的职业操作素养

【实训任务】

- 实训任务 1　UTD2000 型数字存储示波器的使用
- 实训任务 2　MFG3000 系列 DDS 函数信号发生器的使用
- 实训任务 3　示波器简单信号波形测试

【情景导入】

在医院检测身体时同学们看见过那些仪器屏幕上出现的各种波形图，一些现代战争电视剧中，也常有镜头显示各种电子设备上出现波形图等。同学们是否想过这些波形是怎么产生的呢？怎么测量它们呢？它们有什么用呢？

任务 1　示波器的使用

知识链接 4.1　UT2000 数字存储示波器

4.1.1　简介

UT2000 是小型、轻便的便携式数字存储示波器，向用户提供简单而功能明晰的前面

板（如图 4—1 所示），以进行基本的操作。面板上包括旋钮和功能按键。其旋钮的功能与其他数字存储示波器类似。显示屏右侧的一列 5 个按键为菜单操作键（自上而下定义为 F1 键至 F5 键）。通过它们，使用者可以设置当前菜单的不同选项；其他按键为功能键，通过它们（如图 4—2 所示），使用者可以进入不同的功能菜单或直接获得特定的功能应用。

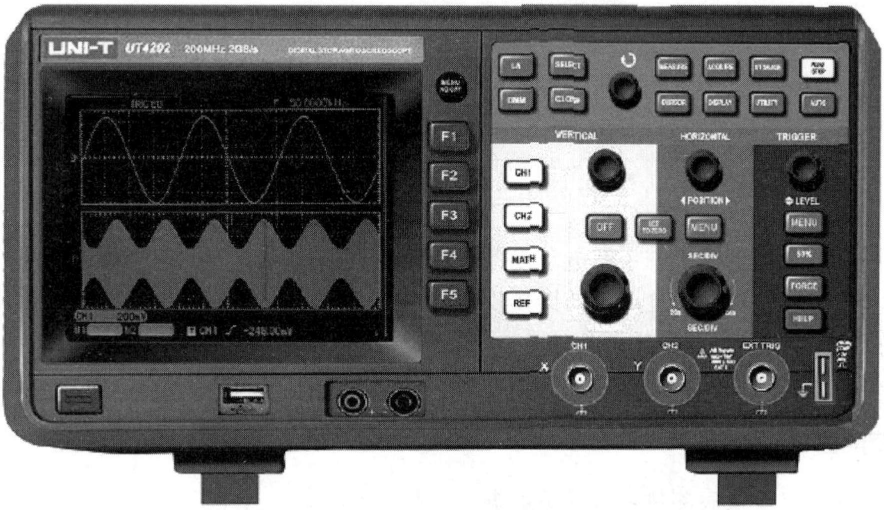

图 4—1　UT2000 前面板

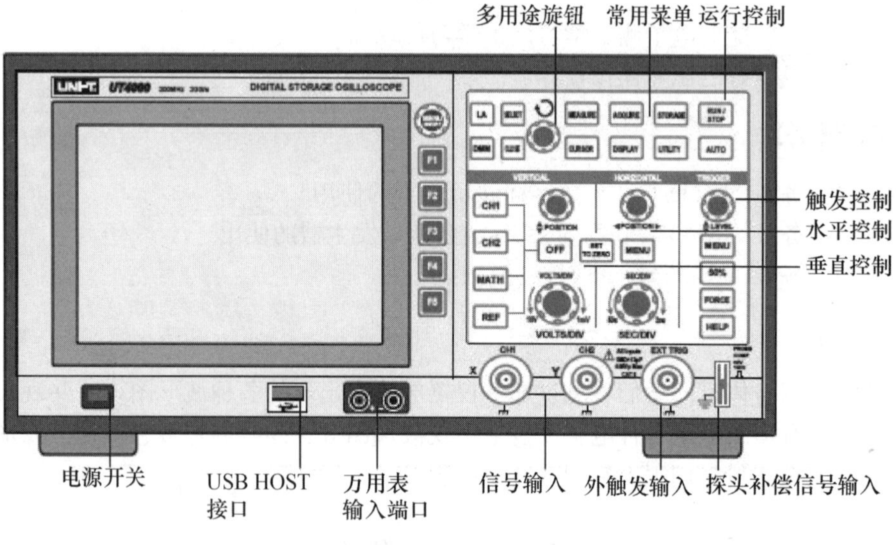

图 4—2　UT2000 面板操作说明

1. 功能检查

做一次快速功能检查，以核实本仪器运行是否正常。请按如下步骤进行。

（1）接通仪器电源。

使用者可将本机接通电源（见图 4—3），电源的供电电压为交流 100V 至交流 240V，

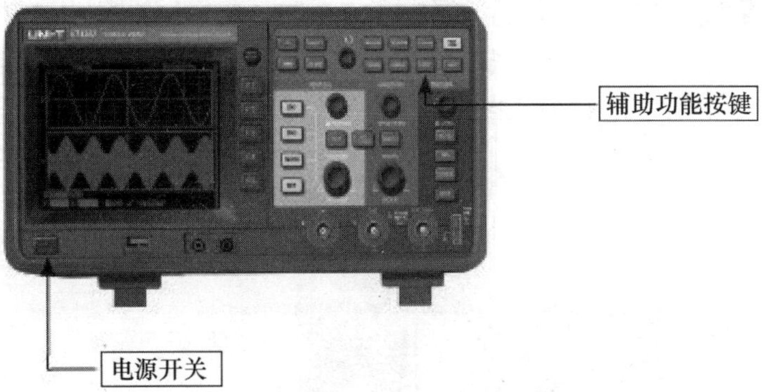

图 4—3 UT2000 电源图

频率为 45～440Hz。接通电源后，让仪器以最大测量精度优化数字存储示波器信号路径，执行自校正程序。方法是：按 UTILITY （辅助功能）按键，按 F1 执行。进入下一页，按 F1 ，执行出厂设置。上述过程结束后，按 CH1 ，进入 CH1 菜单（见图 4—4）。

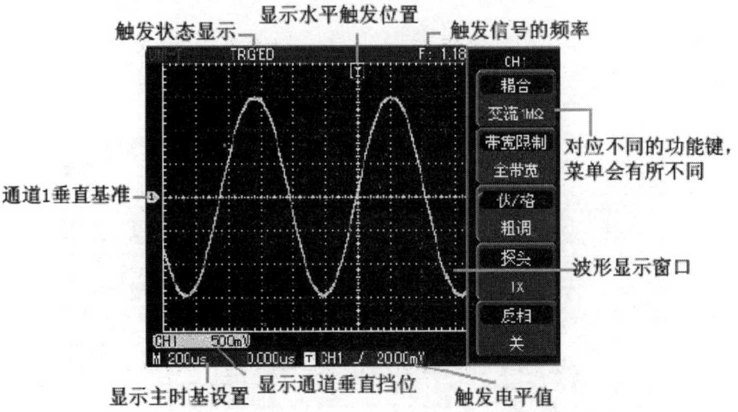

图 4—4 UT2000 显示界面说明

（2）数字存储示波器接入信号。

UT2000 数字存储示波器为双通道输入，另有一个外触发输入通道。请按照如下步骤接入信号：

1）将数字存储示波器探头连接到 CH1 输入端，并将探头上的衰减倍率开关设定为 10×（见图 4—5）。

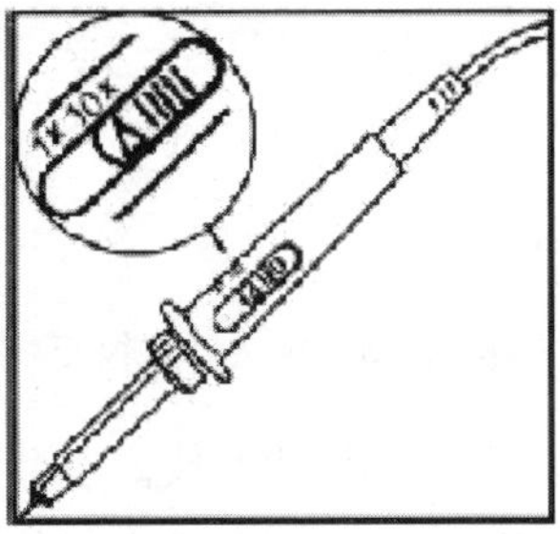

图 4—5 探头衰减倍率开关设定

2）在数字存储示波器上需要设置探头衰减系数。此衰减系数改变仪器的垂直挡位倍率，从而使得测量结果正确反映被测信号的幅值。设置探头衰减系数的方法如下：按 F4 再按 F2 使菜单显示 10×（见图 4—6）。

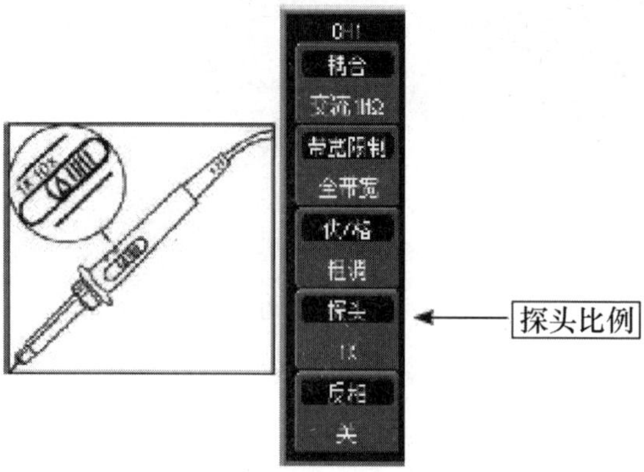

图 4—6　探头在数字存储示波器上的衰减系数设定

3）把探头的探针和接地夹连接到探头补偿信号的相应连接端上。按 AUTO 按键。几秒钟内，可见到方波显示（1kHz，约 3V 峰峰值），见图 4—7。

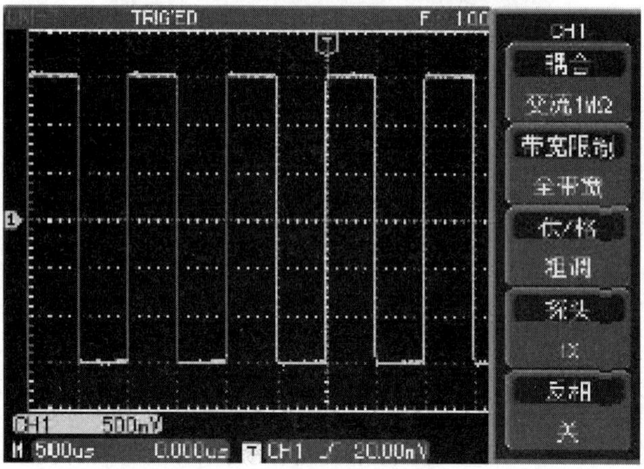

图 4—7　探头补偿正确信号

4）若显示波形如图 4—8 所示的“补偿不足”或“补偿过度”，用探头附件中的调节棒调节探头前端调节孔内的可调件，直到屏幕显示的波形如图 4—7 中所示。

补偿过度　　补偿不足

图 4—8　探头补偿校正

5）以同样的方法检查 CH2，按 OFF 功能按键以关闭 CH1，按 CH2 功能按键以打开 CH2，重复步骤 2）和步骤 3）。

警告：

为避免使用探头在测量高电压时被电击，请确保探头的绝缘导线完好，并且连接高压源时请不要接触探头的金属部分。

2. 波形显示的自动设置

UT2000 具有自动设置的功能。根据输入的信号，可自动调整垂直偏转系数、扫描时基以及触发方式直至得到最合适的波形显示。应用自动设置要求被测信号的频率大于或等于 50Hz，占空比大于 1%。

使用自动设置的步骤如下：

(1) 将被测信号连接到信号输入通道。

(2) 按下 AUTO 按键。数字存储示波器将自动设置垂直偏转系数、扫描时基以及触发方式。如果需要进一步仔细观察，在自动设置完成后可再进行手工调整，直至使波形显示达到需要的最佳效果。

3. 初步了解垂直系统

垂直系统控制件如图 4—9 所示，下面的练习逐渐引导使用者熟悉垂直系统的使用。

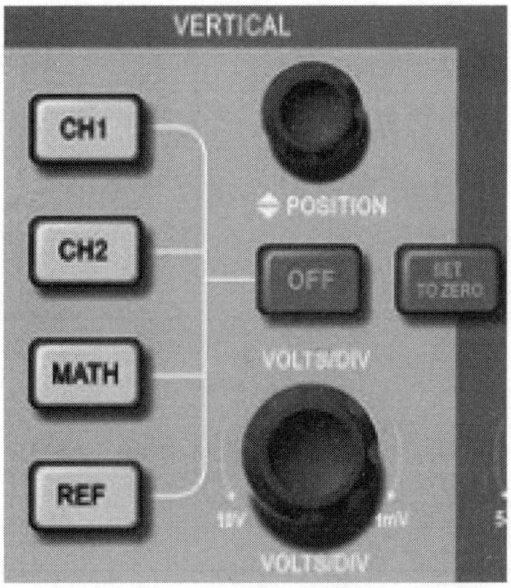

图 4—9　垂直系统控制件

(1) 使用垂直移位旋钮（POSITION）使波形在窗口中居中显示信号。垂直位置旋钮控制信号的垂直显示位置。当旋动垂直移位旋钮时，指示通道地（GROUND）的标识跟随波形而上下移动。

> **测量技巧**
> 如果通道耦合方式为 DC，使用者可以通过观察波形与信号地之间的差距来快速测量信号的直流分量。
> 如果耦合方式为 AC，信号里面的直流分量被阻断。这种方式方便使用者用更高的灵敏度显示信号的交流分量。

> **触发点恢复到零点（中点）快捷键** SET TO ZERO
> 该键用来将垂直移位、水平移位、触发释抑的位置回到零点（中点）。

（2）改变垂直设置，并观察状态信息变化。使用者可以通过波形窗口下方的状态栏显示的信息，确定任何垂直挡位的变化。旋动垂直 VOLTS/DIV 旋钮改变“伏/格”垂直挡位，可以发现状态栏对应通道的挡位显示发生了相应的变化。按 CH1 、CH2 、MATH 、REF ，屏幕显示对应通道的操作菜单、标志、波形和挡位状态信息。按 OFF 键关闭当前选择的通道。

4．初步了解水平系统

水平系统控制件如图 4—10 所示，下面的练习逐渐引导使用者熟悉水平时基的设置。

（1）使用 SCALE 旋钮改变水平时基挡位设置，并观察状态信息变化。转动 SCALE 旋钮改变“秒/格”时基挡位，可以发现状态栏对应通道的时基挡位显示发生了相应的变化。水平扫描速率为 5ns～50s，以 1—2—5 方式步进。

（2）使用水平移位旋钮（POSITION）调整信号在波形窗口的水平位置。当调节水平移位旋钮时，可以观察到波形随旋钮而水平移动。

（3）按 MENU 按键，显示 Zoom 及双时基菜单。在此菜单下，按 F3 可以开启扩展视窗，再按 F1 可以关闭扩展视窗而回到主视窗。按 F3 可以进入双时基功能设置。在这个菜单下，还可以设置触发释抑时间。

图 4—10 水平系统控制件

当触发点通过水平移位移开水平中点较多时，可通过快捷键 SET TO ZERO 使触发点快速回到水平中点，也可以通过旋转水平移位旋钮调整。

名词解释

触发点：该点对应于存储器中的某一位置，当触发点位于水平中点时，该点对应于存储器的中点。转动水平移位旋钮，可水平移动触发点。

触发释抑：指触发产生到下一次重新启动触发电路的时间间隔。旋动多用途旋钮控制器，可设置触发释抑时间。触发释抑时间的调整用于观察组合或复杂信号。

5．初步了解触发系统

触发系统控制件如图 4—11 所示，下面的练习逐渐引导使用者熟悉触发系统的设置。

（1）使用触发电平旋钮改变触发电平时，屏幕上显示触发电平线随旋钮转动而上下移动。在移动触发电平的同时，可以观察到在屏幕下部的触发电平的数值相应变化。

（2）使用 MENU 按键，以改变触发设置。一般设置如下（见图 4—12）：

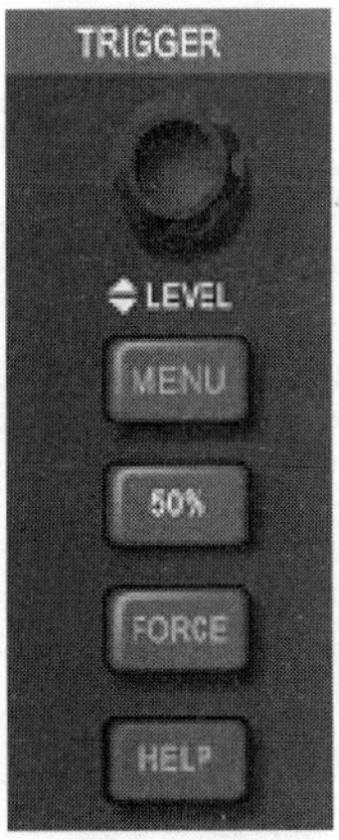

图 4—11　触发系统控制件

图 4—12　触发菜单

按两次F1按键，选择“类型”为边沿触发；

按F2按键，选择“信源”为 CH1（也可通过多用途旋钮进行选择，再按SELECT按键确定）；

按F3按键再按 F1 按键，设置“触发耦合”为直流；

按F4按键再按 F1 按键，设置“触发方式”为自动；

按F5按键，设置“边沿类型”为上升。

（3）按50%按键，设定触发电平在触发信号幅值的垂直中点。

（4）按FORCE按键：强制产生一触发信号，主要应用于触发方式中的正常和单次模式。

4.1.2　仪器设置

1. 设置垂直系统

每个通道有独立的垂直菜单。每个项目都按不同的通道单独设置。按 CH1 或 CH2 功能按键，系统显示CH1或CH2通道的操作菜单，说明见表 4—1。

表 4—1　　通道菜单说明

功能菜单	设定	说　明
耦合	直流 交流 接地	通过输入信号的交流和直流成分。 阻挡输入信号的直流成分。 显示通道输入端被等效接地时产生直流电平。
带宽限制	全带宽 20MHz	全带宽； 限制带宽至 20MHz，以减少显示噪声。
伏/格	粗调 细调	粗调按 1—2—5 进制设定垂直偏转系数。 细调则在粗调设置范围之间进一步细分，以改善垂直分辨率。

续前表

功能菜单	设定	说　明
探头	1× 10× 100× 1000×	根据探头衰减系数选取其中一个值，以保持垂直偏转系数的读数正确。共有四种：1×、10×、100×、1000×。
反相	开 关	打开波形反向功能。 波形正常显示。

（1）设置通道耦合。

以信号施加到 CH1 通道为例，被测信号是一含有直流分量的正弦信号。

按 F1 选择为交流，设置为交流耦合方式。被测信号含有的直流分量被阻隔。波形显示如图 4—13 所示。

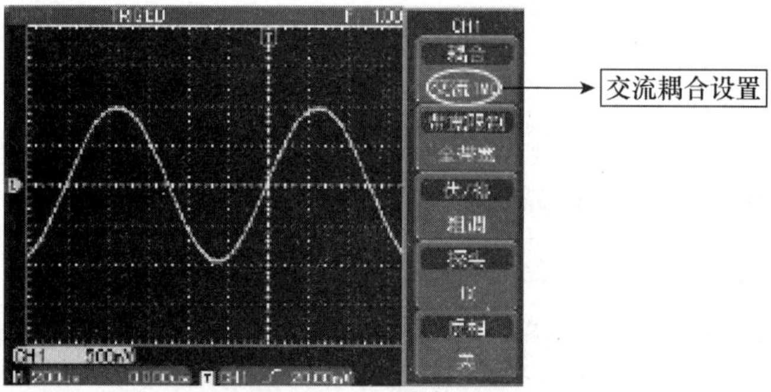

图 4—13　信号的直流分量被阻隔

按 F1 为直流，输入到 CH1 通道被测信号的直流分量和交流分量都可以通过。波形显示如图 4—14 所示。

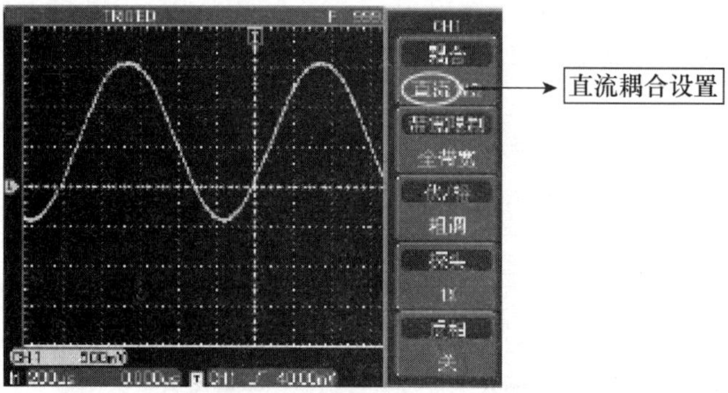

图 4—14　信号的直流分量和交流分量同时被显示

按 F1 为接地，通道设置为接地方式。屏幕显示如图 4—15 所示。（注：在这种方式下，尽管屏幕上不显示波形，但输入信号仍与通道电路保持连接。）

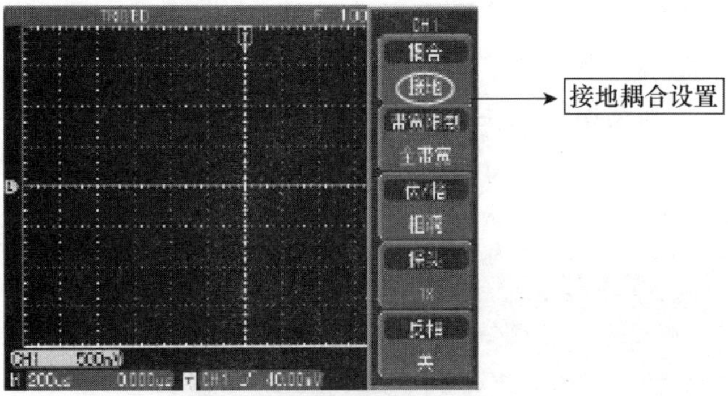

图 4—15　接地方式下的屏幕显示

（2）设置通道带宽限制。

以信号施加到 CH1 通道为例，被测信号是一含有高频振荡的脉冲信号。按 CH1 打开 CH1 通道，然后按 F2，设置宽带限制为“关”，此时通道带宽为全带宽，被测信号中的高频分量都可以通过，波形显示如图 4—16 所示。

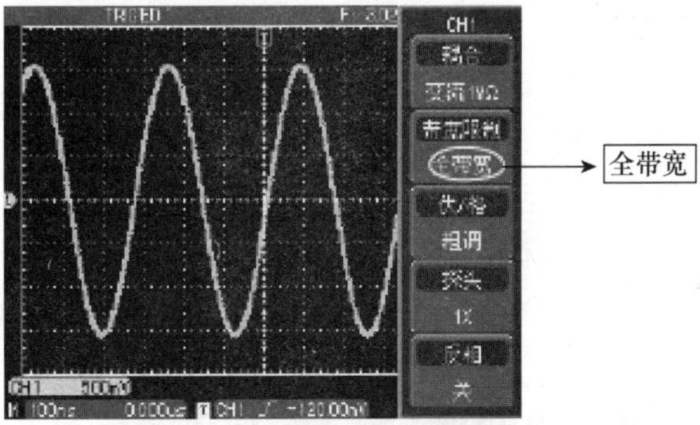

图 4—16　全带宽时的波形显示

按 F2 设置宽带限制为“开”，此时被测信号中凡高于 20MHz 的高频分量都被限制，波形显示如图 4—17 所示。

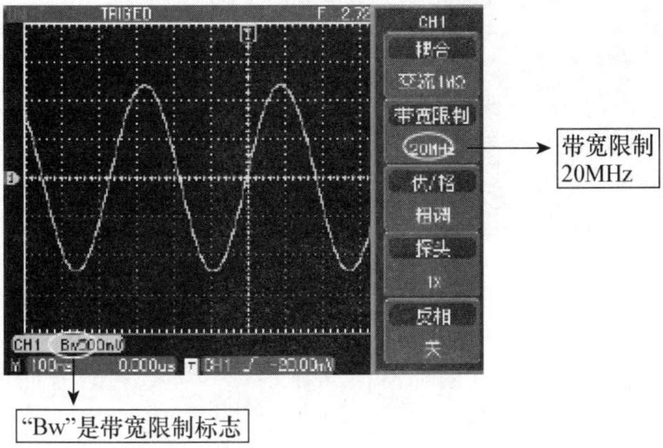

图 4—17　宽带限制时的波形显示

（3）设定探头倍率。

为了配合探头的衰减系数设定，需要在通道操作菜单中相应设置探头衰减系数。如探头衰减系数为 10：1，则菜单中探头系数相应设置成 10×，其余类推，以确保电压读数正确。

图 4—18 中的示例为应用 10：1 探头时的设置及垂直挡位的显示。

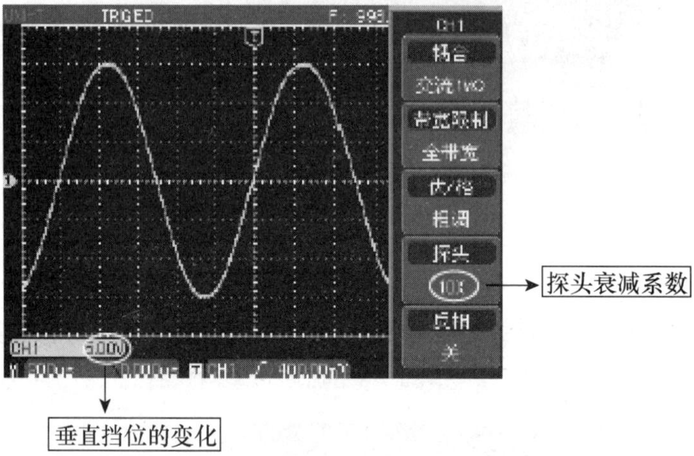

图 4—18　通道菜单中的探头衰减系数设定

（4）垂直伏/格调节设置。

垂直偏转系数伏/格挡位调节，分为粗调和细调两种模式（见图 4—19）。在粗调时，伏/格范围是 1mV/div～10V/div，以 1—2—5 方式步进。细调指在当前垂直挡位范围内以更小的步进改变偏转系数，从而实现垂直偏转系数在 2mV/div～10V/div 内无间断地连续可调。

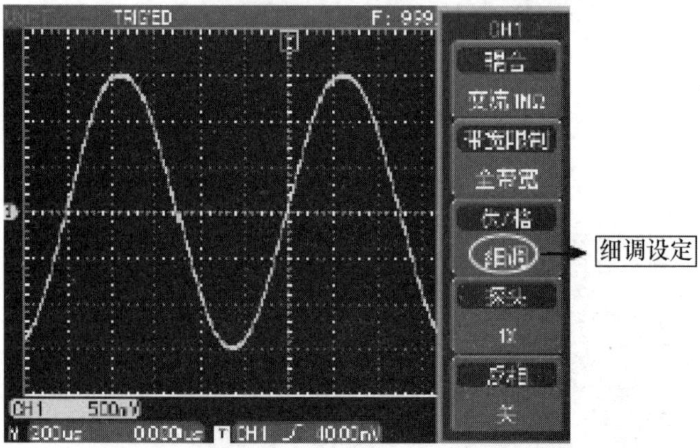

图 4—19　垂直偏转系数设置

（5）波形反相的设置。

波形反相：显示信号相对于通道地电位翻转 180°。未反相的波形见图 4—20，反相后的波形见图 4—21。

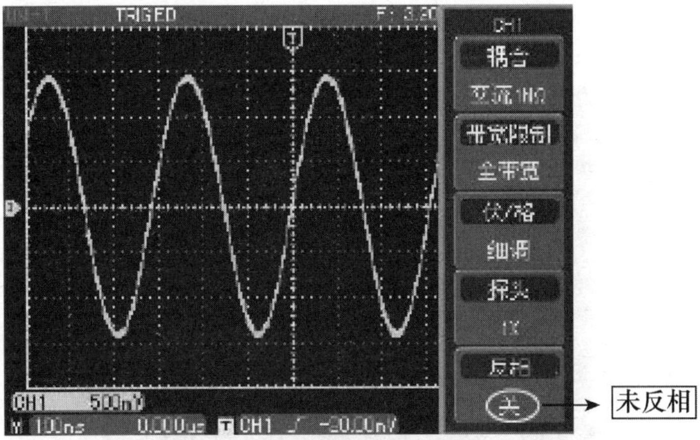

图 4—20　垂直通道反相设置（未反相）

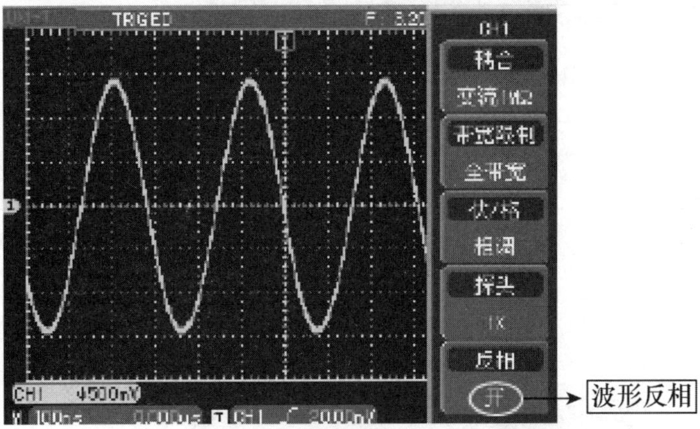

图 4—21　垂直通道反相设置（反相）

2. 设置水平系统

（1）水平控制旋钮。

水平控制旋钮有两个，其中 SED/DIV 用于改变水平时基，水平移位旋钮可改变触发点在屏幕上的相对位置。

（2）水平控制按键。

水平菜单见表 4—2。

表 4—2　　水平菜单说明

功能菜单	设定	说明
视窗		按 F1 在“主视窗”与“扩展视窗”间转换
双时基	时基方式 通道 时基刻度 M2 移位	主时基或双时基 用于选择显示的通道 CH1 或 CH2 用于选择主时基 M1 或延时时基 M2 用于选择细调或粗调方式移位
释抑时间		通过多用途旋钮调节释抑时间

显示界面中显示的水平参数如图 4—22 所示。

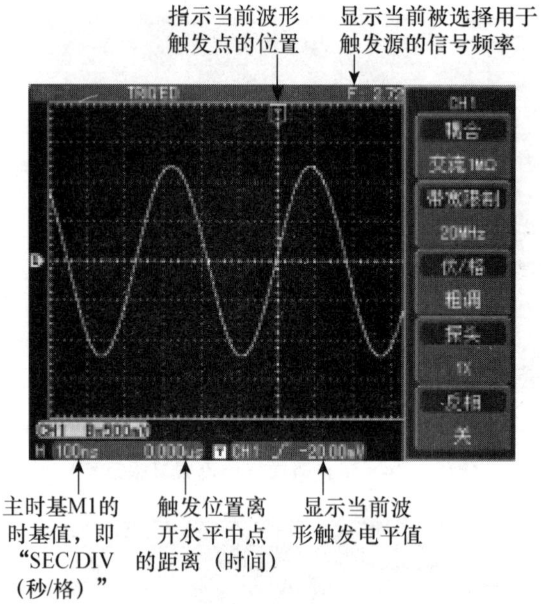

图 4—22　水平参数显示说明

（3）扩展视窗。

扩展视窗用来放大某一部分波形，以便查看图像细节。

在扩展视窗模式下，屏幕分两个显示区域，如图 4—23 所示。上方显示的是原波形，下方显示的是被扩展的波形。POSITION 和 SEC/DIV 旋钮，用于选择需要放大的波形区域。

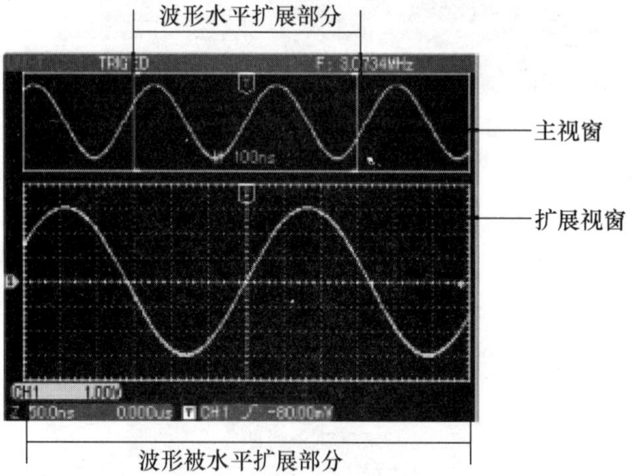

图 4—23　视窗扩展下的屏幕显示

（4）双时基功能。

双时基与扩展视窗用途相似但实质不同，扩展时基可将需要展宽的波形放大 100 倍，而双时基方式可将被观察波形的细节放大数万倍，等效于主时基的存储深度增加数万倍。

双时基操作方式如下：按水平设置菜单并按 F3 可进入双时基菜单。按 F1 打开双时基功能，F2 用于选择在双时基功能下打开通道 CH1 或通道 CH2，F3 用于选择处于激活状态的是 M1 时基还是 M2 时基（M2 作延迟扫描时基），见图 4—24。

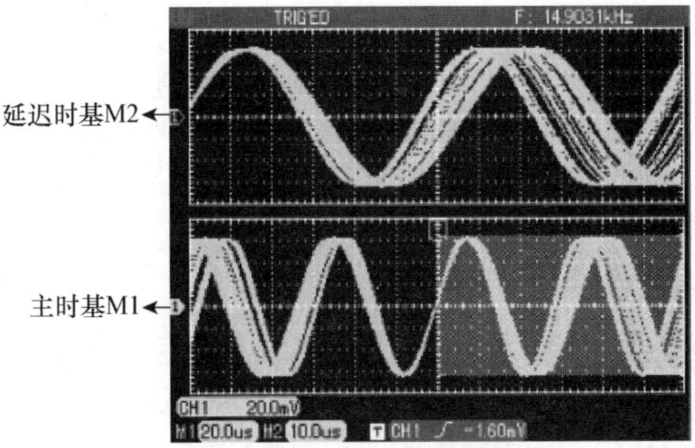

图 4—24　双时基

4.1.3　应用示例

例 4—1　测量简单信号

观测电路中一未知信号，迅速显示和测量信号的频率和峰峰值。

(1) 欲迅速显示该信号，请按如下步骤操作：

1) 将探头衰减系数设定为 10×，并将探头上的开关置于 10×。

2) 将 CH1 的探头连接到电路被测点。

3) 按下 AUTO 按键。

数字存储示波器将自动设置使波形显示达到最佳。在此基础上，使用者可以进一步调节垂直、水平挡位，直至波形的显示符合使用者的要求。

(2) 数字存储示波器可对大多数显示信号进行自动测量（见图 4—25）。欲测量信号频率和峰峰值，请按如下步骤操作：

1) 按 MEASURE 按键，以显示自动测量菜单。

2) 按下 F2，进入测量菜单选择种类。

3) 通过前面板左上方的多用途旋钮选择峰峰值，再按 SELECT 按键确定，然后通过多用途旋钮选择频率，再按 SELECT 按键确定。

4) 按 MENU ON/OFF 按键退出选择菜单。此时，峰峰值和频率的测量值显示在屏幕的左下方。

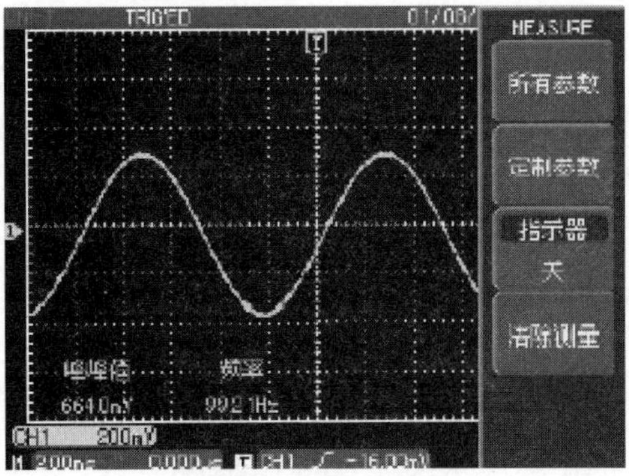

图 4—25　自动测量

例 4—2　观察正弦波信号通过电路产生的延时

与例 4—1 相同，设置探头和数字存储示波器通道的探头衰减系数为 10×。将数字存储示波器 CH1 通道与电路信号输入端相接，CH2 通道则与输出端相接。

操作步骤如下：

（1）显示 CH1 通道和 CH2 通道的信号。

1）按下 AUTO 按键。

2）继续调整水平、垂直挡位直至波形显示满足使用者的测试要求。

3）按 CH1 按键选择 CH1，旋转垂直位置旋钮，调整 CH1 波形的垂直位置。

4）按 CH2 按键选择 CH2，如前操作，调整 CH2 波形的垂直位置，使通道 1、2 的波形既不重叠在一起，又利于观察比较。

（2）测量正弦信号通过电路后产生的延时，并观察波形的变化。

1）自动测量通道延时。按 MEASURE 按钮以显示自动测量菜单。按 F2 按键，进入测量菜单进行选择；旋转多用途旋钮选择“上升延迟”，此时，使用者可以在屏幕左下方的“上升延迟”下看到延迟值。

2）观察波形的变化（见图 4—26）。

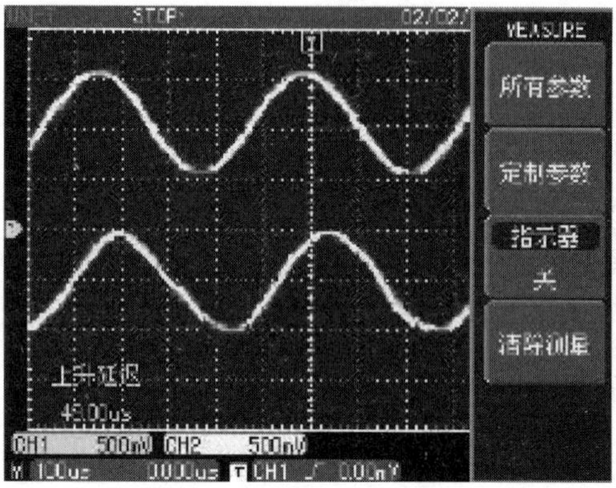

图 4—26　波形延时

例 4—3　捕捉单次信号

数字存储示波器的优势和特点在于可以方便地捕捉脉冲、毛刺等非周期性的信号，若捕捉一个单次信号，首先需要对此信号有一定的先验知识，才能设置触发电平和触发沿。例如，如果脉冲是一个 TTL 电平的逻辑信号，触发电平应该设置成 2V 左右，触发沿设置成上升沿触发。如果对于信号的情况不确定，可以通过自动或普通的触发方式先行观察，以确定触发电平和触发沿。

操作步骤如下：

（1）如前例设置探头和 CH1 通道的衰减系数。

（2）进行触发设定。

1）按下触发控制区域 MENU 按键，显示触发设置菜单。

2）在此菜单下分别应用 F1 ～ F5 菜单操作键设置触发类型为边沿、触发源选择为

CH1、触发耦合为交流、触发方式为单次、边沿类型为上升。如图 4—27 所示。

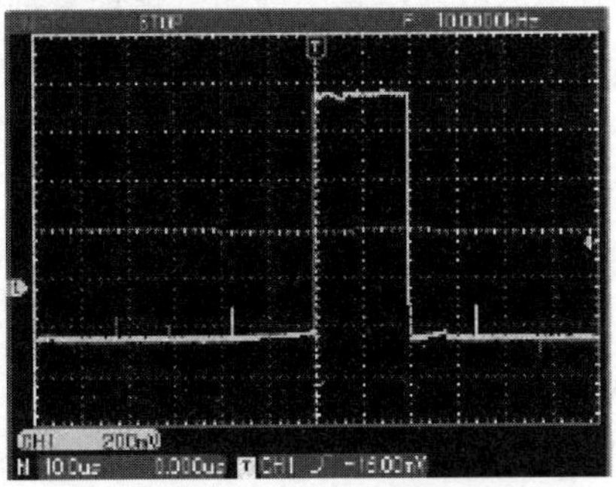

图 4—27　单次信号

3）调整水平时基和垂直挡位至适合的范围。

4）旋转 TRIGGER LEVEL 旋钮，调整适合的触发电平。

5）按 RUN/STOP 键，等待符合触发条件的信号出现。如果有某一信号达到设定的触发电平，即采样一次，显示在屏幕上。

利用此功能可以轻易捕捉到偶然发生的事件，例如幅度较大的突发性毛刺：将触发电平设置到刚刚高于正常信号电平，按 RUN/STOP 键开始等待，则当毛刺发生时，机器自动触发并把触发前后一段时间的波形记录下来。通过旋转面板上水平控制区域的水平 POSITION 旋钮，改变触发位置的水平位置可以得到不同长度的负延迟触发，便于观察毛刺发生之前的波形。

4.1.4　系统提示及故障排除

1．系统提示信息说明

调节已到极限：提示在当前状态下，多用途旋钮的调节已到达终端，不能再继续调整。当垂直偏转系数旋钮、时基旋钮、水平移位、垂直移位和触发电平调节到终端时，会显示该提示。

USB 设备安装成功：当 U 盘插入到数字存储示波器时，如果连接成功，屏幕出现该提示。

USB 设备被移除：当 U 盘从数字存储示波器上拔下时，屏幕出现该提示。

Saving：当进行波形存储时，屏幕显示该提示，并在其下方有进度条出现。

Waiting：当进行自校正时，屏幕显示该提示，并在其下方有进度条出现。

I/O 操作失败：当 U 盘通讯不成功或在 U 盘上未找到符合要求的文件时，屏幕显示该提示。

此功能不可用：当在 LA 菜单中把 LA 功能关闭，则按触发区域 MENU 菜单中的 LA 触发时会出现该提示。

2．故障处理

（1）如果按下电源开关数字存储示波器仍然黑屏，没有任何显示，请按下列步骤处理：

1）检查电源接头是否接好，供电电源是否正常。

2）检查电源开关是否按到位。

3）做完上述检查后，重新启动仪器。

4）如果仍然无法正常启动，就联系厂家售后服务。

（2）采集信号后，画面中并未出现信号的波形，请按下列步骤处理：

1）检查探头是否正常连接在信号连接线上。

2）检查信号连接线是否正常接在 BNC（即通道连接器）上。

3）检查探头是否与待测物正常连接。

4）检查待测物是否有信号产生（可将有信号产生的通道与有问题的通道接在一起来确定问题所在）。

5）再重新采集信号一次。

（3）测量的电压幅度值比实际值大 10 倍或小 10 倍：检查通道衰减系数是否与所使用的探头衰减倍率相符。

（4）有波形显示，但不能稳定下来。

1）检查触发菜单中的触发源设置，是否与实际信号所输入的通道一致。

2）检查触发类型：一般的信号应使用边沿触发方式，视频信号应使用视频触发方式。只有设置正确的触发方式，波形才能稳定显示。

3）尝试改变耦合为高频抑制和低频抑制显示，以滤除干扰触发的高频或低频噪声。

（5）按下 RUN/STOP 键无任何显示。

1）检查触发菜单的触发方式是否在正常或单次挡，且触发电平是否已超出波形范围。如果是，将触发电平居中，或者设置触发方式为自动挡。

2）按 AUTO 键可以自动完成以上设置。

（6）选择打开“平均采样方式时间”后，显示速度变慢。

1）如果平均次数在 32 次以上，速度变慢属于正常现象。

2）可减少平均次数。

（7）波形显示呈阶梯状。

1）此现象正常。可能水平时基挡位过低，增大水平时基以提高水平分辨率，可以改善显示。

2）可能显示类型为矢量，采样点间的连线可能造成波形阶梯状显示。将显示类型设置为点显示方式即可解决。

知识链接 4.2　模拟示波器

4.2.1　模拟示波器的组成结构

1. 荧光屏

荧光屏是示波管的显示部分。屏上水平方向和垂直方向各有多条刻度线，指示出信号波形的电压和时间之间的关系。水平方向指示时间，垂直方向指示电压。水平方向分为 10 格，垂直方向分为 8 格，每格又分为 5 份。垂直方向标有 0、10%、90%、100%等标志，水平方向标有 10%、90%标志，供测直流电平、交流信号幅度、延迟时间等参数使用。根据被测信号在屏幕上占的格数乘以适当的比例常数（V/DIV，TIME/DIV）能得出电压值与时间值。

2. 电源（Power）

示波器主电源开关。当此开关按下时，电源指示灯亮，表示电源接通。

3. 辉度（Intensity）

旋转此旋钮能改变光点和扫描线的亮度。观察低频信号时可小些，高频信号时大些。一般不应太亮，以保护荧光屏。

4. 聚焦（Focus）

聚焦旋钮调节电子束截面大小，将扫描线聚焦成最清晰状态。

5. 标尺亮度（Illuminance）

此旋钮调节荧光屏后面的照明灯亮度。正常室内光线下，照明灯暗一些好。室内光线不足的环境中，可适当调亮照明灯。

4.2.2 垂直偏转因数和时基

1. 垂直偏转因数的选择（VOLTS/DIV）和微调

在单位输入信号作用下，光点在屏幕上偏移的距离称为偏移灵敏度，这一定义对 X 轴和 Y 轴都适用。灵敏度的倒数称为偏转因数。垂直灵敏度的单位是 cm/V，cm/mV 或者 DIV/mV，DIV/V，垂直偏转因数的单位是 V/cm，mV/cm 或者 V/div，mV/div。实际上因习惯用法和测量电压读数的方便，有时也把偏转因数当灵敏度。

示波器中每个通道各有一个垂直偏转因数选择波段开关。一般按 1—2—5 方式从 5mV/div 到 5V/div 分为 10 挡。波段开关指示的值代表荧光屏上垂直方向一格的电压值。例如波段开关置于 1V/div 挡时，如果屏幕上信号光点移动一格，则代表输入信号电压变化 1V。

每个波段开关上往往还有一个小旋钮，微调每挡垂直偏转因数。将它沿顺时针方向旋到底，处于“校准”位置，此时垂直偏转因数值与波段开关所指示的值一致。逆时针旋转此旋钮，能够微调垂直偏转因数。垂直偏转因数微调后，会造成与波段开关的指示值不一致，这点应引起注意。许多示波器具有垂直扩展功能，当微调旋钮被拉出时，垂直灵敏度扩大若干倍（偏转因数缩小若干倍）。例如，如果波段开关指示的偏转因数是 1V/div，采用×5 扩展状态时，垂直偏转因数是 0.2V/div。

在做数字电路实验时，在屏幕上被测信号的垂直移动距离与＋5V 信号的垂直移动距离之比常被用于判断被测信号的电压值。

2. 时基的选择（TIME/DIV）和微调

时基选择和微调的使用方法与垂直偏转因数选择和微调类似。时基选择也通过一个波段开关实现，按 1—2—5 方式把时基分为若干挡。波段开关的指示值代表光点在水平方向移动一个格的时间值。例如在 1μs/div 挡，光点在屏上移动一格代表时间值 1μs。

“微调”旋钮用于时基校准和微调。沿顺时针方向旋到底处于校准位置时，屏幕上显示的时基值与波段开关所示的标称值一致。逆时针旋转旋钮，则对时基微调。旋钮拔出后处于扫描扩展状态。通常为×10 扩展，即水平灵敏度扩大 10 倍，时基缩小到 1/10。例如在 2μs/div 挡，扫描扩展状态下荧光屏上水平一格代表的时间值＝2μs×（1/10）＝0.2μs。

TDS 实验台上有 10MHz、1MHz、500kHz、100kHz 的时钟信号，由石英晶体振荡器和分频器产生，准确度很高，可用来校准示波器的时基。

示波器的标准信号源 CAL，专门用于校准示波器的时基和垂直偏转因数。例如

COS5041 型示波器标准信号源提供一个 $V_{P\text{-}P}=2V$，$f=1kHz$ 的方波信号。

示波器前面板上的位移（POSITION）旋钮调节信号波形在荧光屏上的位置。旋转水平位移旋钮（标有水平双向箭头）左右移动信号波形，旋转垂直位移旋钮（标有垂直双向箭头）上下移动信号波形。

4.2.3 输入通道和输入耦合方式选择

1. 输入通道选择

输入通道至少有三种选择方式：通道 1（CH1）、通道 2（CH2）、双通道（DUAL）。选择通道 1 时，示波器仅显示通道 1 的信号。选择通道 2 时，示波器仅显示通道 2 的信号。选择双通道时，示波器同时显示通道 1 信号和通道 2 信号。测试信号时，首先要将示波器的地与被测电路的地连接在一起。根据输入通道的选择，将示波器探头插到相应通道插座上，示波器探头上的地与被测电路的地连接在一起，示波器探头接触被测点。示波器探头上有一双位开关。此开关拨到“×1”位置时，被测信号无衰减送到示波器，从荧光屏上读出的电压值是信号的实际电压值。此开关拨到“×10”位置时，被测信号衰减为 1/10，然后送往示波器，从荧光屏上读出的电压值乘以 10 才是信号的实际电压值。

2. 输入耦合方式选择

输入耦合方式有三种选择：交流（AC）、地（GND）、直流（DC）。当选择“地”时，扫描线显示出“示波器地”在荧光屏上的位置。直流耦合用于测定信号直流绝对值和观测极低频信号。交流耦合用于观测交流和含有直流成分的交流信号。在数字电路实验中，一般选择“直流”方式，以便观测信号的绝对电压值。

4.2.4 触发

被测信号从 Y 轴输入后，一部分送到示波管的 Y 轴偏转板上，驱动光点在荧光屏上按比例沿垂直方向移动；另一部分分流到 X 轴偏转系统产生触发脉冲，触发扫描发生器，产生重复的锯齿波电压加到示波管的 X 偏转板上，使光点沿水平方向移动，两者合一，光点在荧光屏上描绘出的图形就是被测信号图形。由此可知，正确的触发方式直接影响到示波器的有效操作。为了在荧光屏上得到稳定的、清晰的信号波形，掌握基本的触发功能及其操作方法是十分重要的。

1. 触发源（Source）选择

要使屏幕上显示稳定的波形，则需将被测信号本身或者与被测信号有一定时间关系的触发信号加到触发电路。触发源选择确定触发信号由何处供给。通常有三种触发源：内触发（INT）、电源触发（LINE）、外触发（EXT）。

内触发使用被测信号作为触发信号，是经常使用的一种触发方式。由于触发信号本身是被测信号的一部分，因此在屏幕上可以显示出非常稳定的波形。双踪示波器中通道 1 或者通道 2 都可以选作触发信号。

电源触发使用交流电源频率信号作为触发信号。这种方法在测量与交流电源频率有关的信号时是有效的，在测量音频电路、闸流管的低电平交流噪声时更为有效。

外触发使用外加信号作为触发信号，外加信号从外触发输入端输入。外触发信号与被测信号间应具有周期性的关系。由于被测信号没有被用作触发信号，所以何时开始扫描与被测信号无关。

正确选择触发信号对波形显示的稳定、清晰有很大影响。例如在数字电路的测量中，对一个简单的周期信号而言，选择内触发可能好一些，而对于一个具有复杂周期的信号，且存在一个与它有周期关系的信号时，选用外触发可能更好。

2. 触发耦合（Coupling）方式选择

触发信号到触发电路的耦合方式有多种，目的是为了触发信号的稳定、可靠。这里介绍常用的几种。

（1）AC耦合，又称电容耦合。它只允许用触发信号的交流分量触发，触发信号的直流分量被隔断。通常在不考虑DC分量时使用这种耦合方式，以形成稳定触发。但是如果触发信号的频率小于10Hz，会造成触发困难。

（2）直流耦合（DC）。不隔断触发信号的直流分量。当触发信号的频率较低或者触发信号的占空比很大时，使用直流耦合较好。

（3）抑制触发。低频抑制（LFR）触发时，触发信号经过高通滤波器加到触发电路，触发信号的低频成分被抑制；高频抑制（HFR）触发时，触发信号通过低通滤波器加到触发电路，触发信号的高频成分被抑制。此外还有用于电视维修的电视同步（TV）触发。这些触发耦合方式各有自己的适用范围，需在使用中去体会。

3. 触发电平（Level）和触发极性（Slope）

触发电平调节又叫同步调节，它使得扫描与被测信号同步。电平调节旋钮调节触发信号的触发电平。一旦触发信号超过由旋钮设定的触发电平时，扫描即被触发。顺时针旋转旋钮，触发电平上升；逆时针旋转旋钮，触发电平下降。当电平旋钮调到电平锁定位置时，触发电平自动保持在触发信号的幅度之内，不需要电平调节就能产生一个稳定的触发。当信号波形复杂，用电平旋钮不能稳定触发时，用释抑（Hold Off）旋钮调节波形的释抑时间（扫描暂停时间），能使扫描与波形稳定同步。

极性开关用来选择触发信号的极性。拨在“+”位置上时，在信号增加的方向上，当触发信号超过触发电平时就产生触发。拨在“－”位置上时，在信号减少的方向上，当触发信号超过触发电平时就产生触发。触发极性和触发电平共同决定触发信号的触发点。

4.2.5 扫描方式（Sweep Mode）

扫描有自动（Auto）、常态（Normal）和单次（Single）三种扫描方式。

（1）自动。

当无触发信号输入，或者触发信号频率低于50Hz时，扫描为自动方式。

（2）常态。

当无触发信号输入时，扫描处于准备状态，没有扫描线。触发信号到来后，触发扫描。

（3）单次。

单次按钮类似复位开关。单次扫描方式下，按单次按钮时扫描电路复位，此时Ready灯亮。触发信号到来后产生一次扫描。单次扫描结束后，准备灯灭。单次扫描用于观测非周期信号或者单次瞬变信号，往往需要对波形拍照。

4.2.6 其他事项

上面简要介绍了示波器的基本功能及操作。示波器还有一些更复杂的功能，如延迟扫描、触发延迟、X-Y 工作方式等，这里就不介绍了。示波器入门操作是容易的，真正熟练则要在应用中掌握。值得指出的是，示波器虽然功能较多，但许多情况下用其他仪器、仪表更好。例如，在数字电路实验中，判断一个脉宽较窄的单脉冲是否发生时，用逻辑笔就简单得多；测量单脉冲脉宽时，用逻辑分析仪更好一些。

1. 获得基线

当操作者在使用无使用说明书的示波器时，首先要获得一条最细的水平基线，然后才能用探头进行其他测量，其具体方法如下。

（1）预置面板各开关、旋钮。

亮度置适中，聚焦和辅助聚焦置适中，垂直输入耦合置“AC”，垂直电压量程选择置“5mV/div”，垂直工作方式选择置“CH1”，垂直灵敏度微调校准位置置“CAL”，垂直通道同步源选择置中间位置，垂直位置置中间位置，A 和 B 扫描时间因数一起预置在“0.5ms/div”，A 扫描时间微调置校准位置“CAL”，水平位移置中间位置，扫描工作方式置“A”，触发同步方式置“AUTO”，斜率开关置“+”，触发耦合开关置“AC”，触发源选择置“INT”。

（2）按下电源开关，电源指示灯点亮。

（3）调节 A 亮度、聚焦等有关控制旋钮，可出现纤细明亮的扫描基线，调节基线使其位置于屏幕中间，与水平坐标刻度基本重合。

（4）调节轨迹平行度，使基线与水平坐标平行。

2. 显示信号

一般情况下，示波器本身均有一个 0.5$V_{p\text{-}p}$ 标准方波信号输出口，当获得基线后，即可将探头接到此处，此时屏幕应有一串方波信号，调节电压量程和扫描时间因数旋钮，方波的幅度和宽窄应变化，至此说明示波器基本调整完毕可以投入使用。

3. 测量信号

将测试线接在 CH1 或 CH2 输入插座，测试探头触及测试点，即可在示波器上观察到波形。如果波形幅度太大或太小，可调整电压量程旋钮；如果波形周期显示不适合，可调整扫描速度旋钮。

4.2.7 特殊使用方法

1. 交流峰值电压测量

（1）获得基线。

（2）调整 V/div 旋钮，使波形在垂直方向显示 5div（即 5 格）。

（3）调节“A 触发电平”获得稳定显示。

（4）用以下公式计算峰值电压：

峰峰值 $U_{p\text{-}p}$=垂直格数×电压/格×探头衰减倍数

有效值 $V=V_{p\text{-}p}/2\sqrt{2}$

最大值 $U_{max}=V_{p\text{-}p}/2$

2. 周期的测量

周期 T=水平格数×时间/格÷时间扩展系数

正半周 T_H=正半周所占水平格数×时间/格

负半周 T_L=负半周所占水平格数×时间/格

频率 $f=\frac{1}{T}$

3．相位差测量

相位差=水平差值（度）×水平刻度校准值（度/度）

例如：水平差值为 0.6 度，每度校准到 45 度，将给定值代入公式：

相位差=0.6×45=27

请试做下面的题目：

某次测量时，示波器的“垂直衰减”挡位 0.5V/div，“水平扫描时间系数”挡位选择 2ms/div，测得波谷之间占 4 格，相邻波峰之间占 4 格，计算波形参数。

$U_{p\text{-}p}$=________　　$U_{有}$=________　　U_{max}=________

T=________　　T_H=________　　T_L=________

f=________

任务 2　函数信号发生器的使用

知识链接 4.3　MFG3000 系列 DDS 函数信号发生器

4.3.1　仪器简介

本节知识适用于 MFG-30XX 系列 DDS 函数信号发生器的各种型号，MFG-30XX 仪器型号中的后两位数字 XX 表示该型号仪器的 A 路频率上限值（MHz）。

MFG-30XX 系列 DDS 函数信号发生器采用直接数字合成技术（DDS），具有快速完成测量工作所需的高性能指标和众多的功能特性。其简单而功能明晰的前面板设计和中/英文液晶显示界面能使用户更便于操作和观察，可扩展的选件功能可使用户获得增强的系统特性。

仪器具有下述优异的技术指标和功能特性：

- 频率精度高：频率精度可达到 10^{-5}数量级。
- 频率分辨率高：全范围频率分辨率达 20mHz（可扩展 40μHz）。
- 无量程限制：全范围频率不分挡，直接数字设置。
- 无过滤过程：频率切换时瞬间达到稳定值，信号相位和幅度连续无畸变。
- 波形精度高：输出波形由函数计算值合成，波形精度高，失真小。
- 多种波形：可以输出 32 种波形。
- 脉冲特性：可以设置精确的脉冲波占空比。
- 谐波特性：可输出基波和谐波信号，二者相位可调。
- 扫描特性：具有频率扫描和幅度扫描功能，可点任意设置扫描起止点。
- 调制特性：可以输出频率调制 FM 和幅度调制 AM 信号。
- 键控特性：可以输出频移键控 FSK、幅移键控 ASK 和相移键控 PSK 信号。

- 猝发特性：可以输出猝发计数脉冲串信号。
- 存储特性：可以存储 40 组用户设置的仪器状态参数，可随时调出重现。
- 计算功能：可以选用频率或周期，幅度有效值或峰峰值。
- 操作方式：全部按键操作，中/英文两种菜单显示，直接数字设置或旋钮连续调节。
- 高可靠性：大规模集成电路，表面贴装工艺，可靠性高，使用寿命长。
- 保护功能：过压保护、过流保护、输出端短路几分钟保护、反灌电压保护。
- 频率测量：具有频率计数器功能，对内部/外部信号进行频率测量。
- 程控特性：可选配 USB 接口或 RS232 接口。

4.3.2 快速入门

1. 使用准备

（1）检查整机与附件。

根据装箱单检查仪器及附件是否齐备完好，如果发现包装箱严重破损，请先保留，直至仪器通过性能测试。

（2）接通仪器电源。

仪器在符合以下的使用条件时，才能开机使用：

- 电压：AC－220V（1±10%）、AC－110V（1±10%）（注意输入电压转换开关位置）。
- 频率：50 Hz（1±5%）。
- 功耗：小于 45VA。
- 温度：0～40℃。
- 湿度：大于 80%。

将电源插头插入交流 220V 带有接地线的电源插座中，按下面板上的电源开关，电源接通。仪器进行初始化，首先显示仪器名称，然后装入默认参数值，显示“A 路频率”功能的操作界面，最后开通 A 路和 B 路输出信号，进入正常工作状态。

警告：为保障操作者人身安全，必须使用带有安全接地线的三孔电源插座！

2. 前后面板

（1）前面板（如图 4—28、表 4—3 所示）。

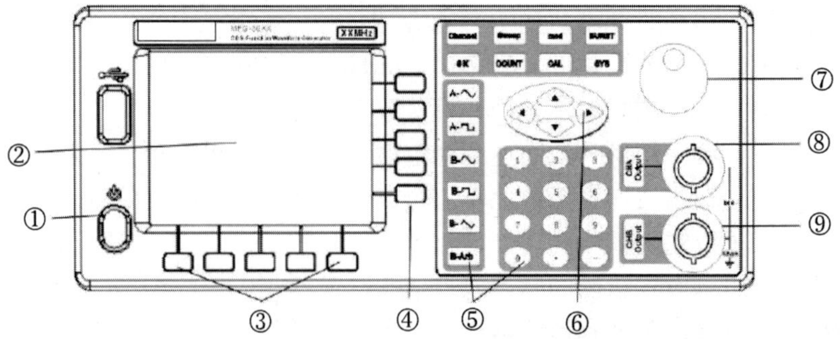

①电源开关；②液晶显示屏；③单位软键；④选项软键；⑤功能、数字软键；⑥方向软键；⑦调节旋钮；⑧输出 A；⑨输出 B

图 4—28 前面板

表 4—3　　　　前面板按键说明

英文	Channel	Sweep	MOD	Burst	SK	COUNT	CAL	SYS
中文	单频	扫描	调制	猝发	键控	计数	校准	系统
英文	A-∿	A-⎍	B-∿	B-⎍	B-⟍	B-ARB	CHA Qutput	CHB Output
中文	A 正弦	A 方波	B 正弦	B 方波	B 三角	B 波形	输出 A	输出 B

（2）后面板（如图 4—29 所示）。

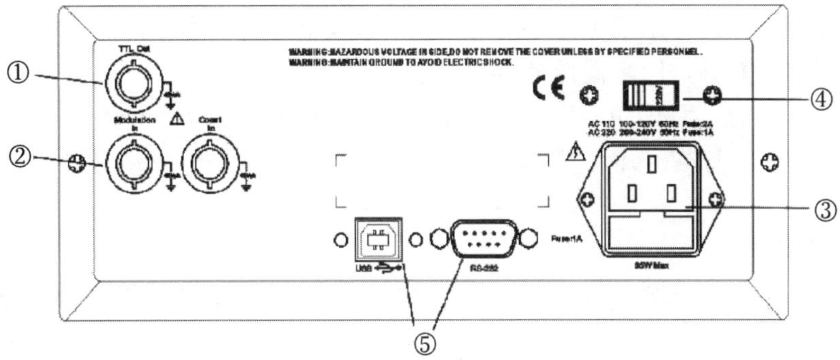

①TTL/10MHz 输出 BNC；②调制/外测输入 BNC；③电源输入插座/保险丝座；
④AC110/220V 输入电压转换开关；⑤RS-232/USB 接口插座

图 4—29　后面板

（3）屏幕显示说明（如图 4—30 所示）。

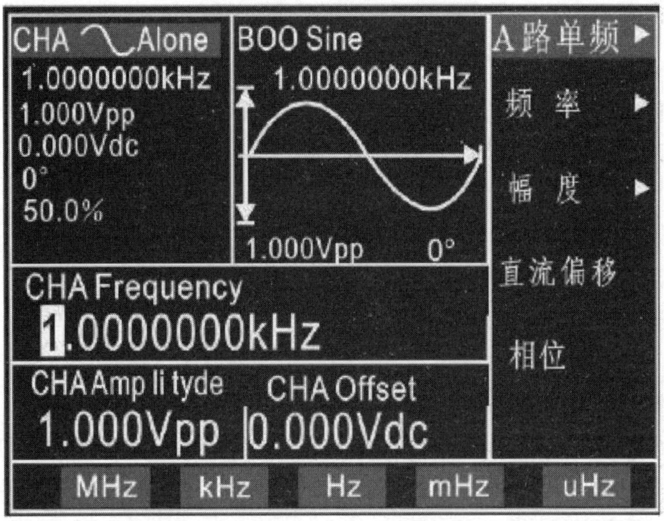

图 4—30　屏幕显示说明

A 路波形示意图：左边上部为 A 路波形示意图及设置参数值。

B 路波形示意图：中间上部为各种功能下的 B 路波形示意图。

功能菜单：右边中文显示区，上边一行为功能菜单。

选项菜单：右边中文显示区，下边四行为选项菜单。

参数菜单：左边英文显示区为参数菜单，自上至下依次为“A 路波形”、“频率”、“幅度”、“偏移”、“相位”、“占空比”。

单位菜单：最下边一行为输入数据的单位菜单。

3. 键盘说明

仪器前面板上共有 38 个按键，可以分为以下 5 类。

（1）功能键。

【单频】【扫描】【调制】【猝发】【键控】键，分别用来选择仪器的 10 种功能。

【计数】键，用来选择频率计数功能。

【系统】【校准】键，用来进行系统设置及参数校准及退出程控操作。

【正弦】【方波】键，用来选择 A 路波形。

【B 正弦、B 方波、B 三角、B 波形】键，用来选择 B 路波形。

【A 输出开/关、B 输出开/关】键，用来开关 A 路或 B 路输出信号，或触发 A 路、B 路信号。

（2）选项软键。

屏幕右边有五个空白键〖〗，其键功能随着选项菜单的不同而变化，称为选项软键。

（3）数据输入键。

【0】，【1】，【2】，【3】，【4】，【5】，【6】，【7】，【8】，【9】键，用来输入数字。

【.】键，用来输入小数点。

【—】键，用来输入负号。

（4）单位软键。

屏幕下边有五个空白键〖〗，其定义随着数据的性质不同而变化，称为单位软键，数据输入之后必须按单位软键，表示数据输入结束并开始生效。

（5）方向键。

【◀】【▶】键，用来移动光标指示位，转动旋钮时可以加减光标指示位的数字。

【▲】【▼】键，用来步进增减 A 路信号的频率或幅度，加减光标指示位的数字。

4. 基本操作

（1）A 路单频。

按【单频】键，选中“A 路单频”功能。

A 路频率设定：设定频率值 3.5kHz。

按【选项 1】软键，选中“频率”，按【3】【.】【5】【kHz】。

A 路频率调节：按【◀】【▶】键可移动数据中的白色光标指示位，左右转动旋钮可使指示位的数字增大或减小，并能连续进位或借位，由此可任意粗调或细调频率。其他选项数据也都可用旋钮调节，不再重述。

A 路周期设定：设定周期值 25ms。

按【选项 1】软键，选中“周期”，按【2】【5】【ms】。

A 路幅度设定：设定幅度峰峰值 3.2$V_{p\text{-}p}$。

按【选项 2】软键，选中“峰峰值”，按【3】【.】【2】【$V_{p\text{-}p}$】。

A 路幅度设定：设定幅度有效值 1.5V_{rms}。

按【选项 2】软键，选中“有效值”，按【1】【.】【5】【V_{rms}】。

A 路偏移设定：设定直流偏移值－1V_{dc}。

按【选项3】软键，选中“直流偏移”，按【—】【1】【V_{dc}】。

A路波形选择：选择方波。

按【A方波】软键。

A路占空比设定：设定脉冲波占空比25%。

按【选项5】软键，选中“占空比”，按【2】【5】【%】。

A路频率步进：设定A路步进频率12.5Hz。

按【选项1】软键，选中“步进频率”，按【1】【2】【.】【5】【Hz】，再按【Hz】软键，选中“频率”，然后每按一次【▲】键，A路频率增加12.5Hz，每按一次【▼】键，A路频率减少12.5Hz。A路幅度步进与此类同。

A路相位设定：设定A路信号的相位为90°。

按【选项4】软键，选中“相位”，按【9】【0】【°】。

（2）B路单频。

按【单频】键，选中“B路单频”功能。

B路频率、幅度和相位设定：B路的频率、幅度和相位设定与A路相类同。

B路波形选择：选择三角波，按【B三角】软键。

谐波设定：设定B路频率为A路的三次谐波。按【选项4】软键，选中“谐波”，按【3】【Time】。

5. 频率扫描

按【扫描】键，选中“A路扫频”功能。

始点频率设定：设定始点频率值10kHz。

按【选项1】软键，选中“始点频率”，按【1】【0】【kHz】。

终点频率设定：设定终点频率值50kHz。

按【选项1】软键，选中“终点频率”，按【5】【0】【kHz】。

步进频率设定：设定步进频率值200Hz。

按【选项1】软键，选中“步进频率”，按【2】【0】【0】【Hz】。

扫描方式设定：设定反向扫描方式。

按【选项3】软键，选中“反向扫描”。

间隔时间设定：设定间隔时间25ms。

按【选项4】软键，选中“间隔时间”，按【2】【5】【ms】。

手动扫描设定：设定手动扫描方式。

按【选项5】软键，选中“手动扫描”，则连续扫描停止，每按一次CHA【Trigger/output】软键，A路频率步进一次。如果不选中“手动扫描”，则连续扫描恢复。频率显示数值随扫描过程同步变化。

6. 幅度扫描

按【扫描】键，选中“A路扫幅”功能，设定方法与“A路扫频”功能相似。

（1）频率调制。

按【调制】键，选中“A路调频”功能。

载波频率设定：设定载波频率值100kHz。

按【选项1】软键，选中“载波频率”，按【1】【0】【0】【kHz】。

载波幅度设定：设定载波幅度值 $2V_{p-p}$。

按【选项 2】软键，选中“载波幅度”，按【2】【V_{p-p}】。

调制频率设定：设定调制频率值 10kHz。

按【选项 3】软键，选中“调制频率”，按【1】【0】【kHz】。

调频频偏设定：设定调频频偏值 5.2%。

按【选项 4】软键，选中“调频深度”，按【5】【.】【2】【%】。

调制波形设定：设定调制波形（实际为 B 路波形）为三角波。

按【选项 5】软键，选中“调制波形”，按【2】【No.】。

外部调制设定：

按【选项 5】软键，选中“外部调制”。

（2）幅度调制。

按【调制】键，选中“A 路幅度”功能。载波频率、载波幅度、调制频率和调制波形设定与“A 路调频”功能的设定相同。

调幅深度设定：设定调幅深度值 85%。

按【选项 4】软键，选中“调幅深度”，按【8】【5】【%】。

4.3.3 原理概述

通过下面的内容，用户可以了解到信号形成的基本概念和仪器的内部操作，从而对仪器的性能指标有更深刻的理解，便于更好地使用本仪器。

1. 原理框图

函数信号发生器原理框图如图 4—31 所示。

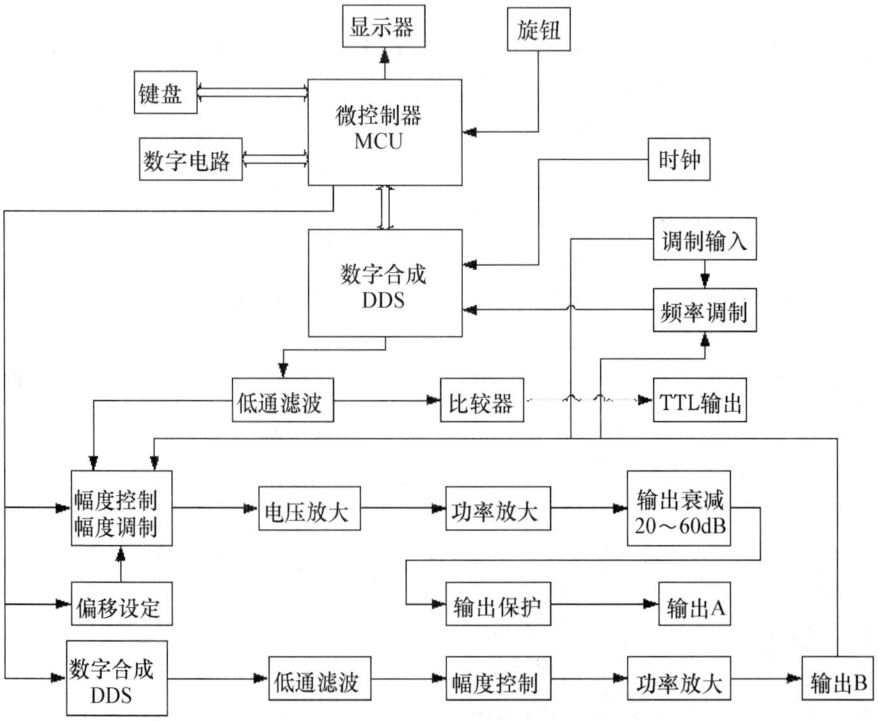

图 4—31 函数信号发生器原理框图

2. 直接数字合成工作原理

要产生一个电压信号，传统的模拟信号源是采用电子元器件以各种不同的方式组成振荡器，其频率精度和稳定度都不高，而且工艺复杂、分辨率低，频率设置和实现计算机程控也不方便。直接数字合成技术（DDS）是最新发展起来的一种信号产生方法，它完全没有振荡器元件，而是用数字合成方法产生一连串数据流，再经过数模转换器产生出一个预先设定的模拟信号。

例如，要合成一个正弦波信号，首先将函数 $y=\sin(x)$ 进行数字量化，然后以 x 为地址，以 y 为量化数据，依次存入波形存储器。DDS 使用了相位累加技术来控制波形存储器的地址，在每一个采样时钟周期中，都把一个相位增量累加到相位累加器的当前结果上，通过改变相位增量即可以改变 DDS 的输出频率值。根据相位累加器输出的地址，由波形存储器取出波形量化数据，经过数模转换器和运算放大器转换成模拟电压。由于波形数据是间断的取样数据，所以 DDS 发生器输出的是一个阶梯正弦波形，必须经过低通滤波器将波形中所含的高次谐波滤除掉，输出即为连续的正弦波。数模转换器内部带有高精度的基准电压源，因而保证了输出波形具有很高的幅度精度和幅度稳定性。

幅度控制器是一个数模转换器，根据操作者设定的幅度数值，产生出一个相应的模拟电压，然后与输出信号相乘，使输出信号的幅度等于操作者设定的幅度值。偏移控制器是一个数模转换器，根据操作者设定的偏移数值，产生出一个相应的模拟电压，然后与输出信号相加，使输出信号的偏移等于操作者设定的偏移值。经过幅度偏移控制器的合成信号再经过功率放大器进行功率放大，最后由输出端口 A 输出。

3. 操作控制工作原理

微处理器通过接口电路控制键盘及显示部分，当有键按下的时候，微处理器识别出被按键的编码，然后转去执行该键的命令程序。显示电路使用菜单字符将仪器的工作状态和各种参数显示出来。面板上的旋钮可以用来改变光标指示位的数字，每旋转 15 °角可以产生一个触发脉冲，微处理器能够判断出旋钮是左旋还是右旋，如果是左旋则使光标指示位的数字减一，如果是右旋则加一，并且连续进位或借位。

4.3.4 使用说明

1. 操作通则

（1）菜单选择。

屏幕右边为中文操作菜单，如果菜单右边有一个三角形，表示该菜单具有多项，按下一个选择键可以循环选择该菜单的各项。如果菜单右边没有三角形，表示该菜单只有一项。右边最上一行为功能菜单，仪器具有十种功能，分别用【单频】、【扫描】、【调制】、【猝发】、【键控】五个键选择，右边上面五行为选项菜单，分别使用屏幕右边相对应的五个空白软键选择，被选中的项目变为绿色。

（2）参数显示。

屏幕左边波形图下面为参数显示区，参数显示区的内容分两部分，参数名称使用 8×16 大小英文字体显示。参数值分别使用多种颜色，使显示更加美观并且容易区分，参数显示分如下五个区。

“频率”区：显示信号的频率或周期。

“幅度”区：显示信号的输出幅度。因为信号的频率和幅度是经常使用的主要参数，这两项使用大号数字，使显示更加醒目。

“偏移等参数”区：显示除了两项主要参数以外的所有其他次要参数。

屏幕最下边一行为数据单位，随着选择数据的性质不同而变化。分别使用屏幕下边相对应的五个空白软键选择，数据输入之后按单位软键，数据开始生效。

A 路参数区：显示 A 路的当前波形、功能及有关参数。

B 路参数区：显示 B 路的当前波形、功能及有关参数。

（3）数据输入。

如果一项参数被选中，则参数值会变为黄色，表示该项参数值可以被修改。十个数字键用于输入数据，输入方式为自左至右移位写入。数据中可以带有小数点，如果一次数据输入中有多个小数点，则只有第一个小数点为有效。在“偏移”功能时，可以输入负号。使用数字键只是把数字写入显示区，这时数据并没有生效，数据输入完成以后，必须按单位键作为结束，输入数据才开始生效。如果数据输入有错，可以有两种方法进行改正。如果输出端允许输出错误的信号，那么就按任一个单位键作为结束，然后再重新输入数据。如果输出端不允许输出错误的信号，由于错误数据并没有生效，输出端不会有错误的信号产生。可以重新按选项键，然后输入正确的数据，再按单位键结束。数据输入结束以后，参数显示重新变为黄色，表示输入数据已经生效。数据的输入可以使用小数点和单位键任意搭配，仪器都会按照固定的单位格式将数据显示出来。

（4）旋钮调节。

在实际应用中，有时需要对信号进行连续调节，这时可以使用数字调节旋钮。当一项参数被选中，除了参数值会变为黄色外，还有一个数字会变为反色，这是光标指示位，按移位键【◀】或【▶】，可以使光标指示位左移或右移，面板上的旋钮为数字调节旋钮，向右转动旋钮，可使光标指示位的数字连续加一，并能向高位进位。向左转动旋钮，可使光标指示位的数字连续减一，并能向高位借位。使用旋钮输入数据时，数字改变后即刻生效，不用再按单位键。光标指示位向左移动，可以对数据进行粗调，向右移动则可以进行细调。

（5）频率幅度步进。

在实际应用中，往往需要使用一组等间隔的频率值或幅度值，如果使用数字键输入方法，就必须反复使用数字键和单位键，这是很麻烦的。由于间隔值可能是多位数，所以使用旋钮调节也不方便。虽然可以使用存储调出方法，但还是有些麻烦，而使用步进输入方法，就非常方便。把频率间隔设定为“步进频率”值，然后每按一次【▲】键，可以使频率增加一个步进值，每按一次【▼】键，可使频率减少一个步进值，而且数据改变后即刻生效，不用再按单位键。

例如：要产生间隔为 12.5kHz 的一系列频率值，按键顺序如下：按【选项 1】软键，选中“步进频率”，按【1】【2】【.】【5】【kHz】，再按【选项 1】软键，选中“A 路频率”，然后连续按【▲】或【▼】键，即可得到一系列间隔为 12.5kHz 的递增或递减的频率值序列，操作快速而又准确。用同样的方法，可以得到一系列等间隔的幅度值序列。步进输入方法只能在“A 路频率”或“A 路幅度”时使用。

（6）输入方式选择。

对于已知的数据，使用数字键输入最为方便，而且不管数据变化多大都能一次到位，没有中间过渡性数据产生，这在一些应用中是非常必要的。对已经输入的数据进行局部修改，或者需要输入连续变化的数据进行观测时，使用调节旋钮最为方便，对于一系列等间隔数据的输入则使用步进键最为方便。操作者可以根据不同的应用要求灵活选择。

2. A 路单频

按【单频】软键，可以选择“A 路单频”功能。

(1) A 路频率设定。

按【选项 1】软键，选中“频率”，当前频率值变为黄色显示，可用数字键或调节旋钮输入频率值，在“输出 A”端口即有该频率的信号输出。

(2) A 路周期设定。

A 路信号也可以用周期值的形式进行设定和显示，按【选项 1】软键，选中“周期”，当前周期值变为黄色显示，可用数字键或调节旋钮输入周期值。但是仪器内部仍然是使用频率合成方式，只是在数据的输入和显示时进行了换算。由于受频率低端分辨率的限制，在周期较长时，只能输出一些周期间隔较大的频率点，虽然设定和显示的周期值很精确，但是实际输出信号的周期值可能有较大差异，这一点在使用中应该心中有数。

(3) A 路幅度设定。

按【选项 2】软键，选中“峰峰值”或“有效值”，当前幅度值变为黄色显示，可用数字键或调节旋钮输入幅度值，“输出 A”端口即有该幅度的信号输出。A 路幅度值的输入和显示有两种格式：峰峰值 V_{p-p}和有效值 V_{rms}。数据输入后按单位键【V_{p-p}】或【mV_{p-p}】，可以输入和显示幅度峰峰值。数据输入后按单位键【V_{rms}】或【mV_{rms}】，可以输入和显示幅度有效值。虽然幅度数值有两种格式，但是在仪器内部都是以峰峰值方式工作的，只是在数据的输入和显示时进行了换算。由于受幅度分辨率的限制，用两种格式输入的幅度值在相互转换之后可能会有些差异。例如在正弦波时输入峰峰值 $1V_{p-p}$，转换为有效值是 $0.353V_{rms}$，而输入有效值 $0.353V_{rms}$，转换为峰峰值却是 $0.998V_{p-p}$，不过这种转换差异一般是在误差范围之内的。如果波形选择为方波，则转换系数为 2。幅度有效值只能在“A 路单频”功能时，并且波形选择为正弦波或方波时使用；在其他功能或其他波形时只能使用幅度峰峰值。

(4) 幅度衰减器。

按【选项 3】可以选择 A 路幅度衰减方式，开机或复位后为自动方式“AUTO”，仪器根据幅度设定值的大小，自动选择合适的衰减比例。在输出幅度为 2V、0.2V 和 0.02V 间进行衰减切换，这时不管信号幅度大小都可以得到较高的幅度分辨率和信噪比，波形失真也较小。但是在衰减切换时，输出信号会有瞬间的跳变，这种情况在有些应用场合可能是不允许的。因此仪器设置有固定衰减方式。按【选项 3】后，可用数字键输入衰减值，输入数据 1 时为 0dB，2 时为 20dB，3 时为 40dB，4 时为 60dB，0 时为 Auto。也可以使用旋钮调节，旋钮每转一步衰减变化一挡。如果选择了固定衰减方式，在信号幅度变化时衰减挡固定不变，可以使输出信号在全部幅度范围内变化都是连续的，但在 0dB 衰减挡时如果信号幅度较小，则波形失真较大，信噪比可能较差。

(5) 输出负载。

幅度设定值是在输出端开路时校准的，输出负载上的实际电压值为幅度设定值乘以负载阻抗与输出阻抗的分压比，仪器的输出阻抗约为50Ω，当负载阻抗足够大时，分压比接近于1，输出阻抗上的电压损失可以忽略不计，输出负载上的实际电压值接近于幅度设定值。但当负载阻抗较小时，输出阻抗上的电压损失已不可忽略，负载上的实际电压值与幅度设定值是不相符的，这点应予注意。A路输出具有过压保护和过流保护，输出端短路几分钟或瞬间反灌电压小于30V时一般不会损坏，但应尽量防止这种情况的发生，以免对仪器造成潜在的伤害。

（6）幅度平坦度。

如果输出频率小于1MHz，输出信号的幅频特性是很平坦的。如果输出频率大于10MHz，输出幅度和负载的匹配特性会使幅频特性平坦度变差，最大输出幅度也受到限制，输出幅度越大，波形失真也越大。

任务3　示波器简单信号波形测试

知识链接4.4　指针万用表的使用

万用表是电子制作中必备的测试工具。它具有测量电流、电压和电阻等多种功能。

4.4.1　指针万用表的结构

指针万用表种类很多，外形各异，但基本结构和使用方法是相同的。常用指针万用表的结构和外形如图4—32所示。

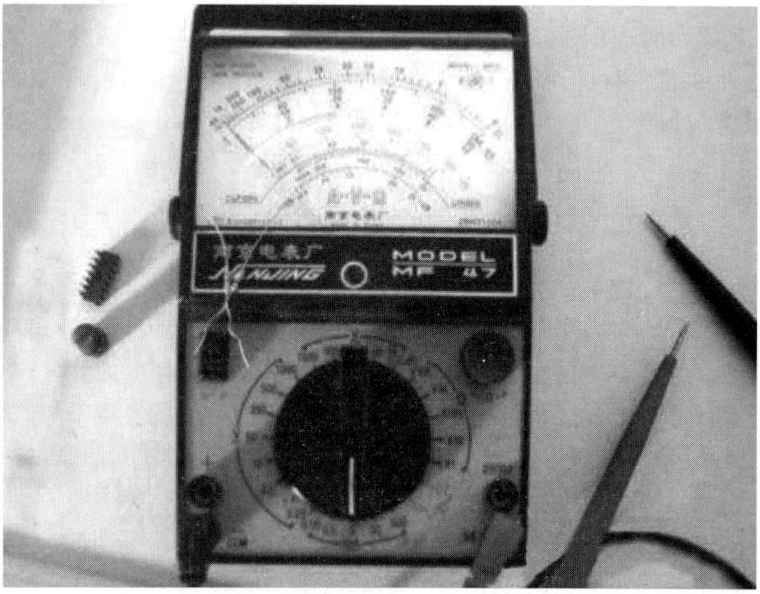

图4—32　指针万用表外形

指针万用表面板上主要有表头和选择开关，还有欧姆挡调零旋钮和表笔插孔。下面介绍各部分的作用。

1. 表头

万用表的表头是灵敏电流计。表头上的表盘印有多种符号、刻度线和数值。符号 A—V—Ω 表示这只电表是可以测量电流、电压和电阻的多用表。表盘上印有多条刻度线，其中右端标有“Ω”的是电阻刻度线，其右端为零，左端为∞，刻度值分布是不均匀的。符号“—”或“DC”表示直流，“～”或“AC”表示交流，“～”也表示交流和直流共用的刻度线。刻度线下的几行数字是与选择开关的不同挡位相对应的刻度值。

表头上还设有机械零位调整旋钮，用以校正指针在左端指零位。

2. 选择开关

万用表的选择开关是一个多挡位的旋转开关，用来选择测量项目和量程。一般的万用表测量项目包括：“mA”；直流电流、“V”：直流电压、“V”：交流电压、“Ω”：电阻。每个测量项目又划分为几个不同的量程以供选择。

3. 表笔和表笔插孔

表笔分为红、黑二支。使用时应将红色表笔插入标有“＋”号的插孔，黑色表笔插入标有“－”号的插孔。

4.4.2 万用表的使用方法及注意事项

1. 使用方法

万用表使用前，应做到以下几项：

(1) 万用表水平放置。

(2) 应检查表针是否停在表盘左端的零位。如有偏离，可用小螺丝刀轻轻转动表头上的机械零位调整旋钮，使表针指零。

(3) 将表笔按上面的要求插入表笔插孔。

(4) 将选择开关旋到相应的项目和量程上就可以使用了。

万用表使用后，应做到以下几项：

(1) 拔出表笔。

(2) 将选择开关旋至“OFF”挡；若无此挡，应旋至交流电压最大量程挡。

(3) 若长期不用，应将表内电池取出，以防电池电解液渗漏而腐蚀内部电路。

2. 使用的注意事项

(1) 在使用万用表过程中，不能用手去接触表笔的金属部分，这样一方面可以保证测量的准确，另一方面也可以保证人身安全。

(2) 在测量某一电量时，不能在测量的同时换挡，尤其是在测量高电压或大电流时，更应注意。否则，会使万用表毁坏。如需换挡，应先断开表笔，换挡后再进行测量。

(3) 选择合适的倍率。在使用万用表测量电阻时，应选适当的倍率，使指针指示在中值附近。最好不使用刻度左边三分之一的部分，这部分刻度密集，读数准确度很差。

(4) 不能带电测量。

(5) 被测电阻不能有并联支路。

(6) 测量晶体管、电解电容等有极性元件的等效电阻时，必须注意两支笔的极性。

(7) 用万用表不同倍率的欧姆挡测量非线性元件的等效电阻时，测出电阻值是不相同的。这是由于各挡位的中值电阻和满度电流各不相同所造成的。机械表中，一般倍率越小，测出的阻值越小。

3. 万用表测直流

（1）进行机械调零。

（2）选择合适的量程挡位。

（3）使用万用表电流挡测量电流时，应将万用表串联在被测电路中，因为只有串联才能使流过电流表的电流与被测支路电流相同。测量时，应断开被测支路，将万用表红、黑表笔串接在被断开的两点之间。特别应注意电流不能并联接在被测电路中，这样做是很危险的，极易使万用表烧毁。

（4）注意被测电量极性。

（5）正确使用和读刻度。

（6）当选用直流电流的 2.5A 挡时，万用表的红表笔应插在 2.5A 测量插孔内，量程开关可以置于直流电流挡的任意量程上。

（7）如果被测的直流电流大于 2.5A，则可将 2.5A 挡扩展为 5A 挡。方法很简单：使用者可以在“2.5A”插孔和黑表笔插孔之间接入一支 0.24Ω 的电阻，这样该挡位就变成了 5A 电流挡了。接入的 0.24Ω 电阻应选用 2W 以上的线绕电阻，因为如果功率太小会使之被烧毁。

4. 用万用表判断扬声器的正负极

首先，把指针式万用表拨到直流 0～5mA 挡，然后将两表笔分别接在待测扬声器的两个焊片上。用手轻按扬声器的纸盆，观察万用表指针的摆动方向：若指针正向偏转，则红表笔接的是扬声器负极，黑表笔接的是扬声器正极；若负向偏转，则红表笔接的是正极，黑表笔接的是负极。

5. 用万用表判断压电陶瓷的好坏

压电陶瓷是一种人工合成的压电材料。当受到外界压力时，两面会产生电荷，电荷量与压力成正比，这种现象称为压电效应。压电陶瓷具有压电效应，即在外电场作用下，会产生形变，所以压电陶瓷片可用作发声元件。

利用压电陶瓷片的压电效应，可用万用表判断其好坏。

将压电陶瓷片的两极引出两根导线，然后把陶瓷片平放到桌子上，将两根引线分别接至万用表两表笔上，把万用表拨至最小电流挡，然后用铅笔橡皮头轻按陶瓷片，若万用表指针明显摆动，说明陶瓷片完好，否则，说明已损坏。

4.4.3 测量技巧

1. 测喇叭、耳机、动圈话筒

用 R×1Ω 挡，任一表笔接一端，另一表笔点触另一端，正常时会发出清脆响亮的“哒”声。如果不响，则是线圈断了，如果响声小而尖，则是有擦圈问题，也不能用。

2. 测电容

用电阻挡，根据电容容量选择适当的量程，并注意测量时对于电解电容黑表笔要接电容正极。

（1）估测微波法级电容容量的大小：可凭经验或参照相同容量的标准电容，根据指针摆动的最大幅度来判定。所参照的电容不必耐压值也一样，只要容量相同即可，例如估测一个 100μF/250V 的电容可用一个 100μF/25V 的电容来参照，只要它们指针摆动最大幅度一样，即可断定容量一样。

（2）估测皮法级电容容量大小：要用 R×10kΩ 挡，但只能测到 1 000pF 以上的电容。对 1 000pF 或稍大一点的电容，只要表针稍有摆动，即可认为容量够了。

（3）测电容是否漏电：对一千微法以上的电容，可先用 R×10Ω 挡将其快速充电，并初步估测电容容量，然后改到 R×1kΩ 挡继续测一会儿，这时指针不应返回，而应停在或十分接近∞处，否则就是有漏电现象。对一些几十微法以下的定时或振荡电容（比如彩电开关电源的振荡电容），对其漏电特性要求非常高，只要稍有漏电就不能用，这时可在R×1kΩ 挡充完电后再改用 R×10kΩ 挡继续测量，同样表针应停在∞处而不应返回。

3. 在路测二极管、三极管、稳压管的好坏

因为在实际电路中，三极管的偏置电阻或二极管、稳压管的周边电阻一般都比较大，大都在几百几千欧姆以上，这样，我们就可以用万用表的 R×10Ω 或 R×1Ω 挡来在路测量 PN 结的好坏。在路测量时，用 R×10Ω 挡测 PN 结应有较明显的正反向特性（如果正反向电阻相差不太明显，可改用 R×1Ω 挡来测），一般正向电阻在 R×10Ω 挡测时表针应指示在 200Ω 左右，在 R×1Ω 挡测时表针应指示在 30Ω 左右（根据不同表型可能略有出入）。如果测量结果正向阻值太大或反向阻值太小，都说明这个 PN 结有问题，这个管子也就有问题了。这种方法对于维修时特别有效，可以非常快速地找出坏管，甚至可以测出尚未完全坏掉但特性变坏的管子。比如，当你用小阻值挡测量某个 PN 结正向电阻过大，如果你把它焊下来用常用的 R×1kΩ 挡再测，可能还是正常的，而其实这个管子的特性已经变坏了，不能正常工作或不稳定了。

4. 测电阻

重要的是要选好量程，当指针指示于 1/3～2/3 满量程时测量精度最高，读数最准确。要注意的是，在用 R×10k 电阻挡测兆欧级的大阻值电阻时，不可将手指捏在电阻两端，这样人体电阻会使测量结果偏小。

5. 集成电路的检测方法

（1）不在路检测。

这种方法是在 IC 未焊入电路时进行的，一般情况下可用万用表测量各引脚对应于接地引脚之间的正、反向电阻值，并和完好的 IC 进行比较。

（2）在路检测。

这是一种通过万用表检测 IC 各引脚在路（IC 在电路中）直流电阻、对地交直流电压以及总工作电流的检测方法。这种方法克服了代换试验法需要有可代换 IC 的局限性和拆卸 IC 的麻烦，是检测 IC 最常用和实用的方法。

在路直流电阻检测法，这是一种用万用表欧姆挡，直接在线路板上测量 IC 各引脚和外围元件的正反向直流电阻值，并与正常数据相比较，来发现和确定故障的方法。测量时要注意以下三点：

1）测量前要先断开电源，以免测试时损坏电表和元件。

2）万用表电阻挡的内部电压不得大于 6V，量程最好用 R×100 挡或 R×1k 挡。

3）测量 IC 引脚参数时，要注意测量条件，如被测机型、与 IC 相关的电位器的滑动臂位置等，还要考虑外围电路元件的好坏。

知识链接 4.5　数字万用表的使用

数字式测量仪表已成为主流，有取代模拟式仪表的趋势。与模拟式仪表相比，数字式仪表灵敏度高，准确度高，显示清晰，过载能力强，便于携带，使用更简单。以下是 UT-39A 型数字万用表，如图 4—33 所示。

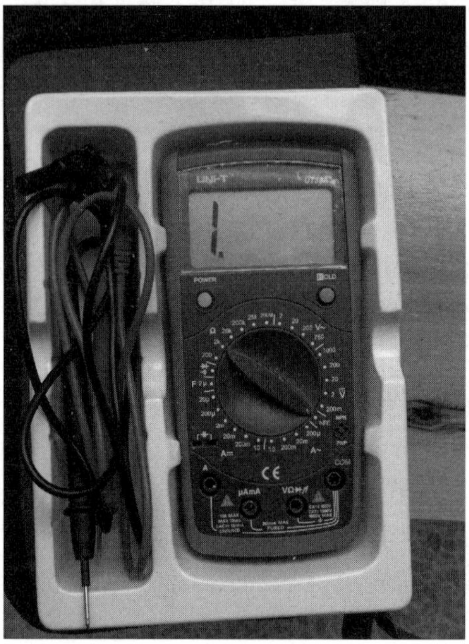

图 4—33　UT-39A 型数字万用表

4.5.1　数字万用表的结构

数字式万用表主要有开关、锁定按钮、挡位选择开关、表笔和插孔等部件。

1. 开关、锁定按钮

位于液晶屏下方，左边为电源按钮，右边为读值锁定键。打开开关，屏幕显示“1”，在测量时，当被测量在反复变化，则按下锁定键，可以将读值锁定，便于读取。

2. 挡位选择开关

数字万用表提供的可测试挡位包括：二极管挡、电阻挡、交流电压挡、直流电压挡、电流挡、电容挡。

3. 表笔和插孔

表笔分为红、黑两支。使用时应将红色表笔插入标有“＋”号的插孔，黑色表笔插入标有“－”号的插孔。

4.5.2　数字万用表的使用方法

1. 使用步骤

（1）使用前，应认真阅读有关的使用说明书，熟悉电源开关、量程开关、插孔、特殊插口的作用。

（2）将电源开关置于ON位置。

（3）交直流电压的测量：根据需要将量程开关拨至DCV（直流）或ACV（交流）的合适量程，红表笔插入V/Ω孔，黑表笔插入COM孔，并将表笔与被测线路并联，读数即显示。

（4）交直流电流的测量：将量程开关拨至DCA（直流）或ACA（交流）的合适量程，红表笔插入mA孔（小于200mA时）或10A孔（大于200mA时），黑表笔插入COM孔，并将万用表串联在被测电路中即可。测量直流量时，数字万用表能自动显示极性。

（5）电阻的测量：将量程开关拨至Ω的合适量程，红表笔插入V/Ω孔，黑表笔插入COM孔。如果被测电阻值超出所选择量程的最大值，万用表将显示“1”，这时应选择更高的量程。测量电阻时，红表笔为正极，黑表笔为负极，这与指针式万用表正好相反。因此，测量晶体管、电解电容器等有极性的元器件时，必须注意表笔的极性。

1）36V以下的电压为安全电压，在测高于36V直流，25V交流电时，要检查表笔是否可靠接触，是否正确连接，是否绝缘良好等，以免被电击。

2）换功能和量程时，表笔应离开测试点，测试时选择正确的功能和量程，谨防误操作。

3）直流电压测量：先将量程开关转至相应的DCV量程上，然后将测试表笔跨接在被测电路上，红表笔所接的该点电压与极性显示在屏幕上。

4）交流电压测量：先将量程开关转至相应的ACV量程上，然后将测试表笔跨接在被测电路上。

5）直流电流测量：先将量程开关转至相应的DCA挡位上，然后将仪表串入被测电路上。

6）交流电流测量：先将量程开关转至相应的ACA挡位上，然后将仪表串入被测电路上。

7）电阻测量：将量程开关转到相应的电阻量程上，将两表笔跨接在被测电阻上。

8）电容测量：将量程开关转到相应的电容量程上，将测试表笔跨接在被测电容、两端进行测量，必要时注意极性。

9）二极管及通断测试：将量程开关置于二极管挡位。将红表接二极管正极，黑表笔接二极管负极。如测线路的通断时，将表笔连接在待测线路的两端，如蜂鸣器响则电路通，反之则电路断开。

10）三极管放大倍数测量：将量程开关置于hFE挡，决定所测晶体管为NPN型或PNP型，将发射极、基极、集电极分别插入相应的孔里。

2. 使用的注意事项

（1）如果无法预先估计被测电压或电流的大小，则应先拨至最高量程挡测量一次，再视情况逐渐把量程减小到合适位置。测量完毕，应将量程开关拨到最高电压挡，并关闭电源。

（2）满量程时，仪表仅在最高位显示数字“1”，其他位均消失，这时应选择更高的量程。

（3）测量电压时，应将数字万用表与被测电路并联。测电流时应与被测电路串联，测直流量时不必考虑正、负极性。

（4）当误用交流电压挡去测量直流电压，或者误用直流电压挡去测量交流电压时，显示屏将显示“000”，或低位上的数字出现跳动。

（5）禁止在测量高电压（220V 以上）或大电流（0.5A 以上）时换量程，以防止产生电弧，烧毁开关触点。

（6）当显示“BATT”或“LOW BAT”时，表示电池电压低于工作电压。

实训任务 1　UTD2000 型数字存储示波器的使用

【实训目的和任务】

1. 了解数字存储示波器面板功能键的作用。
2. 掌握数字存储示波器使用时的步骤和方法。
3. 能正确使用示波器进行基准波形的测试。
4. 能读懂波形并完成波形的绘制。

【实训仪器和耗材】

1. UTD2000 型数字存储示波器一台。
2. 数字万用表一块。

【实训原理和步骤】

1. 认识 UTD2000 型数字存储示波器（见图 4—34）。

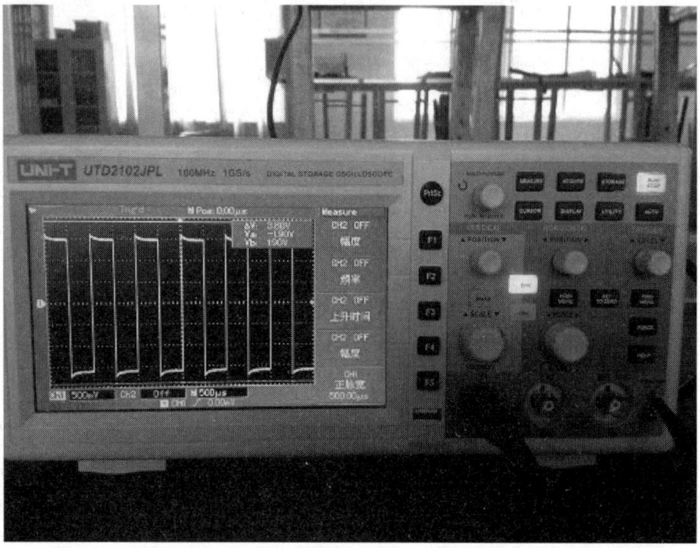

图 4—34　UTD2000 型数字存储示波器

2. 掌握示波器主功能键区各按键的作用（见图 4—35）。

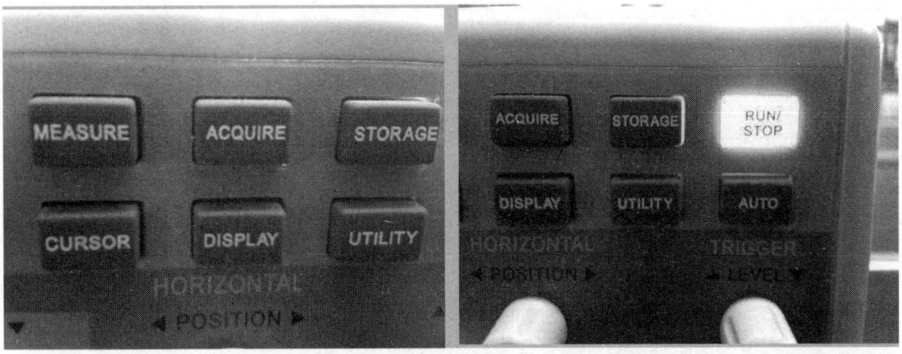

(a) UTD2000 型数字存储示波器主功能键区 (b) UTD2000 型数字存储示波器测量旋钮

图 4—35　示波器主功能键区

3. 掌握信道选择和参数设置（见图 4—36）。

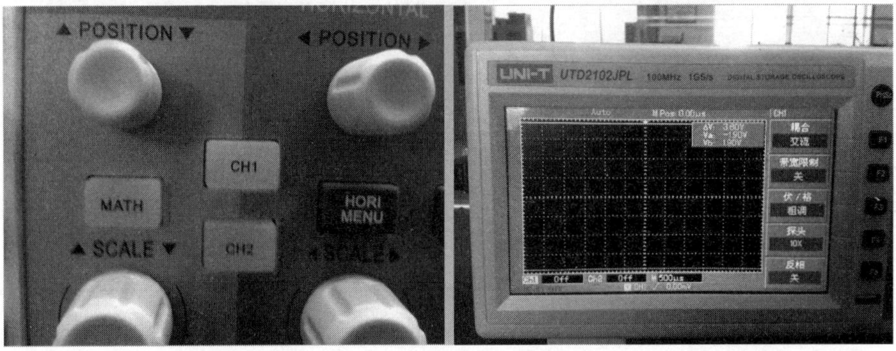

(a) UTD2000 型数字存储示波器信道选择　　　　　　(b) 参数设置

图 4—36　信道选择和参数设置

4. 完成示波器的校正——基准波形的测试（见图 4—37）。

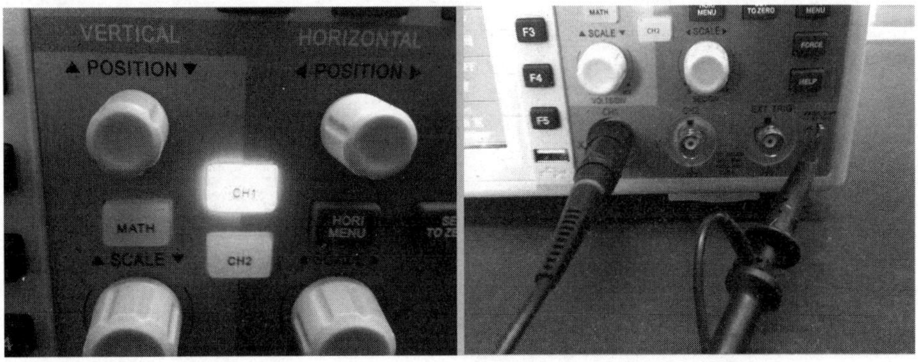

(a) 选定信道　　　　　　　　　　　　(b) 探头连接和测量

图 4—37　示波器的校正

5. 完成波形的绘制（见图 4—38）。

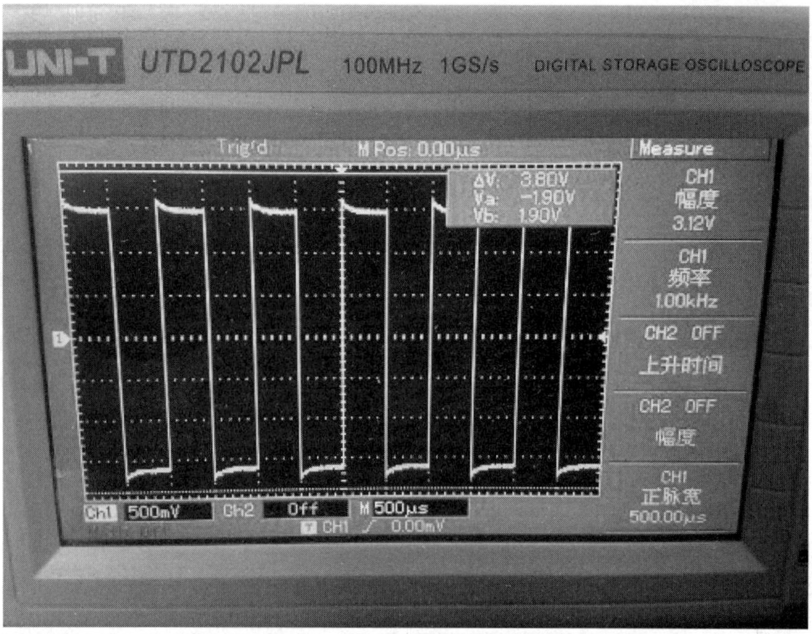

图 4—38 完成波形的绘制

考核任务书

成 绩：__________

1. 认识 UTD2000 型数字存储示波器。(10 分)

2. 掌握示波器主功能键区各按键的作用。(30 分)

MEASURE：　　ACQUIRE：　　STORAGE：

CURSOR：　　DISPLAY：　　UTILITY：

AUTO：　　RUN/STOP：

3. 掌握信道选择和参数设置。(20 分)

A. 简述打开和关闭一个信道的方法。

B. 参数设置需注意哪些问题?

4. 完成示波器的校正——基准波形的测试。(20 分)

基准波形是一个________波，其幅度为________，频率为________。

5. 完成波形的绘制。(10 分)

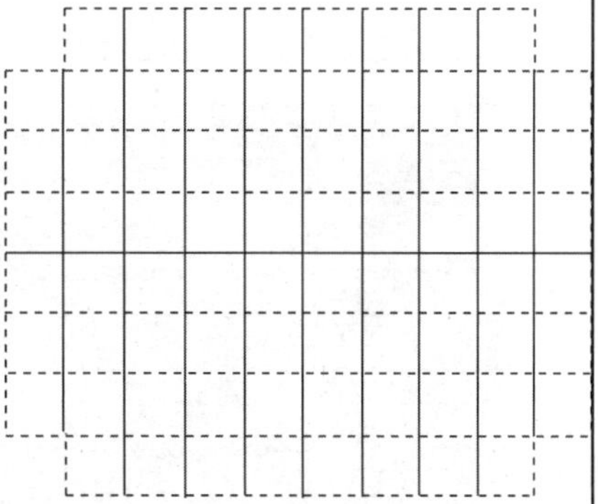

波形类型：________

幅　　度：________

频　　率：________

6. 工位整理和职业素养。(10 分)

实训任务 2　MFG3000 系列 DDS 函数信号发生器的使用

【实训目的和任务】

1. 了解信号发生器的面板分布及作用。
2. 掌握信号发生器使用时的步骤和方法。
3. 能正确使用信号发生器输出规定简单信号。
4. 能运用示波器对输出波形进行验证。

【实训仪器和耗材】

1. UTD2000 型数字存储示波器一台。
2. MFG3000 系列 DDS 函数信号发生器一台。
3. 数字万用表一块。

【实训原理和步骤】

1. 认识信号发生器的面板分布及作用（见图 4—39）。

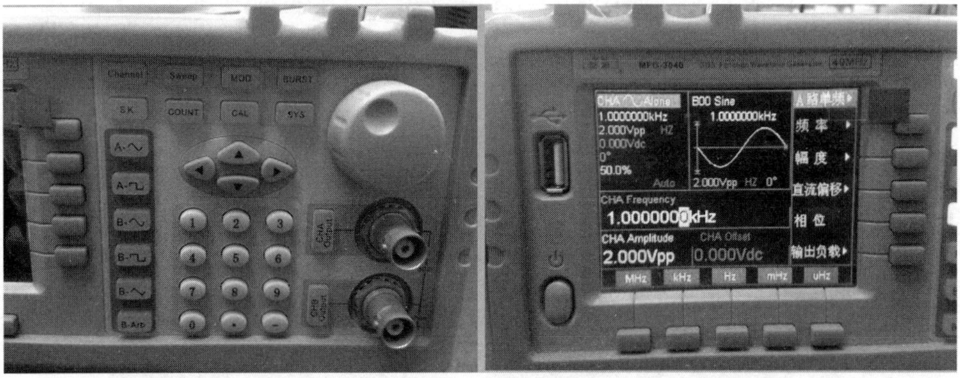

图 4—39　MFG3000 系列 DDS 函数信号发生器面板分布情况

2. 各种信号线的认识和作用区分。

信号发生器的信号线包含有信号输出线和测试线两种，如图 4—40 所示。

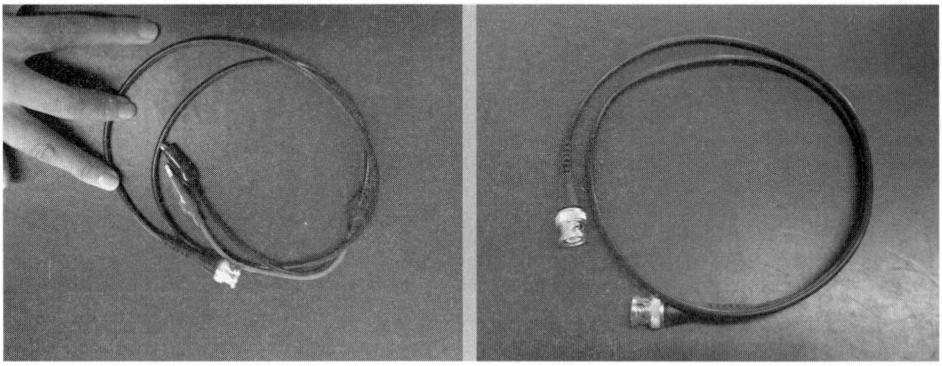

图 4—40　MFQ3000 系列 DDS 函数信号发生器的信号输出线和测试线

3. 信号发生器的通道选择（见图 4—41）。

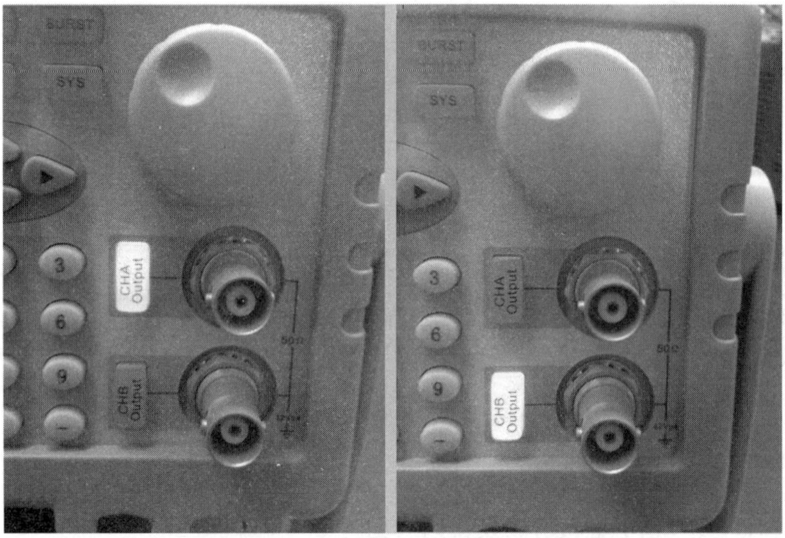

图 4—41　MFG3000 系列 DDS 函数信号发生器通道选择

4. MFG3000 系列 DDS 函数信号发生器可输出的波形种类（见图 4—42）。

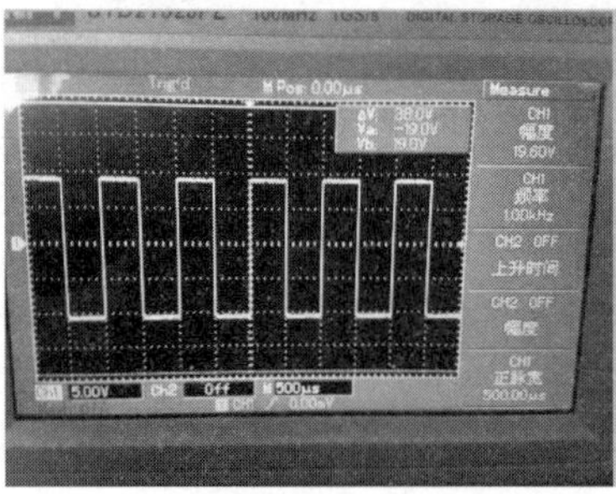

(a) 矩形波

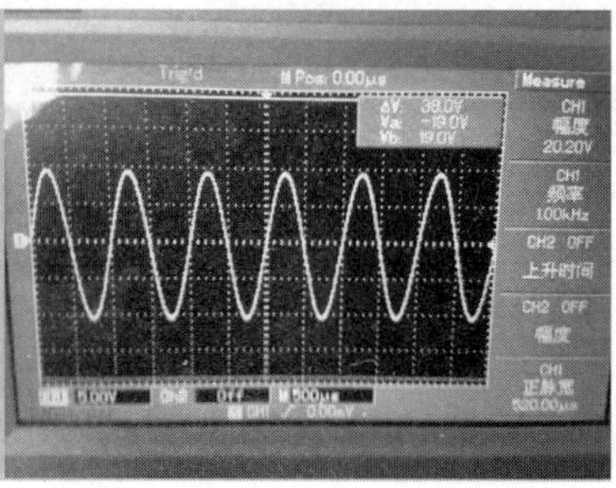

(b) 正弦波

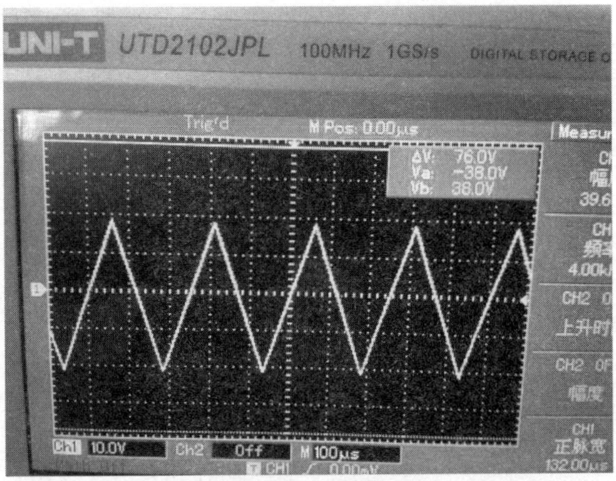

(c) 三角波

图4—42　MFG3000 系列 DDS 函数信号发生器输出波形

5. 用信号发生器 A 通道输出一幅度为 $2V_{p\text{-}p}$、频率为 2kHz 的正弦波，并用示波器进行检测，观察波形是否符合要求。

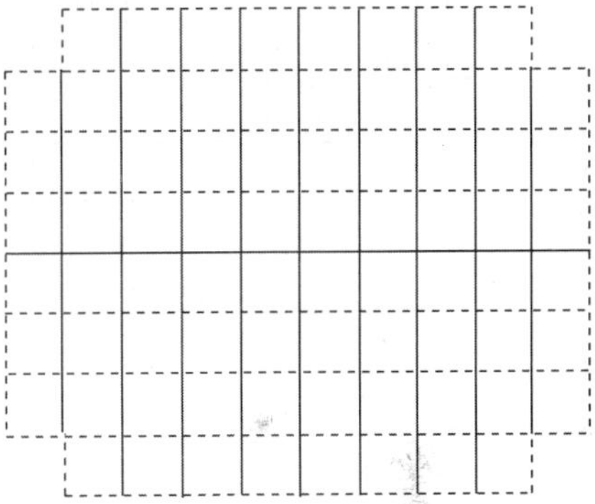

频率：________

幅度：________

6. 使用信号发生器 B 通道输出示波器的基波信号，并用信号发生器作为检验。

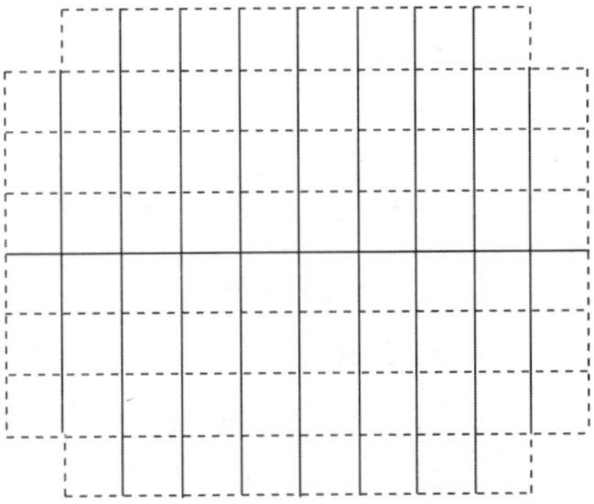

频率：________

幅度：________

考核任务书

成　绩：________

1. 请说明信号发生器功能键区各按键的作用。(30 分)

水平方向按键的作用：____

从左至右各按键所对应的数值：________________

从上到下各按键的名称及作用：________________

____

2. 请简述通道选择的方法及各通道可提供的波形类型。(20 分)

通道开启和关闭的方法：________________

A 通道提供的波形输出：________________

B 通道提供的波形输出：________________

3. 用信号发生器 A 通道输出一幅度为 $2V_{p\text{-}p}$、频率为 2kHz 的正弦波，并用示波器进行检测，观察波形是否符合要求。(20 分)

4. 使用信号发生器 B 通道输出示波器的基波信号，并用信号发生器作为检验。(20 分)

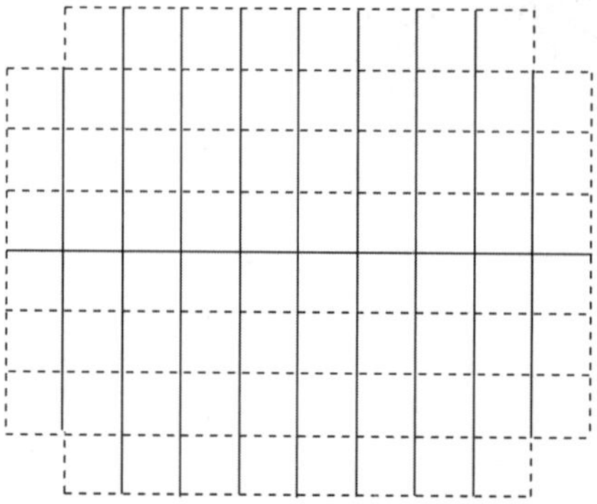

第 3 小题波形

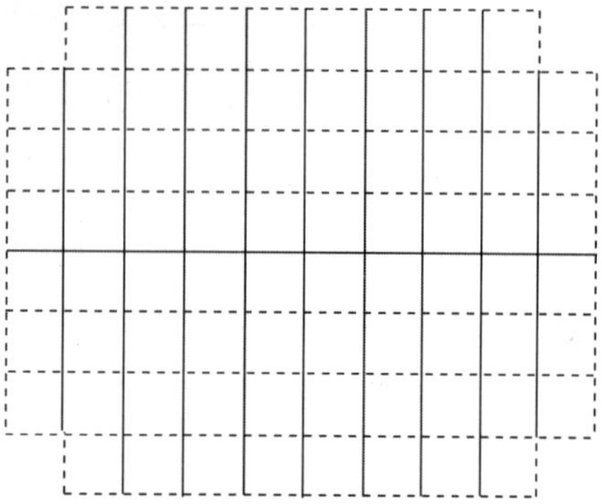

第 4 小题波形

5. 安全操作规范和职业素养。(10 分)

实训任务 3　示波器简单信号波形测试

【实训目的和任务】

1. 进一步熟悉示波器的操作流程和规范。
2. 能使用示波器对组装的电路信号进行测试。
3. 会有效、正确选择波形测试点。
4. 能读懂波形并完成波形的绘制。

【实训仪器和耗材】

1. 数字存储示波器一台。
2. 数字信号发生器一台。
3. FM/AM 调频调幅收音机一台。
4. TDA2030 功放机一台。
5. 数字万用表一块。

【实训原理和步骤】

1. 示波器的校验。

测试示波器的基准波形，观察波形失真情况并记录，见图 4—43。

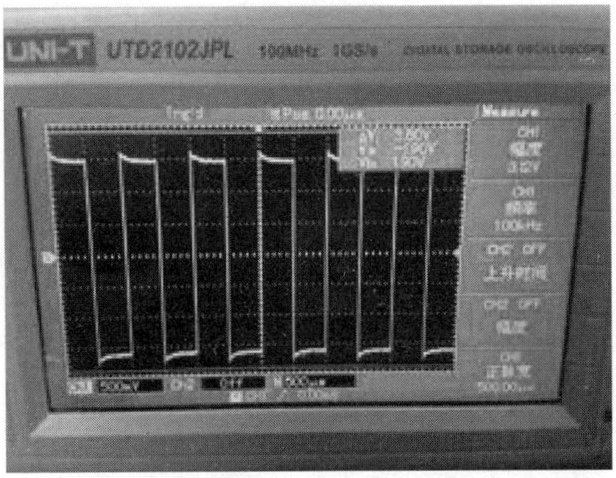

图 4—43

2. 波形测试。

使用信号发生器给定一输出信号，用示波器对此信号进行测试，观察测试参数与设置参数是否相同，确定示波器的工作是否正常。

3. 收音机音频信号测试。

将收音机置于正常工作状态，找到音频信号输出端，用示波器测试该信号波形，并说明信号波形变化的原因。

4. 功放机输入音频信号与输出音频信号的比较。

采用双通道显示，分别测试功放机的输入信号和输出信号，并对应比较某段时间输入信号与输出信号的幅度。

考核任务书

成　绩：________

1. 示波器的校验。(20 分)

将所测得波形绘制在右边矩阵中。

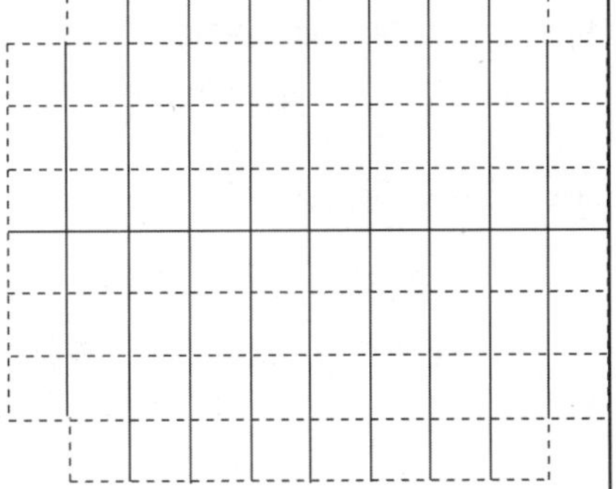

2. 波形测试。(20 分)

用数字信号发生器 CHA 通道输出一频率为 2kHz、幅度为 $3V_{p\text{-}p}$ 的正弦波信号。将此信号作为测试信号，用示波器测出并绘制到右边矩阵中，比较测得波形和实际波形的区别。

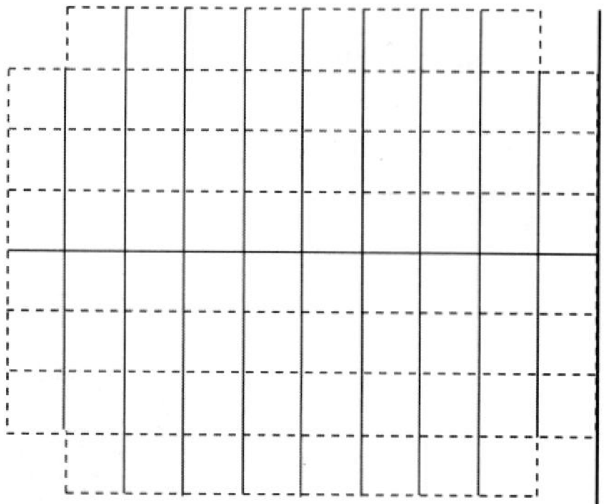

3. 音频信号的测试。(40 分)

将 FM/AM 调频调幅收音机置于正常工作状态，按说明书的提示，找到音频信号测试点，并完成波形的测试和绘制。

频率：________

幅度：________

4. 安全操作规范和职业素养。(20 分)。

【项目小结】

1. 示波器是电子测量中必备的仪表，每一个电子技术行业的从业者都必须熟练掌握。所谓“熟练掌握”有三个标准：

(1) 每调节一个开关或旋钮都有明确的目的；

(2) 调节顺序正确、没有无效动作；

(3) 快速。

对初学者而言，示波器使用有两个难点：

(1) Y 轴输入耦合开关的正确选择；

(2) 触发源的正确选择。

2. 信号发生器，是常用的基本测量仪器，其主要功用是为测试提供激励信号。

3. 信号发生器的种类很多，应用较多的是通用信号源中的正弦信号源和函数信号发生器。当要求频率准确稳定时，要选用合成信号源。

4. 信号发生器的主要技术指标有：频率范围、准确度和稳定度等频率特性，输出阻抗，输出幅度，调制特性等。

5. 指针式万用表和数字万用表在测量的时候，要注意表笔的正负极。

【知识能力测验】

一、填空题

1. 在使用万用表之前，调整________旋钮，使表头指针指在表盘刻度的________位置上。

2. 测量高电压时，应站在________材料上，并________操作。

3. 测量的方法有直接法测量和________测量。

4. 模拟示波器中示波管由________、________、________三大部分组成。

5. 双踪示波器的工作方式有________、________、________和________。

6. 在对于直流信号进行测量时，应将示波器的输入方式置于________方式。

7. 指针式万用表在测量时，黑表笔接内部电池的________极，数字万用表黑表笔接内部电池的________极。

8. 数字存储示波器主要由________、________、________三大部分组成。

9. 一交流信号显示在示波器上，一个周期在水平方向上占 4 格，在垂直方向上占 6 格，若此时示波器的设置为“1ms/div”和“0.5V/div”，此时信号的频率是________ Hz，正半周是________ ms，$V_{p\text{-}p}$是________ V，有效值是________ V。

二、简答题

1. 简述数字万用表测量二极管的方法。

2. 简述指针式万用表测量二极管和三极管的方法。

三、计算题

1. 垂直偏转因数为 200mV/div 的 100MHz 示波器，观察 的 100MHz 正弦信号峰峰值为 1V。问：(1) 荧光屏应显示多少格？(2) 当输入 500mV 有效值时的 100MHz 正弦信号，此时应显示多少格？

2. 将周期为 1ms/div 的时标信号输入被检示波器，该示波器扫描时间因数置1ms/div，8 个周期的波形在屏幕水平方向测得为 7.9 格（在格刻度线内），试求该挡扫描时间因数为多少？

项目 5　三极管及其基本放大电路

【知识目标】

- 掌握三极管的作用、特点及分类
- 掌握三极管基本放大电路的组成及特点
- 能对典型共射放大电路进行 Q 点的估算和分析

【技能目标】

- 掌握三极管的引脚判别及检测方法
- 能对三极管放大电路进行波形和参数的测试，理解其对电流的放大能力

【情感目标】

- 教育学生养成良好的学习习惯和学习态度
- 培养学生对该门专业课的兴趣
- 促进学生形成严密的逻辑思维

【实训任务】

- 实训任务 1　三极管的识别与检测
- 实训任务 2　分压式偏置共射放大电路的搭建和波形测试

【情景导入】

放大电路广泛应用于各种电子设备中，如音响设备、视听设备、精密仪器、自动控制系统等。放大电路的功能是将微弱的电信号进行放大得到所需要的信号。

任务 1　三极管的识别与检测

知识链接 5.1　放大器概述

一个放大器必须含有一个或多个有源器件，如三极管、场效晶体管等，同时还包含电阻、电容、电感、变压器等无源元件。放大器框图如图 5—1 所示。

图5—1　放大器框图

5.1.1　对放大器的基本要求

(1) 要有足够的放大倍数。

放大倍数是衡量放大器放大能力的参数，放大倍数有电压放大倍数、电流放大倍数和功率放大倍数。

(2) 要具有一定宽度的通频带。

(3) 非线性失真要小。

非线性失真：在放大信号的过程中，放大了的信号与原信号相比，波形将产生畸变，这种现象称为非线性失真。

(4) 工作要稳定。

各参数不随时间变化，无输入时无输出。

5.1.2　放大器的输入

放大器输入端与上级输出端相连接的示意图如图5—2所示。

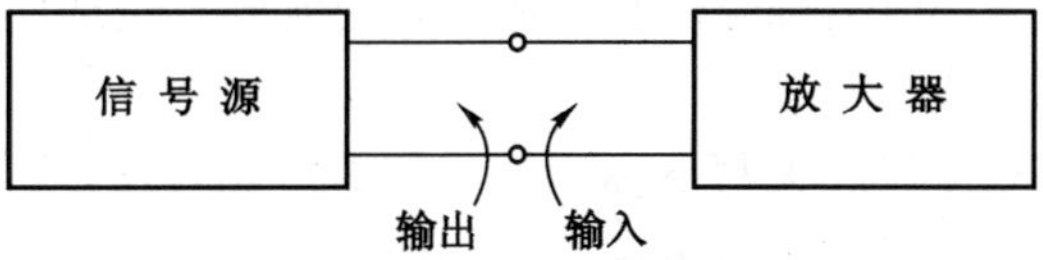

图5—2　放大器输入端

对输入信号的要求：由信号源提供给放大器的电流、电压及功率都不允许超过放大器的最大允许值。

5.1.3　放大器的输出

放大器输出端与下级输入端相连接的示意图如图5—3所示。

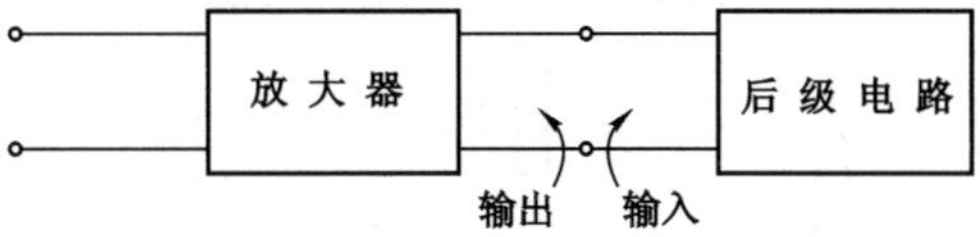

图5—3　放大器输出端

对输出信号的要求：由一个放大器输出给下一级电路的电流、电压和功率都不能超过放大器的最大允许值。

知识链接5.2　三极管基本放大电路

5.2.1　基本放大电路的组成

三极管基本放大电路如图5—4所示。

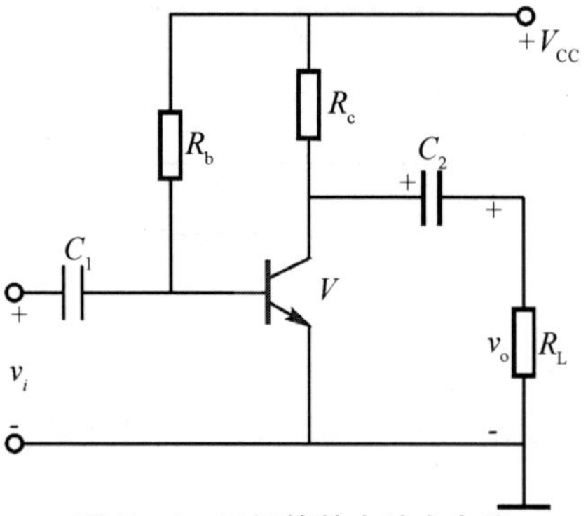

图 5—4　三极管基本放大电路

电路中各器件的作用如下：

V——晶体三极管，起电流放大作用。

$+V_{CC}$——直流供电电源，为放大电路提供直流电源。

R_b——基极偏置电阻，给基极提供合适的偏置。

C_1——输入耦合电容，耦合输入交流信号，起隔直通交的作用。

C_2——输出耦合电容，耦合输出交流信号，起隔直通交的作用。

R_C——集电极负载电阻，一个作用是给集电极提供偏置，另一个作用是将放大的电流转换成电压输出。

放大器电路中的电压、电流都是由直流成分和交流成分叠加而成。对直流分量和交流分量，作如下规定：

直流分量——用大写字母和大写下标表示，如 I_B，I_C，I_E，V_{BE}，V_{CE}。

交流信号——用小写字母和小写下标表示，如 i_b，i_c，i_e，v_{be}，v_{ce}。

交流和直流叠加信号——用小写字母和大写下标表示，如 i_B，i_C，i_E，v_{BE}，v_{CE}。

5.2.2　放大器的静态工作点

1. 静态工作点

静态：放大器无信号输入时的直流工作状态叫静态。电容对直流电相当于开路，因此画直流通路时把电容支路断开即可，如图 5—5 所示。

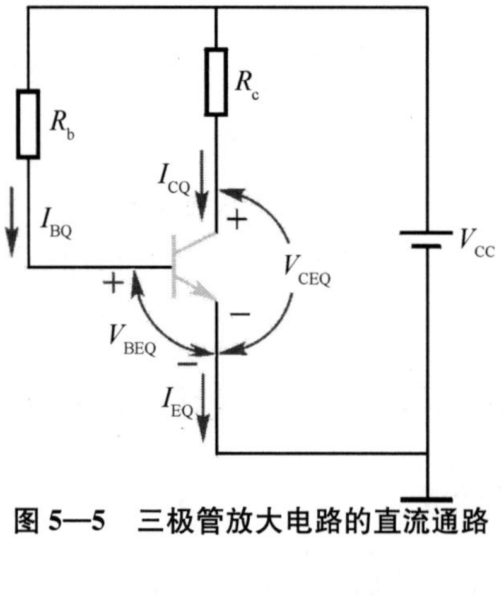

图 5—5　三极管放大电路的直流通路

静态工作点：在静态下电流、电压共同确定的点叫静态工作点，用Q表示。一般描述静态工作点的量用V_{BEQ}、I_{BQ}、V_{CEQ}和I_{CQ}表示。

静态工作点的估算：

$$I_{BQ}=\frac{V_{CC}-V_{BEQ}}{R_b}$$

$$I_{CQ}=\beta I_{BQ}$$

$$V_{CEQ}=V_{CC}-I_{CQ}R_c$$

V_{BEQ}：硅管一般为0.7V，锗管为0.3V。

一个放大器的静态工作点的设置是否合适，是放大器能否正常工作的重要条件。

2. 静态工作点对放大器的影响

放大电路的静态工作点设置若不合适，将导致放大输出的波形产生失真。

（1）饱和失真。

若偏置电阻R_b偏小，基极电流I_{BQ}就较大，进入饱和区，由示波器观察到的输出电压v_o波形就会产生饱和失真，如图5—6所示。

失真波形：由输出电压v_o波形可知，负半周失真。

消除方法：根据失真原因，减小I_{BQ}，增大R_b。

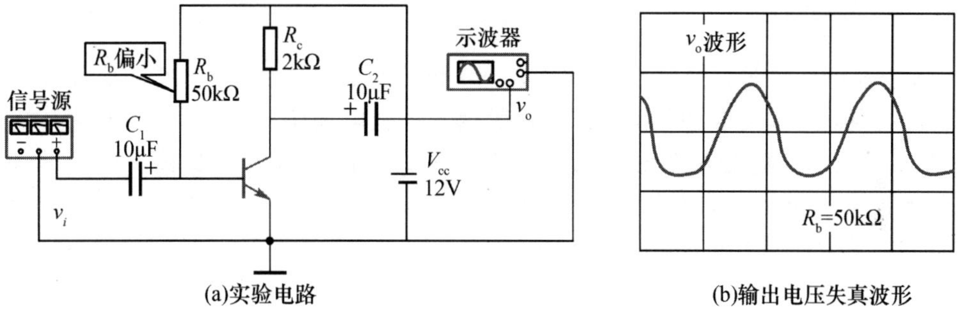

图 5—6　饱和失真波形的观测

（2）截止失真。

若偏置电阻R_b偏大，此时基极电流I_{BQ}很小，由示波器观察到的输出电压v_o波形将出现截止失真，如图5—7所示。

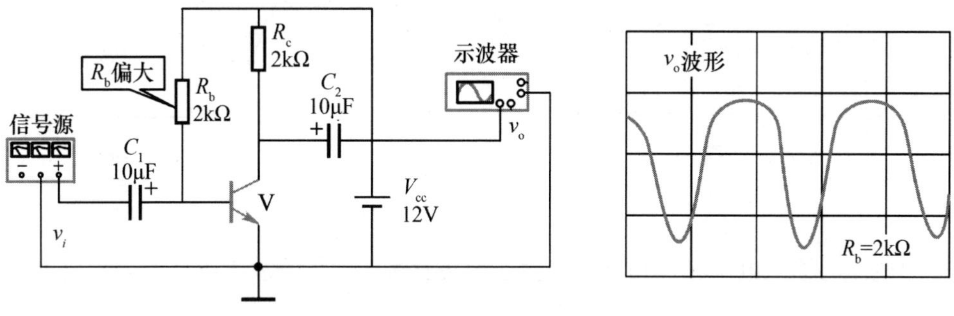

图 5—7　截止失真波形的观测

失真波形：由输出电压 v_o 波形可知，正半周失真。

消除方法：根据失真原因，增大 I_{BQ}，减小 R_b。

5.2.3 放大原理

1. 放大电路

放大电路如图 5—8 所示。

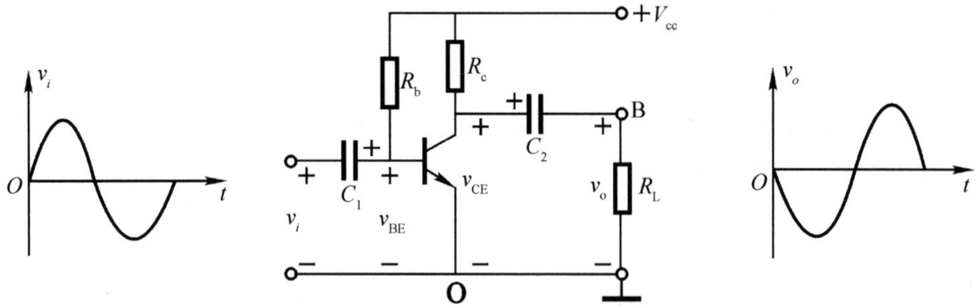

图 5—8 放大电路

输入：从基极和发射极之间输入。

输出：从集电极和发射极之间输出。

2. 放大原理

输入交流信号 v_i 通过电容 C_1 的耦合送到三极管的基极和发射极。交流信号 v_i 与直流偏压 V_{BEQ} 叠加的 v_{BE} 波形如图 5—9（b）所示，基极电流 i_B 产生相应的变化，波形如图 5—9（c）所示。电流 i_B 经放大后获得对应的集电极电流 i_C，如图 5—9（d）所示。集—射极电压 v_{CE} 波形与输出电流 i_C 变化情况相反，如图 5—9（e）所示。v_{CE} 经耦合电容 C_2 隔离直流成分，输出的只是放大信号的交流成分 v_o，波形如图 5—9（f）所示。

3. 波形

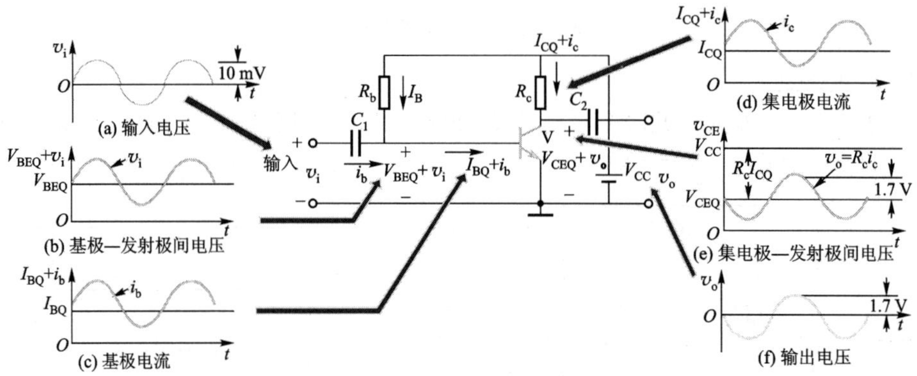

图 5—9 放大原理波形图

输出电压与输入电压相位相反，又称这种共发射极的单管放大电路为反相放大器。

5.2.4 基本放大电路的分析方法

1. 放大器常用指标

（1）放大倍数。

放大倍数$=\frac{输出量}{输入量}$，常见放大倍数有以下几个：

1）电压放大倍数 A_v：

$$A_v=\frac{v_o}{v_i}$$

2）电流放大倍数 A_i：

$$A_i=\frac{i_o}{i_i}$$

3）功率放大倍数 A_p：

$$A_p=\frac{p_o}{p_i}$$

注意：$A_P=A_v \cdot A_i$

（2）放大器的增益。

增益 G：用分贝（dB）表示放大倍数。

1）电压增益 G_v：

$$G_v=201g\ A_v(dB)$$

2）电流增益 G_i：

$$G_i=201g\ A_i(dB)$$

3）功率增益 G_P：

$$G_P=101g\ A_P(dB)$$

（3）输入电阻和输出电阻。

输入电阻 r_i：输入交流电压 v_i 与输入回路产生的输入电流 i_i 之比。公式为：

$$r_i=\frac{v_i}{i_i}$$

也可视为从输入端看进去的等效电阻，如图 5—10 所示。r_i 越大，放大器要求信号源提供的电流越小，信号源的负担越小。在电压放大器中希望放大器的输入电阻大一些。

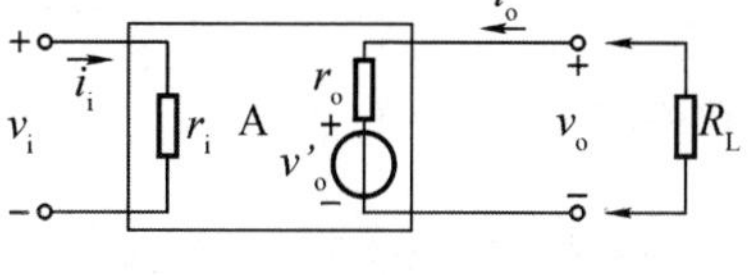

图 5—10　输入电阻和输出电阻的等效图

输出电阻 r_o：从放大器输出端（不包括外接负载电阻）看进去的交流等效电阻。如图 5—10 中所示 r_o。

r_o 表示放大器带负载的能力。输出信号时，自身损耗越小，带负载的能力就越强，所以输出电阻越小越好。

（4）通频带。

放大器在放大不同频率的信号时，其放大倍数是不一样的，放大电路在不同频率下的放大倍数如图 5—11 所示。

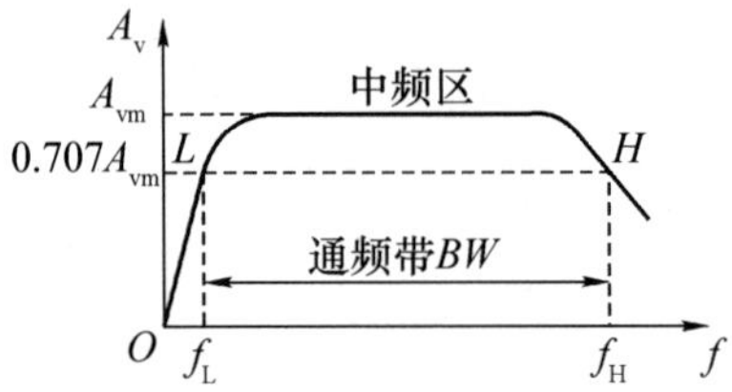

图 5—11　三极管的幅频特性

中频区：在一定频率范围内，放大器的放大倍数高且稳定，这个频率范围为中频区。

下限截止频率 f_L：信号频率下降到使放大倍数为中频时的 0.707 所对应的频率。

上限频率 f_H：信号频率上升到使放大倍数为中频时的 0.707 所对应的频率。

通频带：f_L 与 f_H 之间的频率范围称为通频带，记作 BW，即：$BW=f_H-f_L$。

2. 放大器的估算法

（1）静态工作点的估算。

例 5—1　图 5—12 所示的放大器的直流通路中，$V_{CC}=12V$，三极管 $\beta=50$，其余元件参数见图中标注，估算静态工作点。

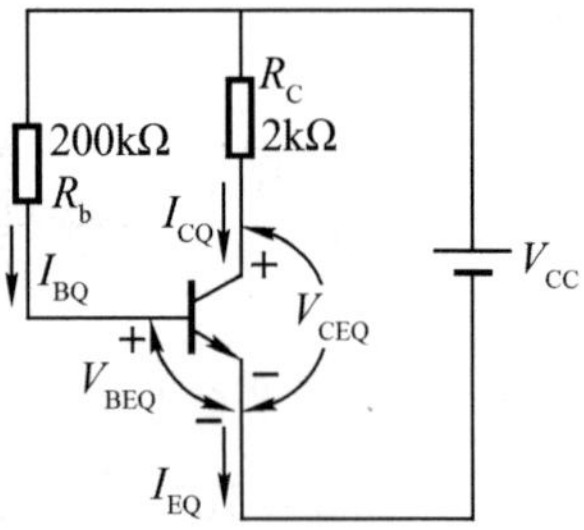

图 5—12

解：

$$I_{BQ}=\frac{V_{CC}-V_{BEQ}}{R_b}\approx\frac{V_{CC}}{R_b}=\frac{12V}{200k\Omega}=60\mu A$$

$$I_{CQ}=\beta I_{BQ}=50\times60\mu A=3mA$$

$$V_{CEQ}=V_{CC}-I_{CQ}R_c=12V-3mA\times2k\Omega=6V$$

（2）输入电阻和输出电阻的估算。

1）三极管输入电阻 r_{be}的估算公式。

三极管基极和发射极之间存在一个等效电阻，称为三极管的输入电阻，用 r_{be}表示。在低频小信号时，用下式估算：

$$r_{be}=300\Omega+(1+\beta)\frac{26mV}{I_{EQ}}=300\Omega+\frac{26mV}{I_{BQ}}$$

2）放大器的输入电阻 r_i 和输出电阻 r_o 的估算：

$$r_i=R_b//r_{be}$$

一般 $R_b>>r_{be}$，所以

$$r_i=r_{be}$$

r_o是从放大器输出端（不包括外接负载电阻）看进去的交流等效电阻。

$r_o \approx R_c$

（3）放大器放大倍数的估算。

放大器输出端外接负载电阻 R_L 时，等效负载电阻 $R'_L = R_c // R_L$，$v_o = -i_c R'_L$，故

$$A_v = \frac{v_o}{v_i} = \frac{-\beta i_b R'_L}{i_b r_{be}} = -\frac{\beta R'_L}{r_{be}}$$

负号表示输出电压 v_o 的相位与输入电压 v_i 相位相反。

例 5—2　图 5—13 所示的电路中，设三极管 $\beta = 50$，其余参数见图中标注。试求：（1）静态工作点；（2）r_{be}；（3）A_v；（4）r_i；（5）r_o。

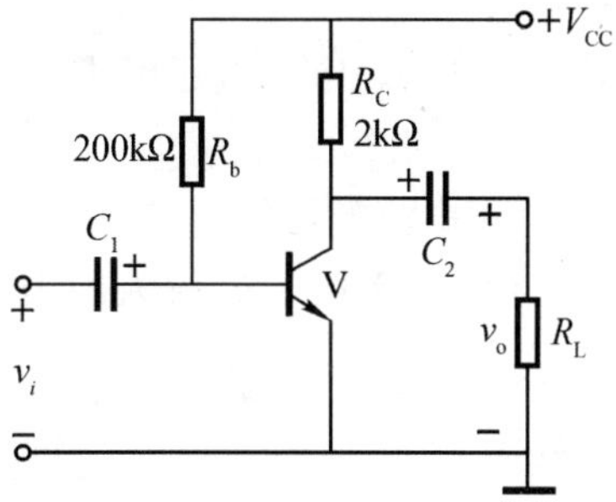

图 5—13

解　（1）求静态工作点。

$$I_{BQ} \approx \frac{V_{CC}}{R_b} = \frac{12V}{270k\Omega} \approx 44.4\mu A$$

$$I_{CQ} = \beta I_{BQ} = 50 \times 44.4\mu A = 2.2mA$$

$$V_{CEQ} = V_{CC} - I_{CQ} R_c = 12V - 2.2mA \times 3k\Omega = 5.4V$$

（2）求 r_{be}。

$$r_{be} = 300\Omega + (1+\beta)\frac{26mV}{I_{EQ}} = 300\Omega + (1+50) \times \frac{26mV}{2.2mA} \approx 903\Omega = 0.903k\Omega$$

（3）求电压放大倍数 A_v。

$$R'_L = \frac{R_C \cdot R_L}{R_C + R_L} = 1.5k\Omega$$

$$A_v = -\frac{\beta R'_L}{r_{be}} = -50 \times \frac{1.5}{0.9} \approx -83.3$$

（4）求输入电阻 r_i。

$$r_i = R_b // r_{be} = 0.9k\Omega$$

（5）求输出电阻 r_o。

$$r_o \approx R_c = 3\ k\Omega$$

任务 2　分压式偏置放大电路的搭建和波形测试

知识链接 5.3　分压式偏置放大电路

实际应用的放大电路必须能自动稳定工作点，以保证尽可能大的输出动态范围和避免非线性失真。比较常用的稳定静态工作点的偏置电路有分压式偏置放大电路和集电极—基极偏置放大电路，下面介绍分压式偏置放大电路。

5.3.1　电路组成

R_{b1}是上偏置电阻，R_{b2}是下偏置电阻。电源电压经 R_{b1}、R_{b2}串联分压后为三极管提供基极电压 V_{BQ}。

R_e 是发射极电阻，起到稳定静态电流的作用。

C_e 对交流信号相当于短路，这样交流信号的放大能力就不会因电阻 R_e 的接入而降低。如图 5—14 所示。

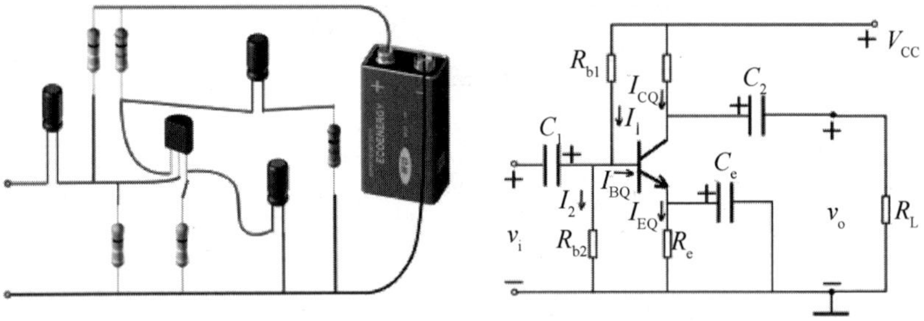

图 5—14　分压式偏置放大电路实物图和原理图

5.3.2　稳定静态工作点过程

具体如图 5—15 所示。

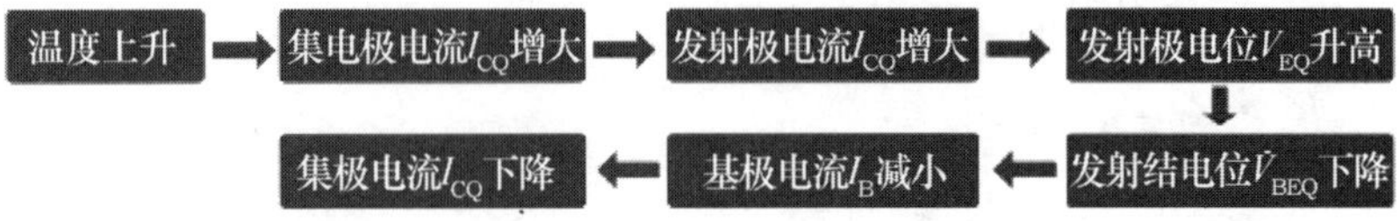

图 5—15　稳定静态工作点过程

5.3.3　静态工作点的分析和交流参数的计算

1．静态工作点的分析——直流通路

将含有电容的支路开路，其他元件不变。分压式偏置电路，先计算 I_{CQ}，再计算 I_{BQ}，最后计算 V_{CEQ}。

$$V_{BQ} \approx V_{CC} \cdot \frac{R_{b2}}{R_{b1}+R_{b2}}$$

$$I_{CQ} \approx I_{EQ} \approx \frac{V_{EQ}}{R_e} = \frac{V_{BQ}-V_{BEQ}}{R_e} \approx \frac{V_{BQ}}{R_e}$$

$$I_{BQ} = \frac{I_{CQ}}{\beta}$$

$$V_{CEQ} = V_{CC} - I_{CQ} \cdot R_c - I_{EQ} \cdot R_e \approx V_{CC} - I_{CQ}(R_c + R_e)$$

2. 交流参数的计算——交流通路

将电容等效短路（用一根导线代替），电源对地短路。

三极管等效输入电阻 $r_{be} = 300\Omega + (1+\beta)\frac{26\text{mV}}{I_{EQ}} = 300\Omega + \frac{26\text{mV}}{I_{BQ}}$

放大电路输入电阻 $r_i = R_{b1}//R_{b2}//r_{be} = r_{be}$

放大电路输出电阻 $r_o = R_c$

放大电路的电压放大倍数 $A_v = \frac{v_o}{v_i} = \frac{-i_c \cdot R'_L}{i_b \cdot r_{be}} = \frac{-\beta \cdot R'_L}{r_{be}}$

其中 $R_L{}' = R_C // R_L$，“－”表示的是输入电压与输出电压的相位相反，所以共射放大电路是反相放大器。三极管另外两种组态共 b、共 c 放大电路属于同相放大器。

实训任务 1　三极管的识别与检测

【实训目的和任务】

1. 掌握三极管的类型和其参数特点。
2. 能使用数字万用表、指针万用表对三极管引脚进行判别。
3. 通过对三极管的识别检测，使学生认识到小小元件的作用和重要性，从而更加有兴趣投入电子的学习领域中。

【实训工具和器材】

1. 万用表：指针和模拟表各一只。
2. 三极管：90 系列、国产低频小功率、国产高频小功率管若干。

【实训原理和步骤】

1. 三极管的引脚识别与检测。

用指针式万用表检测三极管各引脚间的电阻阻值，判断三极管的管型和各引脚的位置关系。填入实训报告书中。

（1）判断基极和管子的类型。

选用欧姆挡的 R×100（或 R×1K）挡，先用红表笔接一个管脚，黑表笔接另一个管脚，可测出两个电阻值，然后再用红表笔接另一个管脚，重复上述步骤，又测得一组电阻值，这样测 3 次，其中有一组两个阻值都很小的，对应测得这组值的红表笔接的为基极，且管子是 PNP 型的；反之，若用黑表笔接一个管脚，重复上述做法，若测得两个阻值都小，对应黑表笔为基极，且管子是 NPN 型的。

（2）判断集电极。

判断集电极，测量时，用手捏住基极和假设的集电极，两极不能接触，若指针摆动幅度大，而把两极对调后指针摆动小，则说明假设是正确的，从而确定集电极和发射极。

2. 用数字万用表测量三极管。

（1）用数字万用表的二极管挡位测量三极管的类型和基极 b。

判断时可将三极管看成是一个背靠背的 PN 结，按照判断二极管的方法，可以判断出其中一极为公共正极或公共负极，此极即为基极 b。对 NPN 型管，基极是公共正极；对 PNP 型管则是公共负极。因此，判断出基极是公共正极还是公共负极，即可知道被测三极管是 NPN 型或 PNP 型三极管。

（2）发射极 e 和集电极 c 的判断。

利用万用表测量 β（HFE）值的挡位，判断发射极 e 和集电极 c。将挡位旋至 MFE 基极插入所对应类型的孔中，把其余管脚分别插入 c、e 孔观察数据，再将 c、e 孔中的管脚对调，再看数据，数值大的说明管脚插对了。

（3）判别三极管的好坏。

方法一：测试时用万用表测二极管的挡位分别测试三极管发射结、集电结的正、反偏是否正常，正常的三极管是好的；否则三极管已损坏。如果在测量中找不到公共 b 极，该三极管也为坏管子。

方法二：万用表的二极管挡，用红表笔去接三极管的某一管脚；假设作为基极，用黑笔分别接另外两个管脚，如果表的液晶屏上两次都显示有零点几伏的电压（锗管为 0.3V 左右，硅管为 0.7V 左右），那么此管应为 NPN 管且红表笔所接的那一个管脚是基极。如果两次所显示的为“OL”，那么红表笔所接的那一个管脚便是 PNP 型管的基极。在判别出管子的型号和基极的基础上，可以再判别发射极和集电极。仍用二极管挡，对于 NPN 管，令红表笔接其 b 极，黑表笔分别接另两个脚上，两次测得的极间电压中，电压微高的那一极为 e 极，电压低一些的那一极为 c 极。如果是 PNP 管，则令黑表笔接 b 极，方法和上面一样。

实训报告书

成　绩：________

一、实训任务：三极管的识别与检测

晶体管型号	b—e 之间阻值		b—c 之间阻值		三极管管脚示意图	管型	
						NPN	PNP
9013							
9014							
C3100							
3DG6A							

二、实训收获、总结

____

____

____

____

实训任务 2　分压式偏置共射放大电路的搭建和波形测试

【实训目的和任务】

1. 掌握三极管基本放大电路的组成和 Q 值估算。
2. 能根据原理图完成电路的搭建。
3. 能使用示波器和信号发生器配合测试放大电路的性能。
4. 通过利用万能板完成放大电路的搭建，提高学生的理解能力和学习兴趣。

【实训工具和器材】

1. 常用电子组装工具一套；数字万用表一只；
2. 示波器、信号发生器一台；万能板一块；
3. 基本放大电路元件一套。

【实训原理和步骤】

1. 分析如图 5—16 所示的电路中各元件的作用。

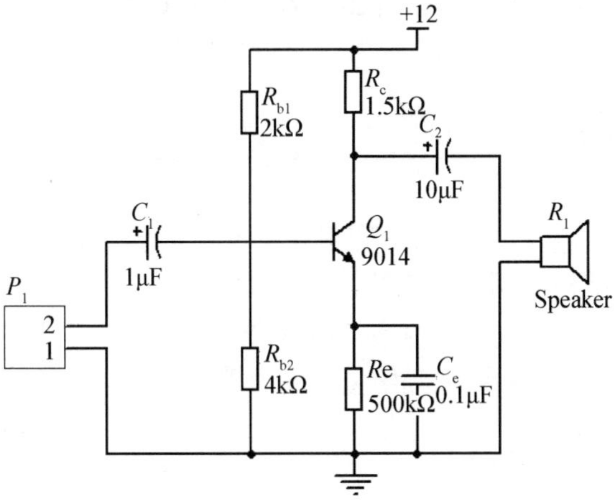

图 5—16　实训电路

2. 如 9014 三极管直流放大倍数为 100，分析放大电路的静态工作点和放大倍数。

3. 用万能板照图完成电路的搭建，由信号发生器输出一 2kHz、幅度为 $2V_{p\text{-}p}$ 的正弦波信号，用示波器观察信号的波形，完成波形的绘制。

【项目小结】

1. 放大电路要想不失真地放大交流信号，必须为放大器设置合适的静态工作点。

2. 放大电路的主要性能指标有：放大倍数、输入电阻和输出电阻。应用估算法能分析放大电路的静态工作点、输入电阻、输出电阻、放大倍数。

3. 由于三极管参数、温度及电源电压的变化会使电路静态工作点变动，因此在实际放大电路中必须采取措施稳定静态工作点。比较常用的稳定静态工作点的偏置电路有分压式偏置电路、集电极—基极偏置电路。

4. 场效应管放大电路主要有分压偏置和自偏压式两种类型，要注意不同的偏置电路适用于不同类型的场效应管。

5. 多级放大器的级间耦合方式主要有阻容耦合、变压器耦合、直接耦合三种。

6. 放大器的通频带由上限频率和下限频率之差决定，放大器对通频带范围内的信号实现正常放大。

【知识能力测验】

一、填空题

1. 三极管的三种基本放大电路是________、________、________，放大器的静态工作点通常是指________、________、________三个直流量。

2. 为了放大器不失真地放大信号，放大器必须建立合适的________。

3. 放大器的实质是一种能量转换器，它将________电能转换为________电能输出给负载。

4. 在共发射极放大电话中，输入电压和输出电压，频率________，波形________，而输出电压的幅度得到了放大，但它们的相位________。

5. 从三极管的特性曲线簇可以看出，若放大器的静态工作点设置太高，会出现________，消除方法是________ R_b；若放大器的静态工作点设置得太低，会出现________，消除方法是________ R_b。

6. 放大器的放大倍数有________、________、________三种，它们之间的关系是________。

7. 三极管具有________放大作用，是利用________电流控制________电流的变化。

8. 三极管的内部结构有两个 PN 结，分别是________和________；三个区：基区厚度________，掺杂浓度________，发射区掺杂浓度________，集电区面积________。

9. 多级放大器常用的耦合方式有________耦合、________耦合、________耦合和________耦合。

10. 温度升高会使三极管的放大倍数________、穿透电流________，因此要求穿透电流越________越好。

二、选择题

1. NPN 三极管工作在放大状态时，其两个结的偏压为（　　）。

A. $V_{BE}>0$　$V_{BE}<V_{CE}$　　B. $V_{BE}<0$　$V_{BE}<V_{CE}$

C. $V_{BE}>0$　$V_{BE}>V_{CE}$　　D. $V_{BE}<0$　$V_{CE}<0$

2. 放大电路电压放大倍数 $A_v=-40$，其中负号代表（　　）。

A. 放大倍数小于 0　　B. 衰减

C. 同相放大　　D. 反相放大

3. 某电路的电压增益为−20dB，该电路是（　　）。

A. 同相放大器　　B. 衰减器

C. 跟随器　　D. 反相放大器

4. 某放大状态的三极管，测得其管脚电位为：①脚 $u_1=0V$；②脚 $u_2=-0.7V$；③脚$u_3=6V$，则可判定该管为（　　）。

A. NPN 型，①是 e 极　　B. NPN 型，③是 e 极

C. NPN 型，②是 e 极　　D. NPN 型，①是 c 极

5. 测得某电路中 3CG21 的三个极对地电位为 $V_b=0.7V$，$V_e=0V$，$V_c=-0.3V$，则该管处于（　　）状态。

A. 放大　　B. 饱和

C. 截止　　D. 导通

三、综合题

三极管放大电路如图 5—17 所示。已知 $U_{BEQ}=0.7V$，$\beta=40$，$R_{b1}=20k\Omega$，$R_{b2}=10k\Omega$，$R_E=2k\Omega$，$R_C=2k\Omega$，$R_L=2k\Omega$。

（1）画出直流通路，估算静态工作点。

（2）画出交流通路，计算电压放大倍数、输入电阻、输出电阻。

（3）计算不接负载时的电压放大倍数。

（4）如果换用 $\beta=80$ 的三极管，对静态工作点有多大的影响？

（5）若三极管 $\beta=40$，要求将 V_{CEQ}调到 3.8V。问：R_{b1}应选多大？

（6）当温度下降时，用流程图表示出静态工作点的稳定过程。

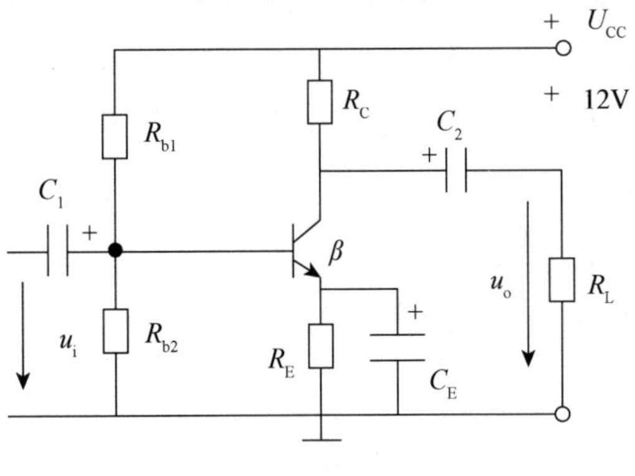

图 5—17

项目6　低频功率放大器的组装与调试

【知识目标】

- 掌握 OCL、OTL 功率电路的组成形式、工作状态与特点及电路主要元件的功能
- 掌握典型功放集成电路的引脚功能及实际应用接线方法

【技能目标】

- 能挑选推挽配对三极管，会检测功放管的质量优劣
- 掌握 OTL 电路、集成功率放大器的安装与调试方法
- 熟悉交越失真波形，掌握消除失真方法
- 会查阅半导体器件手册，能根据电路的需要选用和代换功率管和功放集成电路

【情感目标】

- 教会学生自己动手组装自己喜欢的功放
- 培养学生思考的能力

【实训任务】

- 实训任务 1　低频功率放大电路的组装与调试
- 实训任务 2　双声道四位电位器功放的组装与调试

【情景导入】

在生活中，同学们都很喜欢听音乐，但是用手机直接播放的声音往往不够大，希望大家一起分享时效果就不是很理想了。有没有什么办法可以让大家一起听呢？有同学提到：我们可以去买一套有源音箱（见图 6—1），价格不贵，效果也不错哦！确实，有源音箱可以做到将手机输入的音乐变得更响亮，还能保证播放的效果。那么，有源音箱的工作原理是什么呢？主要的电路结构又是怎么回事呢？这就是今天课堂要讲授的内容——功率放大电路。

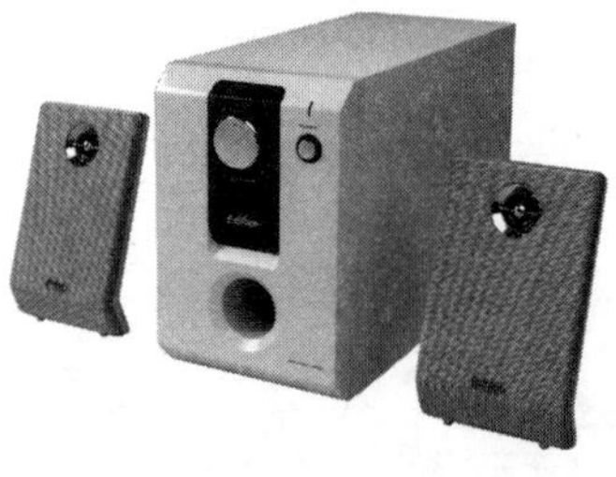

图 6—1　有源音箱

多级放大电路末级的输出信号往往都是送到负载装

置，驱动其正常工作。负载装置常见的有扬声器、伺服电机、记录仪表、继电器、电视机的扫描偏转线圈等。这类主要用于向负载提供低频信号功率的放大电路称为低频功率放大电路。

任务1　低频功率放大电路的组装与调试

知识链接6.1　功率放大电路的基本要求及分类

6.1.1　功率放大电路的基本要求

功率放大电路和前面学习的项目介绍的电压放大电路都是利用三极管的放大作用来工作的，但是工作任务不同。电压放大电路的主要任务是将微弱的信号电压进行放大，讨论的主要指标是电压放大倍数、输入和输出电阻等，输出功率不一定大。而功率放大电路的主要任务是不失真地放大信号功率，通常是在大信号状态下工作。讨论的主要指标是最大输出功率、电源效率、放大管的极限参数及电路防止失真的措施。针对功率放大电路在大信号状态下工作这一特点，对其有以下几点基本要求。

1. 有足够大的输出功率

功放的功率要达到最大，功放管（三极管）的输出电压和输出电流的幅度要达到最大值，但是不能超过三极管的极限参数。

2. 效率要高

效率η等于负载得到的功率P_{OM}与电源提供的功率P_{DC}之比，即：$\eta=P_{OM}/P_{DC}$。其中，耗散功率$=P_{DC}-P_{OM}$。

效率越高的功率放大电路，直流电源消耗的功率越低。

3. 非线性失真要小

非线性失真是指输出波形上下半周的幅度过大或过小。在实际应用电路中，若功放管的工作点选择不当，输出会有严重的失真，所以要求功放电路有较大的动态范围，尽量减小非线性失真。

4. 功放管散热要好

在实际的应用电路中，都要安装散热装置。通常功放管集电极具有金属散热外壳，一般还要给功放管安装散热片和采取过载保护措施。

6.1.2　功率放大电路的分类

1. 以晶体管的静态工作点位置分类

（1）甲类功放。

Q点在交流负载线的中点，如图6—2（a）所示。

电路特点：输出波形无失真，但静态电流大，效率低，最大功率能达到50%。

（2）乙类功放。

Q点在交流负载线和$I_B=0$输出特性曲线交点，如图6—2（b）所示。

电路特点：输出波形失真大，但静态电流几乎等于零，效率高，理想的乙类功放的效率为 78.5%。

(3) 甲乙类功放。

Q 点在交流负载线上略高于乙类工作点处，如图 6—2 (c) 所示。

电路特点：输出波形失真大，静态电流较小，效率较高，效率介于甲类和乙类之间。

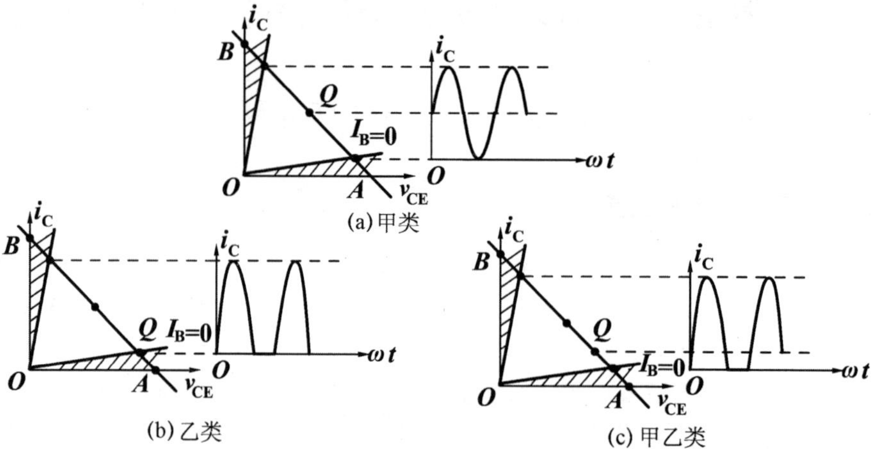

(图中 AB 为交流负载线，阴影部分为饱和区或截止区)

图 6—2　三种工作状态

2. 以功率放大器的耦合方式分类

(1) 变压器耦合功放。

变压器耦合功放可以通过变压器耦合扩音器起到阻抗匹配的作用，但效率低、失真大，在高保真功放中已极少使用。

(2) 阻容耦合功放。

例如，OTL 电路是一种单电源互补对称功率电路，采用阻容耦合的无输出变压器功放，其大容量耦合电容对频响也有一定的影响，是高保真功放的基本电路。

(3) 直接耦合功放。

直接耦合功放包括双电源互补对称功放电路、单电源互补对称功放电路、集成功放，直接耦合功放电路是目前电子产品末级放大电路中应用较广泛的形式。

知识链接 6.2　OCL 功率放大电路

6.2.1　电路组成及特点

1. 电路组成

由 $+V_{CC}$、V_1 和 R_L 组成 NPN 型管的射极输出电路，由 $-V_{CC}$、V_2 和 R_L 组成 PNP 型管的射极输出电路。V_1 与 V_2 管的基极连接在一起作为信号输入端，两管的发射极也连接在一起作为信号的输出端，直接与负载相连接，如图 6—3 所示。

因为电路有两个电源，两个功放管互补对称，因此 OCL 电路是双电源互补对称功率放大电路的简称。

2. 特点

(1) 双电源：$+V_{CC}$ 和 $-V_{CC}$。

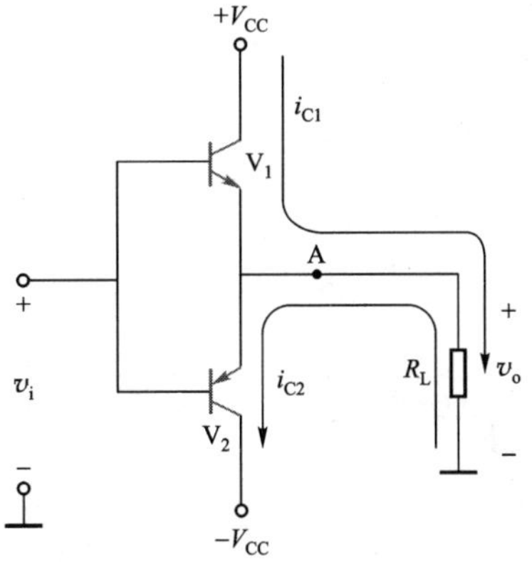

图 6—3　OCL 原理图

（2）输出耦合方式：直接耦合。

6.2.2　工作原理

静态时，无输入信号，此时输出端中点电位为 $V_{CC}/2$。

当输入信号 v_i 为正半周时，V_2 管的发射结反偏而截止，V_1 管的发射结正偏而导通，产生电流 i_{C1} 流经负载 R_L 形成输出电压 v_o 的正半周。

当输入信号 v_i 为负半周时，V_1 管的发射结反偏而截止，V_2 管的发射结正偏而导通，产生电流 i_{C2} 流经负载 R_L 形成输出电压 v_o 的负半周。

综上所述，V_1 管与 V_2 管交替导通，分别放大信号的正、负半周，于是在负载获得完整的输出信号。

OCL 功率放大电路工作波形图如图 6—4 所示。

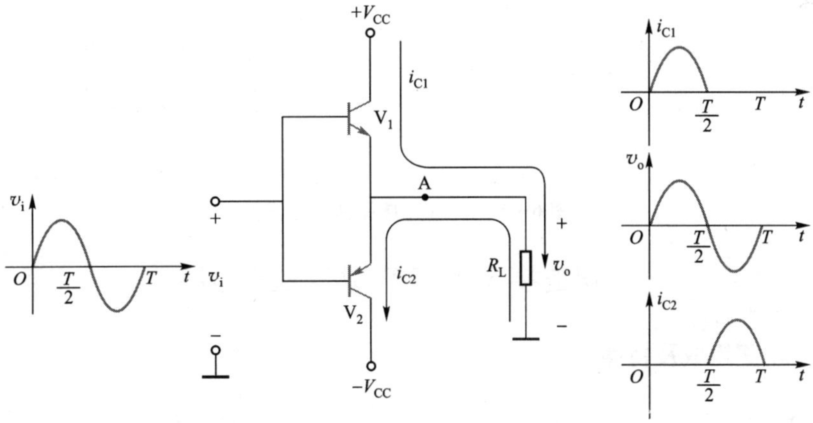

图 6—4　OCL 功率放大电路工作波形

6.2.3　输出功率和效率

OCL 电路中：

忽略三极管饱和压降 V_{CES} 时，负载 R_L 上输出的电压最大值 $V_{OM}=V_{CC}$；

考虑三极管饱和压降 V_{CES} 时，负载 R_L 上输出的电压最大值 $V_{OM}=V_{CC}-V_{CES}$。

负载 R_L 上输出的电流最大值：

$$I_{OM}=\frac{V_{OM}}{R_L}=\frac{V_{CC}}{R_L}$$

OCL 电路的输出功率为：

$$P_{OM}=\frac{V_{CC}^2}{2R_L}$$

考虑 V_{CES} 时，$P_{OM}=\frac{(V_{CC}-V_{CES})^2}{2R_L}$

OCL 电路的理想效率为 ：

$$\eta=\frac{P_{OM}}{P_{DC}}=78.5\%$$

6.2.4 交越失真及其消除方法

OCL 电路在没有直流偏置的情况下，当输入电压 v_i 低于死区电压时，V_1 管和 V_2 管会产生截止，即在正、负半周的交替处出现一段死区，这种现象称为交越失真。

如图 6—5 所示，消除交越失真的方法是在两个功放管基极间串入二极管 V_4 和 V_5，利用二极管的压降为三极管 V_2、V_3 的发射结提供正向偏置电压，使管子处于微导通状态，即工作于甲乙类状态，此时负载 R_L 上输出信号波形就不会出现交越失真。

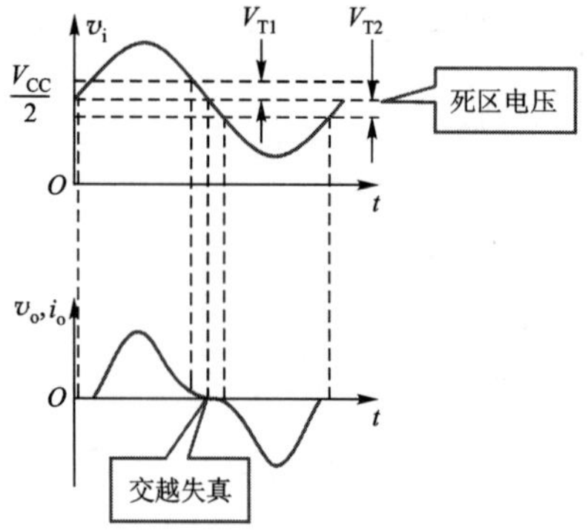

交越失真波形

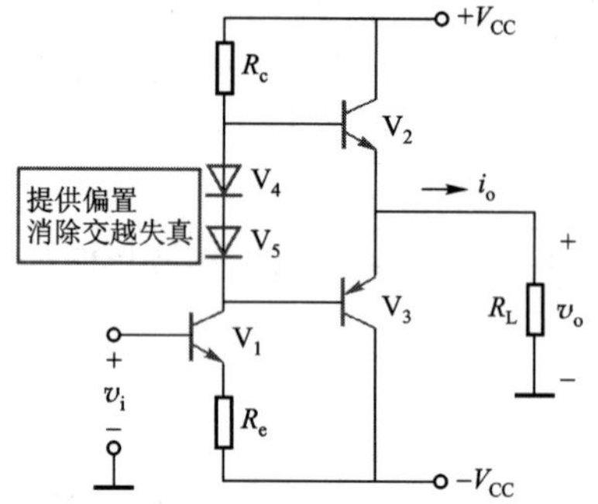

消除交越失真的 OCL 电路

图 6—5 交越失真及其消除方法

知识链接 6.3 OTL 功率放大电路

6.3.1 电路组成及特点

1. 电路组成

OTL 功率放大电路的 V_1 管与 V_2 管是一对导电类型不同、特性对称的配对管。从电路连接方式上看两管均接成射极输出电路，工作于乙类状态。

电路中只有一个 V_{CC}，两个功放管互补对称，因此 OTL 电路是单电源互补对称功率放大电路的简称。

2. 特点

OTL 与 OCL 电路的不同之处有两个：第一，由双电源供电改为单电源供电；第二，

输出端与负载 R_L 的连接由直接耦合改为电容耦合。

6.3.2　工作原理

静态时，V_1、V_2 双管都截止，输出端中点为 0。

输入交流信号 v_i 为正半周时，V_1 管导通，V_2 管截止，电源 V_{CC} 过 V_1 向耦合电容 C_1 充电，并在负载 R_L 上输出正半周波形。

输入交流信号 v_i 为负半周时，V_1 管截止，V_2 管导通，耦合电容 C_1 放电向 V_2 管提供电源，并在负载 R_L 上输出负半周波形。

综上所述可知，V_1 管放大信号的正半周，V_2 管放大信号的负半周，两管工作性能对称，在负载上获得正、负半周完整的输出波形。

6.3.3　输出功率和效率

OTL 电路中：

忽略三极管饱和压降 V_{CES} 时，负载 R_L 上输出的电压最大值 $V_{OM}=V_{CC}/2$；

考虑三极管饱和压降 V_{CES} 时，负载 R_L 上输出的电压最大值 $V_{OM}=V_{CC}/2-V_{CES}$。

负载 R_L 上输出的电流最大值：

$$I_{OM}=\frac{V_{OM}}{R_L}=\frac{V_{CC}}{2R_L}$$

OTL 电路的输出功率为：

$$P_{OM}=\frac{V_{CC}^2}{8R_L}$$

考虑 V_{CES} 时，$P_{OM}=\dfrac{(V_{CC}-2V_{CES})^2}{8R_L}$

OTL 电路的理想效率：

$$\eta=\frac{P_{OM}}{P_{DC}}=78.5\%$$

6.3.4　典型电路分析

典型 OTL 实物连接及功率放大电路如图 6—6、图 6—7 所示。功率放大电路由激励放大级和输出放大级所组成。

1. 激励放大级电路的组成及元件作用

(1) 电路组成。

激励放大级主要由 V_1、R_{P1}、R_1、R_2、R_3、C_1、C_2 等元件组成，采用工作点稳定的分压式偏置放大电路。

(2) 元件作用。

R_{P1} 为上偏置电阻，R_1 为下偏置电阻，A 点的 $V_{CC}/2$ 电压通过 R_{P1} 和 R_1 分压为前置放大管提供基极电压。R_{P1} 还起了电压并联负反馈的作用，可以稳定静态工作点和提高输出信号电压的稳定度。

R_2 是 V_1 管的发射极电阻，起稳定静态电流的作用。

C_2 交流旁路电容，这样 R_2 只起直流负反馈作用，而无交流负反馈，使放大倍数不会

因 R_2 而降低。

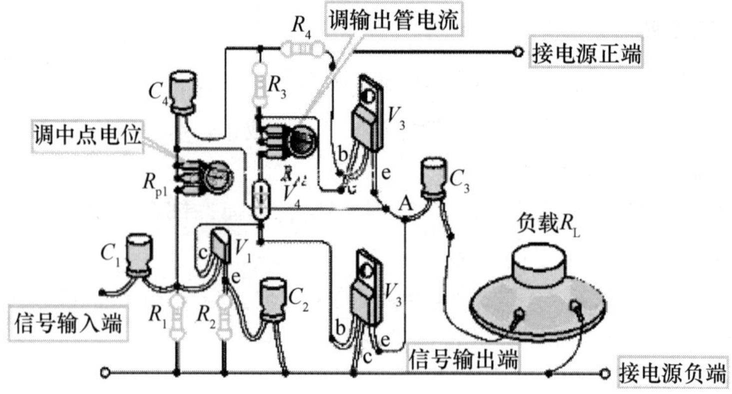

图 6—6　OTL 实物连接图

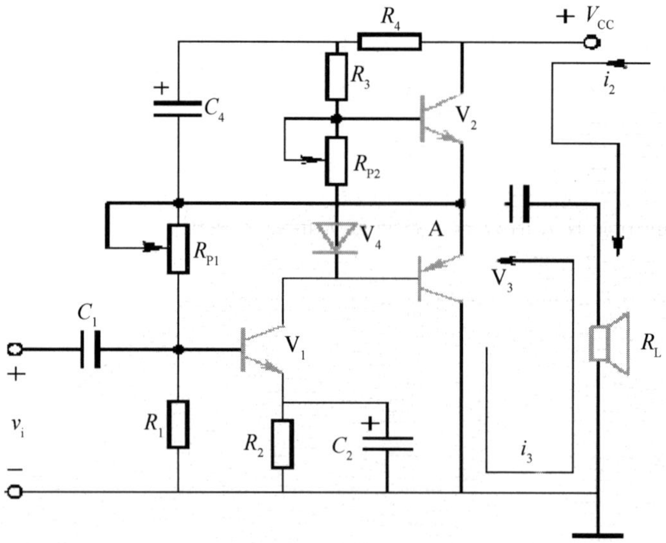

图 6—7　典型 OTL 功率放大电路

R_3 是 V_1 管的集电极电阻，可将放大的电流转换为信号电压，一端加至功放管 V_2、V_3 的基极，另一端通过 C_4 加至 V_2、V_3 的发射极，为功率放大输出级提供足够的推动信号。

2. 输出放大级电路的组成及元件作用

输出放大级电路由 V_2、V_3、R_{P2}、V_4、R_4、C_4 等元件构成。

V_2、V_3 是输出放大级的互补功放管，与激励放大级采用直接耦合方式。

R_{P2}、V_4 是为了克服交越失真，将其串接在两个功放管的基极之间，以提供功放管发射结正偏所需的正向偏压，调节 R_{P2} 可以调整功放管的静态工作点，使其有合适的集电极电流。

R_4、C_4 组成自举电路，克服输出电压顶部失真的问题。

6.3.5　采用复合管的 OTL 电路

把两个或两个以上的三极管的电极适当地连接起来，等效一个管子使用，即为复合管。它有四种连接方式，如图 6—8 所示，图（a)、(b）由两只同类型管子构成复合管，图（c)、(d）则由不同类型的两只管子构成复合管。

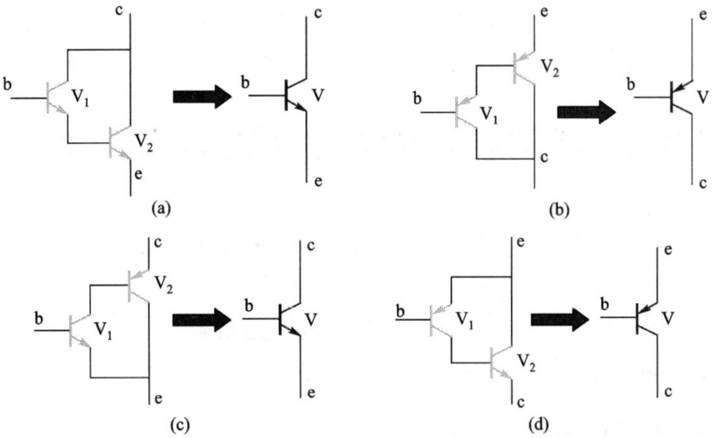

图 6—8　复合管类型

复合管的连接原则：

（1）必须保证两只管子各级电流都能顺着各管的正常方向流动。NPN 管是电流从基极和集电极流进，从发射极流出；PNP 管是电流从发射极流进，从基极和集电极流出。

（2）前管的 c、e 极只能接后管的 c、b 极连接，而不能与后管的 b、e 极连接。

复合管的特点：

（1）复合管的电流放大倍数等于各管放大倍数之乘积。

（2）复合管是 NPN 型或 PNP 型取决于前一只管子的类型。

（3）前一只管子的基极作为复合管的基极，根据前一只管子的发射极与集电极来确定复合管的发射极与集电极。

6.3.6　应用实例

超声波压焊机中的功率放大电路如图 6—9 所示，三极管 V_1 组成激励放大级，V_2 与 V_4

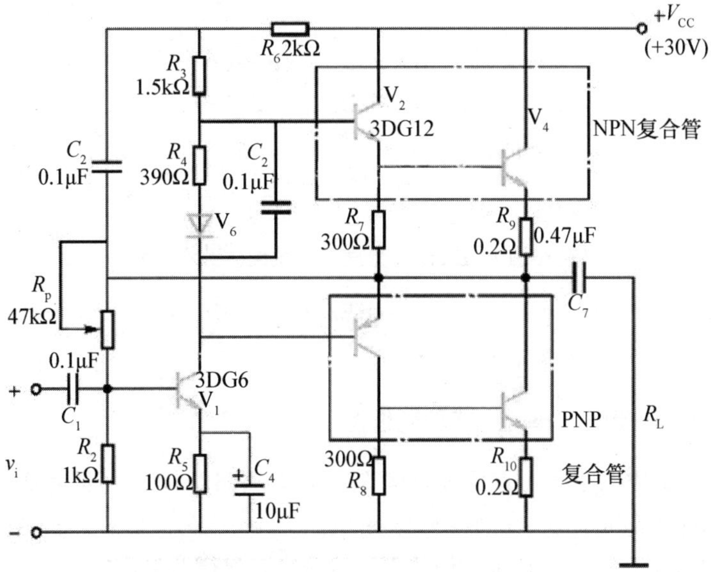

图 6—9　超声波压焊机中的功率放大电路

管组成 NPN 型复合管，V_3 与 V_5 管组成 PNP 型复合管，两只复合管作为电路的输出配对管，由于大功率管 V_4 和 V_5 都是 NPN 型管，因此可选用同型号、性能接近的管子。

任务 2　双声道四位电位器功放的组装与调试

知识链接 6.4　集成功率放大器

随着微电子技术的发展，集成功率放大器的应用已日益广泛，现以 4100 系列集成功率发放大器为例，简单分析其功能结构及典型应用电路。

6.4.1　4100 系列集成功率放大器

LA4100 是日本三洋生产的 OTL 集成功率放大器，我国生产的同一类型的产品有 DL4100（北京）、TB4100（天津）、DF4100（上海）等，在使用中可以互换。该集成功率放大器广泛使用在收录机等电子设备中，电源电压 V_{CC} 为 9V，带负载的能力为 4Ω，输出功率大于 1W。

其外形图与引脚功能如图 6—10 所示。

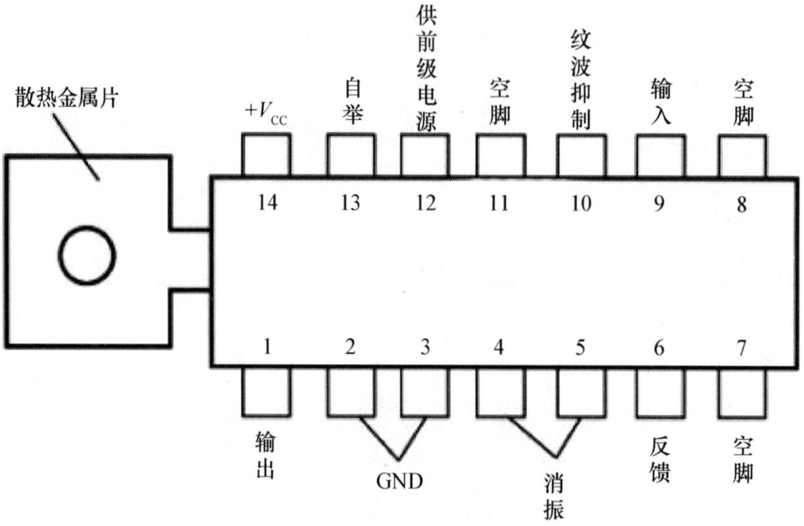

图 6—10　LA4100 集成功率放大器引脚排列

LA4100 是散热片的 14 引脚双列直插式塑料封装结构，引脚是从散热片一侧起按逆时针方向依次编号，各引脚功能见图中标注。

6.4.2　LA4100 集成功率放大器功能框图

LA4100 功放集成电路属于直接耦合的多级放大电路结构，主要由差分输入级、中间放大级和 OTL 输出级所组成，如图 6—11 所示。

（1）差分输入级：由差分放大器组成，可以减少直接耦合造成的直流工作点的不稳定。

（2）中间放大级：该级由共射电路组成，具有高的电压放大倍数，能为输出级提供足

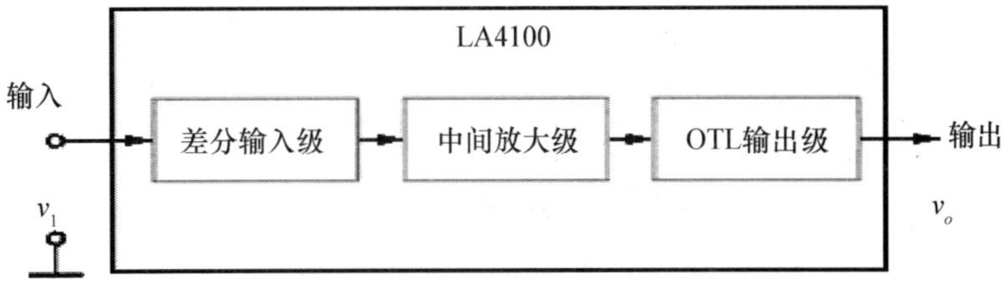

图 6—11　LA4100 集成功率放大器框图

够大的信号电压。

（3）OTL 输出级：采用互补对称功率放大电路，具有输出电阻小、输出电压幅度高、输出功率大的特点。

用 LA4100 功放集成电路组成的互补对称式功率放大器的原理电路和印刷电路板装配图，如图 6—12 所示。

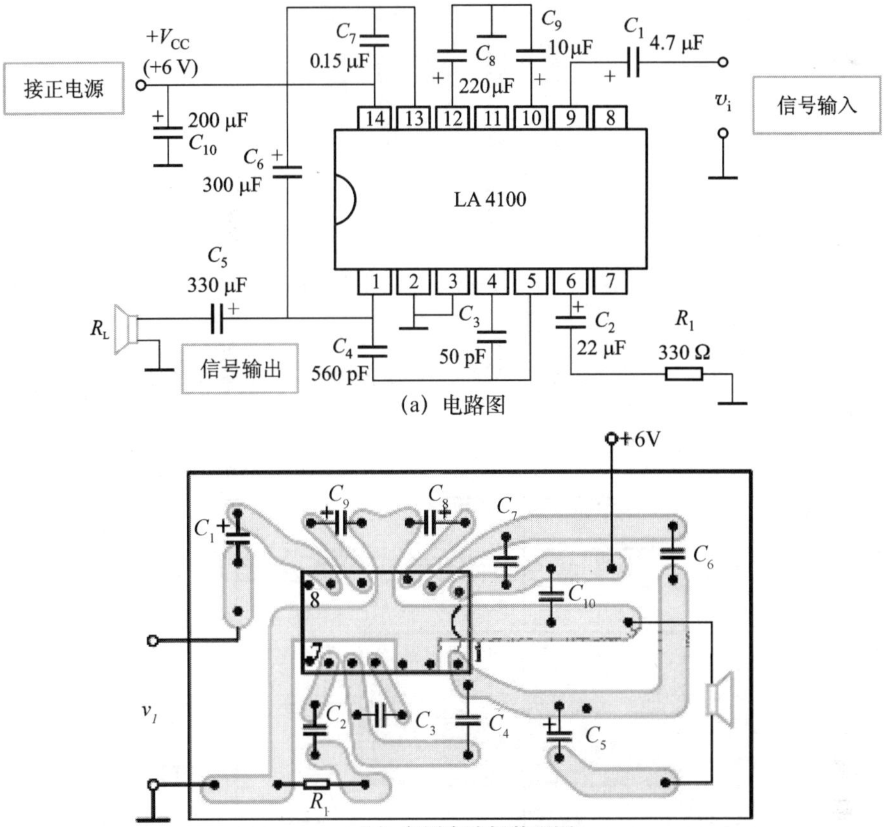

（a）电路图

（b）印刷电路板装配图

图 6—12　LA4100 功放集成电路组成的互补对称式功率放大器

6.4.3　TDA2030 简介

1. 外形图与引脚功能

其外引线如图 6—13 所示。1 脚为同相输入端，2 脚为反相输入端，4 脚为输出端，3 脚接负电源，5 脚接正电源。电路特点是引脚和外接元件少。

外部特性：电源电压范围为 6～18V，静态电流小于 60 μA，频响为 10Hz～140kHz，谐波失真小于 0.5，在 V_{CC}为±14V、R_L 为 4Ω 时，输出功率为 14W。

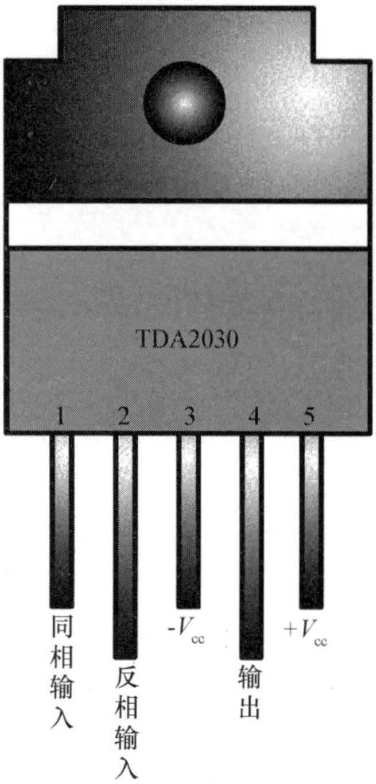

图 6—13　TDA2030 的外引线排列

2. 应用电路

其应用电路如图 6—14 所示。V_1、V_2 组成电源极性保护电路，防止电源极性接反损坏集成功放。

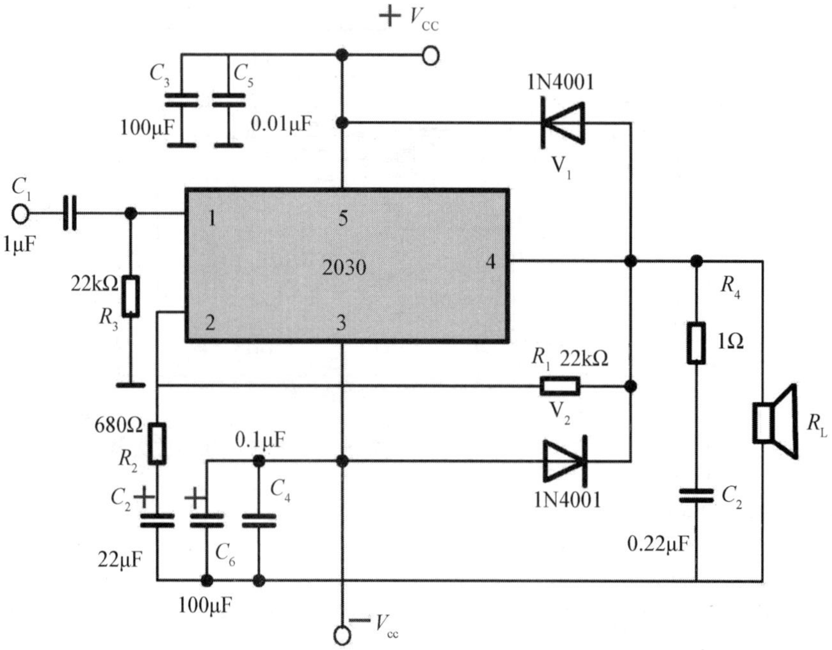

图 6—14　TDA2030 接成 OCL 功放电路

C_3、C_5 与 C_4、C_6 为电源滤波电容，100 μF 电容并联 0.1 μF 电容的原因是 100 μF 电解电容具有电感效应。信号从 1 脚同相端输入，4 脚输出端向负载扬声器提供信号功率，使其发出声响。

TDA2030 是一种超小型 5 引脚单列直插塑封集成功放，由于具有低瞬态失真、较宽频响和完善的内部保护措施，因此常用在高保真组合音响中。

实训任务 1　低频功率放大电路的组装与调试

【实训目的和任务】

1. 掌握电子装配的步骤和方法。
2. 掌握原理图读取方法。
3. 理解低频功率放大电路的工作原理。
4. 掌握电阻、电容、二极管等基本元件的检查方法和它们的作用。

【实训原理和技术】

见图 6—15。

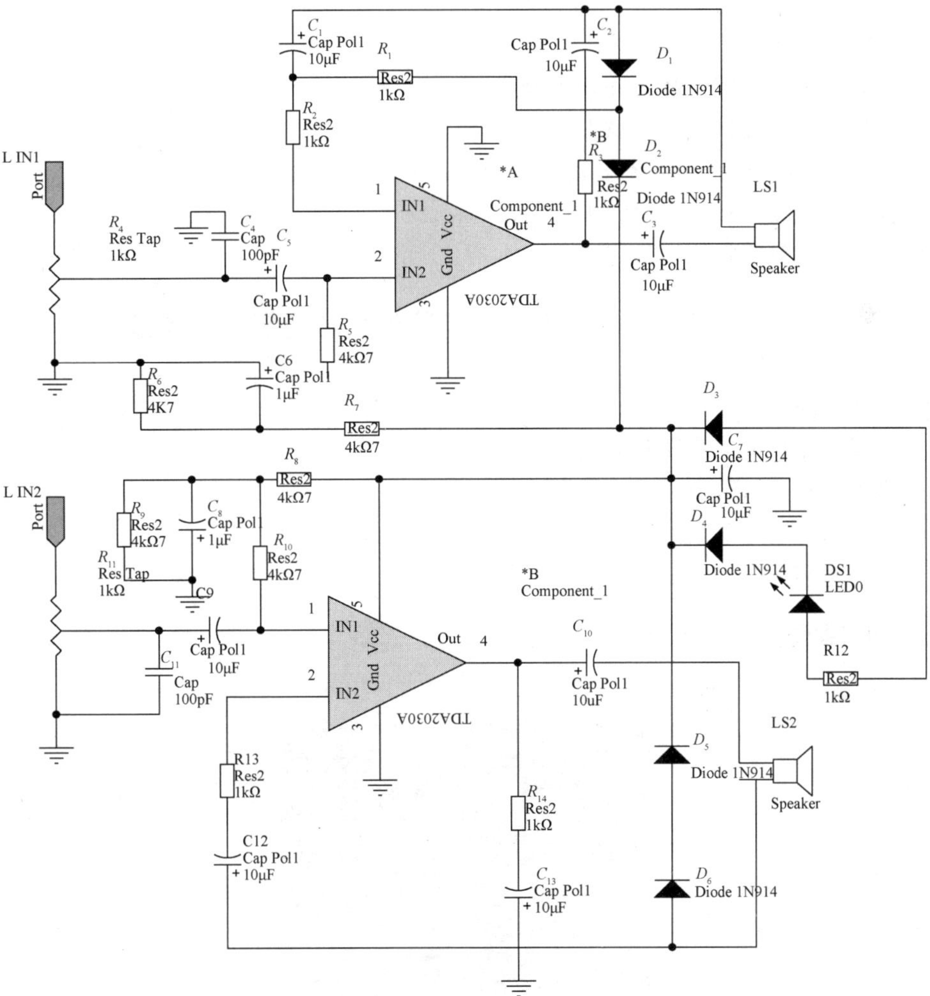

图 6—15

【实训工具和器材】

1. 电烙铁一把。
2. 吸锡器一把。
3. 镊子一把。
4. 斜口钳一把。
5. 尖嘴钳一把。

【实训内容和步骤】

1. 对照元件清单，认真查对元件及配件的数量。
2. 采用万用表检测阻容元件、二极管、三极管等元件的质量。
3. 读懂原理图，熟悉电路印制板结构。
4. 对元件进行整形并插装焊接。
5. 焊接完成后，认真对照电路板检查有无漏焊、错焊、虚焊、短路等现象。

【说明】

1. 元件均采用立式安装，并紧靠电路板。
2. 安装有极性元件应该注意方向。
3. JK 继电器的焊接时间不要过长，否则易损坏开关触点。
4. 铜件插座要求焊接牢固，无松动。
5. 用塑料对蜂鸣器周边进行固化。

实训任务 2　双声道四位电位器功放的组装与调试

【实训目的和任务】

1. 掌握电子装配的步骤和方法。
2. 掌握原理图读取方法。
3. 理解低频功率放大电路的工作原理。
4. 掌握电阻、电容、二极管等基本元件的检查方法和它们的作用。

【实训效果图】

实物图和电路图见图 6—16 至图 6—18。

图 6—16

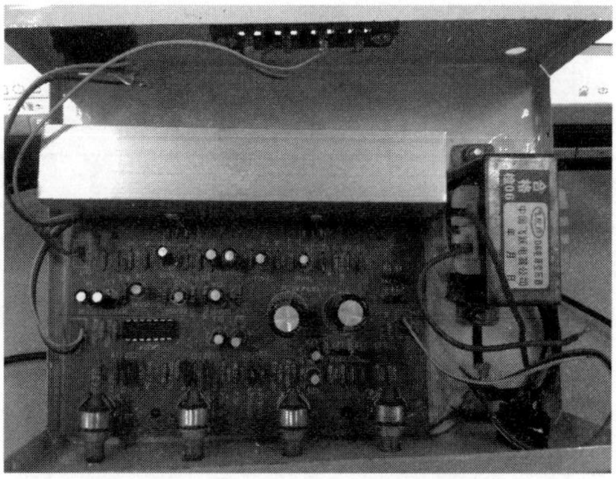

图 6—17

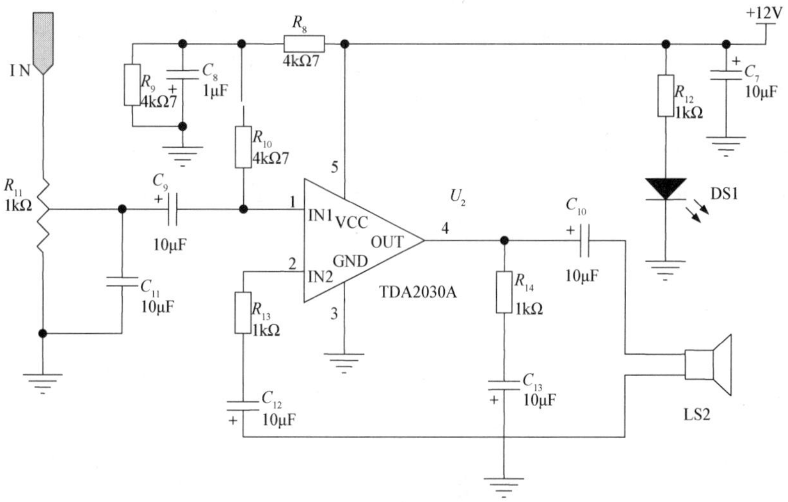

图 6—18　电路图

【实训器材】

1. 元件清单（见表 6—1）。

表 6—1

元件分类	元件参数	组装位号	特别说明
电阻	1.5Ω	R_9　R_2	
	1kΩ	R_3　R_4　R_7　R_{10}　R_{13}　R_{15}　R_{30}	
	4.7kΩ	R_{20}　R_{21}	
	7.5kΩ	R_{18}　R_{19}　R_{22}　R_{23}	
	10kΩ	R_{12}　R_{16}　R_{26}　R_{27}　R_{28}　R_{29}	
	47kΩ	R_8　R_5　R_1　R_6	
	100kΩ	R_{11}　R_{17}　R_{24}　R_{25}	

续前表

元件分类	元件参数	组装位号	特别说明
电容	3 300pF	C_{27} C_{28}	
	0.015	C_{23} C_{24}	
	0.033	C_{19} C_{20} C_{21} C_{22} C_{29} C_{30}	
	104	C_1 C_7 C_8 C_9	
	10μF	C_3 C_6 C_{16} C_{18} C_{12} C_{13} C_{25} C_{26}	
	22μF	C_2 C_5	
	33μF	C_{15} C_{17}	
	100μF	C_4 C_{14}	
	1 000μF～2 200μF	C_{10} C_{11}	
整流二极管	IN 4007	4 只 D_1～D_4	1 000V
发光二极管	LED	LED	
音量调节电位器	电位器	4 只 W_1 W_2 W_4 W_9	50kΩ
集成运算放大器	LM 324	I_{C3}，LM 324	
功率放大集成管	TDA 2006	I_{C1} I_{C2}	

2. 特殊元件识别：集成运算放大器、功率放大集成管、音量调节电位器、发光二极管、整流二极管。

【实训步骤】

1. 主板焊接步骤及注意事项。

（1）先焊接电阻元件（见图 6—19）。

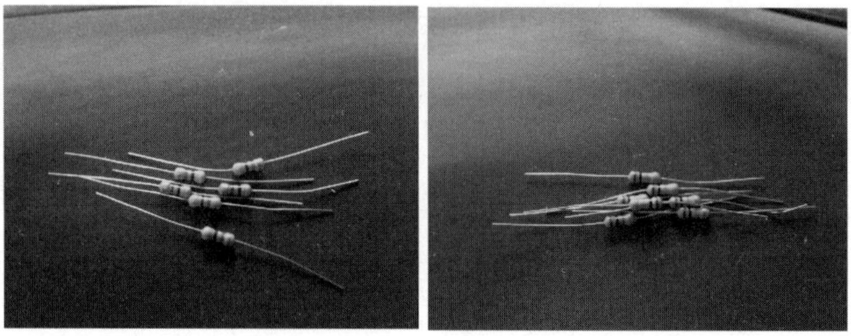

图 6—19 电阻实物

本套件配备电阻共计 29 只，阻值参数分别为：1.5Ω 2 只、1kΩ 7 只、4.7kΩ 2 只、7.5kΩ 4 只、10kΩ 6 只、47kΩ 4 只、100kΩ 4 只。

色环电阻按色环条数分为普通电阻和精密电阻（见图 6—20）。

普通电阻　　精密电阻

图 6—20 色环电阻

普通电阻：前两个色环为有效数字环，第三色环为倍乘环（即 0 的个数），第四色环为误差环。一般情况下，普通电阻的误差只有 3 个等级 5%（金）、10%（银）、20%（无色）。

精密电阻：前三个色环为有效数字环，第四色环为倍乘环（即 0 的个数），第五色环为误差环。

(2) 焊接整流二极管。

本套件配备 4 个 IN4007（见图 6—21）。焊接时采用立式安装，整形正极一端引脚。焊接在板子的 D_1～D_4 位置。注意区分正负极。

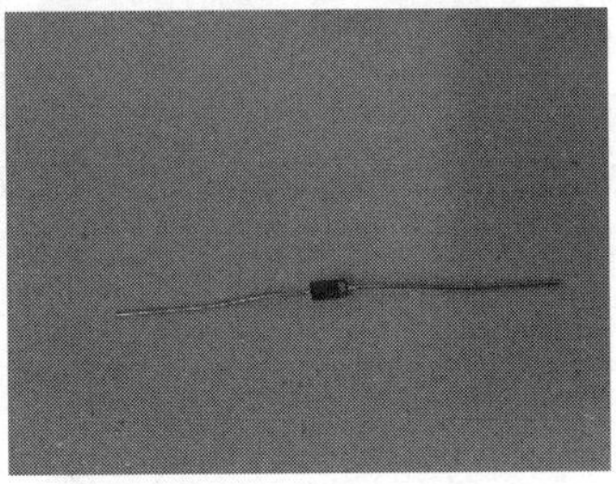

图 6—21　IN4007

有白色环边为负极，黑色边为正极。

(3) 焊接集成运算放大器（见图 6—22）。

图 6—22

(4) 焊接片状电容（见图 6—23）。

焊接 104 的瓷片电容，位号为 C_1，C_7，C_8，C_9；焊接 0.015，0.033 的片状电容。

图 6—23

（5）焊接电解电容（见图 6—24）。

先焊接容量较小的电解电容——10μF、22μF、33μF；再焊接 100μF、2 200μF 等容量较大的电解电容。焊接时注意引脚区分正负极。

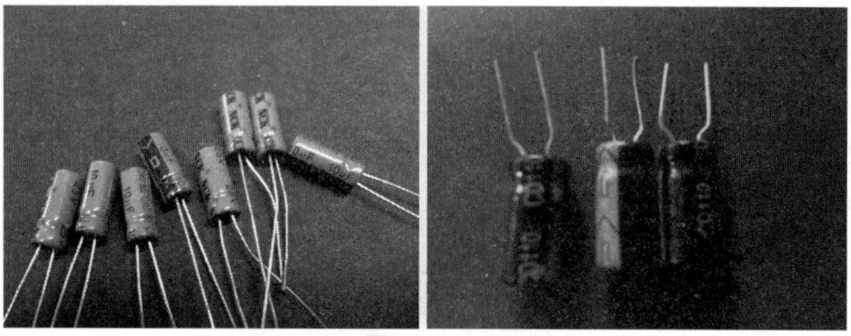

22μF　　10μF　　　　　　100μF

图 6—24

（6）焊接功率放大集成管（TDA 2030A）。

该集成管共 5 个脚，其中 1、2 脚为音频信号输入端，3 脚为地，4 脚为输出端，5 脚接电源 V_{CC}。外形如图 6—25 所示。

图 6—25

（7）焊接音量调节电位器（见图 6—26）。

电位器的本质就是一个可变电阻器，其中间脚为调节端，将表笔碰触中间脚和任意与中间脚平行的脚，旋转旋钮，万用表读数有变化，并能从最小值变到最大值，电位器旋转灵活，表明电位器正常。

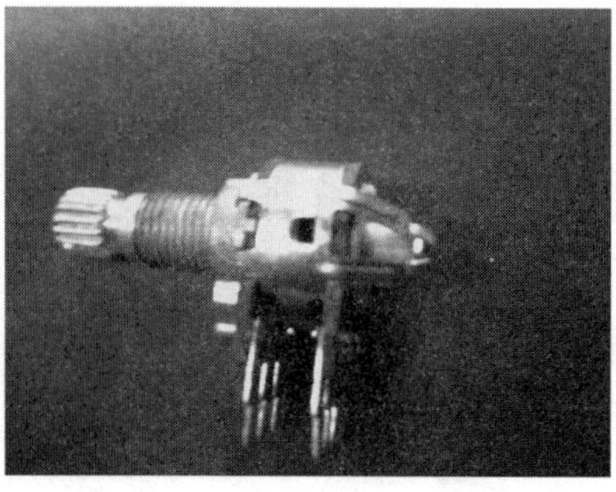

图 6—26

（8）安装散热片（见图 6—27）。

散热片的材质为铝质，薄而软，导热性能好。先按功放管位置用铅笔做好打孔标记，分别包括正面和地面各两个孔，然后取下散热片，用手工钻打出安装孔。

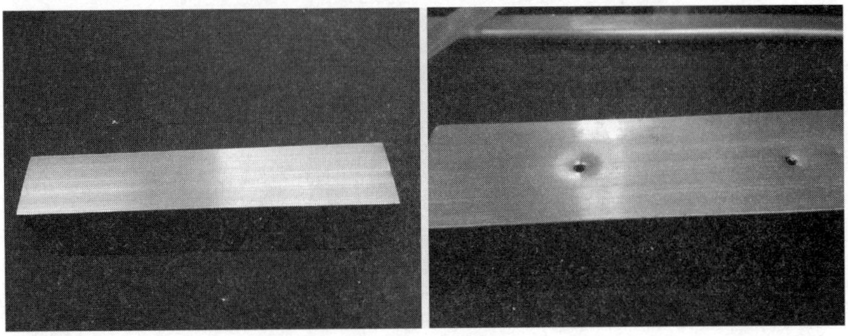

图 6—27

（9）焊接电源线、输入输出音频信号线。

导线的处理见下面的步骤：

1）选择所需导线数量并剥离线头（见图 6—28）。

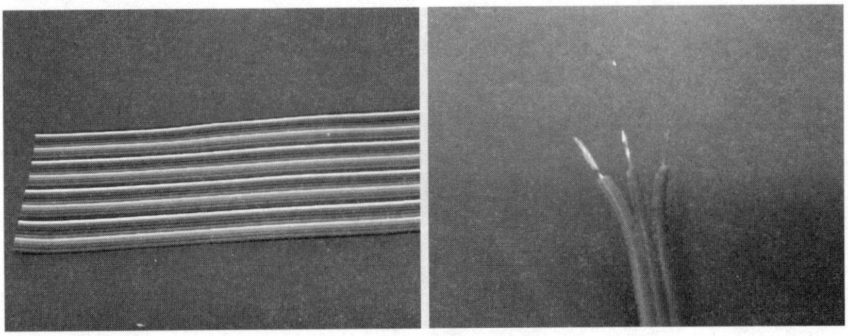

图 6—28

2）导线一定要对剥离出来的线头上锡，焊接在电路板上后，对导线进行滴胶固定（见图 6—29）。

图 6—29

（10）完成焊接（见图 6—30）。

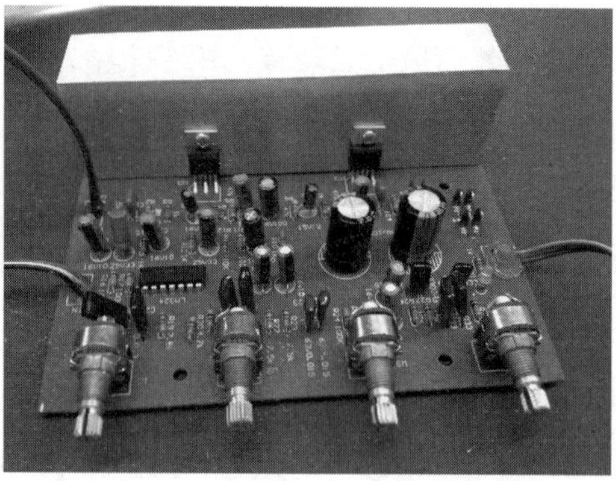

图 6—30

2. 调试。

3. 参数测试。

4. 安装输入输出接口。

（1）连接音频信号输入、输出端口（见图 6—31）。

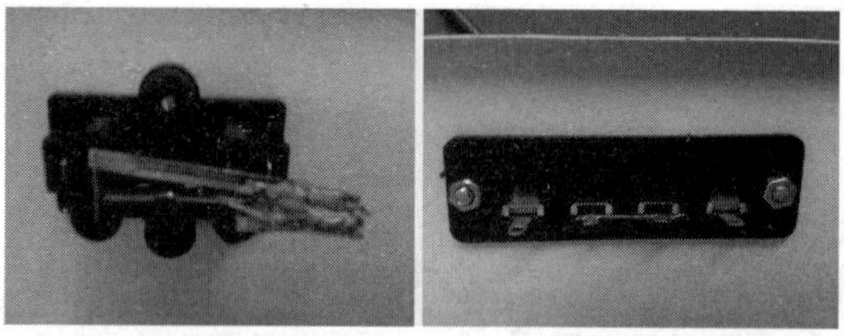

音频输入端口　　　　音频输出端口

图 6—31

使用零件包中给定的螺丝将输入输出接口紧固在外壳上。

（2）开关及接线。

开关在接线的时候，一端接电源线的火线，出线端接变压器输入端，零线不通过开关。见图 6—32。

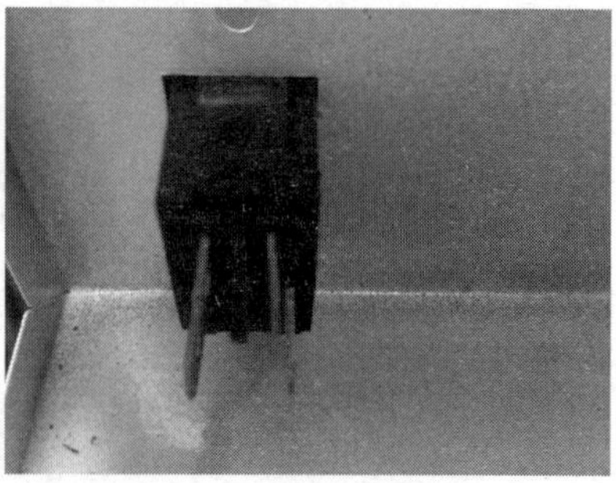

图 6—32

（3）将主板放入外壳内，并固定。见图 6—33。

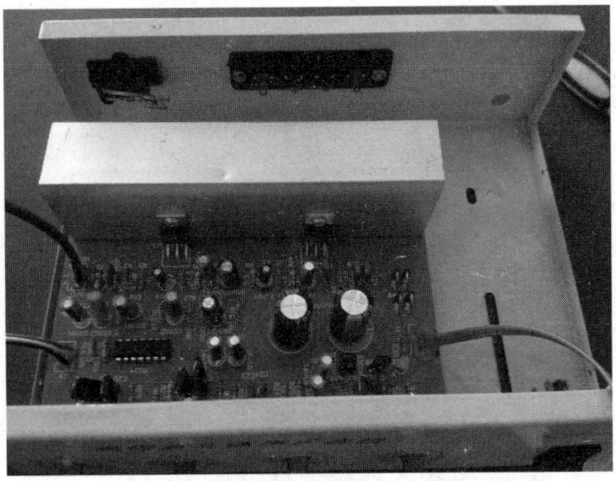

图 6—33

（4）安装变压器并完成所有接线。见图 6—34。

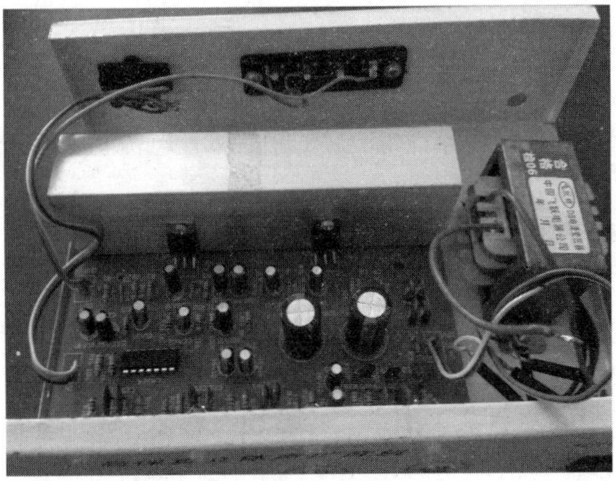

图 6—34

（5）紧固外壳，完成组装。见图 6—35。

图 6—35

【项目小结】

1. 功率放大器的主要任务是不失真地放大信号功率。常用的功率放大器按静态工作点的设置不同，分为甲类、乙类和甲乙类。按耦合方式不同可分为阻容耦合、变压器耦合和直接耦合三种方式。

2. 目前广泛应用的功率放大器是互补对称式功放电路，它有 OCL 和 OTL 两种类型，它们都是由对称的两个射极输出器组合而成，两只配对管导电极性相反，轮流放大信号的正、负半周，在负载上得到完整的放大信号。为了克服交越失真，应将推挽电路的静态工作点设置在甲乙类状态。

3. 集成功率放大器是由输入级、中间放大级和 OTL 输出级构成，具有体积小、重量轻、工作可靠、调试组装方便之优点，在目前得到越来越广泛的应用。使用集成功率放大器的关键是弄清引脚功能、接线图和各外部元件的作用。

【知识能力测验】

一、填空题

1. 功率放大器应满足的基本要求有________；________；________；________。

2. 低频功率放大器按静态工作点位置可分为________；________；________三种。

3. 甲类单管功率放大电路在整个信号周期内都有电流流过功放管，静态时，集电极电流 I_C 等于________。

4. 按功率放大器输出特点可分为：________，________，________，________。

5. 功放器使用的耦合变压器的作用有：________，________。

6. 乙类推挽功率放大电路，由于功放管的静态工作点选在管子的截止区和放大区交界处，该区域的输入特性存在非线性，故存在________失真。

7. OCL 电路的输出级与负载采用________耦合方式。

8. 使用集成功放块，只需要了解________功能、接线图和________的作用。

9. OCL 电路为了使静态时 R_L 上没有直流流过，一般都采用________电源供电。

10. 乙类推挽功放电路的理想效率为________。

11. 甲乙类推挽功率放大器的静态工作点________。

12. 互补对称推挽电路是由两个导电________不同的晶体管组成，为了使信号不失真，两个互补管的________和________等参数应当一致，即两个互补管电路需完全________。

二、判断题

1. 功放电路只要有足够的输出功率就行了。（　　）

2. 功放电路同一般的放大电路一样，只要考虑放大倍数，传输时阻抗匹配就行了。（　　）

3. 一般乙类功放的效率比甲类功放要高。（　　）

4. 功放电路中使用的变压器除了耦合交流信号之外，还能调节阻抗匹配，使负载获得较大的功率。（　　）

5. 甲类功放静态时效率最高。（　　）

6. 甲类功率放大器的工作点较甲乙类功放要高，因此它的放大倍数也要比甲乙类功放大。（　　）

7. OTL 电路中使用“自举电路”可提高功率增益。（　　）

8. 甲乙类功放的工作点设置得合适，可以完全消除交越失真。（　　）

9. 互补对称 OTL 功放电路也存在交越失真。（　　）

10. 集成功率放大器是今后功率放大器的发展方向。（　　）

三、选择题

1. 不存在交越失真的功放有（　　）。

A. 甲类　B. 乙类　C. OTL 功放　D. OCL 功放

2. OTL 功放电路的最大不失真功率为（　　）。

A. V_{CC}^2/R_L　B. $V_{CC}^2/2R_L$　C. $V_{CC}^2/4R_L$　D. $V_{CC}^2/8R_L$

3. 静态工作点设在交流负载线的中点的功放是（　　）。

A. 甲类功放　B. 乙类功放　C. 甲乙类功放　D. BTL 功放

4. 如图 6—36 所示的复合管 $\beta_1=50$，$\beta_2=30$，复合管的总电流放大倍数 β 和复合后的管型分别为（　　）。

A. 80；NPN 型　B. 1 500；PNP 型

C. 50；PNP 型　D. 30；NPN 型

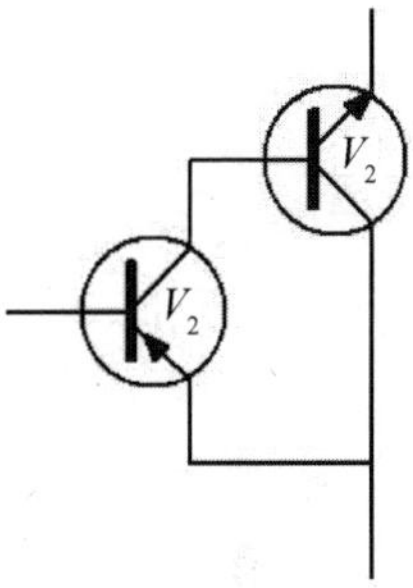

图 6—36

5. 乙类推挽功放的理想最大效率为（　　）。

A. 50%　B. 60%　C. 78.5%

D. 100%

6. OTL 功率放大器中要求在 8Ω 的负载上获得最大不失真功率 9W，应选的电源电压为（　　）。

A. 6V　B. 9V　C. 12V

D. 24V

7. OCL 功放电路中输出端中点静态点位为（　　）。

A. V_{CC}　B. 0　C. $V_{CC}/2$　D. $2V_{CC}$

8. OCL 电路中，为保证功放管的安全工作，P_{CM}应大于（　　）。

A. P_{OM}　B. $0.2P_{OM}$　C. $0.1P_{OM}$　D. $2P_{OM}$

四、计算题

1. OTL 推挽功放电路的电源电压 $V_{CC}=12V$，要求输出最大功率为 2.25W，则负载的阻抗应选多大?

2. 已知某 OCL 功放电路，$V_{CC}=\pm12V$，$R_L=8\Omega$，三极管的极限参数为 $P_{CM}=5W$，$V_{(BR)CEO}=30V$，$I_{CM}=2A$（加散热片），问：

（1）最大输出功率 P_{OM}是多少?

（2）校验所选管子是否安全?

3. 如图 6—37 所示的 OTL 电路，若负载 $R_L=4\Omega$，电路最大输出功率为 2W，问：

（1）电源电压应为多大?

（2）若保持该电源电压不变，把 R_L 换为 16Ω，则电路最大输出功率是多少?

（3）R_{P1}、R_{P2}、R_3、C_2和 C_4 在电路中所起到的作用是什么?

（4）调整中点电位的方法和步骤。

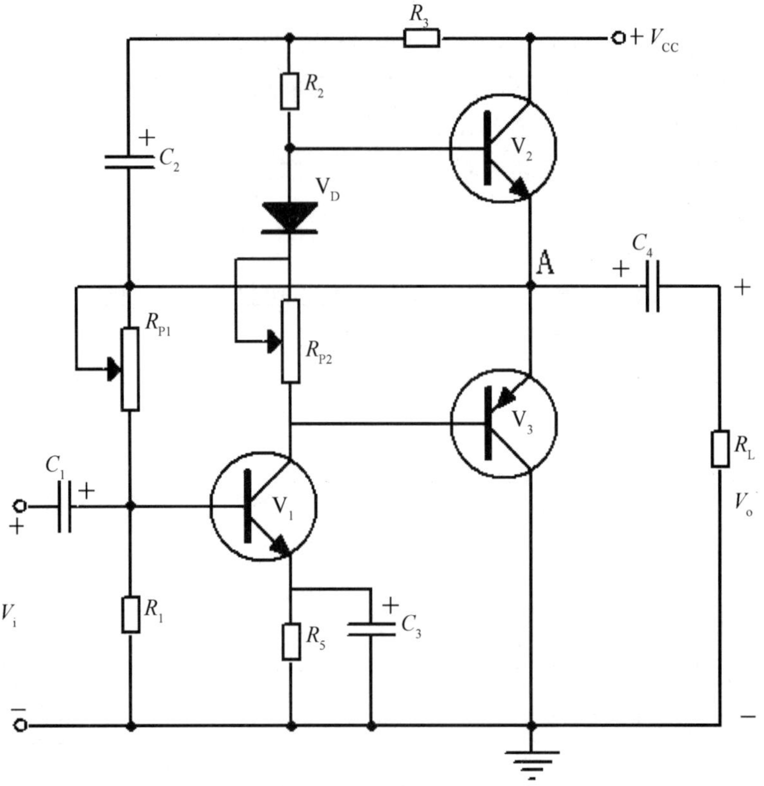

图 6—37　OTL 电路

项目 7　高频处理电路及典型产品的制作与调试

【知识目标】

- 了解调幅波的基本性质及调幅与检波的应用
- 了解调频波的基本性质及调频与鉴频的应用
- 能识读三极管的混频器的电路图

【技能目标】

- 会调整振荡器电路的振荡频率，能排除振荡电路的常见故障
- 会用示波器观测调幅收音机检波电路的波形
- 会用示波器观测调频收音机鉴频电路的波形
- 会按图组装、调试、检修调幅调频收音机

【情感目标】

- 培养学生动手能力
- 培养学生对电子产品制作与调试的兴趣

【实训任务】

- 调频调幅收音机的组装与调试

【情景导入】

广播电台播出节目是首先把声音通过话筒转换成音频电信号，经放大后被高频信号（载波）调制，这时高频载波信号的某一参量随着音频信号作相应的变化，使我们要传送的音频信号包含在高频载波信号之内，高频信号再经放大，然后高频电流流过天线时，形成无线电波向外发射，无线电波传播速度为 3×108m/s，这种无线电波被收音机天线接收，然后经过放大、解调，还原为音频电信号，送入喇叭音圈中，引起纸盆相应的振动，就可以还原声音，即为声电转换传送—电声转换的过程。中波的频率（高频载波频率）规定为 525～1 605kHz。短波的频率范围为 3 500～18 000kHz。

任务　调频调幅收音机的组装与调试

知识链接 7.1　高频电路

无线电通信的任务是利用电磁波将各种电信号由发送端传送给接收端，以达到传递信息的目的。以无线电广播为例（包括声音广播和电视广播），它是将声音或图像电信号装载在一个较高振荡频率的信号上，经天线以电磁波的形式传送出去。收音机、电视机接收到该信号后，把它从较高振荡频率的信号中取出，得到原来的声音和图像信号。

7.1.1　调幅波

1．调幅波的产生

用低频调制信号去控制高频载波信号的振幅，使高频信号的振幅随着调制信号瞬时值的变化而线性变化，这个过程通常称为调幅，常用 AM 表示，如图 7—1 所示。

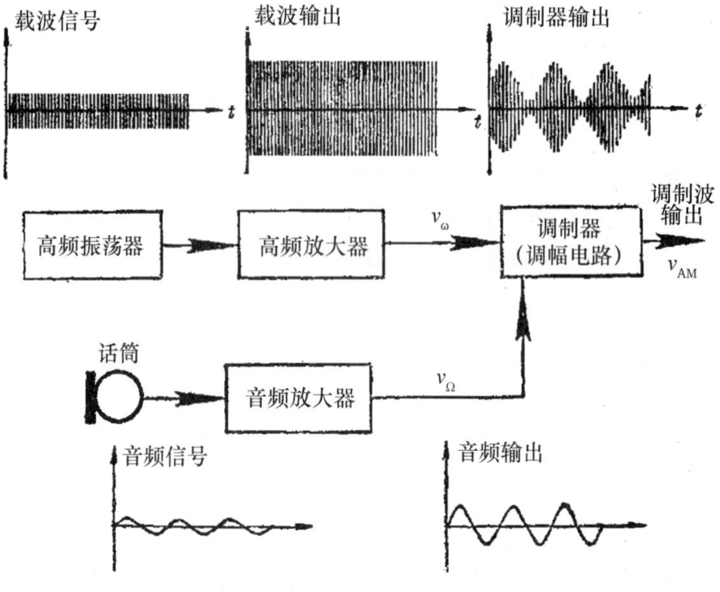

图 7—1　调幅广播发射机的组成框图

调幅波的波形和表示式如下。

高频载波信号：$v_\omega = V_{\omega m}\cos\omega t$

低频调制信号：$v_\Omega = V_{\Omega m}\cos\Omega t$

调幅波：$v_{AM} = V_{\omega m}(1 + m_a\cos\Omega t)\cos\omega t$

调幅系数 m_a 表示在调幅过程中，载波振幅随调制信号变化的程度。调幅系数定义为：$m_a = \dfrac{V_{\Omega m}}{V_{\omega m}}$。

2．调幅波的频谱

经调制后的波形和频谱如图 7—2 和图 7—3 所示。

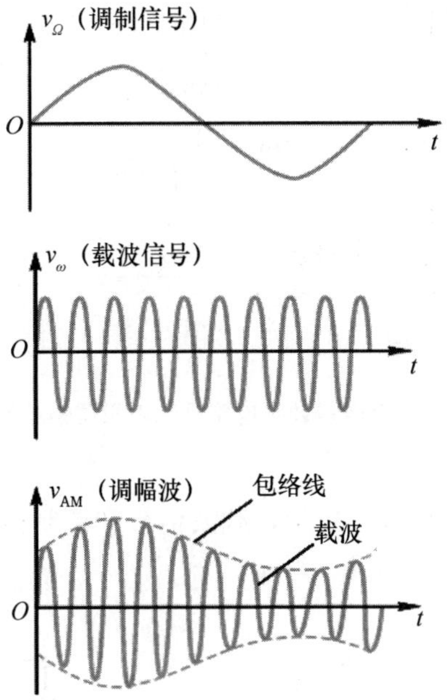

图 7—2　调制后的波形

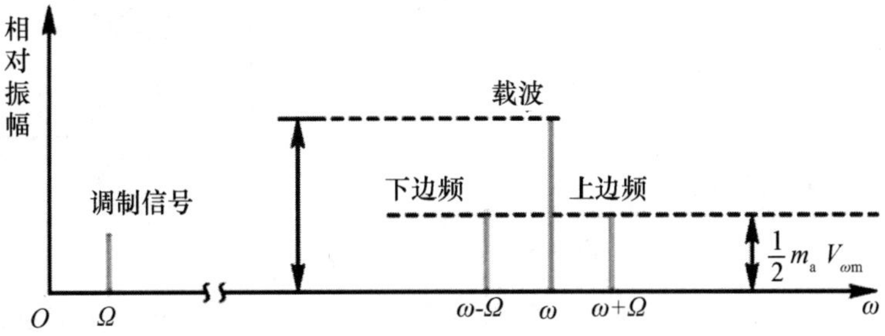

图 7—3　调制后的频谱

7.1.2　调幅电路

调幅电路是由非线性器件和带通滤波器两部分所构成的，如图 7—4 所示。常用的非线性器件有二极管、三极管和场效应管。

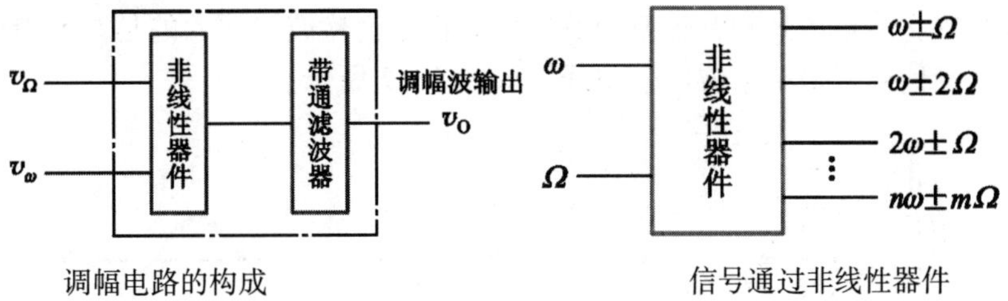

图 7—4　调幅电路

1. 三极管调幅电路

晶体三极管调幅电路是利用晶体管的非线性特性进行频率变换，再由 LC 谐振回路选出调幅波分量，由此产生调幅波信号。集电极调幅电路如图 7—5 所示。

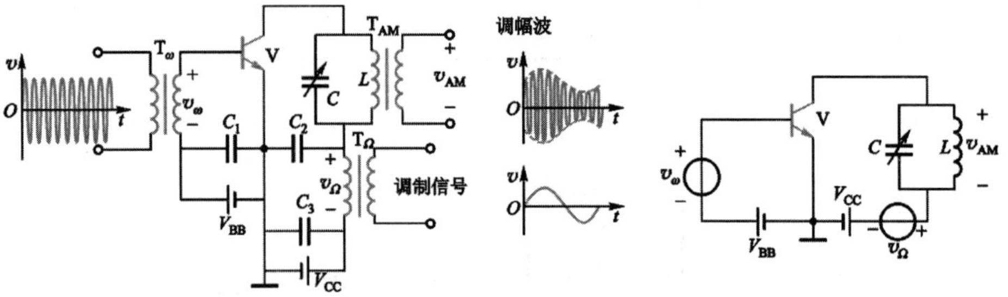

图 7—5　集电极调幅电路及集电极调幅等效电路

2. 二极管调幅电路

二极管调幅电路如图 7—6（a）所示，载波信号和调制信号相串联后加到非线性元件二极管两端，等效电路如图 7—6（b）所示。

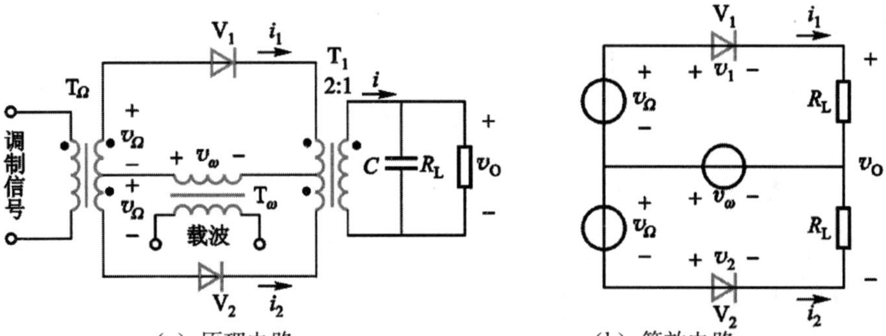

（a）原理电路　（b）等效电路

图 7—6　二极管调幅电路

二极管 V_1的端电压 $v_1=v_\omega+v_\Omega$，二极管 V_2的端电压 $v_2=v_\omega-v_\Omega$，因此通过两个二极管的电流 i_1和 i_2都是幅度随调制信号变化的调制电流，即利用二极管的非线性进行幅度调制。

T_1的二次绕组和谐振电容 C 组成 LC 谐振回路滤除调制信号，取出载波 ω 附近的上下边带的调幅信号。

7.1.3　检波电路

检波电路的功能是从高频调幅波中取出调制信号。检波器输入的是高频调幅信号，输出的是低频调制信号，即调幅波的包络线，如图 7—7 所示。

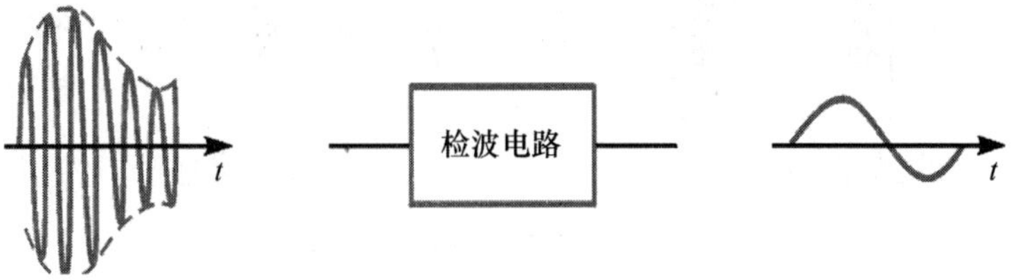

图 7—7　检波器的功能示意

利用二极管的非线性特性，可以实现检波功能，如图 7—8 所示。

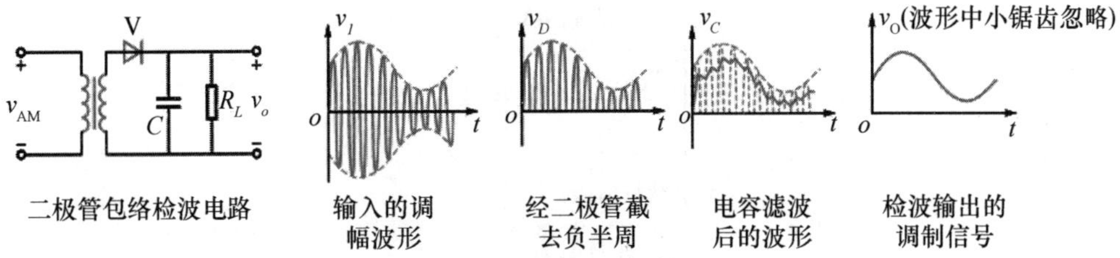

图 7—8　二极管包络检波电路

知识链接 7.2　调频与鉴频

7.2.1　调频波的基本性质

1. 调频波的产生

调频是指载波信号的频率按照调制信号幅度变化的调制过程。如图 7—9 所示，高频信号 v_ω和调制信号 v_Ω输入到调频电路，经过频电路对信号进行处理后，输出端得到载波频率随着调制信号而变化的高频调频信号 v_{FM}，叫做调频波，如图 7—9 所示。

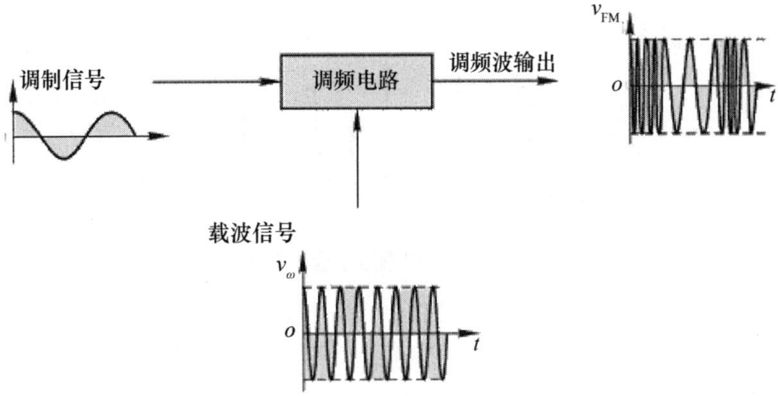

图 7—9　调频波

2. 调频波的基本性质

调频是指载波信号的频率按照调制信号幅度变化的调制过程，如图 7—10 所示。

调制信号：$v_\Omega = V_\Omega \cos\Omega t$

载波信号：$v_\omega = V_\omega \cos\omega_0 t$

调制载波角频率：$\omega = \omega_0 + \Delta\omega = \omega_0 + K_f V_\Omega \cos\Omega t$

最大角频偏：$\Delta\omega_m = K_f V_\Omega$

调制指数：$m_f = \dfrac{\Delta\omega_m}{\Omega}$

调频波所含的频率成分非常多，单一频率的调制信号（f_Ω）对载波（f_ω）进行调频，则调频波包含的频率成分有：f_ω，$f_\omega \pm f_\Omega$，$f_\omega \pm 2f_\Omega$，$f_\omega \pm 3f_\Omega$，…，$f_\omega \pm nf_\Omega$，如图

7—11 所示。

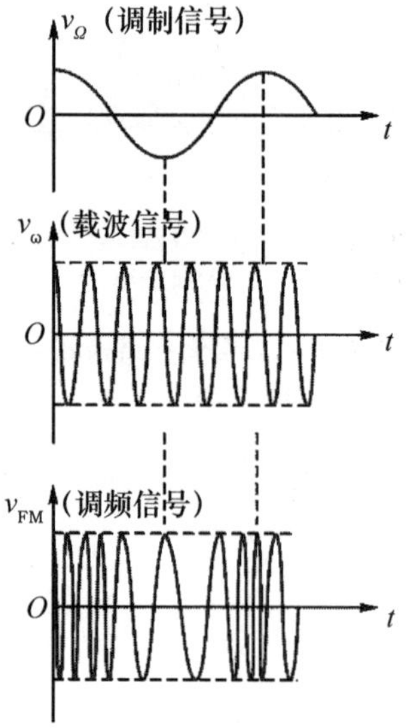

图 7—10　单频调制信号时的调频波

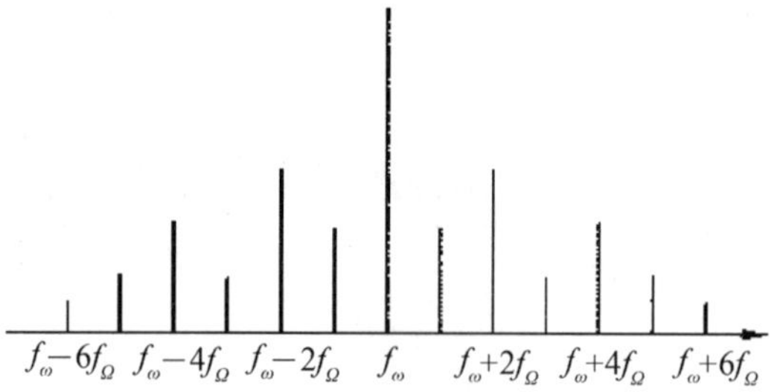

图 7—11　调频波所含的频率

7.2.2　调频电路

1．直接调频

直接调频的基本原理是：用调制电压直接控制振荡器谐振回路的参数，使载频信号的频率按调制信号变化规律线性地变化，由此完成调频任务。一般采用变容二极管对晶体振荡器进行直接调频的方式，其典型电路如图 7—12 所示。

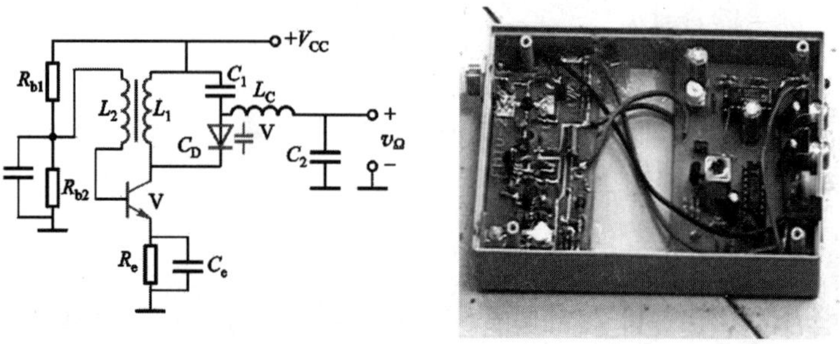

图 7—12　变容二极管调频电路及调频电视发射机内部结构

变压器 L_1 与 L_2 的耦合形成正反馈，使之产生自激振荡，振荡频率取决于 L_1、C_1 和变容二极管的结电容 CD 所组成 LC 谐振回路。

当调制信号电压 v_Ω 变大时，变容二极管所加反向电压增大，其结电容变小，振荡频率随之提高；反之，调制信号电压 v_Ω 变小时，变容二极管承受的反向电压减小，结电容变大，振荡频率随之降低，从而实现频率调制。

应用提示如下：

1）变容二极管实现调频的优点是电路简单，输出的调频波频偏较大。

2）变容二极管调频电路存在的主要问题是：调制的非线性失真较大；另外，变容二极管参数的一致性很差，而且容易受温度等环境因素影响，因此稳定性比较差。每一个调频电路都需要经过严格的调整，这给生产带来一定的困难。

2. 间接调频

间接调频是指通过调相来实现调频的一种方法，经积分电路处理后的调制信号送入相位调制器，相位调制器内非线性元件参数随调制信号电压变动而改变，于是输入相位调制器的载波信号就产生相应的相位变化，即载波信号的频率随着调制信号的变化有较小范围的变化，为了将窄带频率调制变为宽带频率调制，在调相电路后应使用倍频器，如图 7—13 所示。

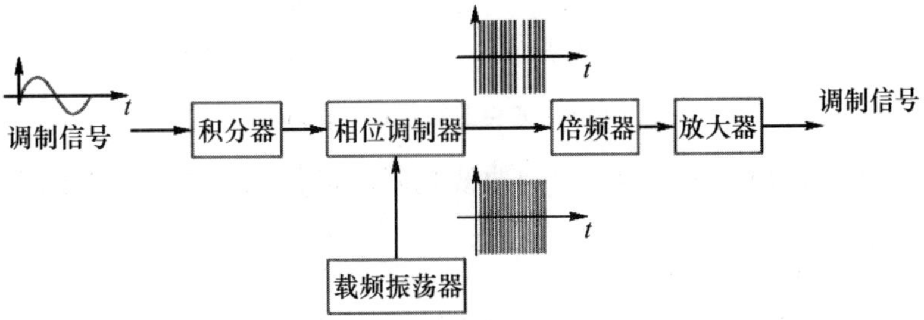

图 7—13　间接调频电路方框图

7.2.3　鉴频电路

从调频波中取出原调制信号的过程，称为鉴频。鉴频器的输出信号电压变化与输入调频波的频率变化成对应的关系，这一关系曲线通常称为鉴频特性曲线。

1. 分立元件斜率鉴频器

斜率鉴频器的原理电路如图 7—14 所示。工作过程是：先进行波形变换，将等幅调频波变换成幅度随瞬时频率变化的调频调幅波，然后用二极管包络检波器将振幅变化检测出来，以恢复调制信号，从而达到鉴频的目的。

双失谐回路斜率鉴频器的原理电路如图 7—15 所示，L_1C_1 和 L_2C_2 两个谐振回路分别调谐在 f_{01} 和 f_{02} 上，f_{01} 高于调频波的中心频率 f_ω，f_{02} 低于调频波的中心频率 f_ω，f_{01} 和 f_{02} 对称分布于 f_ω 两侧，因此称为双失谐回路斜率鉴频器。

调频信号 v_{FM} 在两个谐振回路产生的调幅—调频波分别为 v_1 和 v_2，由于二极管 V_1 与 V_2 组成的两个包络检波器的参数完全一致，所以它们的输出电压 v_{o1} 和 v_{o2} 大小相同、相位相反，鉴频器的总输出电压为 $v_o = v_{o1} - v_{o2}$。因此，v_o 随 f 变化的规律就是

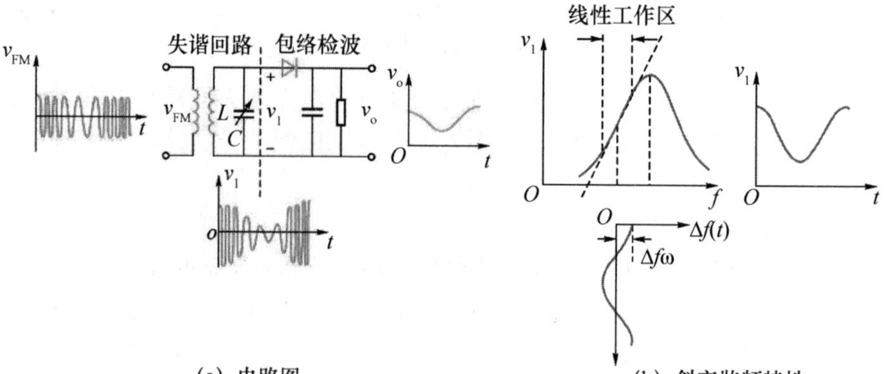

(a) 电路图　　(b) 斜率鉴频特性

图 7—14　斜率鉴频器

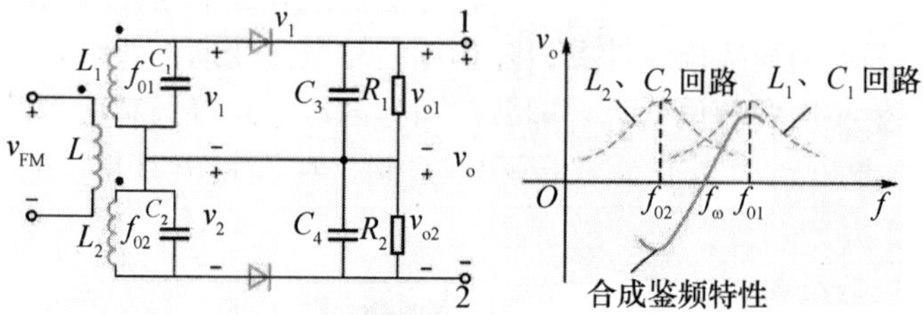

(a) 电路图　　(b) 鉴频特性

图 7—15　双失谐回路斜率鉴频器

$v_{o1}-v_{o2}$ 随 f 变化的规律，将 v_{o1} 与 v_{o2} 两曲线相减，可得到双失谐回路的合成鉴频特性曲线。

2. 集成斜率鉴频器

集成电路中广泛采用的斜率鉴频器，电路如图 7—16 所示。图中 L_1、C_1 和 C_2 为外接线性网络。

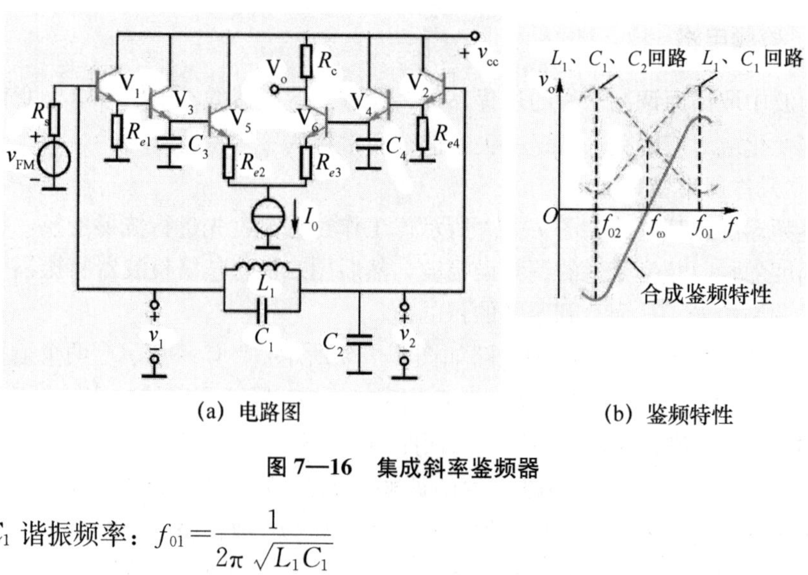

(a) 电路图　　(b) 鉴频特性

图 7—16　集成斜率鉴频器

L_1、C_1 谐振频率：$f_{01}=\dfrac{1}{2\pi\sqrt{L_1C_1}}$

L_1、C_1、C2 谐振频率：$f_{02}=\dfrac{1}{2\pi\sqrt{L_1(C_1+C_2)}}$

电路工作原理如下：

1）输入的等幅调频波 v_{FM} 经 LC 选频回路后转换成两个调幅调频波 v_1、v_2。

2）调幅调频波 v_1 通过射随器 V_1 加到三极管 V_3 的基极，调幅调频波 v_2 通过射随器 V_2 加到三极管 V_4 的基极，V_3、V_4 管的 b、e 极之间的 PN 结起到检波二极管的功能，检波输出解调电压。

3）解调电压再送到由 V_5 和 V_6 管构成的差分放大器放大，从 V_6 集电极输出的就是鉴频器的输出电压 v_o，即实现从调频波中取出原调制信号，如图 7—17 所示。

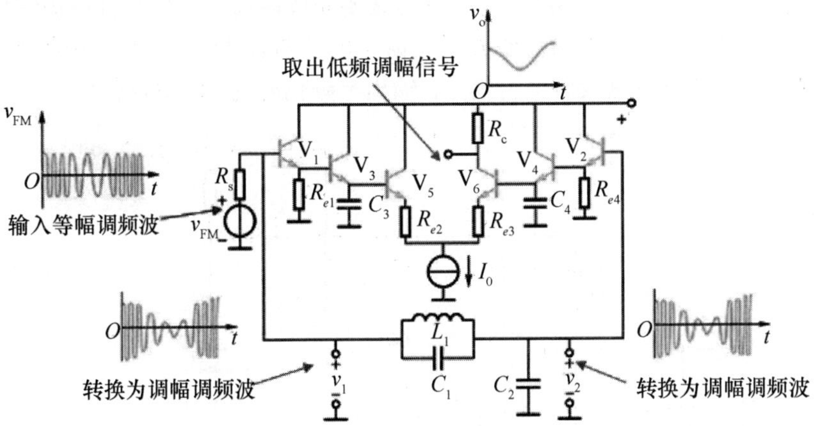

图 7—17　集成斜率鉴频电路工作原理

知识链接 7.3　混频器

7.3.1　混频原理

变频是将某一频率的信号变换成另一频率的输出信号，而保持原有的调制规律不变。

在变频电路上加有两个信号，一个是接收的外来高频信号 f_S，另一个是由本机产生的等幅正弦波信号 f_L。在非线性元件的作用下产生和频 f_L+f_S、差频 f_L-f_S 和其他频率 $mf_L\pm nf_S$ 等，再由选频电路取出所需的频率信号，如图 7—18 所示。

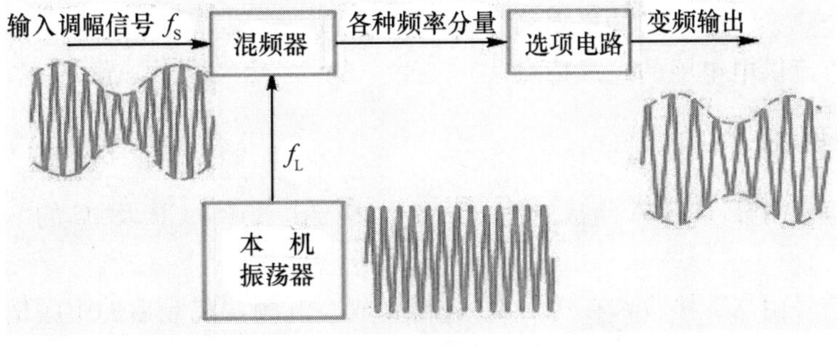

图 7—18　混频电路方框图

7.3.2 变频电路

图 7—19 是三极管变频器的基本电路。图中本振信号 v_L 和输入信号电压 v_S 串接后加在三极管的基极和发射极之间，利用三极管 be 结的非线性特性进行频率变换。输出接 LC 并联谐振回路，取出所需的变频信号。

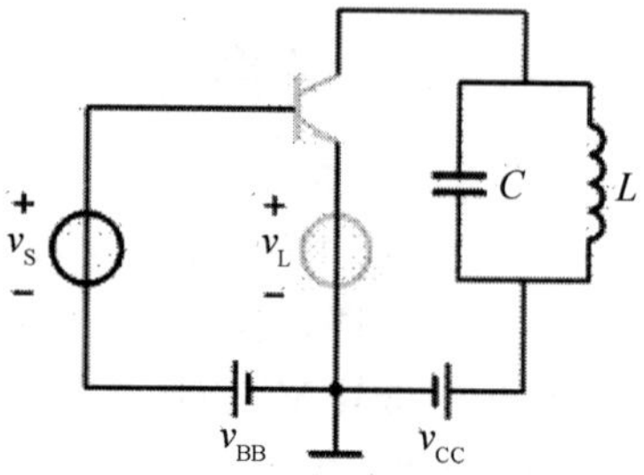

图 7—19 三极管变频原理电路

应用实例

图 7—20 所示为中波收音机变频电路。该电路中的三极管一方面起混频作用，产生差频；另一方面又要完成振荡，产生本机振荡信号。

利用线圈 L_2 和线圈 L_3 的耦合形成正反馈，电路自激产生本机振荡信号。L_1 和 C_1、C_{2a} 组成调谐回路，用于调谐接收电台信号。输出差频信号为 465kHz 的中频。

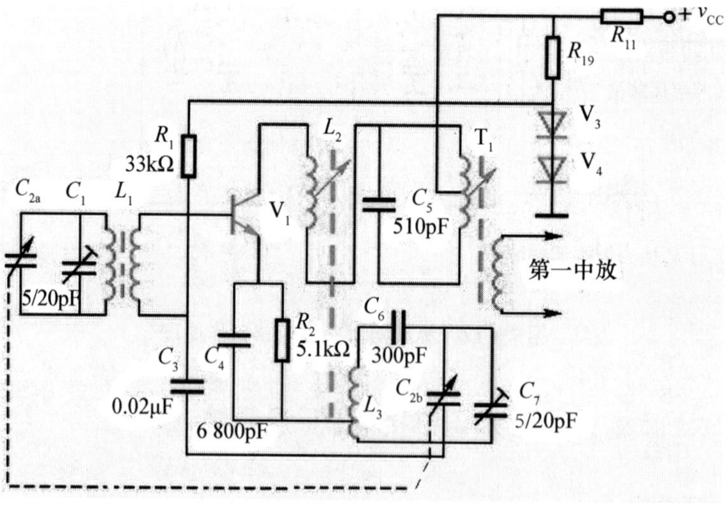

图 7—20 中波收音机变频电路

实训任务 调频调幅收音机的组装与调试

【实训目的和任务】

1. 进一步熟悉电子装配的步骤和方法。
2. 掌握直流供电电路的组成特点。

【实训原理和技术】

1. 中波信号由 T_1 与 CA 组成的输入回路。本振由 T_2 与 CB 及 IC 的 5 脚内部振荡电路组成。

2. 调频信号由 XT 接收，在送入 IC 进行高放、混频，混频后的中频信号经过陶瓷滤波器进入 17 脚进行中放，并经内部鉴频后输出。

3. SL 为四联可变电容器，它由四个单独的可变电容组合在同一个轴上旋转，以满足 AM、FM 的调台。

4. 在焊接时按“先焊小元件，再焊大元件，最后焊集成块”的原则进行操作，元件尽量贴着底板。在焊接时请快速焊接，以免烫坏集成块，焊完后反复检查有无虚、假、错焊，有无拖锡短路造成故障。

5. 中波的调整只需将电台都拉在中波段即可。

6. 调频波的调整是用无感起子拨动 L_1、L_2 的松紧度。注意，L_2 的调整是直接影响到收台的多少。

原理图见图 7—21。

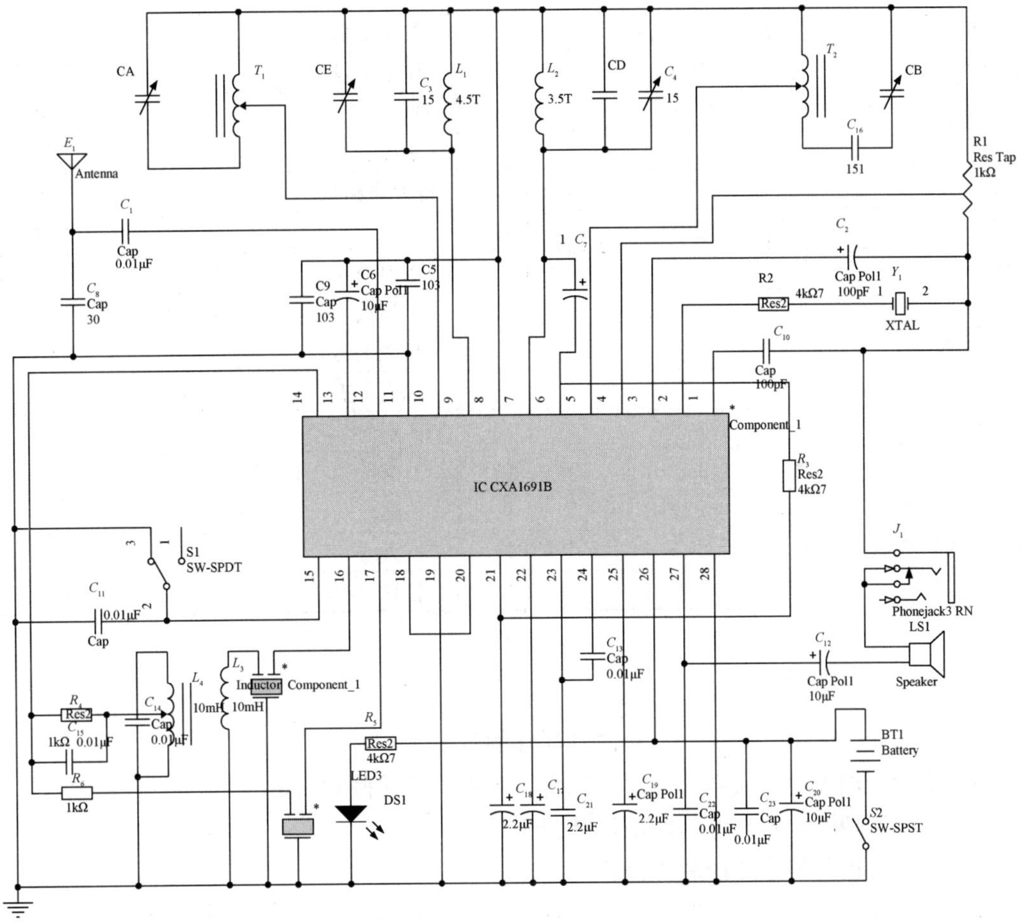

图 7—21

【实训工具和耗材】

实训工具：电烙铁一把，吸锡器一把，镊子一把，斜口钳一把，尖嘴钳一把。

元件清单如表 7—1 所示：

表 7—1

名称	型号规格	数量	名称	型号规格	数量
发光二极管	φ3（红色）	1只	瓷片电容	104	4只
振荡线圈（中周）	（红色）	1只	电解电容	4.7μF	1只
中频变压器（中周）	（黄色）	1只	电解电容	10μF	4只
磁棒及线圈	4mm×8mm×80mm	1套	电解电容	220μF	2只
滤波器	10.7M	1只	四联电容	CBM−443PF	1只
滤波器	455	1只	波段开关		1只
鉴频器	10.7M	1只	耳机插座	φ3.5mm	1只
空心电感	φ3.5×0.6×3.5T	1只	焊片	φ2.7mm	1只
空心电感	φ3.5×0.6×4.5T	1只	刻度面板		1块
扬声器	0.5W　8Ω	1只	调谐拨盘		1只
电位器	50kΩ	1只	电位器拨盘		1只
电阻	100Ω	1只	磁棒支架		1只
电阻	150Ω	1只	印制电路板		1块
电阻	510Ω	1只	装配说明		1份
电阻	2.2kΩ	1只	电池极片		1套（3片）
电阻	100kΩ	1只	导线	红、黑、黄	5根
瓷片电容	1F	1只	机壳上盖		1个
瓷片电容	15F	2只	机壳下盖		1个
瓷片电容	30F	2只	螺丝	M2.5×4.5	4个
瓷片电容	151	1只	螺丝	M1.7×4	1个
瓷片电容	221	1只	螺丝	M2×6	1个
瓷片电容	103	3只	天线		1根
集成电路	CXA1691	1片	瓷片电容	223	1只

【实训内容和步骤】

1. 对照元件清单，认真查对元件及配件的数量。
2. 采用万用表检测阻容元件、二极管、三极管等元件的质量。
3. 读懂原理图，熟悉电路印制板结构。
4. 对元件进行整形并插装焊接。
5. 焊接完成后，认真对照电路板检查有无漏焊、错焊、虚焊、短路等现象。

【说明】

1. 元件均采用立式安装，并紧靠电路板。
2. 安装有极性元件时应该注意方向。
3. 继电器 JK 的焊接时间不要过长，否则易损坏开关触点。
4. 铜件插座要求焊接牢固，无松动。
5. 用塑料对蜂鸣器周边进行固化。

【项目小结】

1. 调幅就是用低频调制信号去控制高频载波信号的振幅，使高频信号的振幅随着调制信号瞬时值的变化而线性变化，调幅常用 AM 表示。调幅电路主要由非线性器件和带通滤波器两部分构成的。按调幅电路使用的非线性器件不同，可分为二极管调幅电路和三极管调幅电路两种类型。

2. 检波电路的功能是从高频调幅波中取出调制信号。检波器输入的是高频调幅信号，输出的是低频调制信号，即调幅波的包络线。常见的电路类型有二极管包络检波电路和双边带调幅波检波电路。

3. 调频是指载波信号的频率按照调制信号幅度变化的调制过程，调频常用 FM 表示。实现调频的方法通常有直接调频和间接调频两种。

4. 从调频波中取出原调制信号的过程，称为鉴频。鉴频器输入的是等幅调频波，输出的是低频调制信号。

5. 混频是将某一频率的信号变换成另一频率的输出信号，而保持原有的调制规律不变。三极管变频器在超外差接收机中得到较为广泛的应用，本振信号和输入信号电压串接后加在三极管的基极和发射极之间，利用三极管 be 结的非线性特性进行频率变换，利用输出端所接的 LC 并联谐振回路取出所需的变频信号。

【知识能力测验】

一、选择题

1. 人能听到的声音的频率在（　　）的范围。

A. 20Hz～20kHz　　B. 200Hz～200kHz

C. 20kHz～20MHz　　D. 2Hz～20kHz

2. 电磁波是具有的性质. 能在长度等于（　　）的导线中产生共振。

A. 2λ　　B. 1/2λ

C. 1/2w　　D. 1/2λC

3. 平行双线传播的特性阻抗在（　　）左右，辐射损耗较大。

A. 75　　B. 300

C. 375　　D. 500

4. 常用的同轴传输线特性阻抗有（　　）三种规格。

A. 75Ω，200Ω，300Ω　　B. 50Ω，75Ω，300Ω

C. 50Ω，75Ω，150Ω

5. 光纤的主要原料取自（　　）。

A. 沙子　　B. 泥

C. 大理石　　D. 石墨

6. 在纯电感电路中，（　　）超前（　　）90°。

A. 电流，电压　　B. 电压，电流

C. 功率，电压　　D. 电压，功率

7. 在纯电阻电路中（　　）。

A. 电压超前电流 90°　　B. 电流滞后电压 90°

C. 电压和电流相位相同

8. LC 并联谐振的 Z（　　），电流（　　）。

A. 最大，最小　　B. 最大，最大

C. 最小，最大

9. Q 值的大小计算方法（　　）。

A. $U=\sqrt{\frac{L}{C}}/\mathrm{R}$　　B. $U=w_{\mathrm{L}}/r$

C. A 和 B

10. 凡工作频率在（　）以上的放大电路属于高频放大器。

A. 100kHz　　B. 100Hz

C. 100MHz

11. 影响放大器稳定性的重要因素是（　　）。

A. 晶体管内部反馈　　B. 公共电源的反馈

C. 接地点不当，成接地线过长

二、判断题

1. 每分钟产生波环的个数称为频率。（　　）
2. 无线电广播一般使用长波、中波和短波。（　　）
3. 超短波由于频率过高，一般能穿越透电离层，而不被反射。（　　）
4. 拉杆天线的优点就是长度和振子夹角可随意调节。（　　）
5. 环开天线，一般工作在低频区。（　　）
6. 电话、广播、录音、录像属于数字信息。（　　）
7. 模拟通信是在数字通信的基础上发展起来的。（　　）
8. 激光的方向性强，能量集中特点。（　　）
9. 在纯电容电路中，电流超前电压 90°。（　　）
10. 串联谐振的 Z 最小，电流是最大的。（　　）
11. 调谐放大器的集电极负载是 LC 串联谐振回路。（　　）

三、问答题

1. 画出调幅收音机的方框图。

2. 写出调谐放大器的主要特点。

项目8　直流稳压电源的制作与调试

【知识目标】

- 掌握二极管的结构和图形符号
- 理解二极管的单向导电性及伏安特性
- 掌握单相半波、桥式、整流电路组成，理解工作过程、电路特点及应用
- 了解录播电路的工作过程、应用，会估算滤波后的输出电压
- 了解直流稳压电源的功能和分类及电路组成
- 理解并联型稳压电路的形式、稳压原理及电路特点
- 熟悉三极管串联型稳压电源的电路形式，理解其稳压原理
- 了解开关稳压电源的工作特点及典型应用
- 熟悉常用的集成稳压器引脚排列及应用电路

【技能目标】

- 能熟练使用万用表判别二极管极性，检测其好坏
- 会根据要求选用二极管
- 能按电路图安装和制作稳压电源，知道如何调整输出电压
- 初步具有查阅集成稳压器手册和选用期间的能力
- 了解测量稳压器基本性能的方法
- 初步具有检查、排除稳压电压故障的能力

【情感目标】

- 培养学生对生活中电子产品的思考与制作能力

【实训任务】

- 实训任务1　直流稳压电源的制作与性能测试
- 实训任务2　手机万能充电器的组装与调试

【情景导入】

日常生活中，我们用手机专用的充电器为手机充电，如果有可随身携带的万能充电器

就更方便了。你想用自己组装的万能充电器为手机充电吗？

任务1 直流稳压电源的制作与性能测试

直流稳压电源是一种将交流电转换为稳定直流电的装置，主要由整流电路、滤波电路和稳压电路三部分所组成。整流电路先将交流电转换为直流脉动电压，然后由滤波电路滤除脉动成分，最后通过稳压电路稳定输出电压，如图8—1所示。

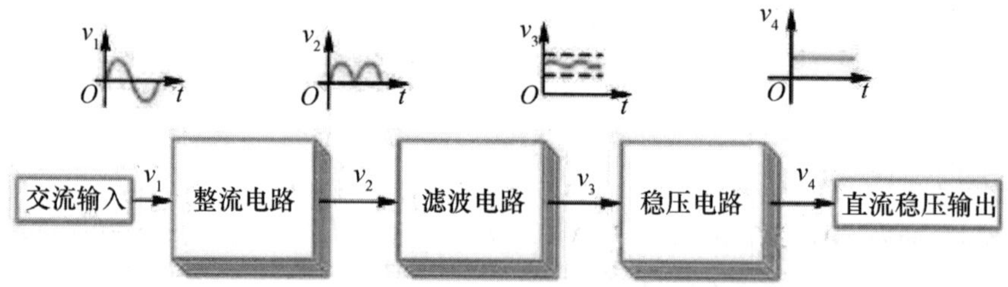

图8—1 交流电转换成直流电

知识链接8.1 整流电路

整流电路的功能是将交流电转换成脉动直流电，常用的整流电路有半波整流电路和桥式整流电路。

8.1.1 半波整流电路

单相半波整流电路由整流二极管、电源变压器和负载 R_L 构成。半波整流原理图及波形图如图8—2所示。

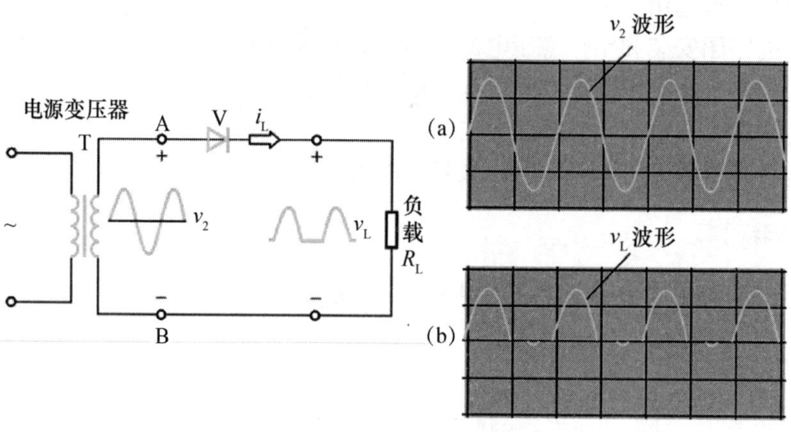

图8—2 半波整流原理图及波形图

1. 整流原理

（1）当 v_2 为正半周时，二极管V承受正向电压而导通，在负载 R_L 上获得上正下负电压 v_L。

（2）当 v_2 为负半周时，二极管 V 承受反向电压而截止，此期间负载 R_L 上的电压 $v_L=0$。

2. 负载上的直流电压和电流

负载上的直流电压：$V_L=0.45V_2$。

负载上的直流电流：$I_L=0.45\dfrac{V_2}{R_L}$。

应用提示

（1）半波整流电路的变压器选用：次级电压 $V_2=V_L/0.45$，额定功率 P 应大于负载功率。

（2）半波整流二极管的选用：最高反向工作电压 V_{RM} 不低于输入交流电的峰值电压 V_2，额定电流不低于负载上的直流电流 I_L。

（3）半波整流电路的优点是电路简单，使用的元件少。但它的明显缺点是输出电压脉动很大，效率低，所以只能应用在对直流电压波动要求不高的场合，如蓄电池的充电等。

8.1.2　桥式整流电路

1. 电路结构

单相桥式整流电路由电源变压器 T、整流二极管 V_1～V_4 和负载 R_L 组成，如图 8—3 所示。

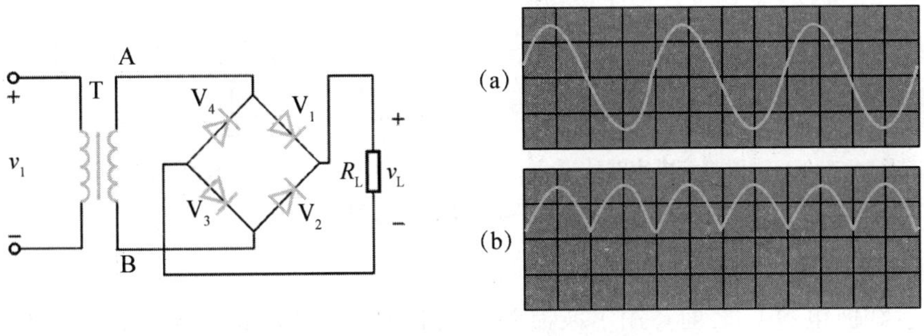

图 8—3　桥式整流原理图及波形图

2. 整流原理

v_2 为正半周时，二极管 V_1 和 V_3 正偏导通，二极管 V_2、V_4 受到反向电压而截止。单向脉动电流的流向为：A 端→V_1→R_L→V_3→B 端，R_L 上的脉动电压极性为上正下负。

v_2 为负半周时，二极管 V_2、V_4 正偏导通，二极管 V_1、V_3 受到反向电压而截止。单向脉动电流的流向为：B 端→V_2→R_L→V_4→A 端，R_L 上的脉动电压极性仍为上正下负。

3. 负载上的直流电压和电流

负载上的直流电压：$V_L=0.9V_2$。

负载上的直流电流：$V_L=0.9\dfrac{V_2}{R_L}$。

应用提示

（1）桥式整流电路变压器的选用。次级电压 $V_2=V_L/0.9$，额定功率 P 应大于负载功率。

（2）桥式整流二极管的选用。最高反向工作电压 V_{RM} 不低于输入交流电的峰值电压 V_2，最大整流电流 I_{FM} 不低于负载上的直流电流 I_L。

（3）桥式整流电路中的二极管极性不允许接错，否则会造成二极管或变压器过电流而损坏。

（4）要获得负极性的直流脉动电源，只要将 4 个二极管的极性都对调即可。

知识链接 8.2　滤波电路

将脉动直流电中的交流成分滤除掉，这一过程称为滤波。滤波电路通常由电容器 C 和电感器 L 等元件组成。滤波电路又简称为滤波器，常用的有电容滤波器、电感滤波器和复式滤波器。

8.2.1　电容滤波器

电容滤波器是在负载的两端并联一个电容构成的，电容与负载并联，利用电容两端电压不能突变，如图 8—4 所示。

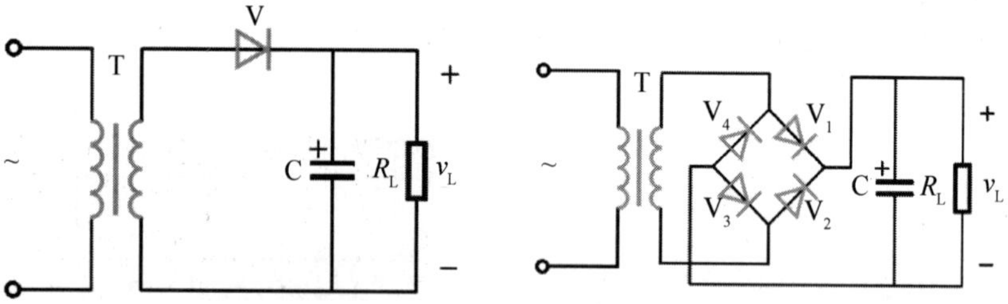

(a) 半波整流电容滤波　　(b) 桥式整流电容滤波

图 8—4　电容滤波器

1. 观测电容滤波情况

在未接滤波电容 C 之前，用示波器测得负载 R_L 上的电压波形如图 8—5 中的虚线所示。当在负载 RL 的两端并联滤波电容 C 后，输出波形就如图 8—5 中的实线所示。显然，加上滤波器后的输出电压脉动程度明显减小了。

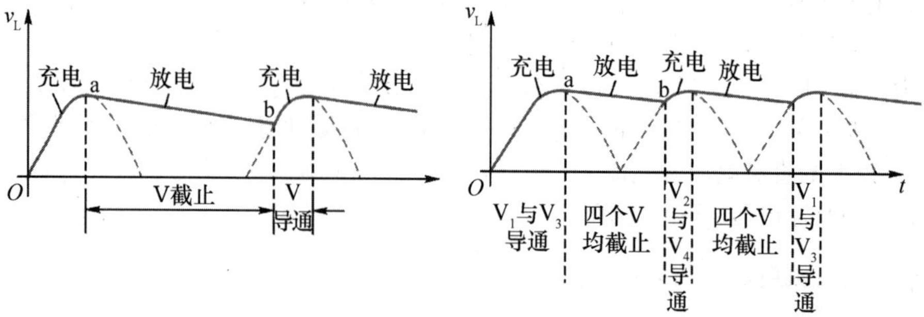

(a) 半波整流电容滤波的输出波形　　(b) 桥式整流电容滤波的输出波形

图 8—5　电容滤波情况

2. 滤波原理（以半波整流电路为例）

（1）在输入电压上升超过电容端电压时，整流二极管 V 正向导通，向滤波电容 C 迅速充电（同时向负载供电），电容 C 两端电压 v_c 与 v_2 同步上升，并达到 v_2 的峰值。

（2）在输入电压下降到低于电容两端电压时，整流二极管 V 反向截止。电容放电维持了负载 R_L 的电流。由于 R_L 的阻值远大于二极管的正向内阻，所以放电很慢，电容 C 两端电压 V_C 下降缓慢。

3. 电容滤波器的特点

（1）在电容滤波电路中，C 的容量或 R_L 的阻值越大，滤波电容 C 放电越慢，输出的直流电压就越大，滤波效果也越好。反之，C 的容量或 R_L 的阻值越小，输出电压低且滤波效果差。

（2）在采用大容量的滤波电容时，接通电源的瞬间充电电流特别大，因此电容滤波器不适用于负载电流较大的场合。

应用提示

（1）滤波电容的选用：耐压应大于 V_2，容量 $C \geqslant$（3～5）T/R_L，T 为脉动电压的周期，半波整流电路的 T 为 0.02s，桥式整流电路为 0.01s。

（2）电容滤波的输出直流电压可按下述方法进行估算。半波整流电路加电容滤波时，输出直流电压约为 V_2；而桥式整流电路加电容滤波时，输出直流电压约为 $1.2V_2$。负载开路时，输出直流电压均能达到 V_2。

（3）滤波电容若采用电解电容，正负极性是不允许接反的，否则电容的漏电流会加大，引起温度上升使电容爆裂。

8.2.2 电感滤波器

1. 电路构成

电感滤波电路中电感 L 与负载 R_L 串联，它是利用通过电感的电流不能突变的特性来实现滤波的，如图 8—6 所示。

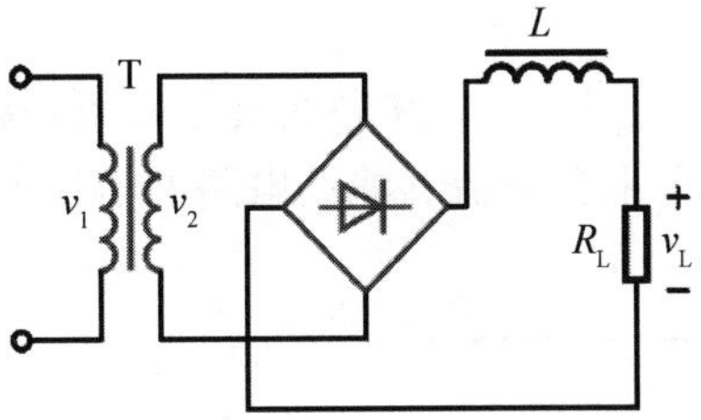

(a) 电路图

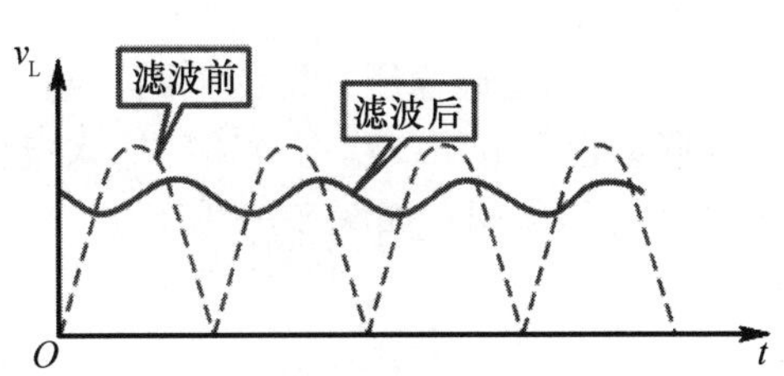

(b) 电感滤波输出电压波形

图 8—6　电感滤波电路

2. 滤波原理

从能量的观点来看，电感是一个储能元件，当电流增加时，电感线圈产生自感电动势阻止电流的增加，同时将一部分电能转化为磁场能量；当电流减小时，电感线圈便释放能量，阻止电流减小。因此，通过负载 R_L 的电流脉动成分受到抑制而变得平滑。

3. 电路特点

一般情况下，电感值 L 愈大，滤波效果愈好。但电感的体积变大、成本上升，且输出电压会下降，所以滤波电感常取几亨到几十亨。

应用提示

电感滤波主要用于电容滤波难以胜任的大电流负载或负载经常变化的场合，但由于电感体积大、笨重、成本高，在小功率的电子设备中很少使用。

8.2.3 复式滤波器

复式滤波器是由电感、电容或电阻、电容组合起来的多节滤波器，常见的有 LC—π 型和 RC—π 型两类复式滤波器，如图 8—7 所示。

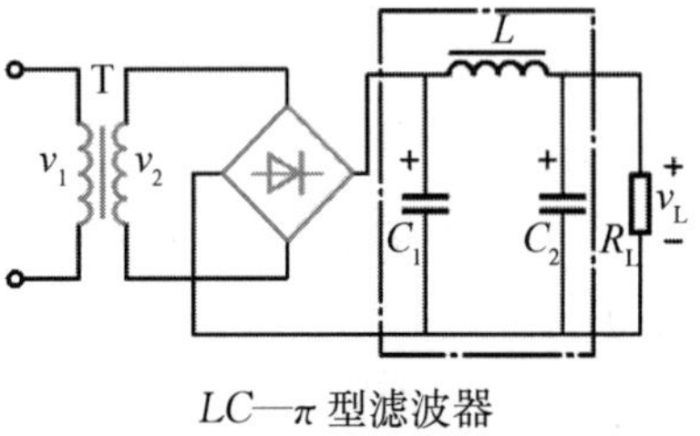

图 8—7　复式滤波器

任务 2　手机万能充电器的组装与调试

知识链接 8.3　稳压电路

8.3.1 并联型稳压电路

稳压管工作在反向击穿区时，流过稳压管的电流在相当大的范围内变化，其两端的电压基本不变。利用稳压管的这一特性可实现电源的稳压功能。

1. 电路组成

如图 8—8 所示是硅稳压管稳压电路，电路中的稳压管 V 并联在负载 R_L 两端，所以这是一个并联型稳压电路。稳压电路的输入电压 V_I 来自整流、滤波电路的输出电压，电阻 R 起限流和分压作用，如图 8—8 所示。

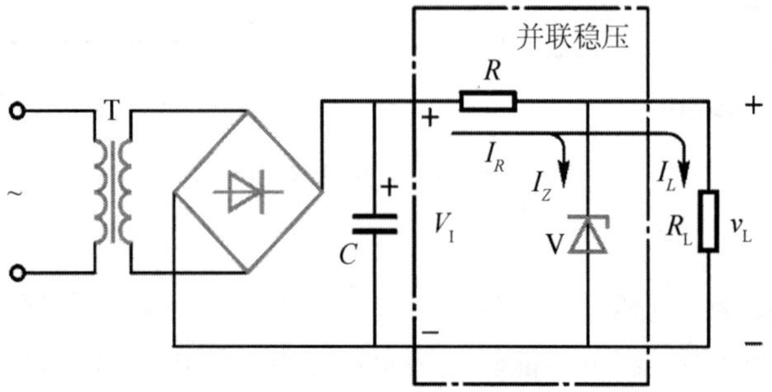

图 8—8　并联型稳压电源

2. 稳压原理

当输入电压 V_I 升高或负载 R_L 阻值变大时，造成输出电压 V_L 随之增大。那么稳压管的反向电压 V_Z 也会上升，从而引起稳压管电流 I_Z 的急剧加大，流过限流电阻 R 的电流 I_R 也加大，导致 R 上的压降 V_R 上升，从而抵消了输出电压 V_L 的波动，其稳压过程如图 8—9 所示。

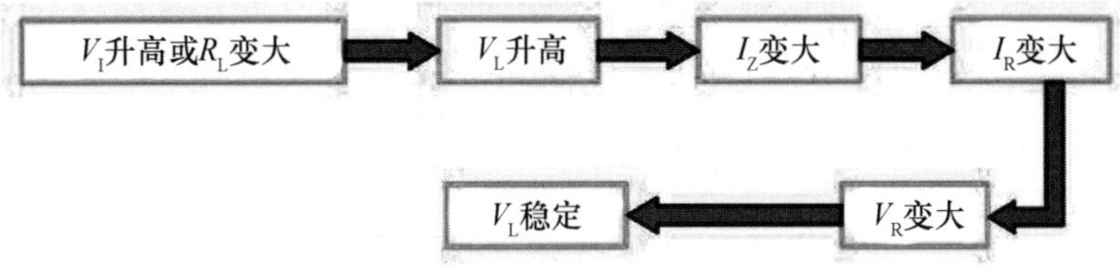

图 8—9　稳压过程

3. 电路特点

该稳压电路结构简单，元件少。但输出电压由稳压管的稳压值决定，不能调节，且输出电流亦受稳压管的稳定电流的限制，因此输出电流的变化范围较小，只适用于电压固定的小功率负载且负载电流变化范围不大的场合。

8.3.2　串联型稳压电路

1. 电路组成

负载与起调整作用的三极管相串联，故称串联型稳压电路，如图 8—10（a）所示。V：NPN 型，相当于一只受基极电流控制的可变电位器，利用其电压的变化来实现稳压。

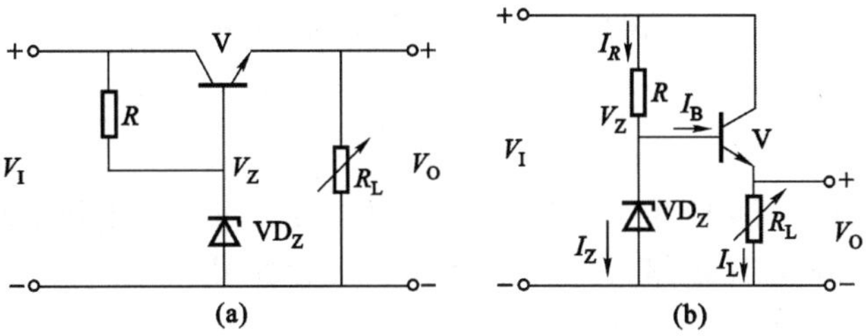

图 8—10　串联型稳压电路

2. 工作原理

假定输出电压 V_O 由于某种原因升高，因 V_Z 是稳定值，所以三极管的 V_{BE} 将减小，使 I_B 减小，三极管集—射电压 V_{CE} 增大，由于 $V_O=V_I-V_{CE}$，因而抑制了输出电压 V_O 的升高，使其趋于稳定。

稳压过程可表示为：

$$V_O\uparrow\rightarrow V_{BE}\downarrow\rightarrow I_B\downarrow\rightarrow V_{CE}\uparrow\rightarrow V_O\downarrow$$

若输出电压因某种原因下降时，其变化过程与此相反。

3. 稳压电路工作条件

稳压管 V_Z 的稳定是保证输出电压稳定的前提。可将串联型稳压电路改成典型射极输出器的电路，如图 8—10（b）所示。

4. 具有放大环节的串联型可调稳压电路

串联型可调稳压电路方框图如图 8—11（a）所示。

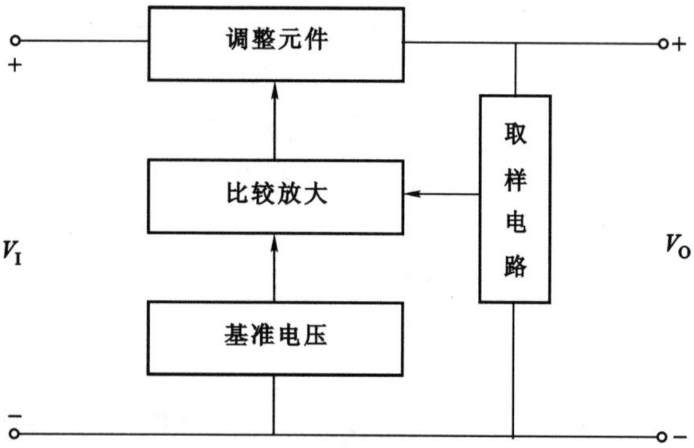

(a)

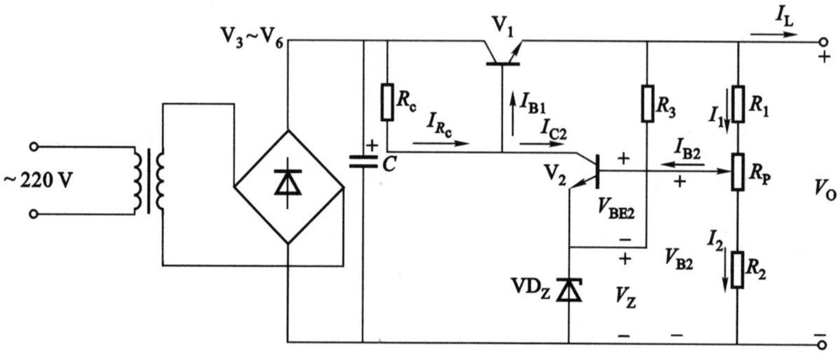

(b)

图 8—11　串联型可调稳压电源

(1) 电路及各元件作用。

电路如图 8—11 (b) 所示。

组成：调整部分（调整管 V_1）、取样电路（R_1、R_2、R_P 组成分压器）、基准环节（稳压管 VD_Z 和 R_3 组成的稳压电路）、比较放大级（放大管 V_2 等）。

V_1：调整管，起电压调整作用。

V_2：比较放大管。

V_Z：稳压管，与限流电阻 R_3 组成基准电源，为 V_2 发射极提供基准电压。

R_1，R_2，R_P：组成取样电路，将输出电压的一部分取出加到 V_2 管的基极，与基准电压进行比较，其差值电压经过 V_2 放大后，送到调整管的基极，控制调整管的工作。

(2) 稳压原理。

1）当电网电压升高或 R_L 增大时，过程如下。

稳压过程为：

$$V_1\uparrow \rightarrow V_O\uparrow \rightarrow V_{B2}\uparrow \rightarrow V_{BE2}\uparrow \rightarrow I_{B2}\uparrow \rightarrow I_{C2}\uparrow \rightarrow V_{B1}\downarrow \rightarrow I_{B1}\downarrow \rightarrow V_{CE1}\uparrow \rightarrow V_O\downarrow$$

可概括为：

$$V_O\uparrow \rightarrow V_{CE1}\uparrow \rightarrow V_O\downarrow$$

2）当电网电压下降或负载变重时，过程如下。

稳压过程为：

$V_I\downarrow\rightarrow V_O\downarrow\rightarrow V_{B2}\downarrow\rightarrow V_{BE2}\downarrow\rightarrow I_{B2}\downarrow\rightarrow I_{C2}\downarrow\rightarrow V_{C2}\uparrow\rightarrow I_{B1}\uparrow\rightarrow I_{E1}\uparrow\rightarrow V_{CE1}\downarrow(R_L\downarrow)$
$\rightarrow V_O\uparrow$

可概括为：

$V_O\downarrow\rightarrow V_{CE1}\downarrow\rightarrow V_O\uparrow$

（3）输出稳定电压的调节。

由图 8—11（b）可知，按分压关系：

$$V_{B2}=\frac{R_2+R_{P(下)}}{R_1+R_2+R_P}V_O$$

整理得：

$$V_O=\frac{R_1+R_2+R_P}{R_2+R_{P(下)}}(V_Z+V_{BE2})$$

$R_{P(下)}$：为可变电阻抽头下部分阻值。

因 $V_Z\gg V_{BE2}$，则：

$$V_O=\frac{R_1+R_2+R_P}{R_2+R_{P(下)}}V_Z$$

式中，$\frac{R_2+R_{P(下)}}{R_1+R_2+R_P}$为分压比，称为取样比，用 n 表示，则

$$V_O=\frac{V_Z}{n}$$

（4）影响串联型可调稳压电路稳压性能的因素。

1）取样电路。取样电路的分压比 n 越稳定，则稳压性能越好。

2）基准环节。稳压管应选用动态电阻小、电压温度系数小的硅稳压二极管。

3）放大环节。应使比较放大级有较高的增益和较高的稳定性。

4）调整环节。输出功率大的稳定电源，应选用大功率三极管作调整管。

调整管除常用复合管外，有时因三极管的极限电流 I_{CM}不够大而采用多管并联；或因三极管允许的极限电压 BV_{CEO}不够高而采用多管串联运用。调整管的并联运用和串联运用如图 8—12 所示。

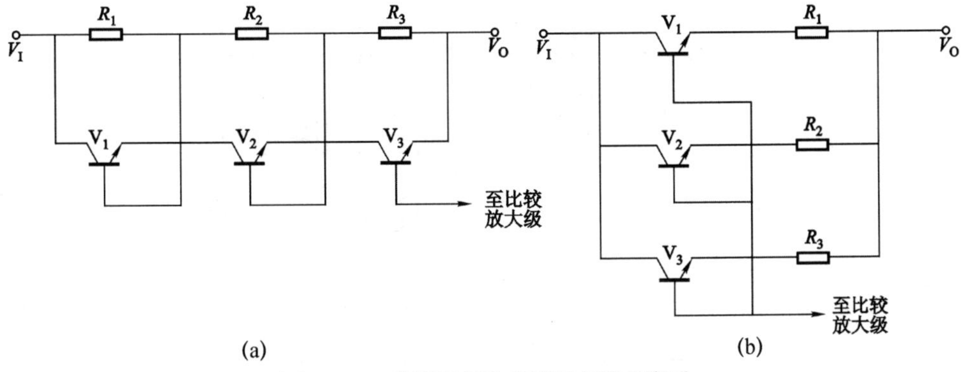

图 8—12 并联运用和串联运用稳压部分

5．提高串联型稳压电路性能的措施

（1）提高稳定度的措施。

1）问题。输入电压不稳定会导致比较放大级的电源电压和调整管偏流不稳定。

2）措施。设置辅助电源可为比较放大管提供一个稳定的集电极电压，同时也为调整管提供稳定偏流。可以克服输入电压波动对两者的影响，提高了输出电压稳定度。

（2）提高温度稳定性的措施。

1）温度。温度变化会使比较放大管的集电极电流和射极电流发生变化，电压输出电压将随温度的变化发生漂移。

2）措施。采用能够抑制温漂的差分放大电路，如图 8—13 所示。

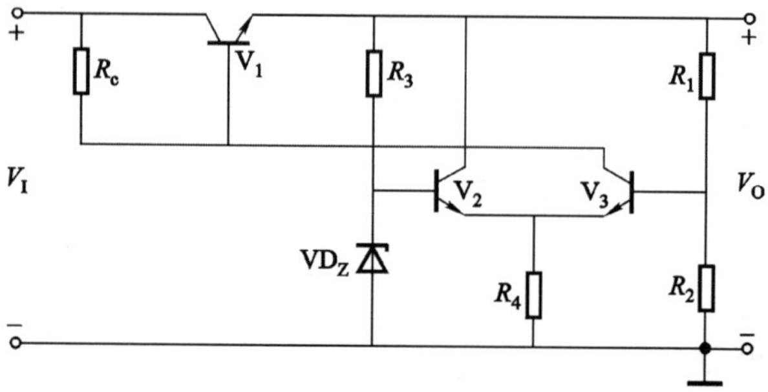

图 8—13　采用能够抑制温漂的差分放大电路

产生基准电压的稳压二极管接在 V_2 的基极，取样电压 V_3 接基极，差分放大器对两管基极电压之差进行放大，完成稳压功能。R_e 为两管的公共电阻，抑制了温度对差分管的影响。

6．保护电路

（1）限流式保护电路。

1）功能。当输出电流超过额定值时，保护电路开始动作，使输出电流限制在一定的范围内。

2）电路组成。电路如图 8—14 所示。

R：检测电阻，阻值常取很小。

3）工作原理。限流电阻取值适当，流过限流电阻的电流正常时，保护二极管 V 截止，不影响电路工作；超负载时，保护二极管 V 导通，使流过调整管的基极电流大大减小，从而使流过负载的电流减小，保护调整管不致损坏。

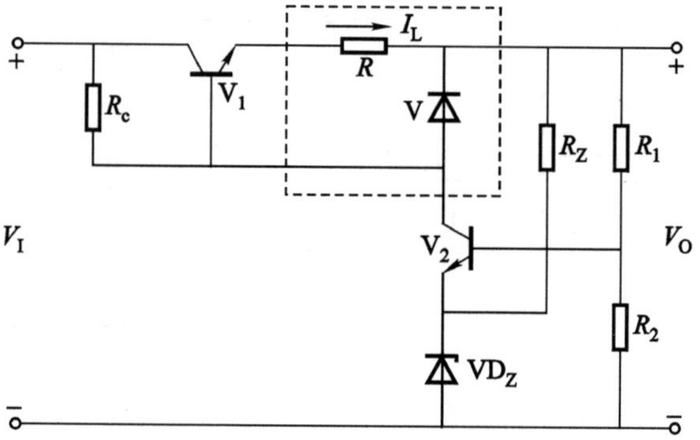

图 8—14　限流式保护电路

（2）截流式保护电路。

1）功能。当输出过载或短路时，保护电路开始动作使调整管截止，从而使通过调整管的电流减至最小，起到保护作用。

2）电路组成。电路如图 8—15 所示。

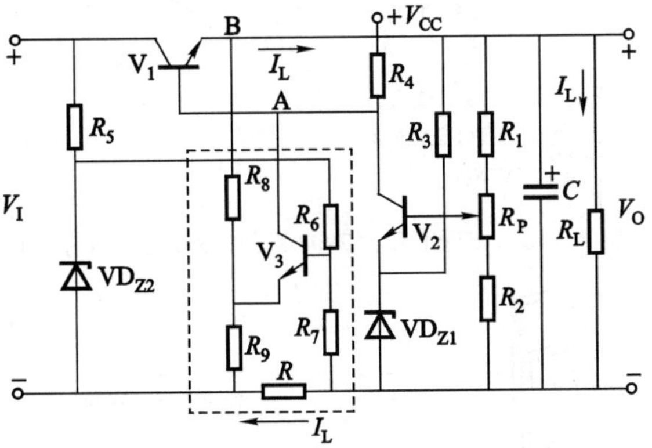

图 8—15　截流式保护电路

R：检测电阻。

V_3：保护管，连同其外围电阻组成保护电路。

R_5、VD_{Z2}：组成简单的稳压源，为 V_3 基极提供基准电压。

3）工作原理。负载电流处于正常范围时，调整管正常工作，加在检测电阻 R 上的电压处于正常值，保护管 V_3 截止，保护电路不发挥作用。

当负载电流因过载或负载短路时，检测电阻 R 电压降增大，导致保护管 V_3 导通，电流 I_{C3} 增大，V_{C3} 下降，即调整管 V_{B1} 下降，使调整管的 V_{CE1} 增大，导致输出电压 V_O 下降。正反馈过程如下：

$$I_{C3}\uparrow \rightarrow I_{B1}\downarrow \rightarrow I_{C1}\downarrow \rightarrow V_{CE1}\uparrow \rightarrow V_O\downarrow \rightarrow V_{E3}\downarrow \rightarrow V_{BE3}\uparrow \rightarrow I_{C3}\uparrow$$

知识链接 8.4　集成稳压器及应用电路

8.4.1　固定式三端集成稳压器

1. 特点

输出电压固定，外引线有输入、输出和接地三个端子。

2. 型号和规格

W7800 系列是三端固定正电压输出的集成稳压器。

W7900 系列是三端固定负压电输出的集成稳压器。

系列序号的最末两位数表示标称输出电压值，如 W7812。

W7800 和 W7900 系列的外形及管脚排列如图 8—16 所示。

3. 基本电路

基本电路接法如图 8—17 所示。

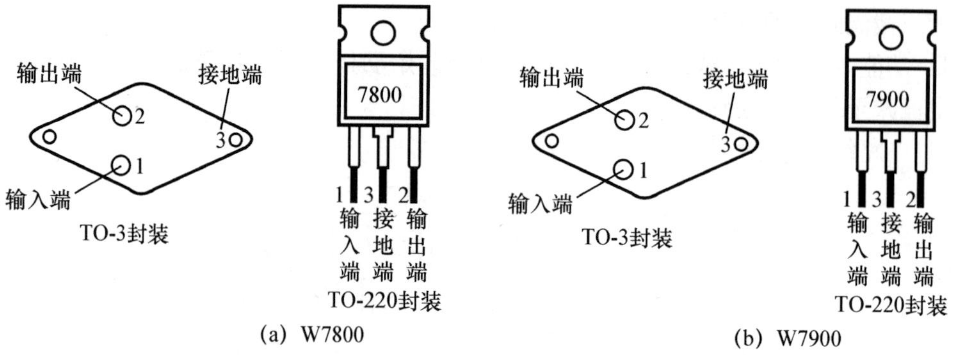

图 8—16 W7800 和 W7900 系列的外形及管脚排列

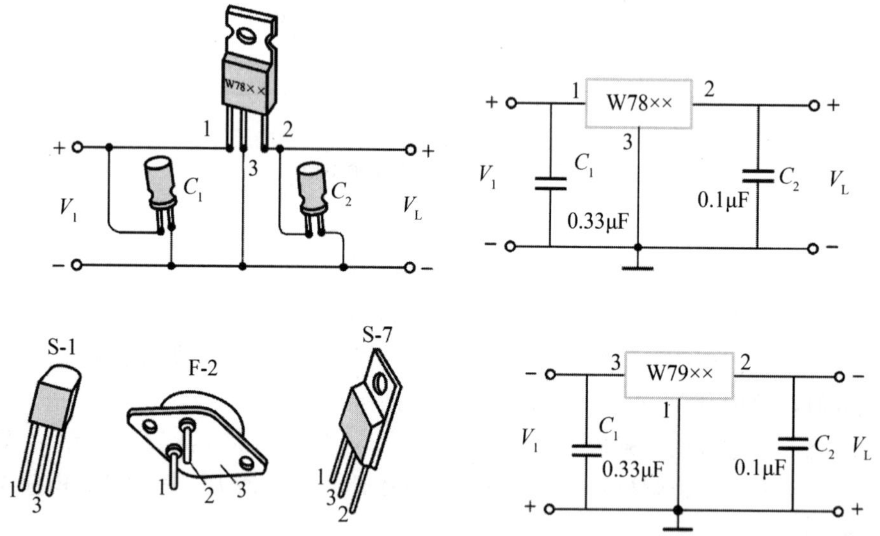

图 8—17 W7800 和 W7900 系列基本电路接法

8.4.2 可调式三端集成稳压器

该集成稳压器不仅输出电压可调，而且稳压性能指标均优于固定式集成稳压器。调压范围 1.2V～ 37V，常用的正压系列有 W117/217/317，负系列有 W337。其外形和接线如图 8—18 所示。

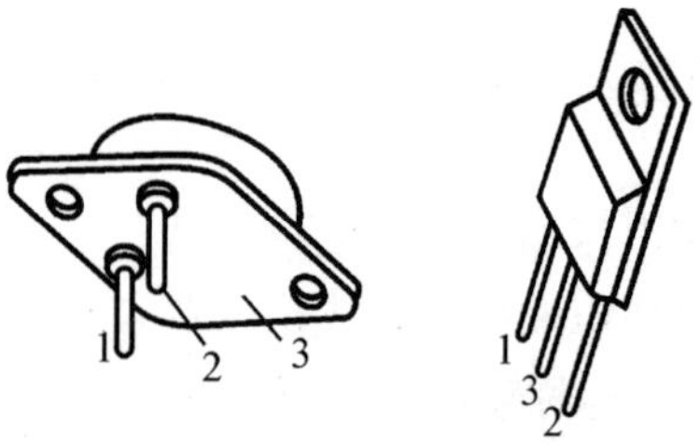

×17××系列：1—调整端，2—输入端，3—输出端
×37××系列：1—调整端，2—输出端，3—输入端

图 8—18 可调式三端集成稳压器引脚

1. 引脚功能

可调式三端集成稳压器不仅输出电压可调，且稳压性能优于固定式，被称为第二代三端集成稳压器。可调式三端集成稳压器分为正电压输出和负电压输出两类。

W117××/W217××/W317××系列是正电压输出，1 脚为调整端，2 脚为输入端，3 脚为输出端；

W137××/W237××/W337××系列是负电压输出，1 脚为调整端，2 脚为输出端，3 脚为输入端。

2. 电路接法

R_P 和 R_1 组成取样电阻分压器，在输入端并联电容 C_1 用于旁路输入高频干扰信号，输出端的电容 C_3 用来消除输出电压的波动，并具有消振作用。电容 C_2 可消除 R_P 上的纹波电压，使取样电压稳定，如图 8—19 所示。

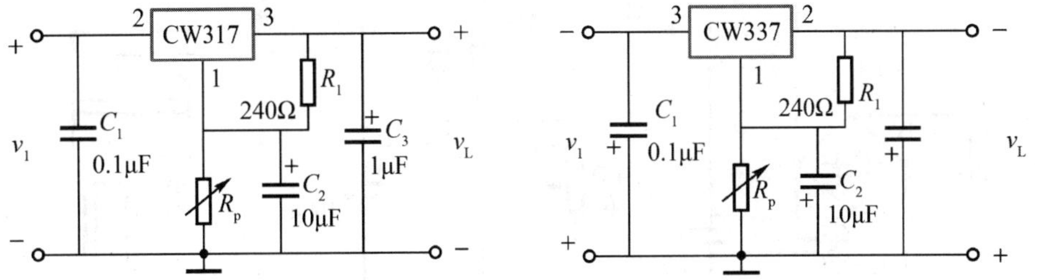

图 8—19　可调式三端稳压器接线图

应用实例

申花牌 XQB30-1T 型全自动洗衣机电脑程序控制器的电源部分电路如图 8—20 所示。

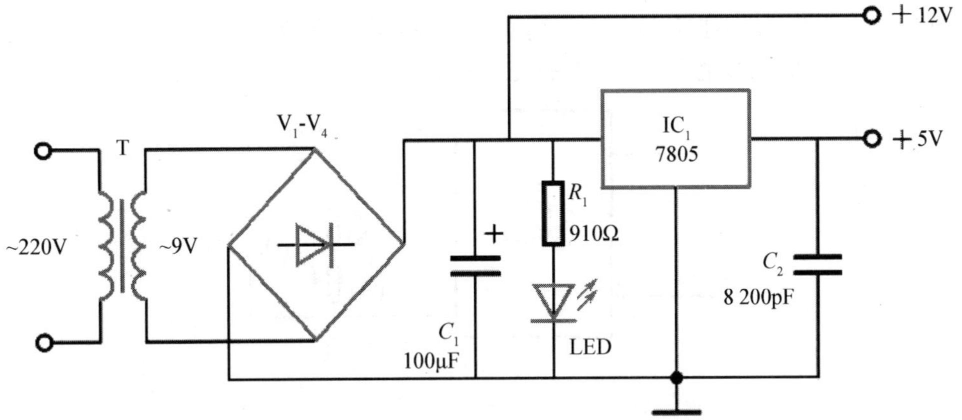

图 8—20　申花牌 XQB30-1T 型全自动洗衣机电脑程序控制器的电源部分电路

由电源变压器 T 降压后得到约 9V 的交流低电压，再经二极管 V_1～V_4 桥式整流、C_1 滤波后，一路输入三端集成稳压器 7805。7805 输出稳定的＋5V 直流电压提供给洗衣机的主控制电路。而另一路未经稳压的＋12V 直流电压提供给继电器等。发光二极管 V_5 作为通电指示器件。

实训任务 1　直流稳压电源的制作与性能测试

【实训原理和技术】

1. 可调式三端稳压器的制作。

图 8—21 为稳压电源的原理电路，制作时可参照该图安装，只要电路装接无误，一般无须调试即可正常工作。

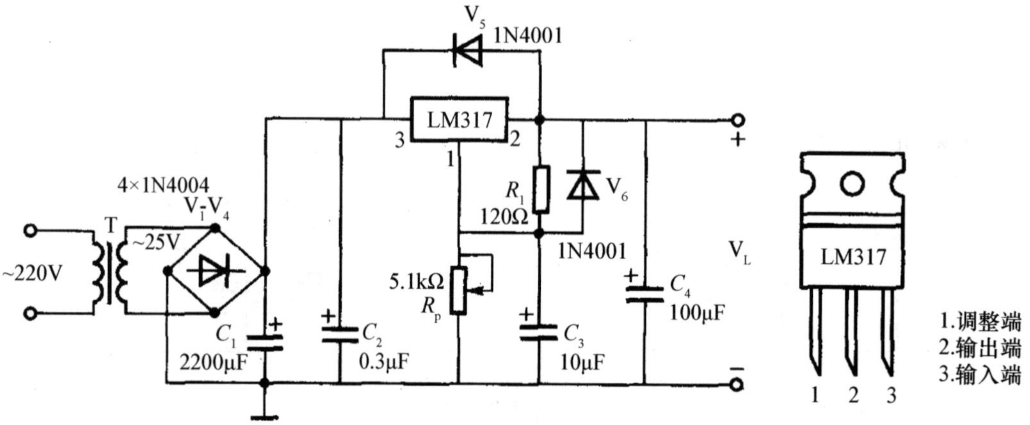

图 8—21　稳压电源的原理电路

2. 检测自制的稳压电源性能。

(1) 测量输出电压调节范围。

如图 8—22 所示，不接负载电阻，将稳压电源通电，调节 R_{Lp} 分别为阻值最大和最小，测量输出电压 V_L 的调节范围，并将数据记录在表 8—1 中。

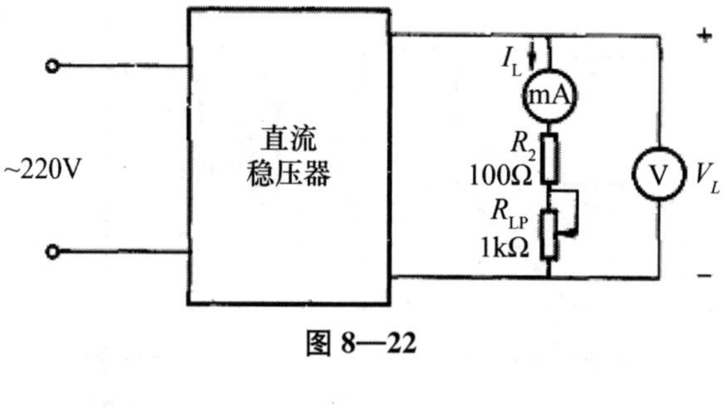

图 8—22

表 8—1

电位器 R_{Lp} 状态	阻值最大	阻值最小
输出电压 V_L		

(2) 检测负载变化时的稳压情况。

1) 在空载时将稳压器输出电压调为 12V。

2) 在稳压器输出端接入负载和电流表。

3) 调节 R_{Lp} 电位器，按表 8—2 的要求使负载电流 I_L 分别为 20mA、40mA、60mA、

80mA，测量对应的输出电压 V_o，记录在表 8—2 中，并由该数据分析负载对稳压性能的影响。

4）根据 $r_o = \Delta V_L / \Delta I_L$ 计算稳压电源的输出电阻。输出电阻越小，表示稳压效果越好。

表 8—2

输出电流 I_o	0mA	20mA	40mA	60mA	80mA
输出电压 V_o	12V				
输出电阻 R_o					
电流调整率					

实训任务 2　手机万能充电器的组装与调试

【实训目的和任务】

1. 进一步熟悉电子装配的步骤和方法。
2. 掌握手机万能充电器的组装过程。
3. 了解万能充电器的主要测试点，以及各引脚的参考电压。

【实训原理和技术】

1. 原理图。

手机万能充电器原理图如图 8—23 所示。

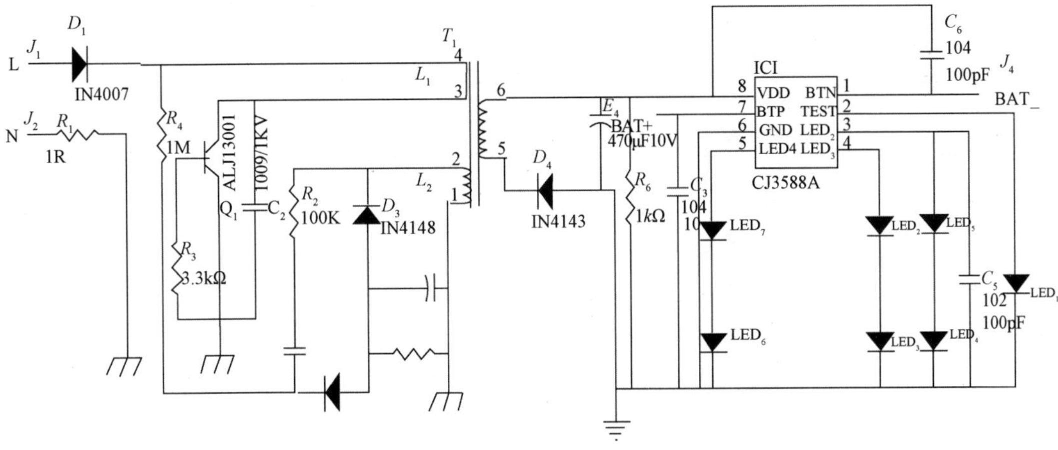

图 8—23　手机万能充电器原理图

2. 工作原理。

本电路由开关电源和充电电路两部分组成。

（1）开关电源。

开关电源是一种利用开关功率器件并通过功率变换技术而制成的直流稳压源，有着对电网电压及频率的变化适应性强等优点。本套件利用间歇震荡电路组成的开关电源，也是目前广泛使用的基本电源之一。

当接入电源后，通过整流二极管 D_1、R_4 给开关管 Q_1 提供启动电源，是 Q_1 开始导通，其集电极电流 I_c 在 L_1 中线性增长，在 L_2 中感应出使 Q_1 基极为正、发射极为负的正反馈电压，使 Q_1 很快饱和。与此同时，感应电压给 E_1 充电，随着 E_1 充电电压的增高，Q_1 基极电位逐渐变低，致使 Q_1 退出饱和区，I_c 开始减小，在 L_2 中感应出是 Q_1 基极为负、发射极为正的电压，使 Q_1 迅速截止，这是二极管 D_4 导通，高频变压器 T 初级绕组中的储能释放给负载。在 D_1 截止时，L_2 中没有感应电压，直流供电输入电压又经 R_1 给 E_1 反向充电，逐渐提高 Q_1 基极电位，使其重新导通，再次翻转达到饱和状态，电路就这样重复震荡下去。这里就像单端反激式开关电源那样，由变压器 T 的次级绕组向负载输出所需要的电压，供充电电路工作。

（2）充电电路。

TC3588A1 与七彩发光二极管组成指示电路。LED_1 为电池好坏检测及电源通电指示。TC3588A1 自动识别电池极性，并根据极性自动调整。

3．安装说明及使用。

（1）按照元器件清单（见表 8—3）认真清查元器件及配件的数量，特别是电阻器、稳压二极管、三极管等要认真区别其参数和型号。最好能用一个小容器如纸盒来放所有的配件，这样可以防止丢失。

表 8—3

序号	名称	规格	数量	安装位置
1	电阻	1Ω	1 只	R_1
2	电阻	100Ω	1 只	R_2
3	电阻	3.3kΩ	1 只	R_3
4	电阻	1MΩ	1 只	R_4
5	电阻	4.7kΩ	1 只	R_5
6	电阻	1kΩ	1 只	R_6
7	涤纶电容	102	1 只	C_1
8	瓷片电容	100pF/1kV	1 只	C_2
9	瓷片电容	104	2 只	C_3、C_6
10	瓷片电容	102	1 只	C_5
11	电解电容	2.2μF/50V	1 只	E_2
12	电解电容	470μF/10V	1 只	E_3
13	二极管	1N4007	1 只	D_1
14	二极管	1N4148	2 只	D_3、D_4
15	稳压二极管	6.2V	1 只	Z_1
16	LED	①3 白发红	1 只	LED_1
17	LED	①3 白发蓝	2 只	LED_2、LED_6
18	LED	①3 红发红	2 只	LED_3、LED_4
19	LED	①3 白发绿	1 只	LED_5
20	高频变压器	卧式 Y-10	1 只	T_1
21	导线	红色 L=60mm	2 根	
22	集成块	TC3588A1	1 块	I_{C1}
23	三极管	13001	1 只	Q_1
24	线路板		1 张	

(2) 根据元器件的孔距来确定安装方式，孔距短的采用立式安装，孔距长的采用卧式安装。电容器、三极管、发光二极管采用立式安装。套件中有一个塑料柱用来控制其高度，将它们套在塑料柱后插到 PCB 板上即可焊接。

(3) 套件中的金属结构件有 1 个 220V 插头片、2 个卡针片（活动触片）、2 个上线的金属片，1 个弹簧、2 个 220V 插头接触片。在装配时注意用一个塑料把那两个接触片压下，用螺丝固定好。在线板上接触片的地方要把锡上好，这样才能保证与接触片接触良好。安装好后焊上 2 根红色的导线，另外一端接到电路板的 BATF－两处。

将 2 个连接片的一端上锡，并从白色的面壳（透明的）中穿进，插到前盖 2 个方孔中，将 2 个卡针片的卡针端放进面壳指示度的槽中，另外一端与连接片的一端放在一起，用 1 颗自攻螺钉通过塑料卡（透明塑料）固定在一起，并可以调整卡针之间的角度。

(4) 白色胶垫装在前盖的弧形槽中。

(5) 安装完成后，认真检查有无错误，然后通上 220V 交流电，TEST 检测 LED 红色量，即可使用。

给电池充电：打开充电器上盖，将电池装入并拨动金属触片，对准电池正负极触片，此时检测（TEST）灯亮表明可以充电，然后将充电器插入市电，跑马灯循环闪烁，表明正在充电状态。充满电后，循环灯熄灭。

【实训内容和步骤】

1. 对照元件清单，认真查对元件及配件的数量。
2. 采用万用表检测阻容元件、二极管、三极管等元件的质量。
3. 读懂原理图，熟悉电路印制板结构。
4. 对元件进行整形并插装焊接。
5. 焊接完成后，认真对照电路板检查有无漏焊、错焊、虚焊、短路等现象。
6. 把电路板放置在外壳上并装好紧固，将手机电池对应地卡在充电器上，插入 220V 交流电源上，能充电即为成功。

【项目小结】

1. 利用二极管的单向导电性可组成半波整流电路和桥式整流电路，实现将交流电转换为脉动直流电的功能。

2. 将脉动直流电中的交流成分滤除掉，这一过程称为滤波。滤波电路通常由电容器 C、电感器 L 和电阻 R 等元件组成。常见的类型的有电容滤波器、电感滤波器和复式滤波器。

3. 稳压管组成的并联稳压电路结构简单，但输出电流小，稳压特性不够好，一般用于要求不高的小电流稳压电路中。

4. 三端集成稳压器目前已广泛应用于稳压电路中，它具有体积小、安装方便、工作可靠等优点。它有固定输出和可调输出式、正电压输出和负电压输出之分。CW78××系列为固定正电压输出，CW79××系列为固定负电压输出，CW×17 为可调式正电压输出，CW×37 为可调式负电压输出。使用时应注意稳压器的管脚排列差异。

【知识能力测验】

一、填空题

1. 串联型直流稳压电路通常包括五个组成部分，即基准电压电路、____________、____________、保护电路和取样电路。

2. 设变压器副边电压为U_2，其全波整流电路的输出平均电压为________；二极管所承受的最大反向电压为________。

3. 直流稳压电源一般由变压器电路、________、________及稳压电路四部分组成。

4. 稳压电源的稳压电路可分为________型和________型两种。

5. 7915 三端式稳压器输出电压为________ V。

6. 若变压器次级电压的有效值$U_2=10V$，经桥式整流，电容C滤波后，输出电压$U_O=$________ V；若电容C虚焊（开路），则$U_O=$________ V。

7. 整流电路中，利用整流二极管的________________性使交流电变为脉动直流电。

8. 直流稳压电路中滤波电路主要由________、________等储能元件组成。

9. 在桥式整流、电容滤波、稳压管稳压直流电源电路中，变压器副边电压为 10V，则整流后的$U_{O(AV)}=$________，滤波后的$U_{O(AV)}=$________，二极管所承受的最大反向电压为________。

10. 在串联型稳压电路中，为了正常稳压，调整管必须工作在________区域。

11. 现有两个硅稳压管，稳压值为$U_{Z1}=7.3V$，$U_{Z2}=5V$，若用于稳定电压为 8V 电路，则可把D_{Z1}和D_{Z2}串接，D_{Z1}应________偏置，D_{Z2}应________偏置。

12. 三端集成稳压器 C××7906 的输出电压是________ V。

13. 三端集成稳压器 CW7912 的输出电压为________ V。

14. 整流电路的功能是将交流电压转换成________电压，滤波电路主要用来滤除整流电路输出中的________。

二、判断题

1. 直流电源是一种能量转换电路，它将交流能量转换为直流能量。（　　）

2. 直流电源是一种将正弦信号变换为直流信号的波形变换电路。（　　）

3. 稳压二极管是利用二极管的反向击穿特性进行稳压的。（　　）

4. 桥氏整流电路在接入电容滤波后，输出直流电压会升高。（　　）

5. 在单相桥式整流电容滤波电路中，若有一只整流管断开，输出电压平均值变为原来的一半。（　　）

6. 滤波电容的容量越大，滤波电路输出电压的纹波就越大。（　　）

三、综合题

直流稳压电源如图 8—24 所示。

（1）电路的整流电路、滤波电路、调整管、基准电压电路、比较放大电路、采样电路等部分各由哪些元件组成？

（2）标出集成运放的同相输入端和反相输入端。

（3）求输出电压的取值范围。

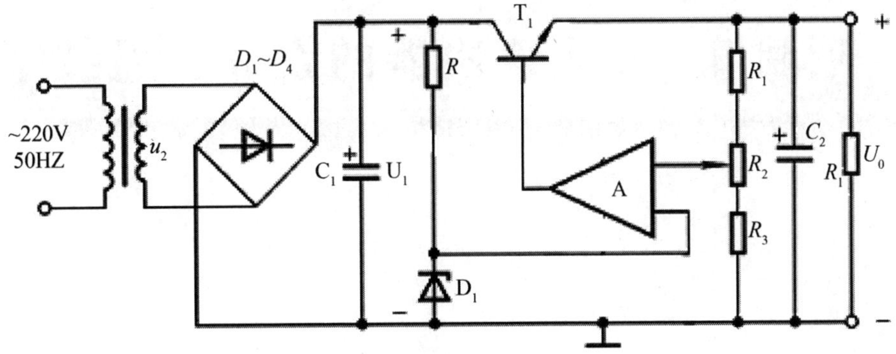

图 8—24

项目 9　三人表决器的设计与组装

【知识目标】

- 了解数字电路的特点
- 熟悉二进制数、十六进制数的表示方法，会进行数制简单转换，熟悉 8421 码、5421 码、余 3 码的表示形式
- 理解基本逻辑门和复合逻辑门的逻辑功能，熟悉其图形符号
- 了解 TTL 集成逻辑门电路的识别和典型应用
- 会用公式法和卡诺图法对逻辑函数进行化简
- 了解组合逻辑电路的读图方法
- 熟悉编码器、译码器的基本概念，会分析一般编码器、译码器电路
- 了解半导体数码管的基本结构和引脚符号的含义

【技能目标】

- 初步具有使用示波器观察脉冲波形并读出主要参数的能力
- 会查阅数字集成电路手册，能根据逻辑功能选用和代换集成门电路
- 掌握集成电路引脚识别方法，掌握其使用常识
- 通过实训任务，初步掌握基本逻辑门电路的逻辑功能测试方法
- 了解常用的组合逻辑基础电路的功能和引脚接线方法
- 能根据电路图安装满足特定要求的组合逻辑电路
- 会查阅组合逻辑基础电路手册，能根据应用需要选用合适型号的基础电路
- 掌握半导体七段显示数码管的使用方法

【情感目标】

- 激发学生对数字电路的兴趣
- 思考生活中数字电路的应用

【实训任务】

- 实训任务 1　基本逻辑门电路的功能测试
- 实训任务 2　三人表决器的组装与调试

【情景导入】

在电子技术中，被传递和处理的信号可分为模拟信号和数字信号两大类。本项目之前所学的电路处理的是时间上和数值上均是连续变化的模拟信号，属于模拟电路的范畴。从项目9开始，所介绍的电路处理的是时间上和数值上均是离散的、不连续变化的脉冲数字信号，属于数字电路的范畴。

数字电路是近代电子技术的重要基础。数字技术在近十年来获得空前飞速的发展。随着数字集成工艺的完善，数字技术已渗透国民经济和人民生活的各个领域。

任务1　基本逻辑门电路的功能测试

知识链接9.1　初识数字电路

9.1.1　数字信号的特点

电路中的数字信号在数值上是不连续的，它不随时间连续变化，即为离散的电信号。

9.1.2　数字电路的特点

数字电路的基本工作信号是二进制的数字信号，即“0”和“1”，对应在电路上为低电平和高电平。所以其电路简单，易于集成化。

9.1.3　数字电路的分析方法

数字电路主要是研究逻辑关系。通常，数字电路用逻辑代数、真值表、逻辑图等方法进行分析。

知识链接9.2　数制与码制

9.2.1　数制

选取一定的进位规则，用多位数码来表示某个数的值，这就是数制。

1. 十进制

十进制有0，1，2，3，4，5，6，7，8，9共十个符号，我们称这些符号为数码。十进制运算加法时遵循“逢十进一”，减法时遵循“借一当十”。

十进制数中，数码的位置不同，所表示的值就不相同，分个位、十位、百位等，如：

$$(198.56)_{10}=1\times10^2+9\times10^1+8\times10^0+5\times10^{-1}+6\times10^{-2}$$

十进制数用数学式表示的通式为：

$$(\mathrm{N})_{10}=(kn-1)\times10^{n-1}+(kn-2)\times10^{n-2}+\cdots+k1\times10^1+k0\times10^0+(k-1)\times10^{-1}+(k-2)\times10^{-2}+\cdots$$

2. 二进制

二进制仅有 0 和 1 两个不同的数码。进位规则为“逢二进一”；借位规则为“借一当二”。例如：

$(10\,110.1)_2=1\times2^4+0\times2^3+1\times2^2+1\times2^1+0\times2^0+1\times2^{-1}$

二进制数的四则运算如下：

(1) 加法运算。

运算法则：“逢二进一”。

$$\begin{array}{r}10101\\+1101\\\hline100010\end{array}$$

例 9—1 求 $(10101)_2+(1101)_2$ 的结果。

解： $(10101)_2+(1101)_2=(100010)_2$

(2) 减法运算。

运算法则：“借一作二”。

$$\begin{array}{r}1101\\-110\\\hline111\end{array}$$

例 9—2 求 $(1101)_2-(110)_2$ 的结果。

解： $(1101)_2-(110)_2=(111)_2$

(3) 乘法运算。

运算法则：各数相乘再作加法运算。

$$\begin{array}{r}1011\\\times101\\\hline1011\\0000\\1011\\110111\end{array}$$

例 9—3 求 $(1011)_2\times(101)_2$ 的结果。

解： $(1011)_2\times(101)_2=(110111)_2$

(4) 除法运算。

运算法则：各数相除后，再作减法运算。

$$\begin{array}{r}101\\\hline101\,)\;11001\\101\\\hline101\\101\\\hline0\end{array}$$

例 9—4 求 $(11001)_2\div(101)_2$ 的结果。

解： $(11001)_2\div(101)_2=(101)_2$

3. 十六进制

十六进制运算加法时遵循“逢十六进一”，十六进制有 0、1、2、3、4、5、6、7、8、9、A、B、C、D、E、F 共 16 个不同的数码。例如：

$(3AE)_{16}=3\times16^2+A\times16^1+E\times16^0=3\times162+10\times161+14\times160$

4. 进制间的转换

(1) 十进制整数转换为二进制数 。

转换方法是：把十进制数整数部分除以 2 反序取余；小数部分乘以 2 顺序取整。

例 9—5 将十进制数 19 转化为二进制数。

解：

$$\begin{array}{ll}2\,\underline{|\;19} & \\ 2\,\underline{|\;9} & 余 1，即 k_0=1\\ 2\,\underline{|\;4} & 余 1，即 k_1=1\\ 2\,\underline{|\;2} & 余 0，即 k_2=0\\ 2\,\underline{|\;1} & 余 0，即 k_3=0\\ \quad 0 & 余 1，即 k_4=1\end{array}$$

所以 $(19)_{10}=(k_4\quad k_3\quad k_2\quad k_1\quad k_0)_2=(10011)_2$

(2) 十进制数转换为十六进制数。

转换方法是：把十进制数整数部分除以 16 反序取余；小数部分乘以 16 顺序取整。

例 9—6　将十进制数 19 转化为十六进制数。

解：

16 |19　　余 3

16 |1　　余 1

0

所以 $(19)_{10}=(13)_{16}$

(3) 二进制数转换为十进制数。

转换方法是：把二进制数按权展开，再把每一位的位值相加，即可得到相应的十进制数。

例 9—7　将二进制 $(101)_2$ 转化为十进制数。

解：$(101)_2=1\times2^2+0\times2^1+1\times2^0=(5)_{10}$

(4) 二进制数转换为十六进制数。

转换方法是：二进制数整数部分，从右往左，4 位一取，不足添 0 补足 4 位，在对应 8421 码转换成对应的十六进制数；小数部分，从左往右，4 位一取，不足添 0 补足 4 位，在对应 8421 码转换成对应的十六进制数。

例 9—8　将二进制数 $(1010011.010111)_2$转换为十六进制数。

解：$(1010011.010111)_2=(0101,0011.0101,1100)=(53.5C)_{16}$

9.2.2　码制

用于表示十进制数的二进制代码称为二—十进制代码（Binary Coded Decimal，简称为 BCD 码）。常用的 BCD 码有：8421 码、5421 码、余 3 码等。见表 9—1。

表 9—1

十进制	8421 码	5421 码
0	0000	0000
1	0001	0001
2	0010	0010
3	0011	0011
4	0100	0100
5	0101	1000
6	0110	1001
7	0111	1010
8	1000	1011
9	1001	1100

知识链接 9.3　逻辑门电路基础

能实现一定逻辑功能的电路称为逻辑门电路。基本逻辑门电路有与门、或门、非门；复合逻辑门电路主要有与非门、或非门、与或非门、异或门、同或门。

9.3.1　与逻辑门

1. 与逻辑关系

当决定一件事情的几个条件完全具备之后，这件事情才能发生，否则不发生。若用开关来表示，则如图 9—1 所示，等效于开关的串联，当两个开关同时闭合的时候，灯发光，实现逻辑与的功能。

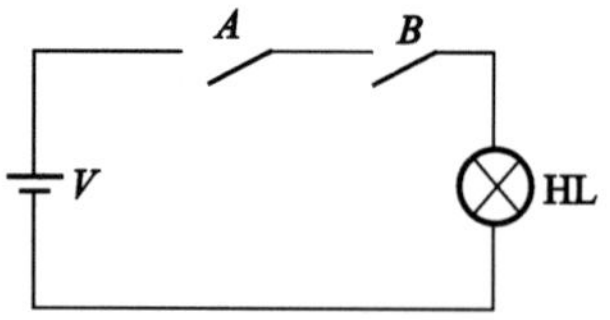

图 9—1　逻辑与示意图

2. 与门电路

能实现与逻辑功能的电路称为与门电路。二极管构成的与门电路如图 9—2 所示。

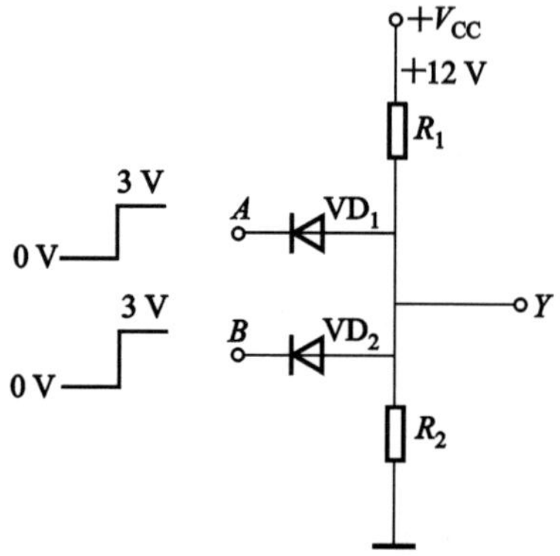

图 9—2　二极管构成的与门电路

(1) 分析工作原理。

当 A、B 两输入端均为高电平时，二极管 VD_1、VD_2 导通，Y 为高电平（3V）。

当 A、B 两输入端均为低电平，或有一个输入端为低电平时，与低电平相连接的二极管导通，Y 为低电平（0V）。

(2) 逻辑功能。

全 1 出 1；有 0 出 0。

(3) 逻辑函数数式。

$$Y=A\cdot B$$

(4) 真值表。表明逻辑门电路输入端状态和输出端状态逻辑对应关系的表格。

与逻辑关系真值表如表 9—2 所示。

表 9—2

输　入		输　出
A	B	Y
0	0	0
0	1	0
1	0	0
1	1	1

(5) 符号（如图 9—3 所示）。

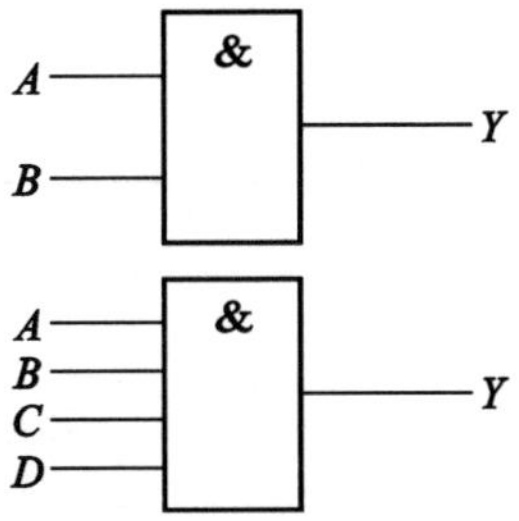

图 9—3　与门逻辑图形符号

9.3.2　或逻辑门

1. 或逻辑关系

当决定一件事情的几个条件中，只要有一个条件得到满足，这件事情就会发生。若用开关表示，则如图 9—4 所示，等效于开关的并联，当两个开关任一闭合，灯发光，实现逻辑或的功能。

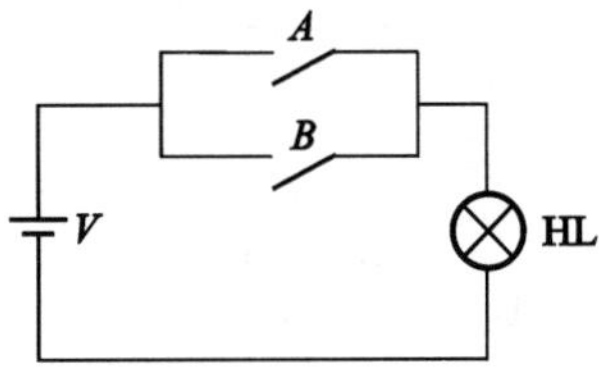

图 9—4　逻辑或示意图

2. 或门电路

(1) 分析工作原理。

当 A、B 两输入端均为低电平时，二极管 D_1、D_2 截止，L 为低电平（0V）。电路图如图 9—5 所示。

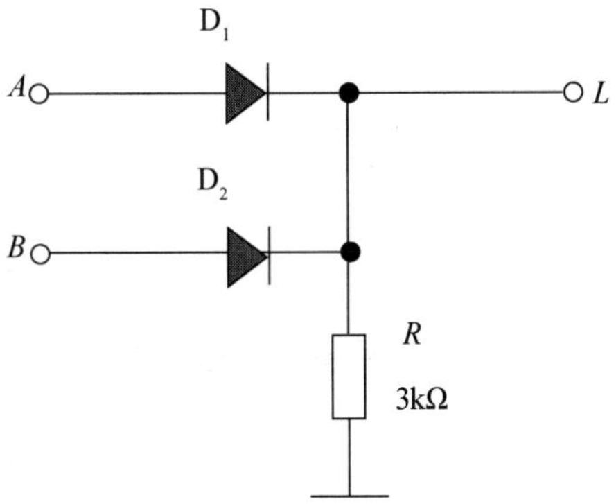

图 9—5　二极管或门电路

当 A、B 两输入端有一个输入端为高电平，或全为高电平时，与高电平相连接的二极管导通，Y 就高电平（3V）。

(2) 逻辑功能。

有 1 出 1；全 0 出 0。

(3) 逻辑函数数式。

$$L=A+B$$

（4）真值表（如表 9—3 所示）。

表 9—3

输　入		输　出
A	*B*	*Y*
0	0	0
0	1	1
1	0	1
1	1	1

（5）符号（如图 9—6 所示）。

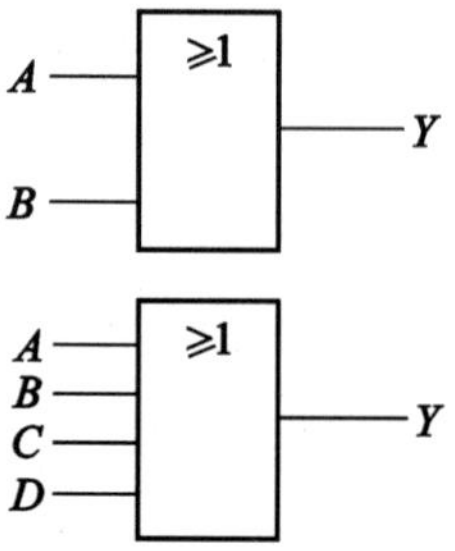

图 9—6　或门逻辑图形

9.3.3　**非逻辑门**

1. 非逻辑关系

事情（输出信号）和条件（输入信号）总是呈相反状态，如图 9—7 所示。

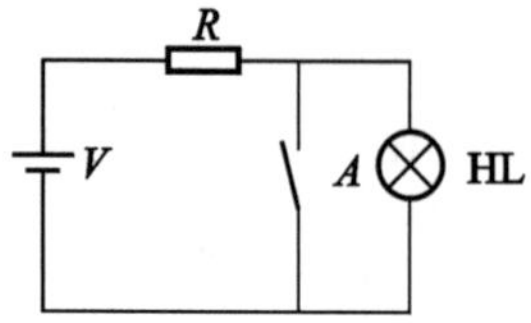

图 9—7　非门示意图

2. 非门电路

（1）分析工作原理。

输出信号与输入信号存在“反相”关系。即输入低电平，输出为高电平；输入高电平，输出为低电平，如图 9—8 所示。

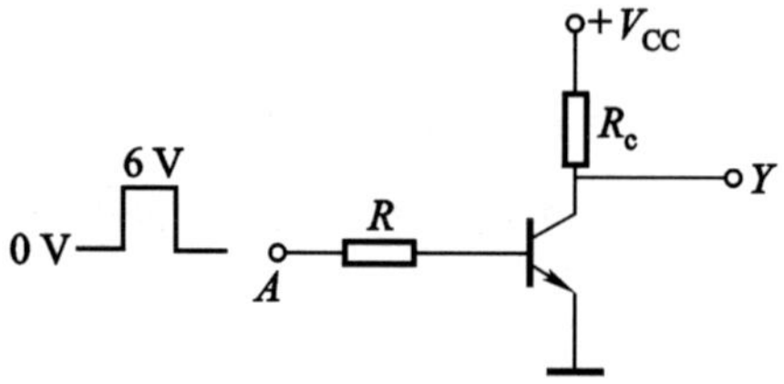

图 9—8　三极管非门电路

（2）逻辑功能。

有 0 出 1；有 1 出 0。

（3）逻辑函数数式。

$$Y=\overline{A}$$

（4）真值表（如表 9—4 所示）。

表 9—4

输　入	输　出
A	Y
0	1
1	0

（5）符号（如图 9—9 所示）。

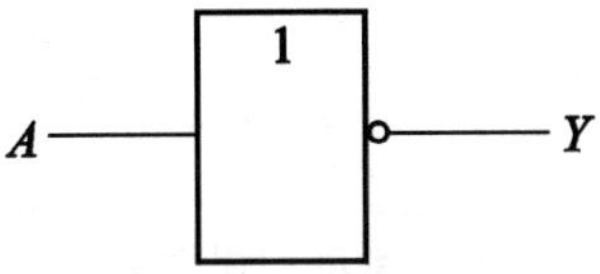

图 9—9　非门逻辑图形符号

9.3.4　与非门

将一个与门和一个非门联结起来，就构成了一个与非门。

（1）逻辑功能。

全 1 出 0；有 0 出 1。

（2）逻辑函数数式。

$$Y=\overline{A\cdot B}$$

（3）真值表（见表 9—5）。

表 9—5

A	B	AB	$Y=\overline{A\cdot B}$
0	0	0	1
0	1	0	1
1	0	0	1
1	1	1	0

（4）符号（如图 9—10 所示）。

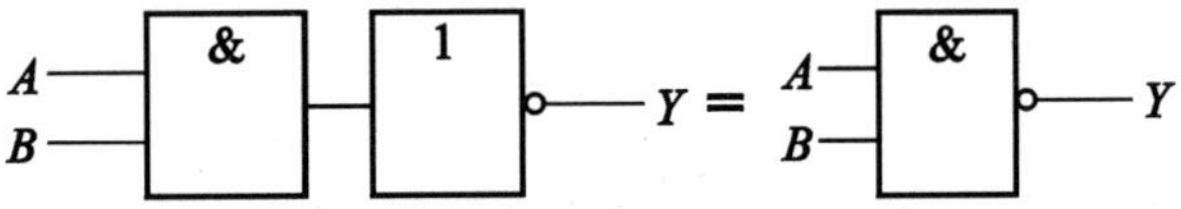

图 9—10　与非门逻辑图形符号

9.3.5　或非门

在或门后面接一个非门，就构成或非门。

（1）逻辑功能。

全 0 出 1；有 1 出 0。

（2）逻辑函数数式。

$$Y=\overline{A+B}$$

（3）真值表（见表 9—6）。

表 9—6

A	B	$A\ B$	$Y=\overline{A+B}$
0	0	0	1
0	1	1	0
1	0	1	0
1	1	1	0

（4）符号（如图 9—11 所示）。

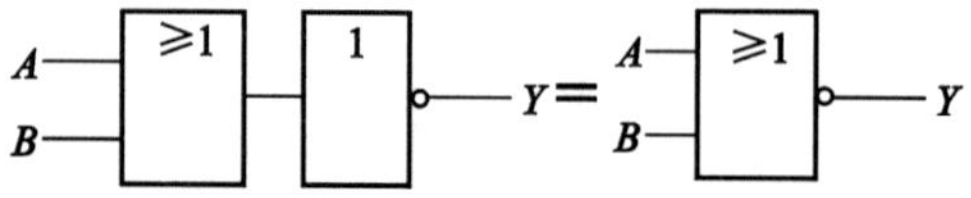

图 9—11　或非门逻辑图形符号

9.3.6　与或非门

与或非门是由多个基本门组合在一起所构成的复合逻辑门，一般由两个或多个与门和一个或门，再和一个非门串联而成。

（1）逻辑功能。

一组全 1 出 0；各组有 0 出 1。

（2）逻辑函数数式。

$$Y=\overline{AB+CD}$$

（3）真值表（见表 9—7）。

表 9—7

A	B	C	D	Y
0	0	0	0	1
0	0	0	1	1
0	0	1	0	1
0	0	1	1	0
0	1	0	0	1
0	1	0	1	1
0	1	1	0	1
0	1	1	1	0
1	0	0	0	1
1	0	0	1	1
1	0	1	0	1
1	0	1	1	0
1	1	0	0	0
1	1	0	1	0
1	1	1	0	0
1	1	1	1	0

（4）符号（如图 9—12 所示）。

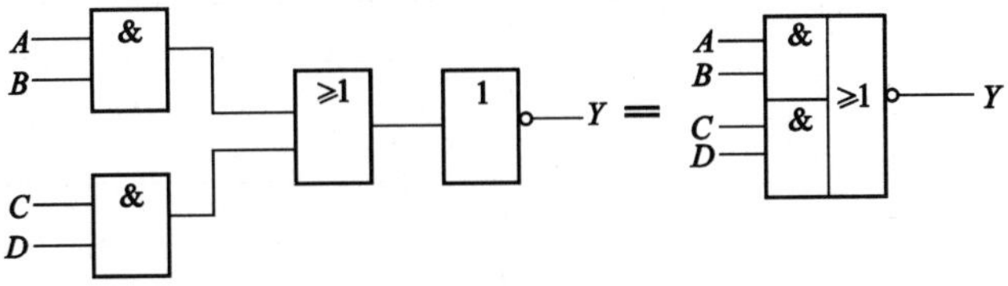

图 9—12　与或非门逻辑图形符号

9.3.7　异或门

（1）逻辑功能。

同出 0；异出 1。

（2）逻辑函数数式。

$$Y=\overline{A}B+A\overline{B}\quad 或\quad Y=A\odot B$$

（3）真值表（见表 9—8）。

表 9—8

输　入		输　出
A	B	Y
0	0	0
0	1	1
1	0	1
1	1	0

（4）符号（如图 9—13 所示）。

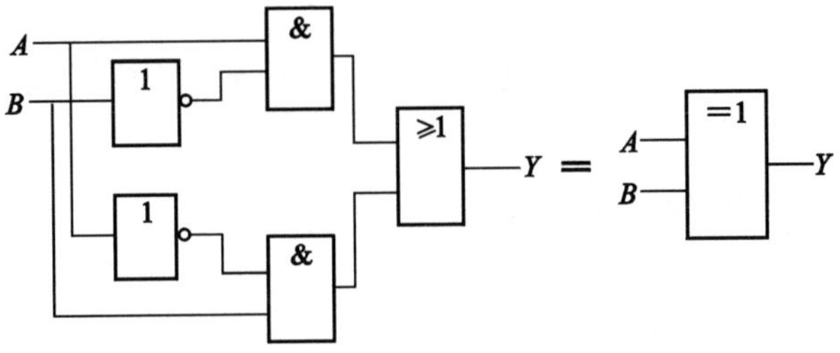

图 9—13　异或门逻辑图形符号

9.3.8　同或门

（1）逻辑功能

同出 1；异出 0。

（2）逻辑函数数式。

$$Y=AB+\overline{A}\overline{B}\quad 或\quad Y=A\odot B$$

（3）真值表（见表 9—9）。

表 9—9

输　入		输　出
A	B	Y
0	0	1
0	1	0
1	0	0
1	1	1

知识链接 9.4　TTL 集成逻辑门电路

集成逻辑门电路是将逻辑电路的元件和连线都制作在一块半导体基片上。

9.4.1　TTL 电路

集成门电路若是由三极管为主要元件，输入端和输出端都是三极管结构，这种电路称为三极管—三极管逻辑电路，简称 TTL 电路。

常用的主要系列如表 9—10 所示。

表 9—10　　**TTL 电路系列**

系列	子系列	名称	国际型号	部标型号
TTL	TTL HTTL STTL LSTTL ALSTTL	基本型中速 TTL 高速 TTL 超高速 TTL 低功耗 TTL 先进低功耗 TTL	CT54/74 CT54/74H CT54/74S CT54/74LS CT54/ 74ALS	T1000 T2000 T3000 T4000

1．型号的规定

按现行国家标准规定，TTL 集成电路的型号由五部分构成，现以 CT74LS04CP 为例说明型号意义。

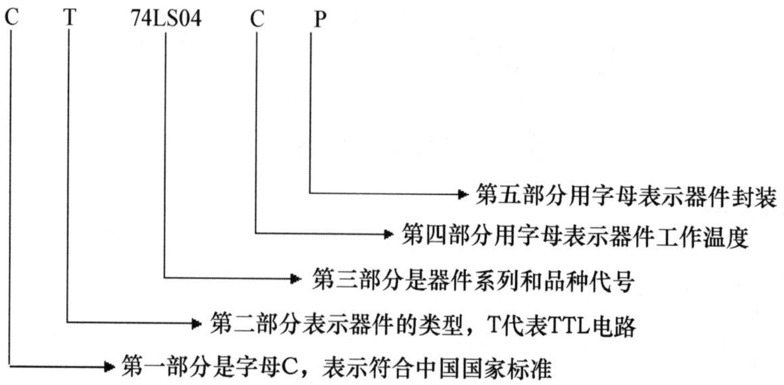

2．引脚读识

TTL 集成电路通常是双列直插式外形（见图 9—14）。根据功能不同，有 8～24 个引脚，引脚编号判读方法是把凹槽标志置于左方，引脚向下，逆时针方向自下而上顺序读取，如图 9—15 所示。

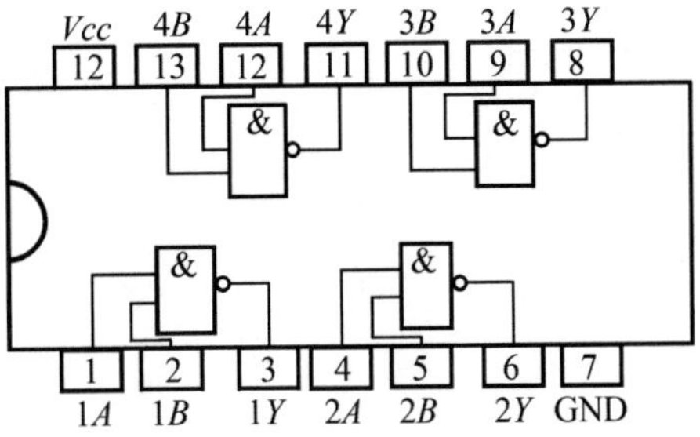

图 9—14　双列直插式外形封装

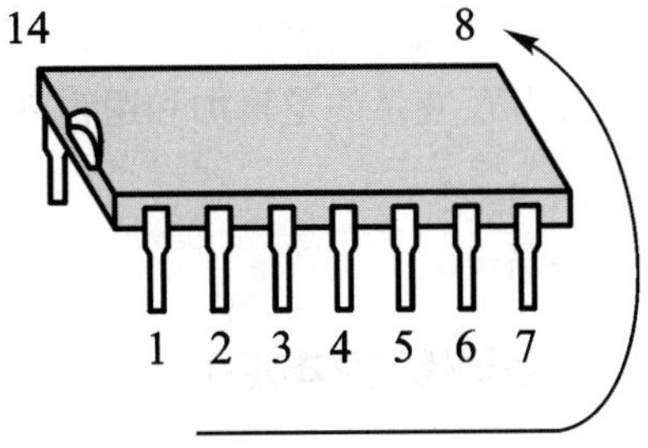

图 9—15　引脚读识

9.4.2　TTL 集成门电路主要参数

1. 输出高电平 V_{OH} 和输出低电平 V_{OL}

输出高电平时，要求输出电压足够高，输出低电平时，要求输出电压足够低。

2. 输入高电平 V_{IH} 和输入低电平 V_{IL}

V_{IH} 指输入高电平的最低值，V_{IL} 指输入低电平的最高值。

这两个值的中间值称为输入的阈值电压 V_{IT}。

3. 输出高电平电流 I_{OH} 和输出低电平电流 I_{OL}

I_{OH} 为输出为高电平时流出电流的极限值。I_{OL} 为输出为低电平时流入电流的极限值。

4. 传输延迟时间 t_{PHL} 和 t_{PLH}

t_{PHL}＝入上 50%－出下 50%的时间间隔。

t_{PLH}＝入下 50 %－出上 50 %的时间间隔。

知识链接 9.5　逻辑代数基本公式及化简

在数字电路中，是由逻辑门电路来实现一定的逻辑功能，逻辑函数的简化就意味着实现该功能的电路简化，能用比较少的门电路实现相同的逻辑功能。这不仅有利于节省器件，而且还可提高工作的可靠性。

9.5.1　逻辑代数中的变量和常量

(1) 逻辑变量是二元常量，只有两个值，即 0 和 1。

(2) 逻辑变量的二值 0 和 1 不表示数值的大小，而是表示两种对立的逻辑状态。如：二极管的导通和截止，开关的闭合和断开等。

9.5.2　逻辑代数的基本公式

1. 常量和变量的逻辑加

$$A+0=A$$

$$A+1=1$$

2. 变量和常量的逻辑乘

$$A \cdot 0=0$$
$$A \cdot 1=A$$

3. 变量和反变量的逻辑加和逻辑乘

$$A+\overline{A}=1$$
$$A \cdot \overline{A}=0$$

9.5.3 逻辑代数基本定律

1. 交换律

$$A+B=B+A$$
$$A \cdot B=B \cdot A$$

2. 结合律

$$A+B+C=(A+B)+C=A+(B+C)$$
$$A \cdot B \cdot C=(A \cdot B) \cdot C=A \cdot (B \cdot C)$$

3. 重叠律

$$A+A=A(A+A+A+\cdots+A=A)$$
$$A \cdot A=A(A \cdot A \cdot A \cdot \cdots \cdot A=A)$$

4. 分配律

$$A+B \cdot C=(A+B) \cdot (A+C)$$
$$A \cdot (B+C)=A \cdot B+A \cdot C$$

5. 吸收律

$$A+AB=A$$
$$A \cdot (A+B)=A$$

6. 非非律

$$\overline{\overline{A}}=A$$

7. 反演律（又称摩根定律）

$\overline{A+B}=\overline{A} \cdot \overline{B}$（或$\overline{A+B+C+\cdots}=\overline{A} \cdot \overline{B} \cdot \overline{C}\cdots$）

$\overline{A \cdot B}\quad \overline{A}+\overline{B}$（或$A \cdot B \cdot C\cdots=\overline{A}+\overline{B}+\overline{C}+\cdots$）

9.5.4 逻辑函数的化简

1. 化简的意义

（1）几种不同的表达式。

同一逻辑关系的逻辑函数不是唯一的，它可以有几种不同表达式：异或、与或、与或非—非、与非—与非、或与非、与或非、或非—或非。

（2）最简式。

所谓最简式，首先必须是乘积项最少，其次是在满足乘积项最少的条件下，每个乘积项中的变量个数为最少。

2. 化简的方法

（1）并项法。

利用 $A+\overline{A}=1$，$AB+\overline{A}B=1$，将两项合并为一项，并消去一个变量。

（2）吸收法。

利用 $A+AB=A$ 的关系，消去多余的项。

（3）消去法。

利用 $A+\overline{A}B=A+B$ 的关系，消去多余的因子。

（4）配项法。

一般在适当项中，配上 $A+\overline{A}=1$ 的关系式，同其他项的因子进行化简。

3. 化简举例

例 9—9　化简 $Y=AB+A\overline{B}+\overline{A}\overline{B}+\overline{A}B$。

解：$Y=AB+A\overline{B}+\overline{A}\overline{B}+\overline{A}B=A(B+\overline{B})+\overline{A}(B+\overline{B})=A+\overline{A}=1$

例 9—10　化简 $Y=\overline{A}+\overline{B}+AB$。

解：$Y=\overline{A}+\overline{B}+AB=\overline{A}+\overline{B}+A=1+\overline{B}=1$

例 9—11　化简 $Y=AB+\overline{A}\overline{C}+B\overline{C}$。

解：$Y=AB+\overline{A}\overline{C}+B\overline{C}=AB+\overline{A}\overline{C}+(A+\overline{A})B\overline{C}=AB+\overline{A}\overline{C}+AB\overline{C}+\overline{A}B\overline{C}$

$=(AB+AB\overline{C})+(\overline{A}\overline{C}+\overline{A}\overline{C}B)=AB+\overline{A}\overline{C}$

例 9—12　化简 $Y=AD+A\overline{D}+AB+\overline{A}C+BD$。

解：$Y=AD+A\overline{D}+AB+\overline{A}C+BD=(AD+A\overline{D})+AB+\overline{A}C+BD$

$=A+AB+\overline{A}C+BD=(A+\overline{A}C)+BD=A+C+BD$

例 9—13　求证 $\overline{AB+\overline{A}C}=A\overline{B}+\overline{A}\overline{C}$。

证：左式 $=\overline{AB+\overline{A}C}=(\overline{AB})\cdot(\overline{\overline{A}C})=(\overline{A}+\overline{B})\cdot(A+\overline{C})=A\overline{B}+\overline{A}\overline{C}+\overline{B}\overline{C}$

$=A\overline{B}+\overline{A}\overline{C}+(A+\overline{A})\overline{B}\overline{C}=A\overline{B}+A\overline{B}\overline{C}+\overline{A}\overline{C}+\overline{A}\overline{B}\overline{C}=A\overline{B}+\overline{A}\overline{C}=$ 右式

例 9—14　求证 $\overline{A\overline{B}+\overline{A}B}=AB+\overline{A}\overline{B}$。

证：左式 $=\overline{A\overline{B}+\overline{A}B}=(\overline{A\overline{B}})\cdot(\overline{\overline{A}B})=(\overline{A}+B)\cdot(A+\overline{B})=AB+\overline{A}\overline{B}=$ 右式

9.5.5　逻辑电路图、真值表与逻辑函数间的关系

1. 逻辑电路与逻辑函数式的互换

例 9—15　将图 9—16 中的逻辑电路的输出 Y 和输入 A、B 的逻辑关系写成逻辑函数式。

解：电路中各个逻辑门的输出 Y_1、Y_2、Y_3、Y_4 和 Y 分别为：

1）$Y_1=\overline{AB}$

2）$Y_2=AY_1$

3）$Y_3=Y_1B$

4）$Y_4=Y_2+Y_3$

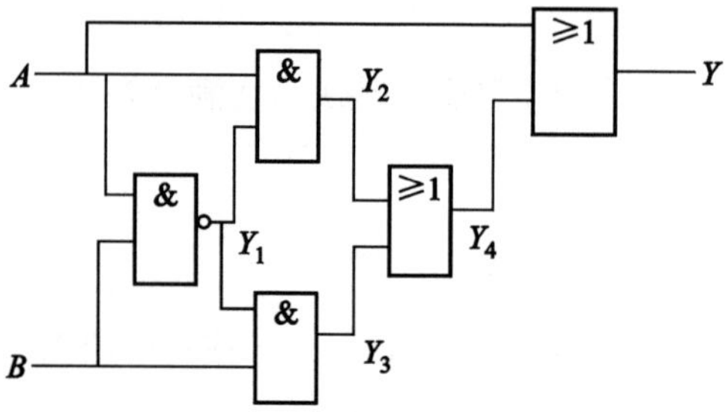

图 9—16

5）$Y_5=A+Y_4$

得到 $Y=A+(A\overline{AB}+\overline{AB}B)$。

例 9—16 画出逻辑函数式 $Y=(A+B)\overline{AB}$ 的逻辑电路。

解： 画出的逻辑电路如图 9—17 所示。

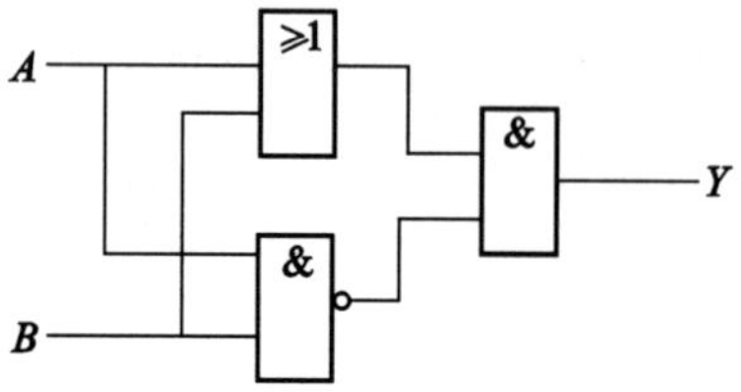

图 9—17

2. 逻辑电路与真值表的互换

（1）由逻辑函数列真值表。

1）若输入变量数为 n，则输入变量不同状态的组合数目为 2^n。

2）列表时，输入状态按 n 列、2^n 行画好表格，然后从右到左，在第一列中填入 0，1，0，1…；第二列中填入 0，0，1，1，0，0，1，1…；在第三列中填入 0，0，0，0，1，1，1，1…；依此类推，直到填满表格。然后，把每一行中各输入变量状态代入函数式，计算并记下输出状态列入表中。

例 9—17 列出逻辑函数式 $Y=\overline{A}B+A\overline{B}$ 的真值表。

解： 见表 9—11。

表 9—11

A	B	Y
0	0	0
0	1	1
1	0	1
1	1	0

（2）由真值表列出逻辑函数式。

方法如下：

1）从真值表上找出输出为 1 的各行，把每行的输入变量写成乘积形式；遇到 0 的输入变量加非号。

2）把各乘积项相加。

例 9—18　试由真值表（见表 9—12）列出相应的逻辑函数式。

表 9—12

A	B	C	Y
0	0	0	0
0	0	1	0
0	1	0	0
1	0	0	1
0	1	1	1
1	0	1	0
1	1	0	0
1	1	1	1

解：$Y=A\overline{B}\overline{C}+\overline{A}BC+ABC$

3. 逻辑代数在逻辑电路中的应用

例 9—19　根据 $Y=AB+AC$ 逻辑函数，设计逻辑电路。

解：画出相应的逻辑电路（如图 9—18（a）所示）。

如果将函数式化简成 $Y=A(B+C)$，则可得更简单的逻辑电路（如图 9—18（b）所示）。

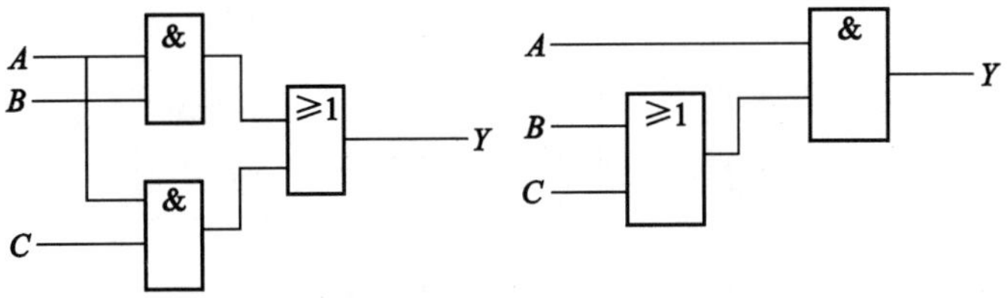

(a)　(b)

图 9—18

例 9—20　根据 $Y=A\overline{B}+C+\overline{A}\overline{C}D+B\overline{C}D$ 设计逻辑电路。

解：画出相应的逻辑电路（如图 9—19（a）所示）。

原式可化简为 $Y=A\overline{B}+C+D$，电路图如图 9—19（b）所示。

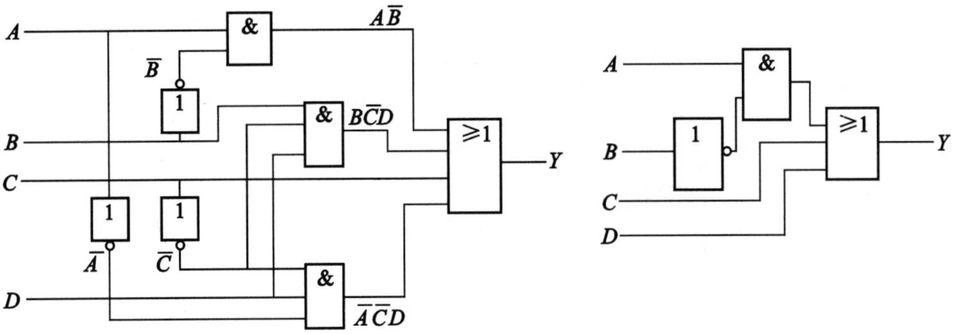

(a)　(b)

图 9—19

例 9—21　变换函数式 $A\overline{B}+A\overline{C}+A\overline{D}$ 为与非—与非表达式，并画出对应的逻辑电路图。

解： $A\overline{B}+A\overline{C}+A\overline{D}=A(\overline{B}+\overline{C}+\overline{D})=A\cdot\overline{B\cdot C\cdot D}=\overline{\overline{A\cdot\overline{B\cdot C\cdot D}}}$

逻辑电路如图 9—20 所示。

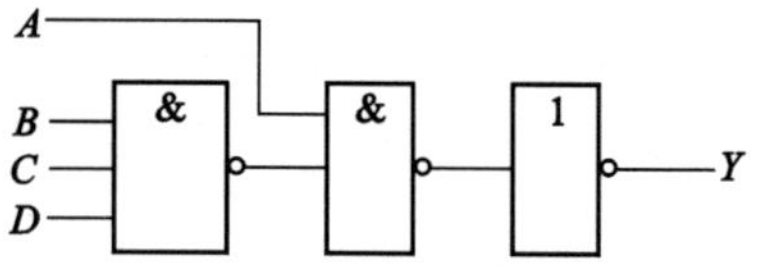

图 9—20

任务 2　三人表决器的组装与调试

知识链接 9.6　组合逻辑电路的基础知识

9.6.1　组合逻辑电路的分析

1. 基本特点

特点：任何时刻的输出状态，直接由当时的输入状态所决定。

2. 组合逻辑电路的读图方法

组合逻辑电路的读图一般按图 9—21 所示的几个步骤进行。

图 9—21　组合逻辑电路的读图步骤

3. 分析方法

（1）分析步骤。

1）根据给定的逻辑原理电路图，由输入到输出逐级推导出输出逻辑函数表达式。

2）对所得到的表达式进行化简和变换，得到最简式。

3）依据简化的逻辑函数表达式列出真值表，根据真值表分析、确定电路所完成的逻辑功能。

（2）实例分析。

如图 9—22（a）所示组合电路，分析方法如下。

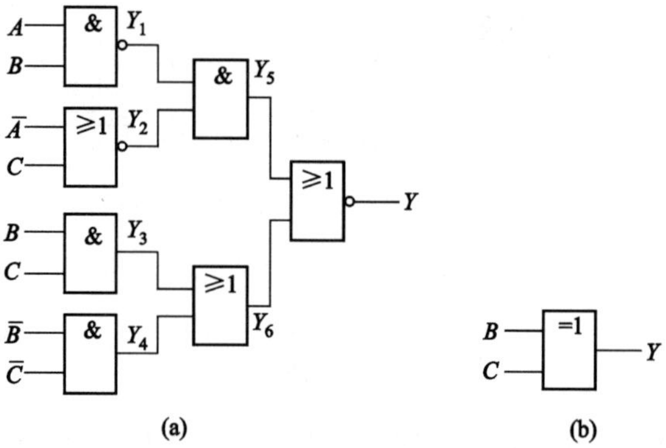

图 9—22

1）逐级写出输出表达式。

$$Y_1=\overline{AB},\quad Y_2=\overline{\bar{A}+C}$$

由 Y_1、Y_2 得 $Y_5=\overline{AB}\cdot\overline{\bar{A}+C}$

$$Y_3=BC,\quad Y_4=\bar{B}\cdot\bar{C}$$

由 Y_3、Y_4 得 $Y_6=BC+\bar{B}\cdot\bar{C}$

由 Y_5、Y_6 得 $Y=\overline{\overline{AB}\cdot\overline{\bar{A}+C}+（BC+\bar{B}\bar{C}）}$

2）化简。

$$\begin{aligned}Y&=\overline{\overline{AB}\cdot\overline{\bar{A}+C}+(BC+\bar{B}\bar{C})}=(AB+\bar{A}+C)\cdot\overline{BC+\bar{B}\bar{C}}=(AB+\bar{A}+C)\cdot\overline{BC}\cdot\overline{\bar{B}\bar{C}}\\&=(AB+\bar{A}+C)\cdot(\bar{B}+\bar{C})\cdot(\bar{B}+\bar{C})\cdot(B+C)=(B+C)\cdot(\bar{B}+\bar{C})=B\oplus C\end{aligned}$$

3）列真值表（见表 9—13）。

表 9—13

B	C	Y
0	0	0
0	1	1
1	0	1
1	1	0

4）逻辑功能分析。

由真值表可知：该电路的功能为输入变量相同时，输出为 0，否则为 1，异或门的逻辑电路如图 9—22（b）所示。

例 9—22 分析图 9—23（a）所示逻辑电路图。

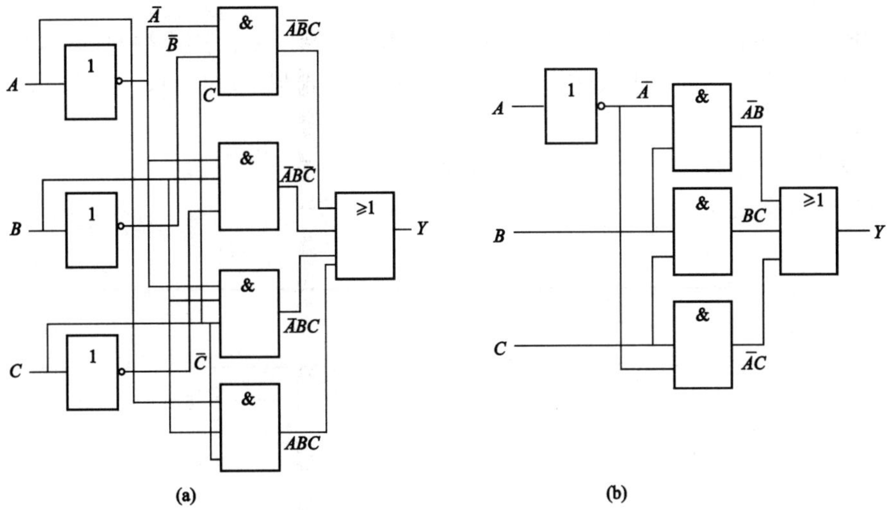

图 9—23

解：

1）写出逻辑函数式：

$$Y=\overline{A}\overline{B}C+\overline{A}B\overline{C}+\overline{A}BC+ABC$$

2）化简逻辑表达式：

$$Y=\overline{A}B+\overline{A}C+BC$$

3）根据简化后的逻辑式，画出如图 9—23（b）所示的逻辑电路图。

4）电路的逻辑功能如表 9—14 所示。

表 9—14

A	B	C	Y
0	0	0	0
0	0	1	1
0	1	0	1
0	1	1	1
1	0	0	0
1	0	1	0
1	1	0	0
1	1	1	1

9.6.2 组合电路的设计

1. 设计步骤

(1) 根据实际问题的逻辑关系，列出相应的真值表。

(2) 由真值表写出逻辑函数的表达式。

(3) 化简逻辑函数式。

(4) 根据化简得到的最简表达式，画出逻辑电路图。

2. 举例说明

举重比赛有三个裁判，一个主裁判 A，两个副裁判 B、C。杠铃举起的裁决，由每个裁判按一下自己面前的按钮来决定。只有两个及以上裁判判定成功时，表明“成功”的灯才亮。设计这个逻辑电路。

(1) 设 Y 为指示灯，1 表示灯亮；0 表示不亮。

列真值表（见表 9—15）。

表 9—15

A	B	C	Y
0	0	0	0
0	0	1	0
0	1	0	0
0	1	1	0
1	0	0	0
1	0	1	1
1	1	0	1
1	1	1	1

(2) 由真值表写出逻辑函数的表达式。

$Y=A\overline{B}C+AB\overline{C}+ABC$

（3）化简逻辑函数式。

$Y=A(B+C)$

（4）根据化简得到的最简表达式，画出逻辑电路图（如图9—24所示）。

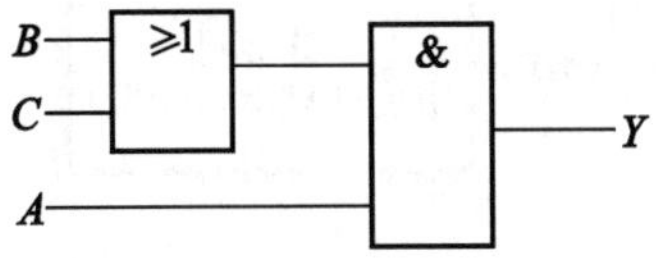

图9—24

例9—23　设计一个楼梯开头的控制逻辑电路，以控制楼梯电灯。上楼前，用楼下开关打开电灯，上楼后，用楼上开关关灭电灯；或者在下楼前，用楼上开关打开电灯，下楼后，再用楼下开关关灭电灯。

解：1）设A为楼上开关，B为楼下开关，Y为灯泡，1表示A、B闭合；0表示断开。$Y=1$表示灯亮，$Y=0$表示灯灭。列真值表（见表9—16）。

表9—16

A	B	Y
0	0	0
0	1	1
1	0	1
1	1	0

2）由真值表写出逻辑函数的表达式。

$Y=A\overline{B}+\overline{A}B=A\odot B$

3）根据化简得到的最简表达式，画出逻辑电路图（如图9—25所示）。

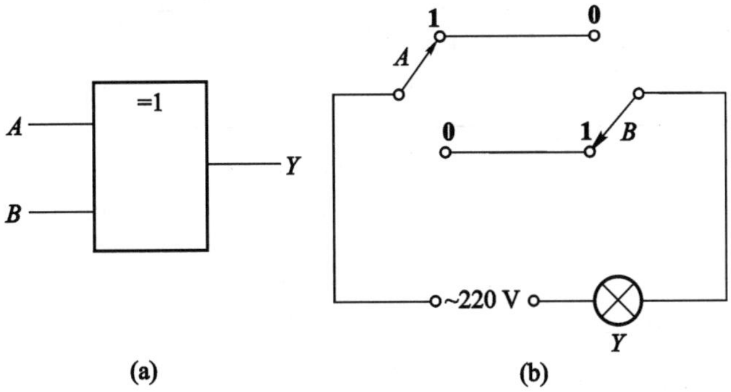

图9—25

知识链接9.7　编码器

9.7.1　二进制编码器

在数字电路中，用若干二进制数码（0和1）按一定的规律编排成不同的代码，并赋予每个代码一定的含义，称为编码。用来完成编码工作的电路通称为编码器。用 n 位二进制代码对 2^n 个信号进行编码的电路，称为二进制编码器。过程见图 9—26。

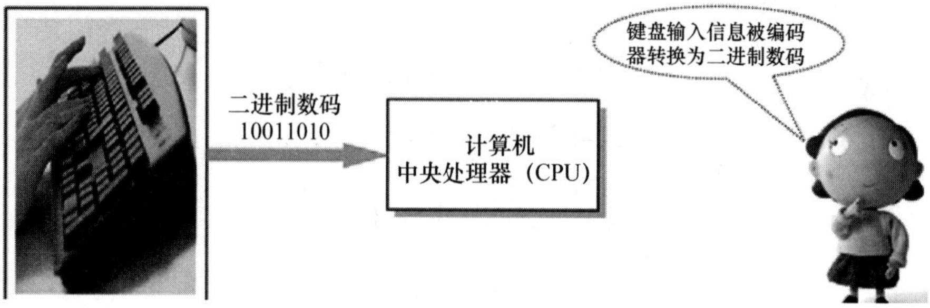

图 9—26　二进制编码过程

（1）编码器示意图（如图 9—27 所示）。

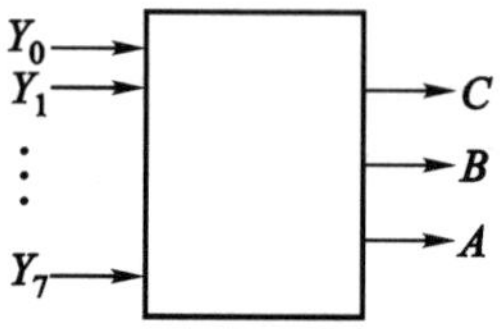

图 9—27　编码器示意图

（2）真值表（见表 9—17）。

表 9—17

十进制数	输入变量	A　B　C
0	Y_0	0　0　0
1	Y_1	0　0　1
2	Y_2	0　1　0
3	Y_3	0　1　1
4	Y_4	1　0　0
5	Y_5	1　0　1
6	Y_6	1　1　0
7	Y_7	1　1　1

（3）表达式。

$$A=Y_4+Y_5+Y_6+Y_7$$
$$B=Y_2+Y_3+Y_6+Y_7$$
$$C=Y_1+Y_3+Y_5+Y_7$$

（4）逻辑图（见图 9—28）。

9.7.2　二—十进制编码器

1. 8421 编码器

所谓 8421 码，即二进制代码自左向右，各位的“权”分为 8，4，2，1。

（1）真值表（见表 9—18）。

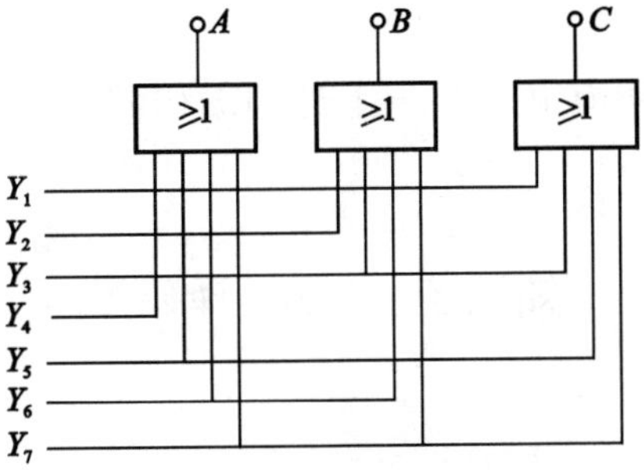

图 9—28　逻辑图

表 9—18

十进制数	输入变量	A	B	C	D
0	Y_0	0	0	0	0
1	Y_1	0	0	0	1
2	Y_2	0	0	1	0
3	Y_3	0	0	1	1
4	Y_4	0	1	0	0
5	Y_5	0	1	0	1
6	Y_6	0	1	1	0
7	Y_7	0	1	1	1
8	Y_8	1	0	0	0
9	Y_9	1	0	0	1

（2）示意图（见图 9—29）。

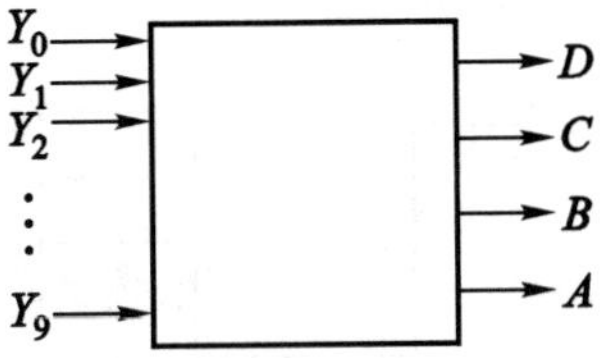

图 9—29　8421 编码器示意图

（3）逻辑图（见图 9—30）。

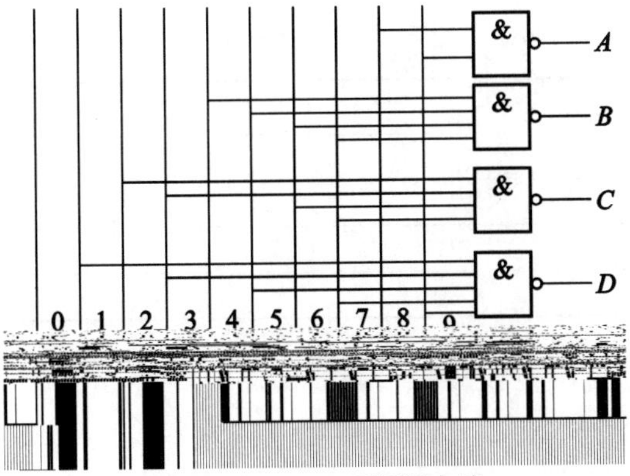

图 9—30　8421 码逻辑电路

2. 其他二—十进制编码器

除 8421BCD 码之外，还有其他二—十进制编码器，如余 3BCD 码、2421BCD 码、余 3 循环码等。

知识链接 9.8 译码器

9.8.1 二进制译码器

译码器的任务是将输入的数码变换成所需的信息，它广泛应用在各类电子显示器、计算机显示器等设备上，如图 9—31 所示。

将二进制代码的各种状态，按其原意“翻译”成对应的输出信号的电路，称为二进制译码器。

(a)电子显示器　　(b)计算机显示器

图 9—31　译码电路应用

（1）示意图（如图 9—32 所示）。

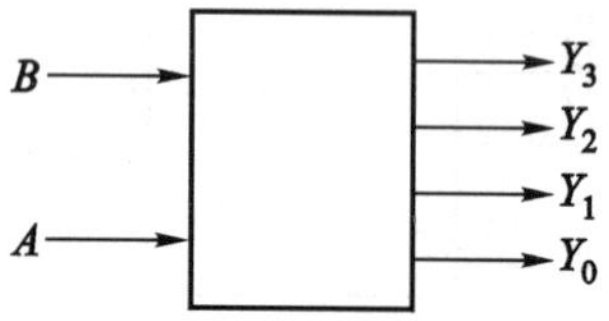

图 9—32　译码器示意图

（2）真值表（见表 9—19）。

表 9—19

B	A	Y_3	Y_2	Y_1	Y_0
0	0	0	0	0	1
0	1	0	0	1	0
1	0	0	1	0	0
1	1	1	0	0	0

（3）表达式。

$Y_0=\overline{B}\overline{A}$；$Y_1=\overline{B}A$；$Y_2=B\overline{A}$；$Y_3=BA$。

（4）逻辑电路（如图 9—33 所示）。

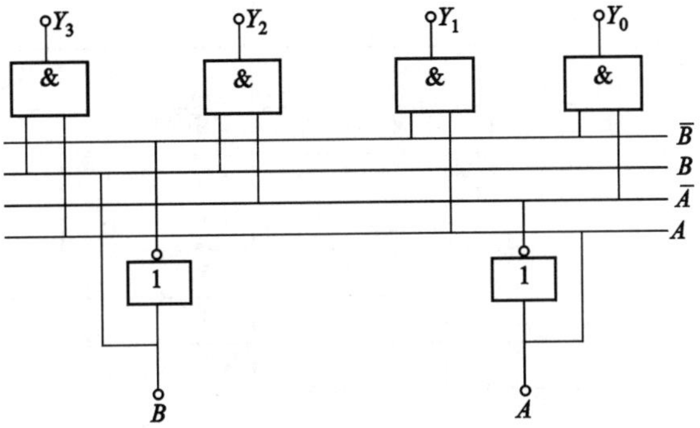

图 9—33　译码器逻辑电路

9.8.2　二—十进制译码器

（1）示意图（如图 9—34 所示）。

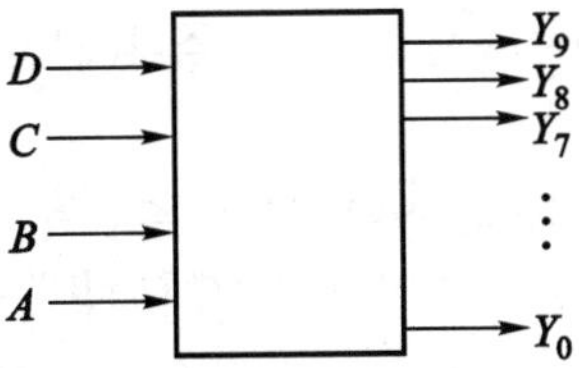

图 9—34　二—十进制译码器示意图

（2）逻辑电路（如图 9—35 所示）。

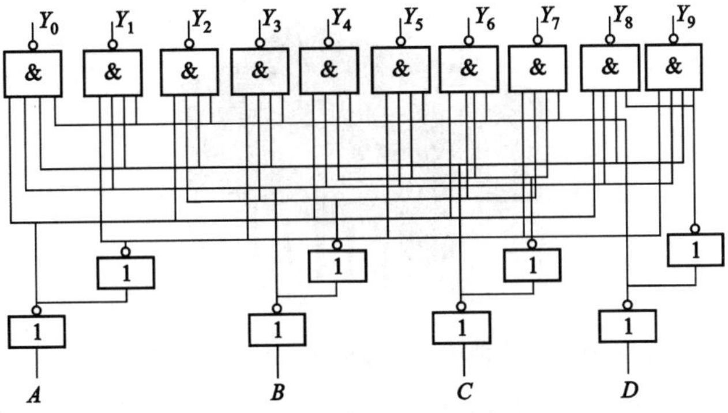

图 9—35　二—十进制译码器逻辑电路

可写出逻辑函数式和真值表（见表 9—20）。

$$Y_0=\overline{\overline{D}\,\overline{C}\,\overline{B}\,\overline{A}},\ Y_1=\overline{\overline{D}\,\overline{C}\,\overline{B}A},\ Y_2=\overline{\overline{D}\,\overline{C}B\overline{A}},\ Y_3=\overline{\overline{D}\,\overline{C}BA},\ Y_4=\overline{\overline{D}C\overline{B}\,\overline{A}},\ Y_5=\overline{\overline{D}C\overline{B}A},$$

$$Y_6=\overline{\overline{D}CB\overline{A}},\ Y_7=\overline{\overline{D}CBA},\ Y_8=\overline{D\overline{C}\,\overline{B}\,\overline{A}},\ Y_9=\overline{D\overline{C}\,\overline{B}A}$$

表 9—20

D	C	B	A	Y_0	Y_1	Y_2	Y_3	Y_4	Y_5	Y_6	Y_7	Y_8	Y_9
0	0	0	0	0	1	1	1	1	1	1	1	1	1
0	0	0	1	1	0	1	1	1	1	1	1	1	1
0	0	1	0	1	1	0	1	1	1	1	1	1	1

续前表

D	C	B	A	Y_0	Y_1	Y_2	Y_3	Y_4	Y_5	Y_6	Y_7	Y_8	Y_9
0	0	1	1	1	1	1	0	1	1	1	1	1	1
0	1	0	0	1	1	1	1	0	1	1	1	1	1
0	1	0	1	1	1	1	1	1	0	1	1	1	1
0	1	1	0	1	1	1	1	1	1	0	1	1	1
0	1	1	1	1	1	1	1	1	1	1	0	1	1
1	0	0	0	1	1	1	1	1	1	1	1	0	1
1	0	0	1	1	1	1	1	1	1	1	1	1	0

伪码：指 1010～1111 六个码，当输入该六个码中任一个时，Y_0～Y_9 均为 1，即得不到译码输出。这就是拒绝伪码。

译码器除了能把 8421BCD 码译成相应的十进制数码之外，还能拒绝伪码。

知识链接 9.9　译码显示器

LED 数码管（LED Segment Displays）是由多个发光二极管封装在一起组成“8”字形的器件，引线已在内部连接完成，只需引出它们的各个笔画，公共电极，如图 9—36 所示。LED 数码管根据 LED 的接法不同分为共阴和共阳两类，它们的发光原理是一样的，只是它们的电源极性不同而已。颜色有红、绿、蓝、黄等几种。LED 数码管广泛用于仪表、时钟、车站、家电等场合。选用时要注意产品尺寸、颜色、功耗、亮度、波长等。

图 9—36　7 段两位带小数点 10 引脚的 LED 数码管

常用 LED 数码管内部引脚图如图 9—37 所示。

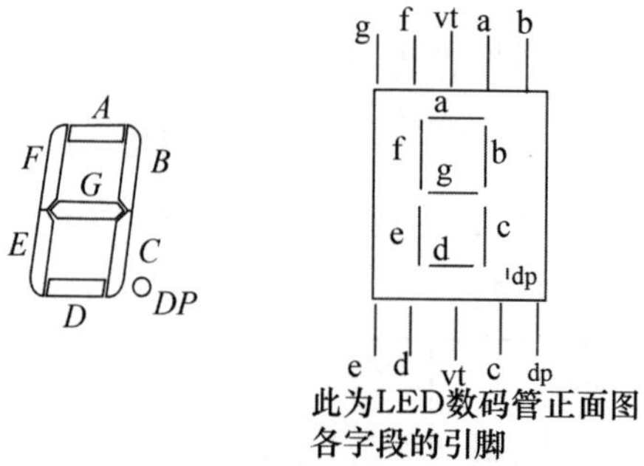

图 9—37　LED 数码管内部引脚图

每一笔画都是一个发光二极管，对应一个字母表示，DP 是小数点。

数码管分为共阳极的 LED 数码管、共阴极的 LED 数码管两种。共阳就是 7 段的显示字码共用一个电源的正。

共阳极 LED 数码管的内部结构原理图如图 9—38 所示。

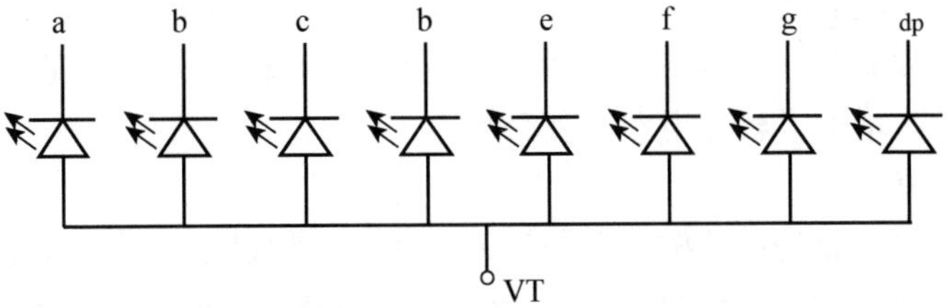

图 9—38　共阳极 LED 数码管的内部结构原理图

从图 9—38 可以看出，发光二极管的阳极共接在一起，构成共阳接法。要使数码管显示数字，有两个条件：(1) 是要在 VT 端（3/8 脚）加正电源；(2) 要使 a，b，c，d，e，f，g，dp 端接低电平或“0”电平。

共阴极 LED 数码管的内部结构原理图如图 9—39 所示。

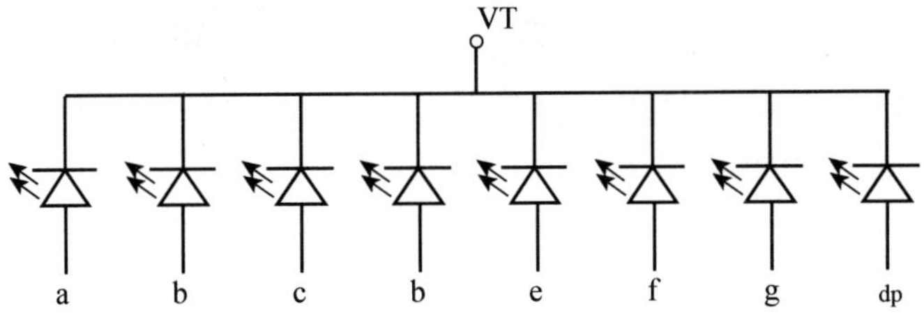

图 9—39　共阴极 LED 数码管的内部结构原理图

从图 9—39 可以看出，发光二极管的阴极共接在一起，构成共阴接法。要使数码管显示数字，有两个条件：(1) 要在 VT 端（3/8 脚）加负电源；(2) 要使 a，b，c，d，e，f，g，dp 端接高电平或“1”电平。详见表 9—21 中所列。

总之，每一笔画都是一个发光二极管，若要点亮某一笔画，给发光二极管加正向偏压让其导通。

表 9—21　　显示数字对应的二进制电平信号

显示数字	a	b	c	d	e	f	g
0	1	1	1	1	1	1	0
1	0	1	1	0	0	0	0
2	1	1	0	1	1	0	1
3	1	1	1	1	0	0	1
4	0	1	1	0	0	1	1
5	1	0	1	1	0	1	1
6	0	0	1	1	1	1	1
7	1	1	1	0	0	0	0
8	1	1	1	1	1	1	1
9	0	0	0	1	1	0	1

LED 数码管要正常显示，就要用驱动电路来驱动数码管的各个段码，从而显示出我

们要的数位，因此根据LED数码管的驱动方式的不同，可以分为静态和动态两类。

（1）静态显示驱动。

静态驱动也称直流驱动。静态驱动是指每个数码管的每一个段码都由一个单片机的I/O埠进行驱动，或者使用如BCD码二—十进位译码器进行驱动。静态驱动的优点是编程简单，显示亮度高，缺点是占用I/O埠多，如驱动5个数码管静态显示则需要5×8=40根I/O埠来驱动，要知道一个89S51单片机可用的I/O埠才32根。故实际应用时必须增加驱动器进行驱动，增加了硬体电路的复杂性。

（2）动态显示驱动。

数码管动态显示界面是单片机中应用最为广泛的一种显示方式，动态驱动是将所有数码管的8个显示笔画“a，b，c，d，e，f，g，dp”的同名端连在一起，另外为每个数码管的公共极COM增加位元选通控制电路，位元选通由各自独立的I/O线控制，当单片机输出字形码时，所有数码管都接收到相同的字形码，但究竟是哪个数码管会显示出字形，取决于单片机对位元选通COM端电路的控制，所以我们只要将需要显示的数码管的选通控制打开，该位元就显示出字形，没有选通的数码管就不会亮。

透过分时轮流控制各个LED数码管的COM端，就使各个数码管轮流受控显示，这就是动态驱动。在轮流显示过程中，每位元数码管的点亮时间为1～2ms，由于人的视觉暂留现象及发光二极体的余辉效应，尽管实际上各位数码管并非同时点亮，但只要扫描的速度足够快，给人的印象就是一组稳定的显示资料，不会有闪烁感，动态显示的效果和静态显示是一样的，能够节省大量的I/O埠，而且功耗更低。

应用提示

（1）对于共阴极数码管，与其配套的显示译码集成电路的输出端$Y_a \sim Y_g$必须是低电平有效的，对于共阳极数码管，与其配套的显示译码集成电路的输出端$Y_a \sim Y_g$应为高电平有效的。

（2）装接显示译码器时，若出现数码管没有任何显示的故障，应先检查数码管的公共端有没有漏接线，消隐控制端的电平设置是否正确；其次应检查数码管与显示译码集成电路是否配套。

（3）数码管的显示若出现缺段的故障，应先查显示译码集成电路与数码管的连接是否良好；其次可通过替换数码管来确定器件是否良好；若数码管没问题，则是译码集成电路有问题，应更换之。

（4）若出现数码管显示偏暗的问题，首先用万用表测工作电压是否偏低，不正常时应排除电源电路的故障；其次可通过适当调小数码管的限流电阻值来提高显示亮度。

实训任务1　基本逻辑门电路的功能测试

【实训目的】

1. 掌握常用门电路的逻辑功能。
2. 了解TTL电路的使用方法和简单测试方法。

3. 了解集成电路多余端的处理方法。

【实训器材】

1. 通用示波器 1 台。
2. 数字万用表 1 台。
3. 主要器材是 74LS00，CC4001。
4. 电子技术实验箱 1 台。

【实训步骤】

1. 测试与非门的逻辑功能

（1）选用与非门 74LS00 在电子技术实验箱上完成相应的连线。

（2）改变与非门输入端相应的逻辑开关位置，从而改变与非门的输入端的逻辑状态。

（3）观察电子技术实验箱上逻辑电平指示灯的状态，其中高电平灯亮，低电平灯灭。

（4）观测与非门的逻辑功能，将结果记录在表 9—22 中。

表 9—22

G_1 门			G_2 门			G_3 门			G_4 门		
A_1	B_1	Y_1	A_2	B_2	Y_2	A_3	B_3	Y_3	A_4	B_4	Y_4
0	1		0	1		0	1		0	1	
1	0		1	0		1	0		1	0	
1	1		1	1		1	1		1	1	
0	0		0	0		0	0		0	0	

2. 测试或非门逻辑功能

（1）CC4001 接通＋10V 电源（14 脚接电源正极，7 脚接电源负极）。

（2）用万用表直流电压挡测或非门输出端电压（3、4、10、11 脚对地电压）。

（3）输入端通过 1kΩ 电阻接正电源＋V_{DD}为 1 状态，输入端接地为 0 状态。测出相应的输出逻辑电平，并将结果记录于表 9—23 中。

表 9—23

G_1 门			G_2 门			G_3 门			G_4 门		
A_1	B_1	Y_1	A_2	B_2	Y_2	A_3	B_3	Y_3	A_4	B_4	Y_4
0	1		0	1		0	1		0	1	
1	0		1	0		1	0		1	0	
1	1		1	1		1	1		1	1	
0	0		0	0		0	0		0	0	

【思考题】

1. 如何利用与非门构成与门、或门、或非门、异或门？

要求：

（1）写出与非门构成与门、或门、或非门、异或门的逻辑表达式，画出相应的逻辑电路图。

（2）利用电子技术实验箱上逻辑开关及逻辑电平指示灯的状态测试其相应的逻辑功

能，并画出表格记录结果。

2. 如何将二输入与非门接成三输入与非门？

实训任务 2　三人表决器的组装与调试

【实训目的】

1. 了解集成组合逻辑电路引脚功能，掌握应用方法。
2. 了解组合逻辑电路功能的测试方法。

【实训器材】

1. 直流稳压电源。
2. 万用表。
3. 集成电路 74LS00 和发光二极管。
4. 7 个电阻。

【实训内容和步骤】

1. 设计题目及要求。

设计一个三人表决器，当两人及以上同意表决才能通过。

2. 题目分析。

一个三人表决器，用按键 A、B、C 表示参与表决的三个人，按下按键闭合表示表决同意，用“1”表示，不同意用“0”表示；用 Y 表示输出，只有当两个或三个按键同时闭合时输出端 Y 才输出高电平（“1”表示表决通过，“0”表示不通过），此时 Y 端外接 LED：灯亮，表示表决通过；否则不通过。

3. 根据题意列以下真值表（见表 9—24）：

表 9—24

输　入			输　出
A	B	C	Y
0	0	0	0
0	0	1	0
0	1	0	0
0	1	1	1
1	0	0	0
1	0	1	1
1	1	0	1
1	1	1	1

4. 根据真值表，写出表达式：

$$Y=\sum m(3,5,6,7)$$

化简为：

$$Y=\overline{\overline{AB}\ \ \overline{BD}\ \ \overline{AC}}$$

5. 电路图。

根据逻辑表达式画出逻辑电路图，如图 9—40 所示。

6. 选择元件连接电路。

根据逻辑电路图可以看出，三人表决器的电路用四二输入与非门可以实现。

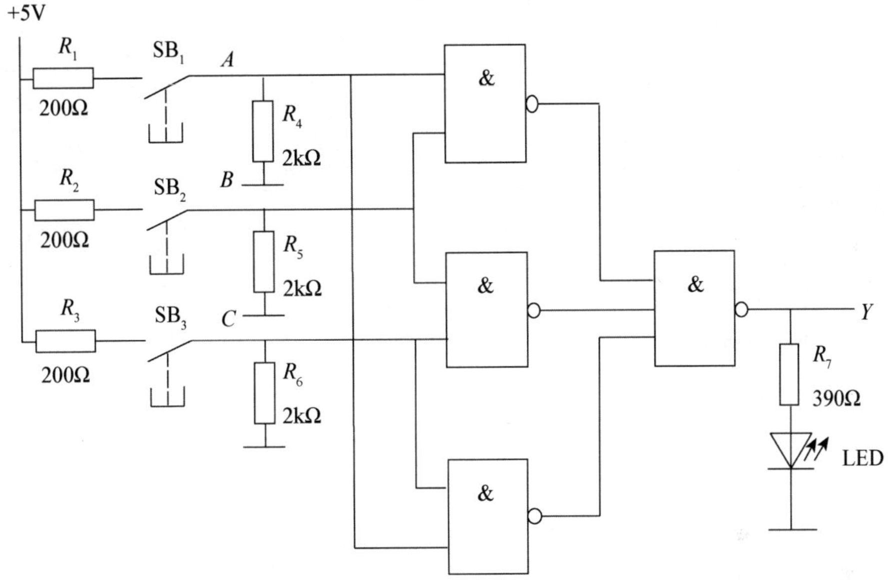

图 9—40　三人表决器电路图

(1) 与非门集成电路 74LS00 引脚功能如图 9—14 所示，根据图 9—41 在电路板上焊接三人表决器电路。

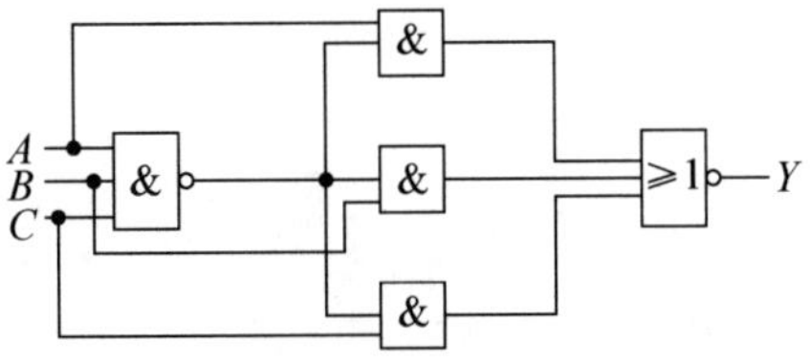

图 9—41

(2) 检查电路无误后，接入稳压电源的 5V 直流工作电压。

(3) 检查电路的逻辑功能，使两个及以上键钮按下时发光二极管亮。

【思考题】

1. 如何将与非门作为非门来使用？
2. 如何将三输入与非门接成二输入与非门？

实训报告书

班级		姓名		工位号	
实训日期		实训任务名称		实训成绩	
实训目的和任务					
实训原理与技术					
实训内容及步骤					
实训收获					
实训改进意见					
教师评语：				得分：	

【项目小结】

1. 基本逻辑门是与、或、非门，复合逻辑门有与非、或非、与或非、异或、同或门，掌握其逻辑功能和图形符号为后期组合逻辑电路的学习打下坚实基础。

2. 常见进制有二进制、八进制、十进制、十六进制，掌握进制间的相互转化。

组合逻辑电路的读图是根据已知的逻辑电路，找出输出与输入信号间的逻辑关系，确定电路的逻辑功能。

3. 组合逻辑电路的设计是电路分析的逆过程，其任务是根据需要设计一个符合逻辑功能的最佳逻辑电路。

4. 组合逻辑电路现多采用集成电路来实现，组合逻辑电路种类很多，应用也很广泛，常见的有编码器、译码器、数据选择器等。

5. 编码器是将输入的电平信号编制成二进制代码，常见的有二进制编码器、二—十进制编码器等。

【知识能力测验】

一、填空题

1. 模拟信号的特点是在________和________上都是________变化的。
2. 数字信号的特点是在________和________上都是________变化的。
3. 数字电路主要研究________与________信号之间的对应________关系。
4. 用二进制数表示文字、符号等信息的过程称为________________。
5. $(11011)_2$＝（______）$_{10}$，$(1110110)_2$＝（______）$_8$，$(21)_{10}$＝（______）$_2$。
6. $(101010)_2$＝（______）$_{10}$，$(74)_8$＝（______）$_2$，$(D7)_{16}$＝（______）$_2$。
7. 最基本的三种逻辑运算是________、________、________。
8. 写出下面逻辑图所表示的逻辑函数 Y＝________。

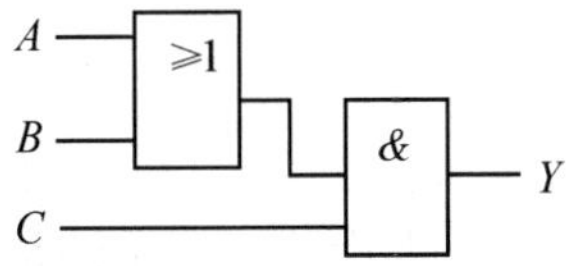

9. 写出下面逻辑图所表示的逻辑函数 Y＝________。

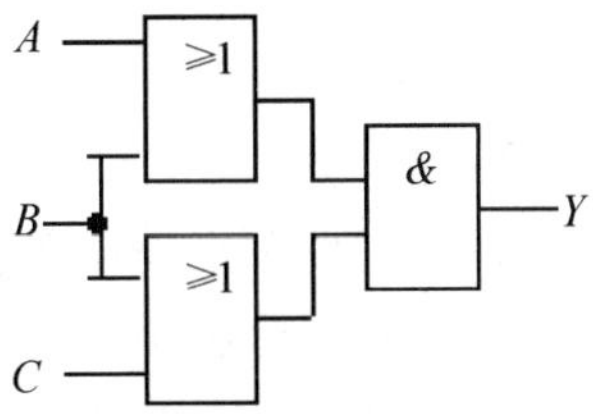

10. 根据逻辑功能的不同特点，逻辑电路可分为两大类：________和________。

二、选择题

1. 数字电路中的三极管工作在（　　）。

A. 饱和区　B. 截止区　C. 饱和区或截止区　D. 放大区

2. 十进制整数转换为二进制数一般采用（　　）。

A. 除 2 取余法　B. 除 2 取整法　C. 除 10 取余法　D. 除 10 取整法

3. 将十进制小数转换为二进制数一般采用（　　）。

A. 乘 2 取余法　B. 乘 2 取整法　C. 乘 10 取余法　D. 乘 10 取整法

4. 在（　　）的情况下，函数 $Y=A+B$ 运算的结果是逻辑“0”。

A. 全部输入是“0”　B. 任一输入是“0”

C. 任一输入是“1”　D. 全部输入是“1”

5. 在（　　）的情况下，函数 $Y=\overline{AB}$ 运算的结果是逻辑“1”。

A. 全部输入是“0”　　B. 任一输入是“0”

C. 任一输入是“1”　　D. 全部输入是“1”

6. 在（　　）的情况下，函数 $Y=AB$ 运算的结果是逻辑“1”。

A. 全部输入是“0”　　B. 任一输入是“0”

C. 任一输入是“1”　　D. 全部输入是“1”

7. 逻辑表达式 $A+BC=$（　　）。

A. AB　　B. $A+C$　　C. $(A+B)(A+C)$　　D. $B+C$

8. 逻辑表达式 $\overline{ABC}=$（　　）。

A. $A+B+C$　　B. $\overline{A}+\overline{B}+\overline{C}$　　C. $\overline{A+B+C}$　　D. $\overline{A}\cdot\overline{B}\cdot\overline{C}$

9. 下列逻辑式中，正确的是（　　）。

A. $A+A=A$　　B. $A+A=0$　　C. $A+A=1$　　D. $A\cdot A=1$

10. 组合逻辑电路的输出取决于（　　）。

A. 输入信号的现态　　B. 输出信号的现态

C. 输出信号的次态　　D. 输入信号的现态和输出信号的现态

11. 组合逻辑电路是由（　　）构成。

A. 门电路　　B. 触发器　　C. 门电路和触发器　　D. 计数器

12. 组合逻辑电路（　　）。

A. 具有记忆功能　　B. 没有记忆功能

C. 有时有记忆功能，有时没有　　D. 以上都不对

13. 对于 8 线—3 线优先编码器，下面说法正确的是（　　）。

A. 有 3 根输入线，8 根输出线　　B. 有 8 根输入线，3 根输出线

C. 有 8 根输入线，8 根输出线　　D. 有 3 根输入线，3 根输出线

三、判断题

1. 十进制数 74 转换为 8421BCD 码应当是 $(01110100)_{8421BCD}$。（　　）

2. 二进制只可以用来表示数字，不可以用来表示文字和符号等。（　　）

3. 十进制转换为二进制的时候，整数部分和小数部分都要采用除 2 取余法。（　　）

4. 若两个函数相等，则它们的真值表一定相同；反之，若两个函数的真值表完全相同，则这两个函数未必相等。（　　）

5. 证明两个函数是否相等，只要比较它们的真值表是否相同即可。（　　）

6. 在逻辑函数表达式中，如果一个乘积项包含的输入变量最少，那么该乘积项叫做最小项。（　　）

7. 当决定一件事情的所有条件全部具备时，这件事情才发生，这样的逻辑关系称为非。（　　）

8. 在全部输入是“0”的情况下，函数 $Y=\overline{A+B}$ 运算的结果是逻辑“0”。（　　）

9. 逻辑变量取值的 0 和 1 表示事物相互独立而又联系的两个方面。（　　）

10. 在变量 A、B 取值相异时，其逻辑函数值为 1，相同时为 0，称为异或运算。（　　）

四、综合题

1. 化简逻辑表达式。

(1) $Y=AB(BC+A)$

(2) $Y=(\overline{A}+\overline{B}+\overline{C})(B+\overline{B}+C)(\overline{B}+C+\overline{C})$

2. 分别采用公式法及卡诺图法化简下列逻辑表达式，并列出真值表。

$$Y=\overline{A}\overline{B}\overline{C}+\overline{A}\overline{B}C+\overline{A}B\overline{C}+A\overline{B}\overline{C}+\overline{A}BC$$

3. 画出逻辑函数 $L=A\cdot B+\overline{A}\cdot\overline{B}$ 的逻辑图。

4. 写出如下所示逻辑图的函数表达式。

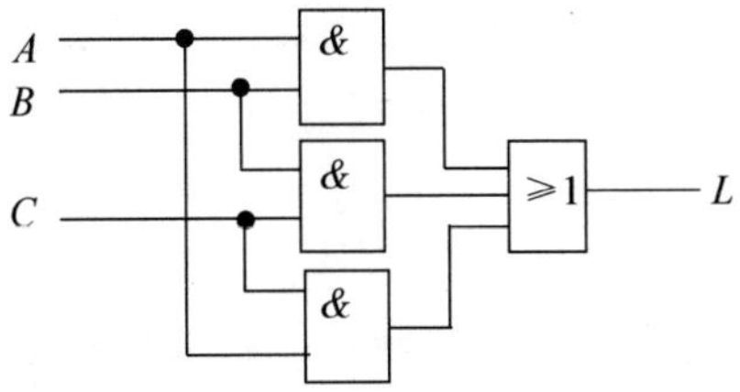

项目 10　四路抢答器与十二进制计数器的设计与组装

【知识目标】

- 掌握基本 RS 触发器的电路组成、逻辑功能和工作原理
- 了解同步 RS 触发器的电路的结构，掌握同步 RS 触发器的真值表
- 掌握 JK 触发器、D 触发器、T 触发器的逻辑功能和状态方程
- 掌握集成 JK 触发器、D 触发器的使用常识

【技能目标】

- 能识读常用集成触发器的引脚，具有应用集成 JK 触发器、D 触发器的组装功能电路的能力
- 学会集成触发器逻辑功能的测试方法
- 初步具有查阅手册、合理选用集成触发器的能力

【情感目标】

- 加强动手能力
- 加强思考和协作能力

【实训任务】

- 实训任务 1　四路抢答器的设计与组装
- 实训任务 2　十二进制计数器的设计、组装与调试

【情景导入】

在电视节目中我们可以看到，很多知识竞赛中有抢答的环节，选手需要抢中了以后才能回答问题，那么这个抢答器是怎么回事呢？我们自己可以制作抢答器吗？

任务 1　四路抢答器的设计与组装

在数字电路和计算机系统中，需要具有记忆和存储功能的逻辑部件，触发器就是组成这类逻辑部件的基本单元。触发器在某一时刻的输出不仅和当时的输入状态有关，而且还与在此之前的电路状态有关。即当输入信号消失后，触发器的状态被记忆，直到再输入信

号后它的状态才可能变化。

知识链接 10.1　基本 RS 触发器

10.1.1　电路组成

（1）逻辑电路（如图 10—1 所示）。

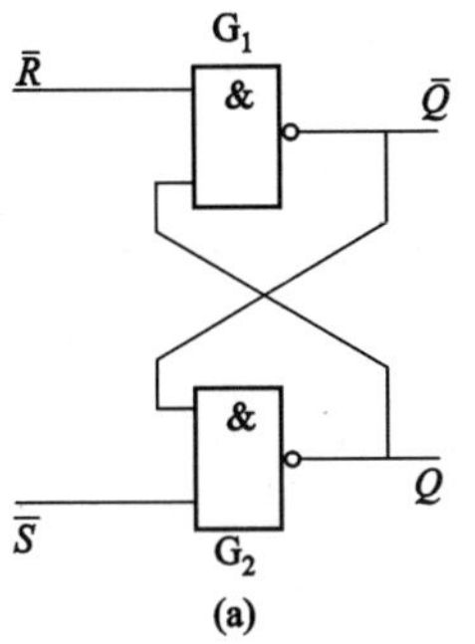

图 10—1　基本 RS 触发器逻辑电路

1）2 个输入端 $\bar{R}$、$\bar{S}$，2 个输出端 $\bar{Q}$、Q。

2）触发器的状态：$Q=0$（$\bar{Q}=1$），处于 0 态；$Q=1$（$\bar{Q}=0$），处于 1 态。Q 的状态表示触发器的状态。

（2）逻辑符号（如图 10—2 所示）。

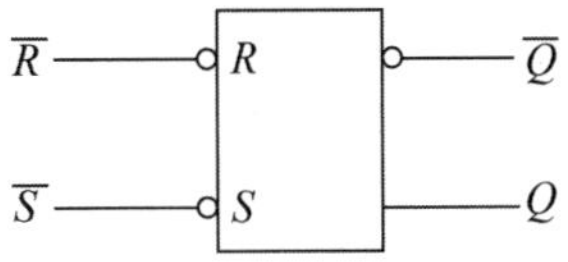

图 10—2　基本 RS 触发器逻辑符号

10.1.2　逻辑功能

（1）$\bar{R}=1$，$\bar{S}=1$，触发器保持原状态不变。

1）$Q=0$、$\bar{Q}=1$，触发器为 0 态，则 $Q=0$ 使门 G_1 输出为 1，即 $\bar{Q}=1$；而 $\bar{Q}=1$、$\bar{S}=1$ 送到与非门 G_2 的两个输入端，保持 $Q=0$。触发器保持原态不变。

2）电路处于 1 态，$Q=1$、$\bar{Q}=0$，则 $\bar{Q}=0$ 使 G_2 门输出为高电平，即保持 $Q=1$；而 $Q=1$、$\bar{R}=1$ 送到与非门 G_1 的两个输入端，保持 $\bar{Q}=0$。触发器保持原态不变。

（2）$\bar{R}=0$，$\bar{S}=0$，触发器为 0 态。

$\bar{R}=0$，使 G_1 的输出 $\bar{Q}=1$，此时，G_2 的两个输入端 $\bar{R}$、$\bar{S}$ 全为 1，因而 $Q=0$，触发器被置为 0 态，并且与原状态无关。

（3）$\bar{R}=1$，$\bar{S}=0$，触发器为 1 态。

$\bar{S}=0$，使 G_2 的输出 $Q=1$，此时，G_1 的两个输入端全为 1，因而 $\bar{Q}=0$，触发器被置为 1 态，并且与原状态无关。

（4）$\overline{R}=0$，$\overline{S}=0$，触发器状态不定。

Q 和 $\overline{Q}$ 同时被迫为 1；而当 $\overline{R}$、$\overline{S}$ 同时返 1 时，Q 和 $\overline{Q}$ 的状态不能确定，即可能为 0 态，也可能为 1 态。

基本 RS 触发器真值表如表 10—1 所示。

表 10—1　　基本 RS 触发器真值表

$\overline{R}$	$\overline{S}$	Q	逻辑功能
0	1	0	置 0
1	0	1	置 1
1	1	不变	保持
0	0	不定	禁止

10.1.3　结论

（1）置 0 端：把 $\overline{R}$ 端加低电平触发信号时，触发器为 0 态，称 $\overline{R}$ 为置 0 端，又称复位端。

（2）置 1 端：把 $\overline{S}$ 端加低电平触发信号时，触发器为 1 态，称 $\overline{S}$ 为置 1 端，也叫置位端。

（3）触发器的翻转：触发器在外加信号作用下，状态发生了转换，称为翻转。外加的信号称为“触发脉冲”。

知识链接 10.2　同步 RS 触发器

由时钟脉冲控制的 RS 触发器称为同步 RS 触发器，又称时钟控制 RS 触发器。

10.2.1　电路

电路组成如图 10—3 所示。

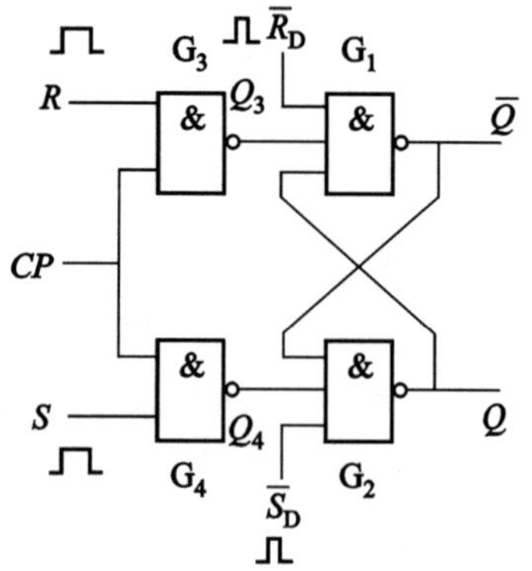

图 10—3　同步 RS 触发器逻辑电路

10.2.2　工作原理

1. 无时钟脉冲作用时（$CP=0$）

$CP=0$ 时，G_3、G_4 门被封锁，输入信号 R、S 不起作用，触发器维持原状态。

2. 有时钟脉冲作用时（$CP=1$）

$CP=1$ 时，G_3、G_4 门被打开，输入信号 R、S 经倒相后被引导到基本 RS 触发器的输入端，可以直接控制基本 RS 触发器。

有 CP 作用时，触发器才按存入的信息翻转。

3. 真值表（见表 10—2）

Q_n：表示时钟脉冲 CP 到来前的状态，即原态。

Q_{n+1}：表示 CP 脉冲到来后的状态，即现态。

表 10—2

时钟脉冲 CP	输入信号		输出状态	功能说明
	R	S	Q_{n+1}	
0	×	×	Q_n	保持
1	0	0	Q_n	保持
1	1	0	0	置 0
1	0	1	1	置 1
1	1	1	×	不允许

4. 逻辑符号

同步 RS 触发器逻辑符号如图 10—4 所示。

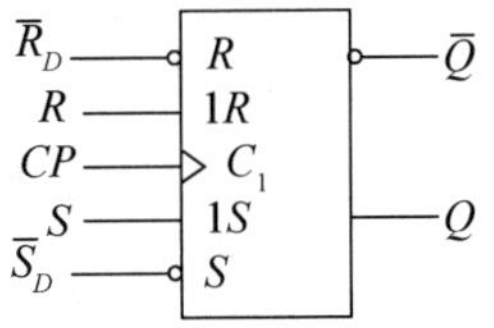

图 10—4　同步 RS 触发器逻辑符号

例 10—1　设基本 RS 触发器的输入信号 $\bar{R}$、$\bar{S}$ 的波形如图 10—5 所示。触发器初始状态 $Q=1$，试在 $\bar{R}$、$\bar{S}$ 波形下方，画出 Q、$\bar{Q}$ 的信号波形。

解：Q 为高电平，$\bar{Q}$ 为低电平。波形如图 10—5 所示。

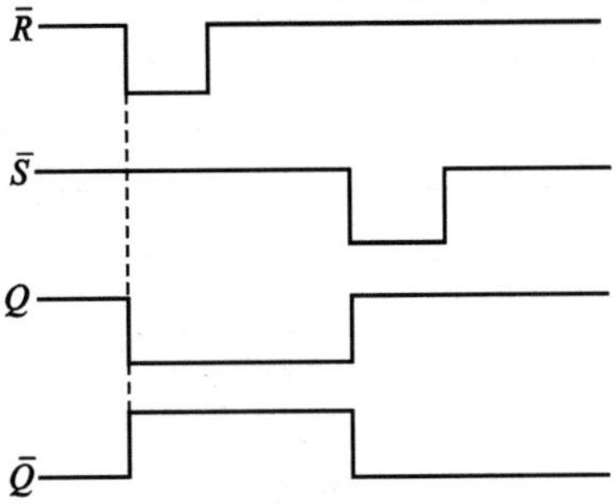

图 10—5　波形图

例 10—2　同步 RS 触发器。若 S、R 及 CP 脉冲如图 10—6 所示。试在它们的下方画出 Q 的信号波形。

解：过程如下。

初态：$Q=0$。

第一个 CP 脉冲到来后，$S=R=0$，触发器保持原态，$Q=0$。

第二个 CP 脉冲到来后，$S=1$，$R=0$，触发器翻转，$Q=1$。

第三个 CP 脉冲作用期间，$S=1$，$R=0$，触发器继续保持 1 态不变。

第四个 CP 脉冲作用期间，$S=0$，$R=1$，触发器翻转为 0 态。

第五、第六个 CP 脉冲作用期间，S 为高电平 1，$R=0$，触发器翻转为 1 态。如图 10—6 所示。

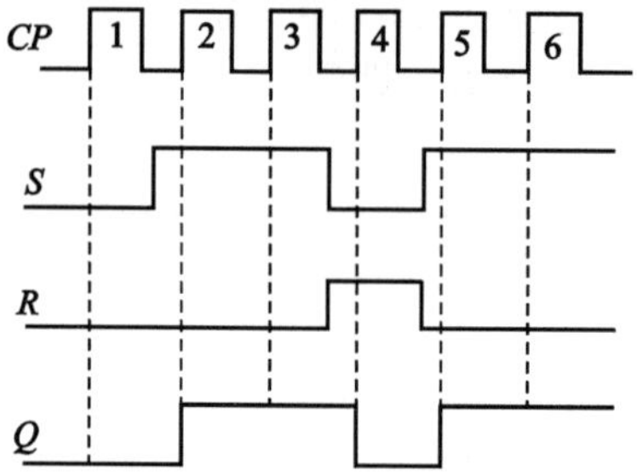

图 10—6 波形图

知识链接 10.3 触发器的触发方式

10.3.1 同步触发

同步触发采用电平触发方式，一般为高电平触发，即在 CP 高电平期间输入信号起作用。

1. 波形图

同步触发波形图如图 10—7 所示。

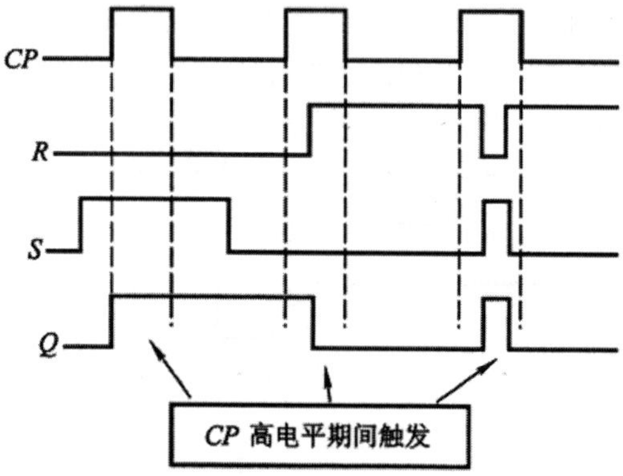

图 10—7 同步触发波形图

2. 空翻现象

空翻现象：时钟脉冲太宽时，一个 CP 脉冲会引起触发器的多次翻转。

计数触发型钟控同步触发器，必须在时钟脉冲宽度足够窄的条件下，才能正常工作。

10.3.2 上升沿触发

触发器只在时钟脉冲上升沿时刻，根据输入信号翻转。由此可以克服空翻现象。

上升沿触发波形如图 10—8 所示。

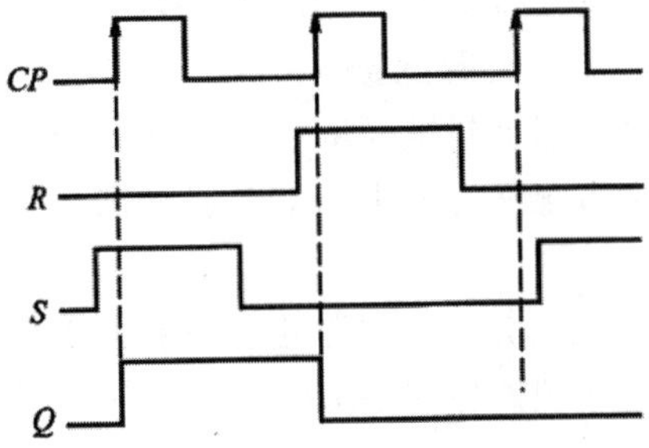

图 10—8　上升沿触发波形图

10.3.3　下降沿触发

下降沿触发器只在 CP 时钟脉冲下降沿时刻，根据输入信号翻转，同样可以保证在一个 CP 周期内触发器只动作一次，如图 10—9 所示。

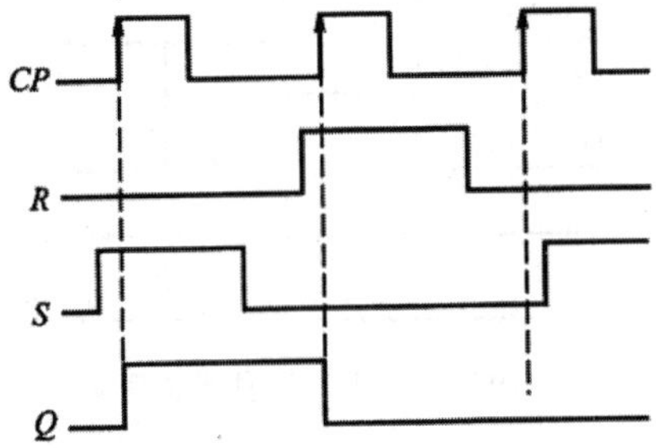

图 10—9　下降沿触发波形图

10.3.4　主从触发

1. 逻辑电路

由两个同步 RS 触发器加上一个非门组成，如图 10—10 所示。

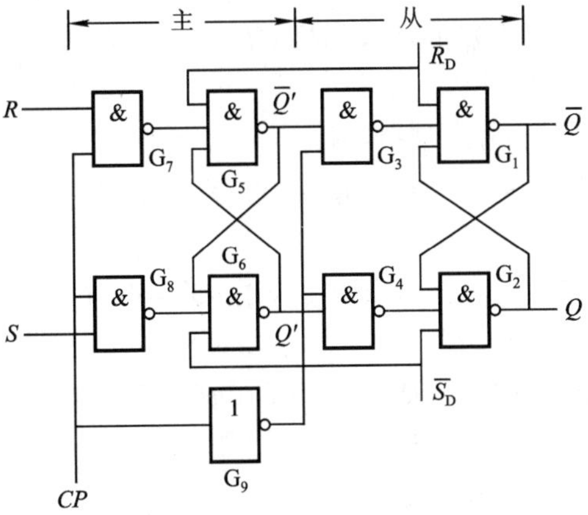

图 10—10　主从触发逻辑电路

2. 工作原理

当CP高电平期间，主触发器接收R、S输入信号，状态翻转；同时，CP经非门变为低电平加至从触发器上，故从触发器被封锁。

当CP低电平期间，主触发器被封锁，R、S输入信号不起作用；同时，CP经非门变为高电平加至从触发器上，故从触发器被打开，使其输出与主触发器一致。

3. 工作特点

从触发器的状态由主触发器决定；主从触发器只在每个输入CP脉冲的下降沿翻转一次，与CP脉冲的宽度无关，从而避免空翻现象。

4. 波形图

波形图如图10—11所示。

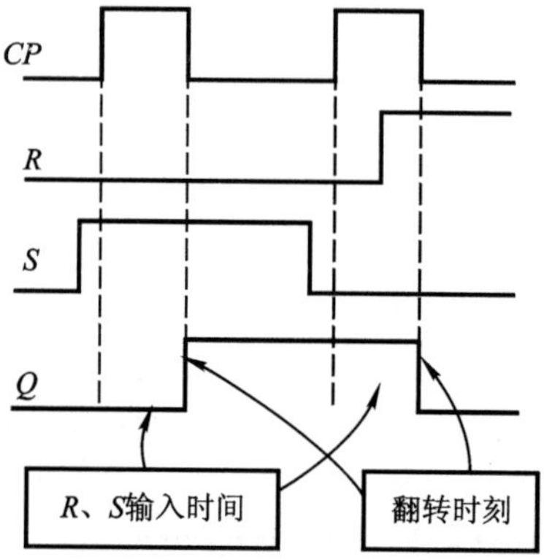

图10—11　主从触发器波形图

5. 逻辑符号

逻辑符号如图10—12所示。

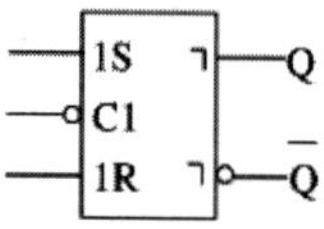

图10—12　主从RS触发器逻辑符号

例10—3　设主从RS触发器的输入信号CP、R、S的波形如图10—13所示。试画出输出Q的波形图。

解： 设触发器初始状态为0，即$Q=0$。

当第一个$CP=1$期间，$S=1$，$R=0$。可知$Q'=1$，$\bar{Q}'=0$。当CP下降沿到来后，Q由0变为1。

当第二个$CP=1$期间，$S=0$，$R=1$。可知$Q'=0$，$\bar{Q}'=1$。当CP下降沿到来后，$Q=0$。

当第三个$CP=1$期间，$S=1$，$R=0$。仅当CP下降沿到来后，Q由0变为1。

当第四个$CP=1$期间，$S=0$，$R=1$。CP下降沿到来后，$Q=0$。

而第五个$CP=1$期间，$S=0$，$R=0$。主触发器保持原来状态不变。$Q=0$。如图10—13所示。

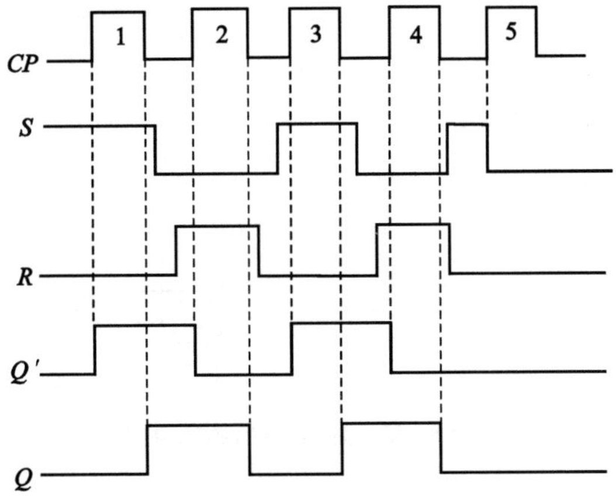

图 10—13　波形图

知识链接 10.4　JK 触发器

10.4.1　电路组成和逻辑符号

1. 电路组成

由两个钟控 RS 触发器组成，输出反馈至主触发器 $\overline{S}_D$端，输出 Q 反馈至主触发器的 $\overline{R}_D$ 端，并把原输入端重新命名为 J 端和 K 端。如图 10—14 所示。

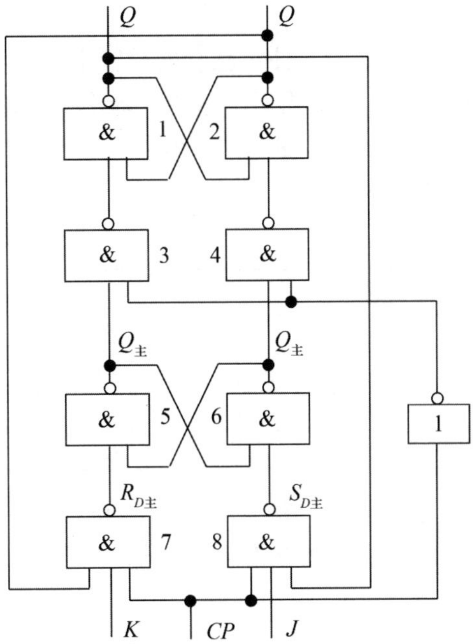

图 10—14　JK 触发器逻辑电路图

2. 逻辑符号

分为上升沿触发和下降沿触发，CP 带圈的表示下降沿触发，无圈的表示上升沿触发，如图 10—15 所示。

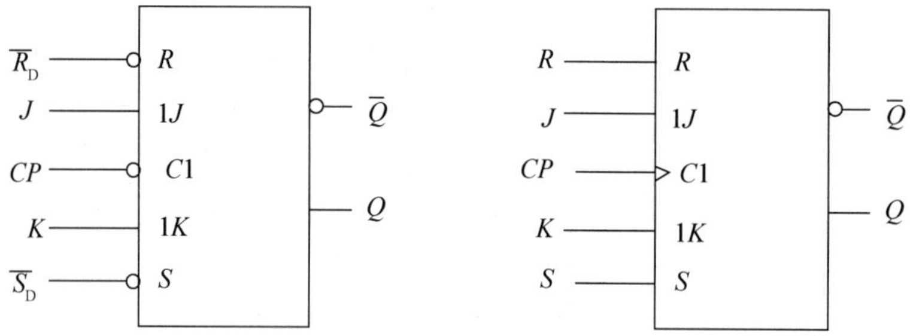

图 10—15　JK 触发器逻辑符号

10.4.2　逻辑功能

1. $J=0$，$K=0$，$Q_{n+1}=Q_n$

主触发器被封锁，CP 脉冲到来后，触发器状态不翻转，$Q_{n+1}=Q_n$，输出保持原态。

2. $J=1$，$K=0$，$Q_{n+1}=1$

主触发器处于 $Q_1=1$，$\overline{Q}_1=0$ 状态；从主触发器被封锁，输出状态不变。CP 的下降沿到来后，将主触发器的 Q_1、$\overline{Q}_1$ 传送到从触发器去，所以触发器状态为 1 态。

3. $J=0$，$K=1$，$Q_{n+1}=0$

主触发器处于 $Q_1=0$，$\overline{Q}_1$ 状态；从主触发器被封锁，输出状态不变。CP 下降沿到来后，将主触发器的 Q_1、$\overline{Q}_1$ 传送到从触发器，从触发器被置 0。

4. $J=1$，$K=1$，$Q_{n+1}=\overline{Q}_n$

当时钟脉冲到来时，$J=1$，$K=1$，使主触发器被置于与从触发器相反的状态。$CP=0$ 时，从触发器随主触发器变化。亦即当 CP 脉冲下降沿到来时，触发器状态发生翻转，即 $Q_{n+1}=\overline{Q}_n$，随着 CP 脉冲不断输入，触发器状态不断翻转，因而具有计数功能。

5. 真值表（见表 10—3）

表 10—3

J	K	Q_{n+1}	逻辑功能
0	0	Q_n	保持
0	1	0	置 0
1	0	1	置 1
1	1	$\overline{Q}_n$	计数

由真值表可知，JK 触发器的状态方程为：$Q_{n+1}=J\overline{Q}^n+\overline{K}Q_n$。

例 10—4　设主从 JK 触发器的初始状态为 0，试根据图 10—16 给出的 CP、J、K 的波形，画出输出 Q 的波形。

解：在 $CP=1$ 期间，主触发器接收输入信号。而当 CP 的下降沿到来后，主触发器的状态转存到从触发器中。$CP=1$ 的 J、K 状态，决定触发器下一个状态 Q_{n+1}。而 CP 的下降沿，是触发器是否翻转的基准线。比如：第一个 $CP=1$ 时，$J=1$，$K=0$，因此触发器将置 1。当这个 CP 脉冲的下降沿到来后，触发器才翻转为 1。画出波形如图 10—16 所示。

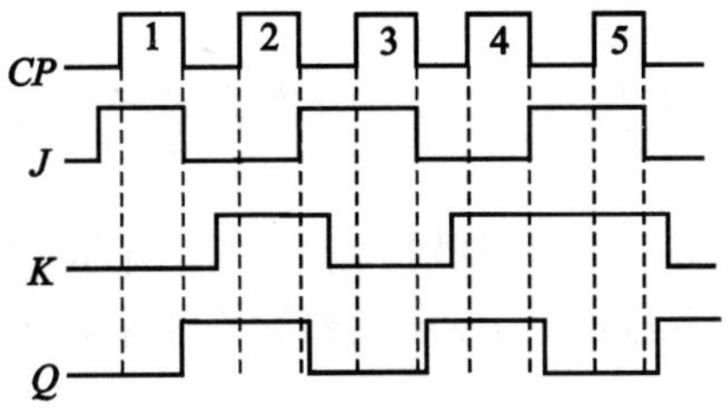

图 10—16　波形图

知识链接 10.5　D 触发器

10.5.1　逻辑符号

上升沿触发的 D 触发器，如图 10—17 所示。

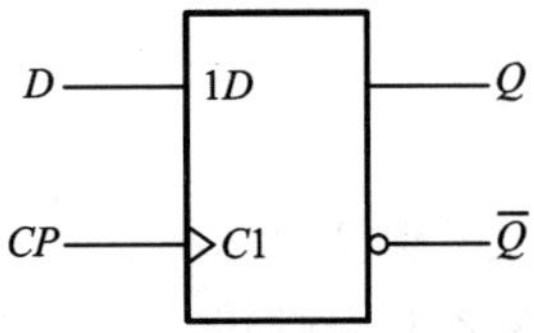

图 10—17　上升沿触发的 D 触发器

10.5.2　逻辑功能

（1）$D=0$，CP 上升沿到来后，$Q_{n+1}=0$，触发器置 0。

（2）$D=1$，CP 上升沿到来后，$Q_{n+1}=1$，触发器置 1。

D 触发器的输出状态由输入信号 D 决定，$D=0$，置 0；$D=1$ 置 1。

10.5.3　真值表（见表 10—4）

表 10—4

D	Q_n	Q_{n+1}
0	0	0
0	1	1
1	0	0
1	1	1

由真值表可知，D 触发器的状态方程为 $Q_{n+1}=D$。

10.5.4　工作波形图（见图 10—18）

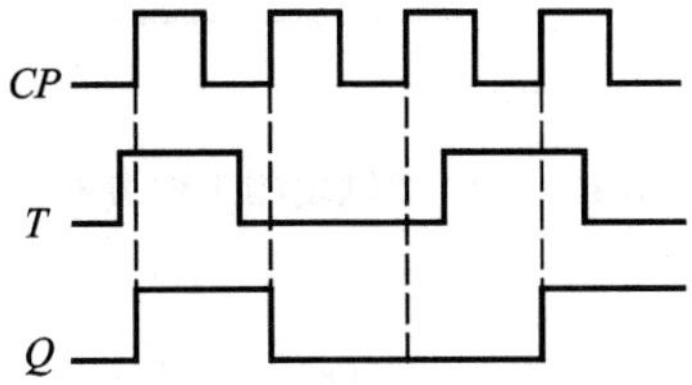

图 10—18

知识链接 10.6　T 触发器和 T′触发器

T 触发器：在 CP 脉冲作用下，根据输入信号 T 的不同状态，具有保持和翻转功能的电路，称为 T 触发器。T 触发器可由 JK 触发器转换而来，将 J、K 连接在一起接 T，就构成 T 触发器，如图 10—19 所示。

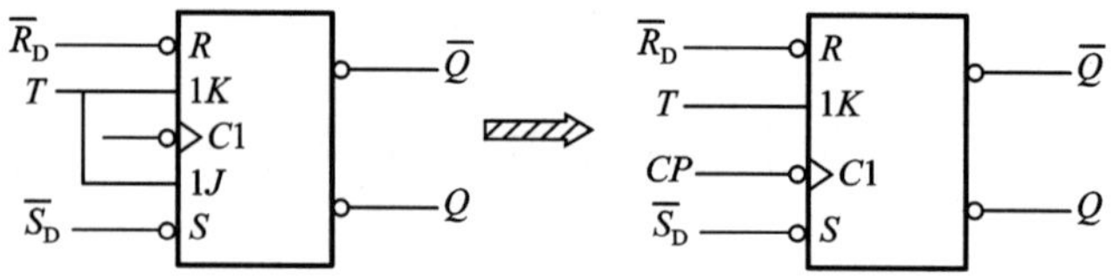

(a)　　(b)

图 10—19　T 触发器逻辑符号

10.6.1　逻辑功能

（1）$T=0$，则 $Q_{n+1}=Q_n$，触发器保持原态不变。

（2）$T=1$，则 $Q_{n+1}=\overline{Q}_n$，触发器状态翻转，为计数状态。

10.6.2　真值表（见表 10—5）

表 10—5

Q_n	T	Q_{n+1}
0	0	0
0	1	1
1	0	1
1	1	0

由真值表可知，T 触发器状态方程为 $Q_{n+1}=T\oplus Q_n$。

10.6.3　工作波形图

（1）T 触发器工作波形图如图 10—20 所示。

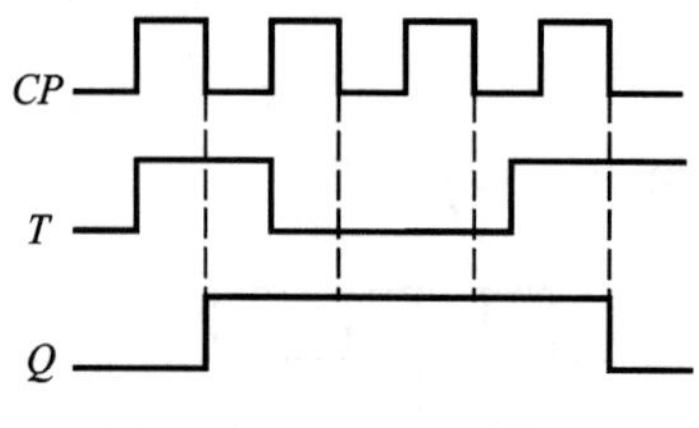

图 10—20　T 触发器工作波形图

（2）T′触发器。

1）电路。在 CP 脉冲作用下，只具有翻转（计数）功能的电路，称为 T′触发器，也称为计数型触发器，如图 10—21 所示。

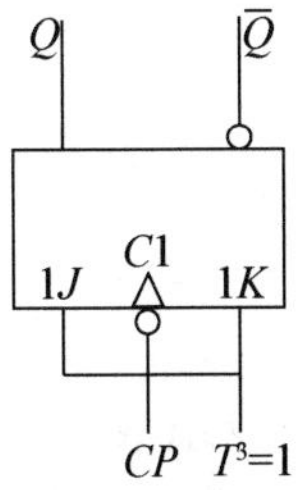

图 10—21　JK 触发器构成的 T′触发器

2）功能：$Q_{n+1}=\overline{Q}_n$。

3）波形（见图 10—22）。

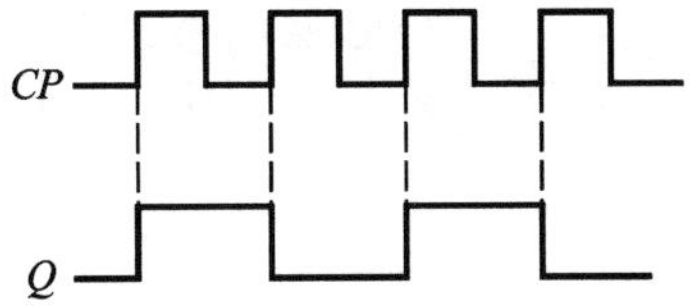

图 10—22

知识链接 10.7　集成触发器的应用

10.7.1　集成触发器简介

以 D 触发器为例，有 TTL 和 CMOS 两大类。常用的 TTL 型双 D 触发器 74LS74 引脚功能如图 10—23（a）所示，CMOS 型双 D 触发器 CC4013 引脚功能如图 10—23（b）所示。

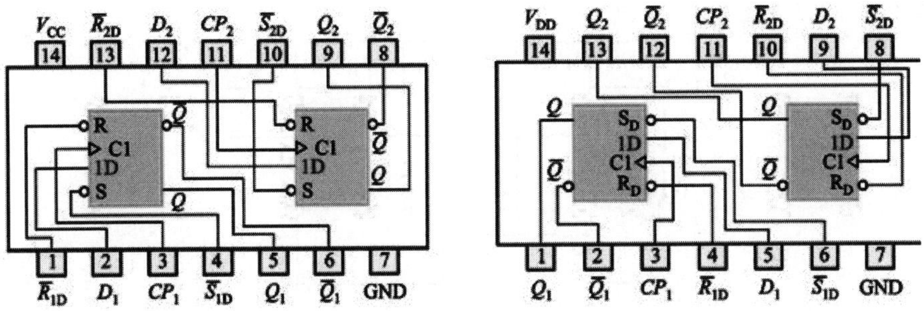

（a）74LS74 引脚功能　　（b）CC4013 引脚功能

图 10—23　集成 D 触发器

引出端的功能、符号的意义说明如下：

（1）字母符号上方加横线，表示加入低电平信号有效。

（2）两个触发器以上的多触发器集成器件，在它的输入、输出符号前，加同一数字，都属于同一触发器的引出端。

（3）GND 表示接地端，NC 为空脚，$\overline{CR}$（或 CR）表示总清零（即置零）端。

(4) TTL 电路的电源 V_{CC}一般为+5V，CMOS 电路的电源 V_{DD}通常在+3～+18V 之间，V_{SS}接电源负极。

10.7.2 应用举例

1. 分频器

(1) 电路。

应用一片 CC4027 双 JK 触发器，可以组成 2 分频器，也可组成 4 分频器。图 10—24 (a) 为 2 分频器，图 10—24 (b) 为 4 分频器。

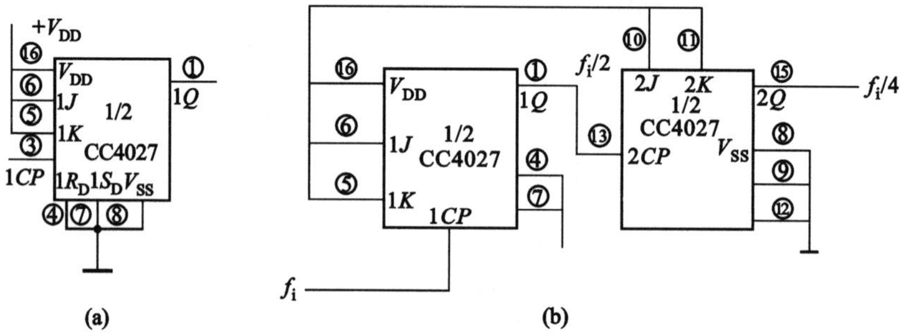

图 10—24 分频电路

(2) 接线说明。

1) 5、6、16 脚接 V_{DD}，即有 $1J=1K=1$，电路为计数状态。

2) 4、7、8 端接地，即 $1S_D=1R_D=0$，异步置 0、置 1 功能无效。

3) 从 $1CP$ 端输入 2 个时钟脉冲，则在 $1Q$ 的输出端只输出 1 个脉冲，实现了 2 分频。即

$$f_o=\frac{1}{2}f_i$$

(3) 波形图（如图 10—25 所示）。

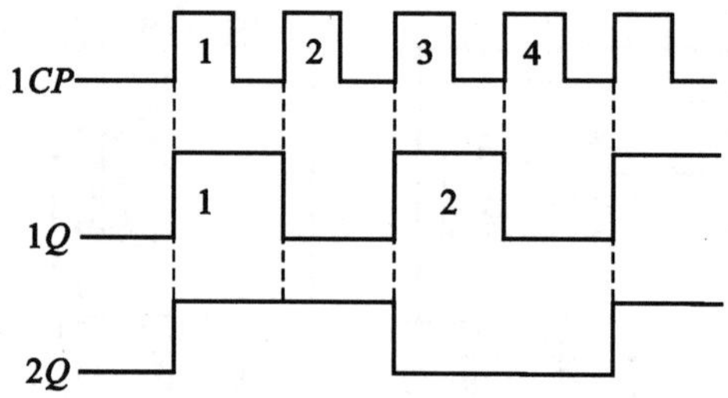

图 10—25 分频电路波形图

2. 触摸开关电路

(1) 电路结构。

触摸开关电路如图 10—26 所示。

(2) 工作原理。

FF_1 的 CP 受触摸由 0 变 1，FF_1 的输出 $Q=1$，通过 R 向电容 C 充电，使 $\overline{R}_D=1$，$Q=0$，$\overline{Q}$ 由 0 变 1，FF_2 触发翻转，若FF_2 的 $Q=1$，晶体管 V_1 导通，继电器 K 得电动

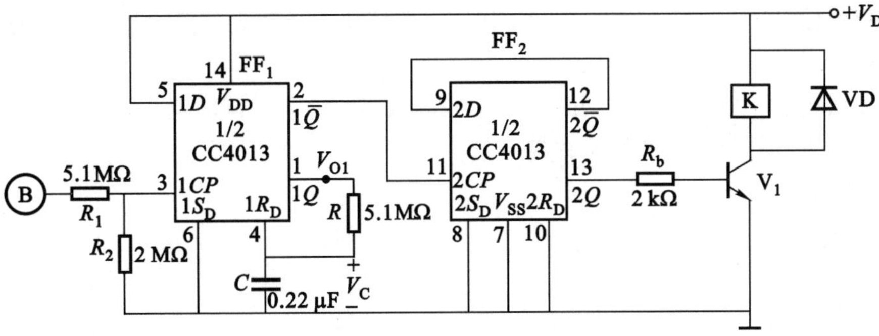

图 10—26　触摸开关电路

作，实现触摸控制。再触摸一次，FF_1 发生翻转，过程相反，继电器 K 失电，停止工作。

时序逻辑电路，简称时序电路，是由组合逻辑电路和触发器两部分组成的。时序逻辑电路的特点是：电路任一时刻的输出状态不仅与同一时刻的输入信号有关，而且与电路原有状态有关。

知识链接 10.8　寄存器

10.8.1　数码寄存器

数码寄存器（寄存器）只具有接收、暂存数码和清除原有数码的功能。

1. 电路结构

数据寄存器的电路如图 10—27 所示。

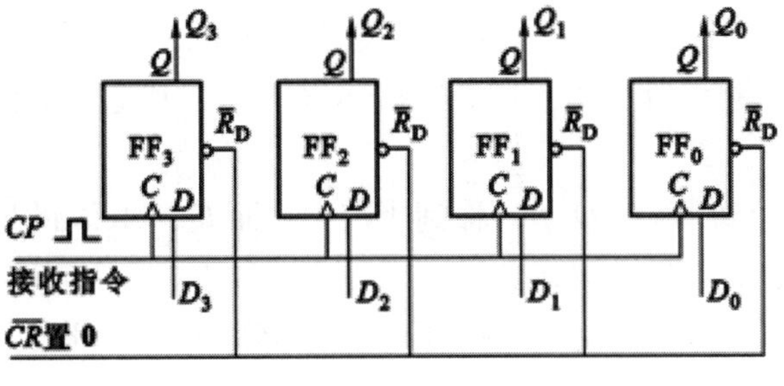

图 10—27　数码寄存器逻辑电路

控制端：4 个触发器的时钟脉冲输入端连接在一起，作为接收数码的控制端。

输入端：D_0、D_1、D_2、D_3 是寄存器的数码输入端。

输出端：Q_0、Q_1、Q_2、Q_3 是寄存器的数据输出端。

清零端：各触发器的复位端连接在一起，作为寄存器的总清零端，低电平有效。

2. 工作过程

（1）寄存数码前，寄存器应清零：令$\overline{CR}=0$，$Q_0 \sim Q_3$ 均为 0 态。

（2）寄存数码时，应使$\overline{CR}=1$。将待寄存的四位二进制数码 $D_0 \sim D_3$ 分别输入 D 触发器各自的输入端。当时钟信号 CP 的上升沿到来时，根据 D 触发器的逻辑功能 $Q_{n+1}=D$，二进制数码得以输入寄存器。

（3）只要使$\overline{CR}=1$，$CP=0$，寄存器就处在保持状态，完成了接收并暂存数码的功能。

3．特点

在接收数码时，各位数码是同时输入；输出数码时，也是同时输出。因此，这种寄存器称为并行输入、并行输出数码寄存器。

10.8.2 单向移位寄存器

1．右移寄存器

（1）电路组成。

FF_3 是最高位触发器，FF_0 是最低位触发器，从左到右依次排列。

高位触发器的输出端 Q 与低一位触发器的输入端 D 相连。整个电路只有最高位触发器 FF_3 的输入端 D 接收输入的数码，如图 10—28 所示。

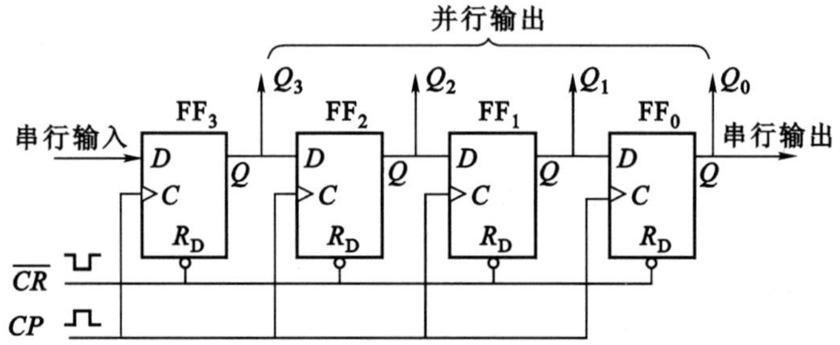

图 10—28　右移寄存器逻辑电路图

（2）工作原理。

接收数码前，寄存器应清零。令$\overline{CR}=0$，则各位触发器均为 0 态。接收数码时，应使$\overline{CR}=1$。

假设初始状态 $D_0D_1D_2D_3=0000$，要输入数据为 1101。

第一个 CP 上升沿到来后：$D_0=1$ 存入 FF_3，$Q_3=1$，其他三个触发器保持 0 态不变。$Q_3Q_2Q_1Q_0=1\,000$。

第二个 CP 上升沿到来后：$D_1=0$ 移到 FF_3 中，而 $Q_3=1$ 移到 FF_2 中，此时 $Q_2=1$。Q_1、Q_0 仍为 0 态。$Q_3Q_2Q_1Q_0=0100$。

第三个 CP 上升沿到来后：$D_2=1$ 移到 FF_3 中，$Q_3=0$ 移到 FF_2 中，$Q_2=1$ 移入 FF_1，而 FF_0 状态仍为 0 态。$Q_3Q_2Q_1Q_0=1010$；

第四个 CP 上升沿到来后：$D_3=1$ 移到 FF_3 中，其余各位触发器依次右移，结果 $Q_3Q_2Q_1Q_0=1001$。

（3）状态表（见表 10—6）。

表 10—6

CP	输入	Q_3　Q_2　Q_1　Q_0
0	0	0　0　0　0
1	1	1　0　0　0
2	0	0　1　0　0
3	1	1　0　1　0
4	1	1　1　0　1

（4）特点。

从 4 个触发器的输出端可同时输出 4 位数码，即并行输出。

又可从最低位 FF_0 的输出端 Q_0 处输出，只需要连续送入 4 个 CP 脉冲，存放 4 位数码将从低位到高位依次从串行输出端 Q_0 处输出，这就是串行输出方式。

右移寄存器具有串行输入、串并行输出的功能。

（5）波形图（如图 10—29 所示）。

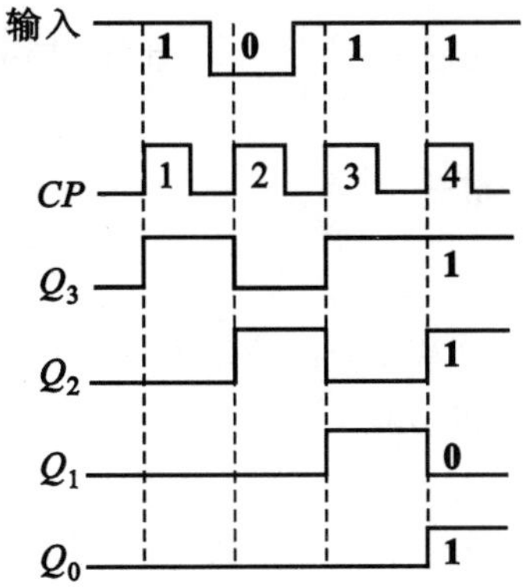

图 10—29　右移寄存器波形图

2. 左移寄存器

（1）电路组成。

串接顺序由低位到高位。寄存的数码从低位的 D 端输入，从最高位的输出端 Q_3 串行输出，如图 10—30 所示。

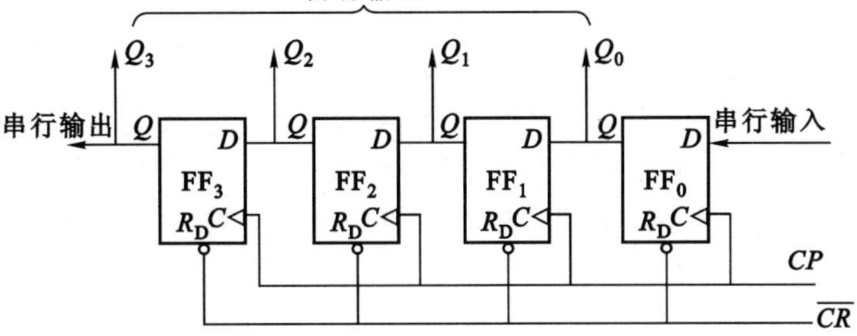

图 10—30　左移寄存器逻辑电路图

（2）工作原理。

接收数码前，寄存器应清零。令 $\overline{CR}=0$，则各位触发器均为 0 态。接收数码时，应使 $\overline{CR}=1$。

假设存入数据 $D_3D_2D_1D_0=1101$。

第一个 CP 上升沿到来后：$Q_3Q_2Q_1Q_0=0001$。

第二个 CP 上升沿到来后：$Q_3Q_2Q_1Q_0=0011$。

第三个 CP 上升沿到来后：$Q_3Q_2Q_1Q_0=0110$。

第四个 CP 上升沿到来后：$Q_3Q_2Q_1Q_0=1101$。

在数字系统中，往往需要对脉冲的个数进行计数，以实现测量、运算和控制。具有计数功能的电路，称为计数器。

分类如下：

按进位制分：二进制计数器、非二进制计数器。

按计数增减分：加法计数器、减法计数器。

按接收 CP 信号不同分：同步计数器、异步计数器。

任务 2　十二进制计数器的设计、组装与调试

知识链接 10.9　二进制计数器

10.9.1　异步二进制加法计数器

1. 电路组成

（1）结构特点。低位触发器 Q 端接至高位触发器的 C 端。

（2）$J=K=1$，$Q_{n+1}=\overline{Q}_n$ 翻转功能。

电路图如图 10—31 所示。

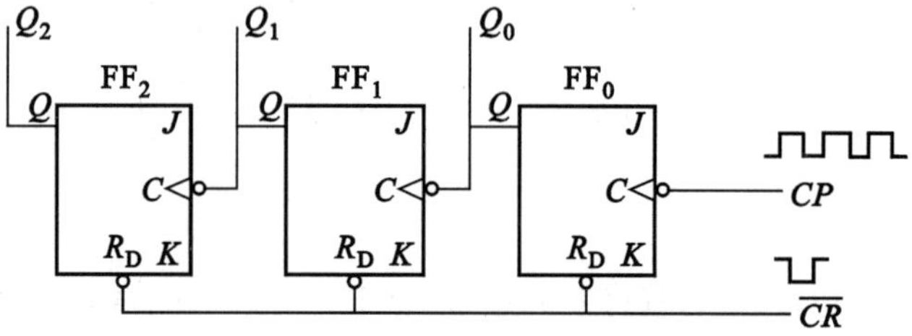

图 10—31　异步二进制加法计数器逻辑电路图

2. 工作原理

计数器工作前应先清零。使$\overline{CR}=0$，则 $Q_2Q_1Q_0=000$。

（1）当第一个 CP 脉冲下降沿到来时，FF_0 翻转，Q_0 由 0 变为 1。而 Q_0 的正跳变信号对触发器 FF_1 不起作用，FF_1、FF_2 保持原态。计数器状态为 001。

（2）当第二个 CP 脉冲下降沿到来时，FF_0 再次翻转，Q_0 由 1 变为 0。Q_0 是负跳变信号，作用到 FF_1 的 C 端，使 FF_1 状态翻转，Q_1 由 0 变为 1。而 FF_2 仍保持原态不变。计数器状态为 010。

（3）按此规律，当第七个 CP 脉冲输入后，计数器的状态为 111，再输入一个 CP 脉冲，计数器的状态又恢复 000。

3. 时序逻辑电路分析步骤

（1）写出每个触发器的驱动方程。

每个触发器输入端的表达式如下。

FF0 中：$J_1=K_1=1$

FF1 中：$J_2=K_2=1$

FF2 中：$J_3=K_3=1$

（2）写出每个触发器的状态方程。

每个触发器的输出端 Q 的表达式，将驱动方程代入每个触发器标准的状态方程可得。（常用触发器的状态方程：JK 触发器的状态方程为 $Q_{n+1}=J\,\overline{Q_n}+\overline{K}Q_n$，D 触发器的状态方

程为 $Q_{n+1}=D$，T 触发器的状态方程为 $Q_{n+1}=T\oplus Q_n$。)

FF0 中：$Q_{n+1}=\bar{Q}_n$

FF1 中：$Q_{n+1}=\bar{Q}_n$

FF2 中：$Q_{n+1}=\bar{Q}_n$

(3) 根据状态方程列状态表（见表 10—7）。

将前一个状态代入状态方程得到每个触发器相应的下一个状态。异步计数器要注意时钟脉冲 CP 是否到来，同步计数器是来一个脉冲所有触发器同时根据触发器的状态方程变化。

表 10—7　　状态表

输入 CP 脉冲	计数器状态		
序号	Q_2	Q_1	Q_0
0	0	0	0
1	0	0	1
2	0	1	0
3	0	1	1
4	1	0	0
5	1	0	1
6	1	1	0
7	1	1	1
8	0	0	0

(4) 根据状态表得逻辑功能。

通过脉冲的个数得几进制计数器，还要说明是同步还是异步，是加法器还是减法器。

由状态表可知，该电路为异步 8 进制加法计数器。

(5) 波形图。

根据状态表画出对应的波形图（见图 10—32）。

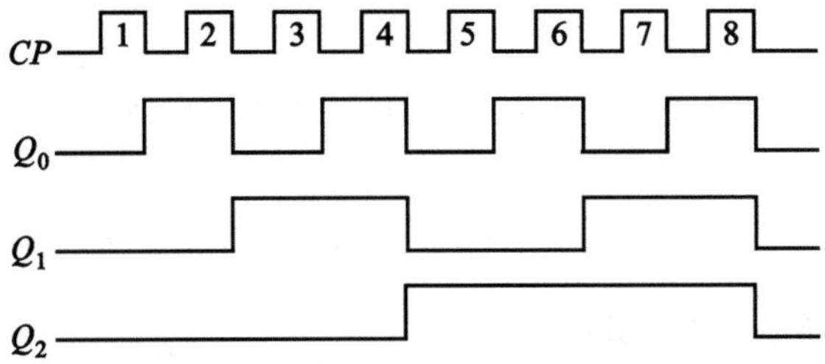

图 10—32　异步二进制加法计数器波形图

4. 特点

计数器是递增计数的，且从计数脉冲的输入到完成计数器状态的转换，各触发器的状态是由低位到高位逐次翻转的，不是随计数脉冲的输入，各触发器状态同时翻转，所以称为异步加法计数器。

时序逻辑电路的分析都可以按照上述方法进行。

10.9.2　异步二进制减法计数器

1. 电路组成

结构特点：低位触发器 $\bar{Q}$ 端接至高位触发器的 C 端，如图 10—33 所示。

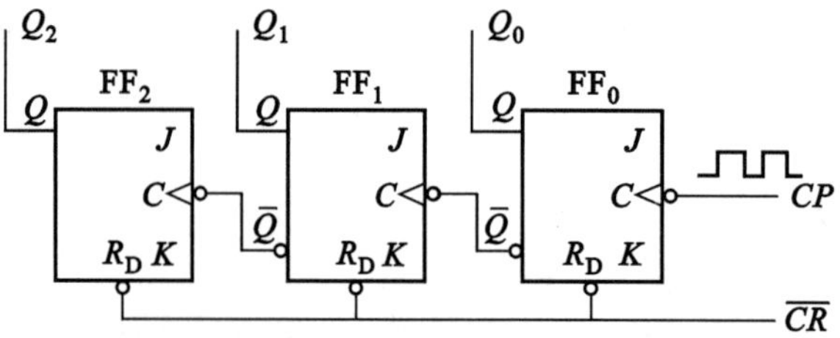

图 10—33　异步二进制减法计数器逻辑电路图

2. 工作原理

(1) 当低位触发器的状态 Q 由 0 变为 1 时，而 $\bar{Q}$ 由 1 变为 0 即为负跳变脉冲，高一位触发器的 C 端接收到这个负跳变信号，发生翻转。

(2) 当低位触发器的状态由 1 变为 0 时，高一位触发器将收到正跳变信号，其状态保持不变。

3. 状态表（见表 10—8）

表 10—8

输入 CP 脉冲	计数器状态		
序号	Q_0	Q_1	Q_2
0	0	0	0
1	1	1	1
2	1	1	0
3	1	0	1
4	1	0	0
5	0	1	1
6	0	1	0
7	0	0	1
8	0	0	0

4. 特点

计数器是递减计数的，各触发器状态不是同时翻转，所以称为异步二进制减法计数器。

异步计数器的电路简单，各触发器状态的改变是逐行进行的，计数速度慢。

10.9.3　二进制同步加法计数器

将计数脉冲送到每个触发器的时钟脉冲输入端 CP 处，使各个触发器的状态变化与计数脉冲同步，这种方式组成的计数器称为同步计数器。

1. 电路组成

如图 10—34 所示即为二进制同步加法计数器的电路图。

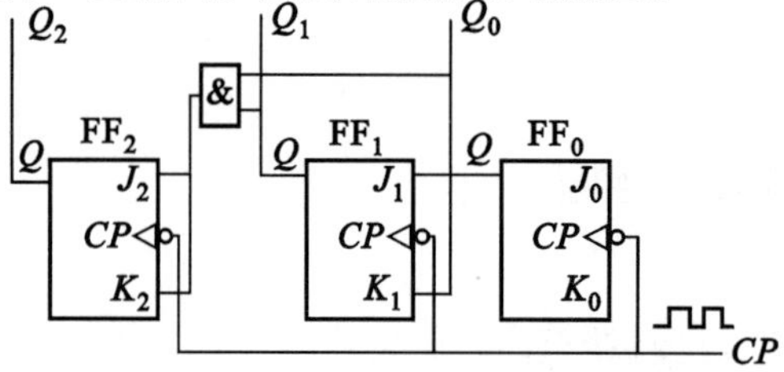

图 10—34　二进制同步加法计数器电路

2. 分析逻辑关系

逻辑关系见表 10—9。

表 10—9　　逻辑关系

触发器序号	翻转条件	JK 端逻辑关系
FF_0	来 1 个计数脉冲 3 个触发器同时变化 1 次	$J_0=K_0=1$
FF_1		$J_1=K_1=Q_0$
FF_2		$J_2=K_2=Q_1Q_0$

3. 计数过程

计数器工作前应先清零，初始状态为 000。

（1）当第一个 CP 脉冲到来后，FF_0 的状态由 0 变为 1。而 CP 到来前，Q_0、Q_1 均为 0，所以，CP 到来后，FF_1、FF_2 保持 0 态不变。计数器状态为 001。即 $J_1=K_1=Q_0=1$，$J_2=K_2=Q_1Q_0=0$。

（2）当第二个 CP 脉冲到来后，FF_0 则由 1 变为 0。FF_1 状态翻转，由 0 变为 1。而 FF_2 仍保持 0 态不变。计数器状态为 010。同时 $J_1=K_1=Q_0=0$，$J_2=K_2=Q_1Q_0=0$。

（3）当第三个 CP 脉冲到来后，只有 FF_0 的状态由 0 变为 1，FF_1、FF_2 保持原态不变。计数器状态为 011。同时 $J_1=K_1=Q_0=1$，$J_2=K_2=Q_1Q_0=0$。

（4）当第四个计数脉冲到来后，三个触发器均翻转，计数状态为 100。

（5）在第七个 CP 脉冲到来后，计数状态变为 111，再送入一个 CP 脉冲，计数恢复为 000。

4. 特点

同步计数器各个触发器的状态转换，与输入的计数脉冲 CP 同步，具有计数速度快的特点。

知识链接 10.10　十进制计数器

由于日常生活中人们使用的是十进制计数，而不是二进制计数，因此需要把二进制计数器转换成具有十进制计数功能的计数器。

10.10.1　异步十进制加法计数器

1. 电路组成

异步十进制计数器电路如图 10—35 所示。

2. 工作原理

根据 3 位二进制异步计数器的工作原理，000～111 的跳变过程，结合十进制异步计数器的第 4 位的 J 控制端的特点，学生不难理解“当第 8 个计数脉冲作用时计数器状态为 1000，第 10 个计数脉冲作用时计数器返 0”的道理。

10.10.2　可预置数码的十进制计数器 CT74LS160

（1）引脚排列，如图 10—36 所示。

（2）功能表（见表 10—10）。

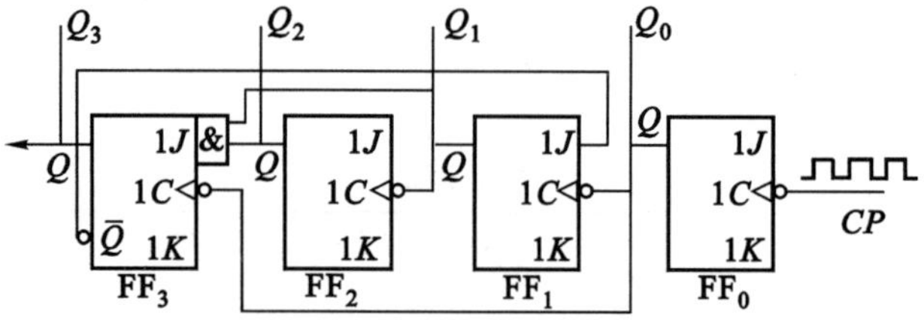

图 10—35　异步十进制计数器电路

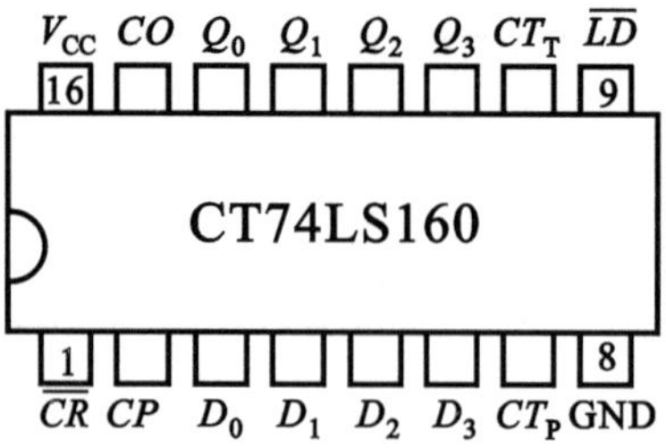

图 10—36　十进制计数器 CT74LS160 引脚图

表 10—10

输入									输出			
$\overline{CR}$	$\overline{LD}$	CP_P	CP_T	CP	D_3	D_2	D_1	D_0	D_3	D_2	D_1	D_0
0	×	×	×	×	×	×	×	×	0	0	0	0
1	0	×	×	↑	d_3	d_2	d_1	d_0	d_3	d_2	d_1	d_0
1	1	1	1	↑	×	×	×	×	加法计数			
1	1	0	×	×	×	×	×	×	保持			
1	1	×	0	×	×	×	×	×	保持			

（3）说明。

1）$\overline{CR}=0$ 时，计数器清零，$Q_3Q_2Q_1Q_0=0000$。

2）当$\overline{CR}=1$，而$\overline{LD}=0$ 时，计数器进行预置数码的操作。

3）当$\overline{CR}=\overline{LD}=1$，而 $CP_P=CP_T=1$ 时，计数器执行加法计数操作。

4）当$\overline{CR}=\overline{LD}=1$，而 CP_P 或 CP_T 有一个是低电平时，不论其余各端的状态如何，计数器保持原来状态不变。

知识链接 10.11　时序逻辑电路的应用

10.11.1　频率计

1. 频率计功能框图

频率计功能框图如图 10—37 所示。

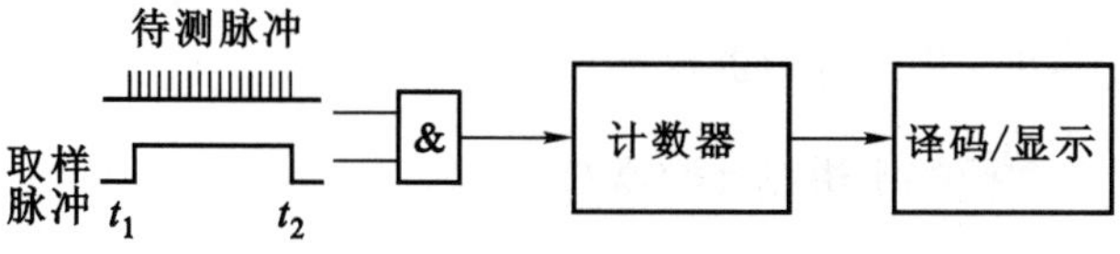

图 10—37　频率计功能框图

待测脉冲频率为：

$$f=\frac{N}{t_2-t_1}$$

式中，N 为 $t_1 \sim t_2$ 期间待测脉冲的个数。

2. 取样脉冲产生电路

取样脉冲产生电路如图 10—38 所示。

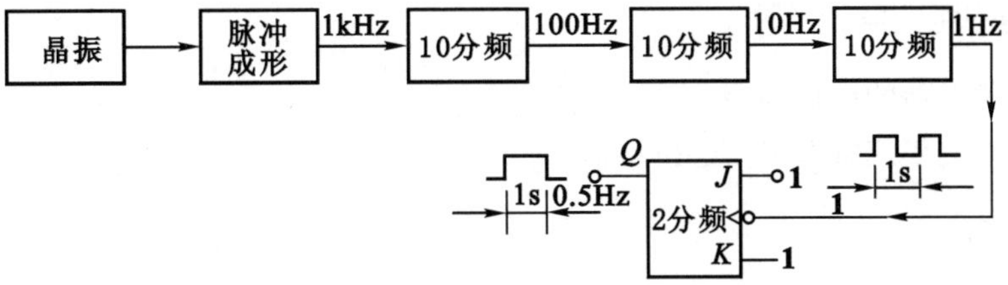

图 10—38 取样脉冲产生电路

3. 工作原理

取样脉冲产生电路作为信号源，提供基准。实际上，取样脉冲发生器是一个能对晶体谐振器产生的高频信号实施整形，并经多次分频形成基准秒脉冲的电路。该信号与待测脉冲一同进入与门，只有在脉冲存在期间的那一部分，才能通过与门，这就锁定了一秒钟的待测脉冲数。最后经过计数、译码、显示电路的作用显示出频率数。

10.11.2 数字钟

1. 功能

数字钟是人们常见的数字电路用品。一般数字钟是指以晶振为秒脉冲发生器，以数字显示时、分、秒，需要时还可以显示年、月、日的计时工具。

2. 电路组成

电路组成如图 10—39 所示。

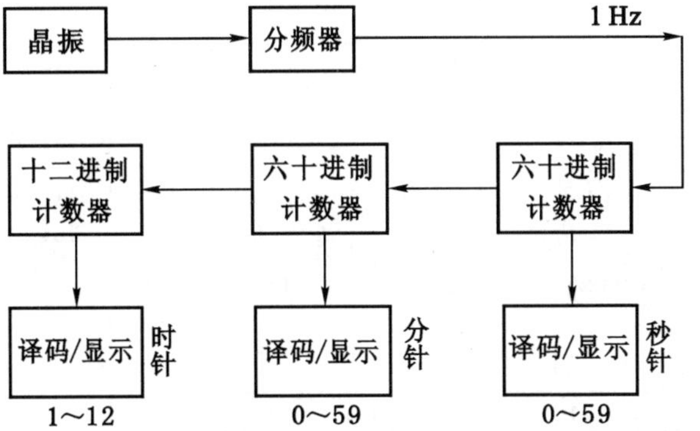

图 10—39 数字钟框图

3. 工作原理

秒脉冲源电路的工作原理与频率计相同。

有秒、分、时三路计数、译码、显示电路，分别显示秒、分、时。秒脉冲通过六十进制计数器显示 0～59s。

秒脉冲通过六十进制计数器，发出进位信号，即分信号，显示 0～59min。

分信号通过十二进制计数显示 1～12h，也可通过二十四进制计数器显示 1～24h。按照需要还可以增设计数、译码、显示电路，显示日、月、年。

实训任务 1　四路抢答器的设计与组装

【实训目的和任务】

1. 掌握触发器的逻辑功能。
2. 学会使用集成触发器搭建抢答器。

【实训器材】

2 只 74LS114，2 只 74LS40，1 只 74LS00，5 只轻触开关，4 只发光二极管，4 只 510 电阻，+5V 电源，三极管，扬声器。

【实训内容和步骤】

1. 功能说明

在有 4 位或 4 组选手和一位主持人的知识竞赛活动中，需要一套抢答器设备，它必须实现以下功能：

（1）主持人随时清零，清零后所有显示器复位。

（2）抢答开始，只要有 1 位选手触动开关，即刻显示该选手的编号，而其他后触动开关的选手则不显示编号。

2. 电路分析

根据功能分析，4 人抢答器电路应该由控制电路和显示电路两部分组成。控制电路需要 4 个触发器，5 个轻开关，几个与门电路；显示电路可由 4 只发光二极管组成，还可以由两者共同组成。该电路如图 10—40 所示。

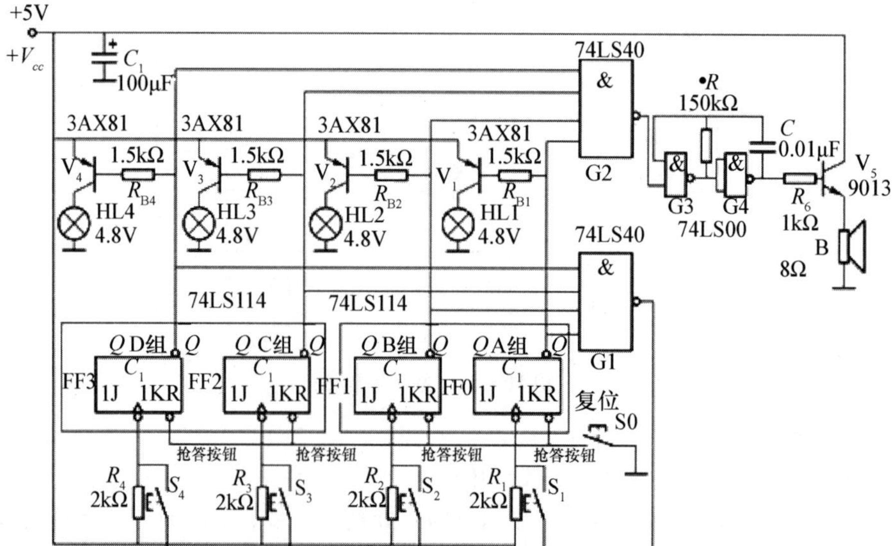

图 10—40　四路抢答器电路

3. 组装与调试

(1) 查阅器件手册。

通过上网搜寻或查阅集成电路手册，标出图中各集成电路 74LS144、74LS00、74LS40 的引脚排列与引脚功能。

(2) 安装电路。

在选好各器件的前提下，根据图 10—40 所示的电路原理图画出电路接线图，将电路焊接在电路板上，要注意集成电路的引脚不要插反。

(3) 调试。

在装接好电路并检查无误的情况下，就可通电进行调试。调试时，可先调试主电路，观察各组指示灯的情况，操作按钮开关 $S_1 \sim S_4$，检查抢答控制功能是否符合要求。指示灯的亮度，可通过调整三极管基极限流电阻的办法来调节。

主电路调好后，就可调试音响告知电路，主要是改变振荡器中 R、C 的参数，使音量适中、音质悦耳。

【思考题】

1. 试说明如何用 D 触发器构成 T 触发器。
2. 用双 JK 触发器集成电路 74LS76 来构成彩灯控制电路（见图 10—41）。

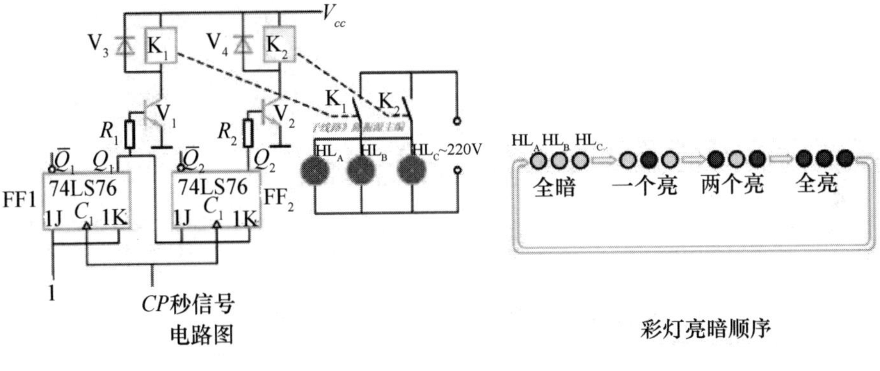

图 10—41　彩灯控制电路

实训任务 2　十二进制计数器的设计、组装与调试

【实训目的】

1. 每隔 1s，计数器增 1；能以数字形式显示时间。
2. 熟练掌握计数器的各个部分的结构。
3. 计数器间的级联。
4. 不同芯片也可实现十二进制。

【实训原理】

1. 计数器设计组成

用两个 74LS160 芯片和一个与非门实现。

当定时器递增到12时，定时器会自动返回到01显示，然后继续计时。

本设计的主要设备是两个74LS160同步十进制计数器，并且由200Hz、5V电源供给，作高位芯片与作低芯片位之间级联。

2. 十二进制计数器设计描述

（1）设计原理。

74LS160是十进制计数器，要实现十二进制计数器必须用两片实现级联，把个位芯片预置1，当数码管显示9时，个位芯片开始进位即B端为0、C端为1，经过与非门输出高电平，十位芯片开始工作，十位芯片由0变为1，此时十位芯片A端为1，个位芯片B端为0，C端为0，经过与或门输出0，十位芯片处于维持状态，当个位芯片显示2时，个位芯片B端为1，十位芯片A端为1，经过与非门输出0，重新开始预置数，即完成了十二进制计数。

（2）设计的思路。

芯片介绍：74LS160为加减可逆十进制计数器，CP_U端是加计数器时钟信号，CP_D是减计数时钟信号。$R_D=1$时，无论时钟脉冲状态如何，直接完成清零功能。$R_D=0$，$L_D=0$时，无论时钟脉冲状态如何，输入信号将立即被送入计数器的输出端，完成预置数功能。

74LS160的引脚排列及逻辑符号如图10—42所示。

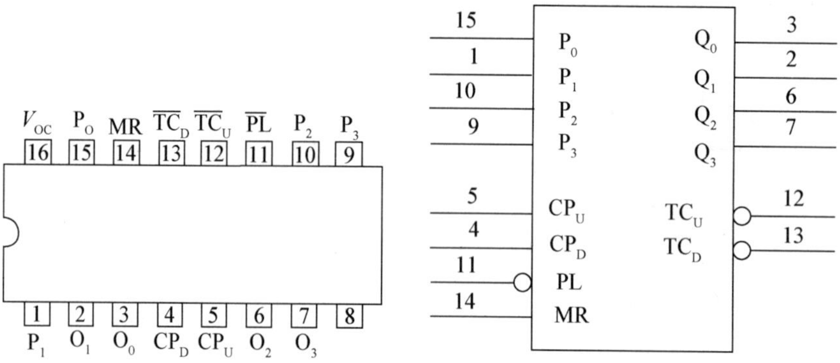

(a) 引脚排列　　(b) 逻辑符号

图10—42　74LS160的引脚排列及逻辑符号

图中：$\overline{PL}$为置数端，CP_U为加计数端，$\overline{CP}_D$为减计数端，$\overline{TC}_U$为非同步进位输出端，$\overline{TC}_D$为非同步借位输出端，P_0、P_1、P_2、P_3为计数器输入端，MR为清除端，Q_0、Q_1、Q_2、Q_3为数据输出端。

（3）设计的实现。

利用两片74LS160分别作为十二进制计数器的高位和低位，分别与数码管连接。把其中的一个芯片连接构成十进制计数器，另一个通过一个与门器件构成一个十进制计数器。两芯片之间级联分别可以作为秒和分计时。

实训方案的设计：

用200Hz时钟信号作为计数器的时钟脉冲。根据设计原理可知，计数器初值为01，按递增方式计数，增到12时，再自动返回到00。此电路可以作为简易数字时钟的分钟显示。图10—43为十二进制计数器的总体框图。

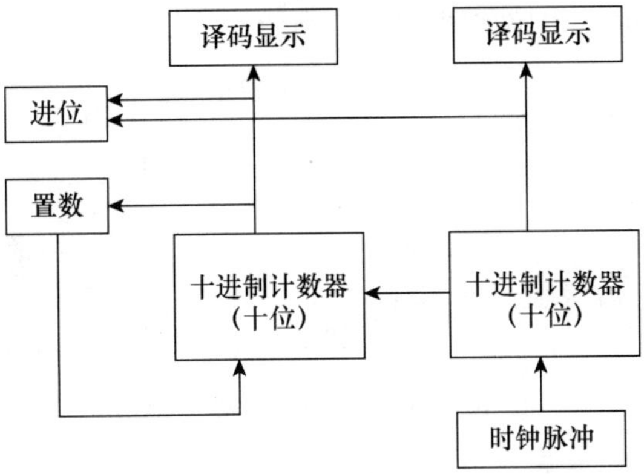

图 10—43　系统总体框图

3. 十二进制计数器的设计与仿真

（1）基本电路分析设计。

十进制计数器（个位）电路采用 74LS160 作为十进制计数器，它是一个具有异步清零、同步置数、可以保持状态不变的十进制上升沿计数器。

功能表如表 10—11 所示。

表 10—11　十进制计数器电路功能表

CP	R_D	L_D	EP	ET	工作状态
×	0		×	×	置零
↑	1	0	×	×	预置数
×	1	1	0	1	保持
×	1	1	×	0	保持
↑	1	1	1	1	计数

连接方式如图 10—44 所示。

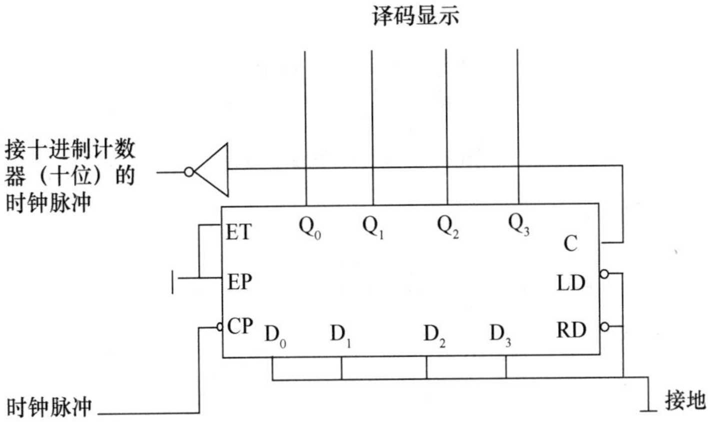

图 10—44　十进制计数器（个位）

十进制计数器（十位）电路如图 10—45 所示。

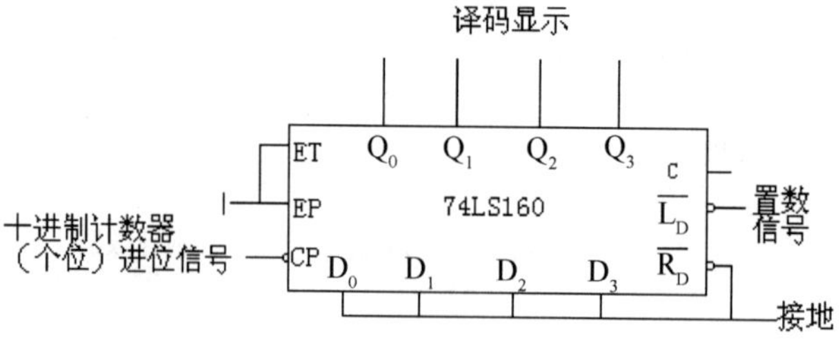

图 10—45　十进制计数器（十位）

置数电路如图 10—46 所示。

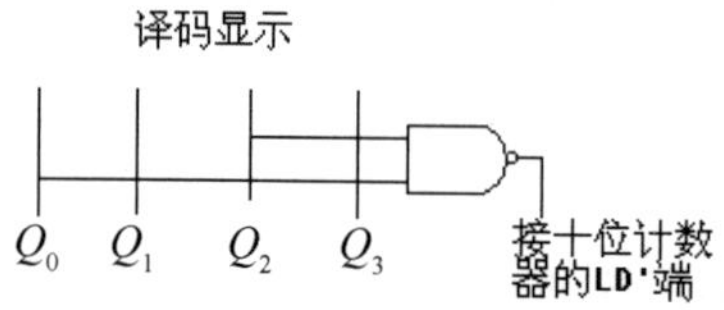

图 10—46　置数电路图

进位电路如图 10—47 所示。

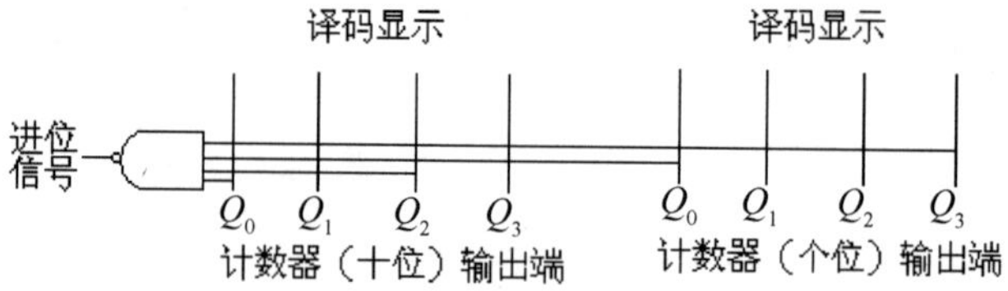

图 10—47　进位电路图

译码显示电路如图 10—48 所示。

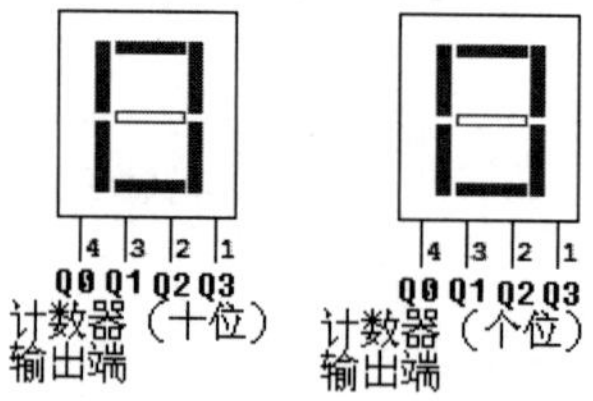

图 10—48　译码显示电路

选定仪器列表见表 10—12。

表 10—12　选定仪器列表

仪器名称	型号	数量	用途
同步十进制计数器	74LS160	2 片	级联构成其他进制计数器
与门 或门 非门	74LS08D 74LS32D 74LS04D	各 1 个	辅助设计构成其他计数器
共阴极显示器	DCD-HEX	2 只	显示数字计数

续前表

仪器名称	型号	数量	用途
电压源	V_{CC}+5V	1 个	提供电压
译码器	74LS148	2 个	译码

（2）计数器电路的仿真。

进入 Multisim10.0 界面。

右击空白处，选择“放置元件”，进入元器件选择区，选择要放置的元件，然后单击“放置”。

放置好各种器件之后，即可进行线路连接，同时标明所需参数值。设置元器件的参数时，用鼠标双击，弹出属性对话框，分别给元件赋值，并设置名称标号。

确认电路无误后，即可单击“仿真”按钮，实现对电路的仿真工作。

观察结果，看是否与理论预测结果相同。电路仿真图如图 10—49 所示。

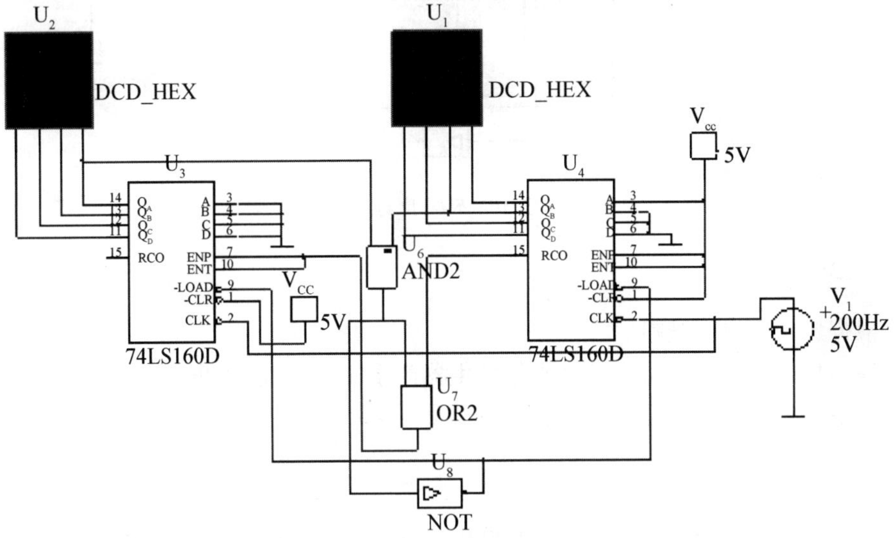

图 10—49　电路仿真图

【实训器材】

清单见表 10—13。

表 10—13

元器件名称	型号	数量	用途
同步十进制计数器	74LS161	1 片	级联构成其他进制计数器
与门 或门 非门	74LS08D 74LS32D 74LS04D	各 1 个	辅助设计构成其他计数器
共阴极显示器	DCD-HEX	2 只	显示数字计数
电压源	V_{CC}+5V	1 个	提供电压
译码器	74LS148	2 个	译码

【实训参考原理图】

实训参考原理图如图 10—50 所示。

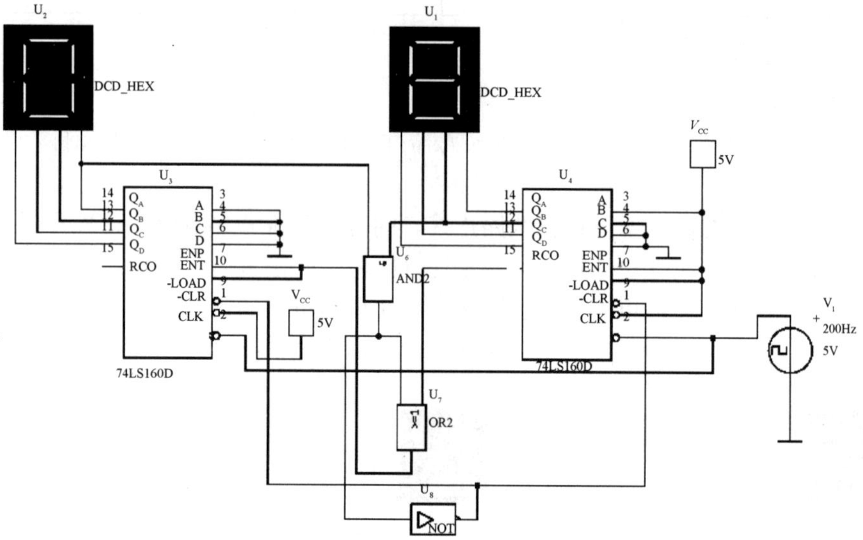

图 10—50　原理图

【实训步骤】

1. 根据原理图进行连接。
2. 注意信号的接入，可由信号函数发生器产生 1s 的计数脉冲。
3. 注意 74LS160 计数器的引脚的连接。

【思考题】

设计一个 24 进制的计数器，画出其逻辑电路，简要说明其工作原理。

【项目小结】

1. 触发器是构成时序逻辑电路最基本的逻辑单元电路，具有记忆功能。

2. 基本 RS 触发器是构成各种触发器的基础，它不受时钟脉冲 CP 控制。时钟触发器则受时钟脉冲 CP 控制。按逻辑功能分，时钟触发器可分为同步 RS 触发器、JK 触发器、D 触发器、T 触发器四种类型。按触发方式分，时钟触发器又可分为同步式触发器、边沿触发器（包括上升沿和下降沿触发）、主从触发器等。

3. 掌握各类触发器的功能是应用的关键。

（1）RS 触发器具有置 0、置 1、保持的逻辑功能，其状态方程为 $Q_{n+1}=S+\bar{R}Q_n$，约束条件为 $RS=0$。

（2）JK 触发器具有置 0、置 1、保持、计数的逻辑功能，状态方程为 $Q_{n+1}=J\bar{Q}_n+\bar{K}Q_n$。

（3）D 触发器具有置 0、置 1 的逻辑功能，状态方程为 $Q_{n+1}=D$。

（4）T 触发器具有保持、计数的逻辑功能，状态方程为 $Q_{n+1}=T\oplus Q_n$。

4. 时序电路是由逻辑门电路和具有记忆功能的触发器构成的，它的任一时刻的输出，不仅与当时的输入信号有关，还与原来的状态有关。

5. 寄存器是用来存储数码和信息的部件，它具有清零、存储和输出的功能。寄存器可分为单拍接收式和双拍接收式两种。

6. 计数器用来对脉冲进行计数，按计数方式分有加法计数器和减法计数器两类，常用的有二进制、十进制计数器。目前集成计数器品种多、功能全、价格低廉，得到广泛的应用。

【知识能力测验】

一、填空题

1. 基本 RS 触发器，当 $\overline{R}$、$\overline{S}$ 都接高电平时，该触发器具有________功能。

2. D 触发器的状态方程为________；JK 触发器的状态方程为________。

3. T 触发器的状态方程为 ________。

4. 仅具有“置 0”、“置 1”功能的触发器叫________。

5. 时钟有效边沿到来时，输出状态和输入信号相同的触发器叫________。

6. 若 D 触发器的 D 端连在 Q 端上，经 100 个脉冲作用后，其次态为 0，则现态应为________。

7. JK 触发器的 J 与 K 相接作为一个输入时相当于________触发器。

8. 触发器有________个稳定状态，它可以记录________位二进制码，存储 8 位二进制信息需要________个触发器。

9. 时序电路的次态输出不仅与即时输入有关，而且还与________有关。

10. 时序逻辑电路一般由________和________两部分组成的。

11. 计数器按内部各触发器的动作步调，可分为________计数器和________计数器。

12. 按进位体制的不同，计数器可分为________计数器和________计数器两类；按计数过程中数字增减趋势的不同，计数器可分为________计数器、________计数器和________计数器。

13. 要构成五进制计数器，至少需要________级触发器。

14. 设集成十进制（默认为 8421 码）加法计数器的初态为 $Q_4Q_3Q_2Q_1=1001$，则经过 5 个 CP 脉冲以后计数器的状态为________。

二、判断题

1. 二进制计数器既可实现计数也可用于分频。　（　　）

2. 同步计数器的计数速度比异步计数器快。　（　　）

3. 同步计数器与异步计数器的主要区别在于它们内部的触发器是否同时发生翻转。　（　　）

4. 由 N 个触发器构成的计数器，其最大的计数范围是 N^2。　（　　）

5. 时序电路通常包含组合电路和存储电路两个组成部分，其中组合电路必不可少。　（　　）

6. 任何一个时序电路，可能没有输入变量，也可能没有组合电路，但一定包含存储电路。　（　　）

7. 若 4 位二进制减量计数器的初始状态为 1000，则经过 100 个 CP 脉冲作用之后的状态为 0100。 ( )

三、综合题

1. JK 触发器及 CP、J、K、$\overline{R}_D$ 的波形分别如图 10—51 所示，试画出 Q 端的波形。(设 Q 的初态为"0")

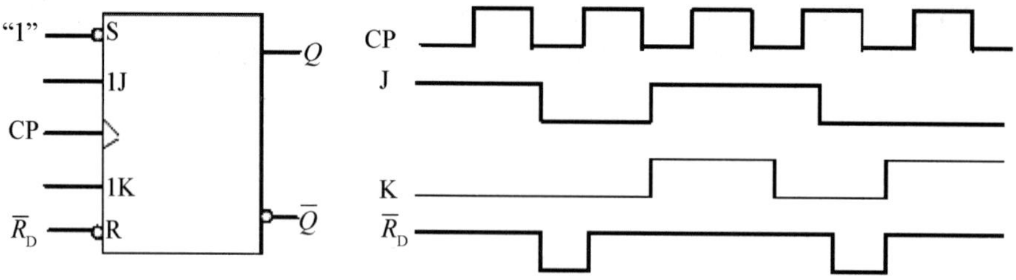

图 10—51

2. 试分析图 10—52 所示电路为几进制计数器。要求：

(1) 写出电路的驱动方程和状态方程。

(2) 列出电路的状态表，说明是几进制计数器。

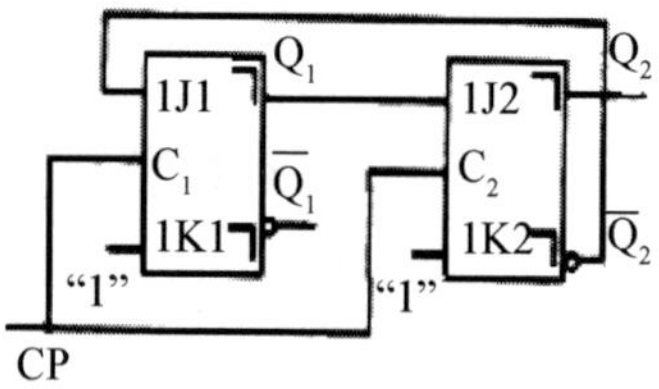

图 10—52

3. D 触发器及输入信号 D、$\overline{R}_D$ 的波形分别如图 10—53 所示，试画出 Q 端的波形。(设 Q 的初态为"0")

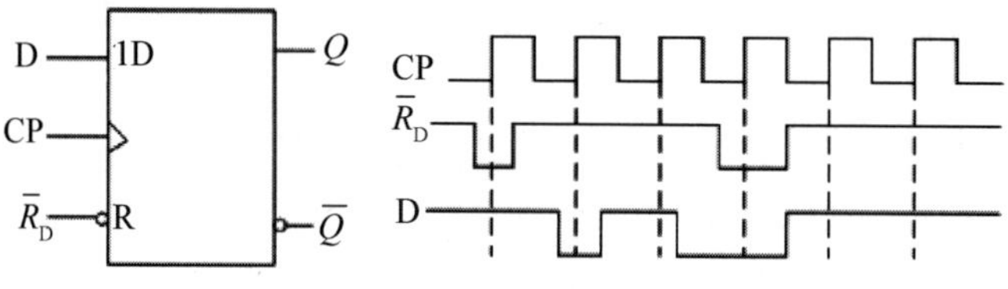

图 10—53

项目 11　双音报警器的组装与调试

【知识目标】

- 熟悉 555 时基电路控制端的功能和作用
- 熟悉用 555 构成的多谐振荡电路

【技能目标】

- 熟悉 555 电路的典型应用
- 掌握 555 电路的引脚的识别
- 加强元器件的识别能力

【情感目标】

- 培养学生对生活中典型电路的思考能力
- 培养学生的动手能力和协作能力

【实训任务】

- 救护车的铃声——双音报警器的组装与调试

【情景导入】

日常生活中，经常出现紧急事件或交通事故造成人员受伤，这时飞驰而来的是救护车，听见救护车的铃声，其他的车辆都应该让道，因为，时间就是生命，救护车是去救援生命。那么救护车的铃声是怎么回事呢？通过本项目的学习，掌握由 555 电路组成的救护车报警器的相关知识。

任务　救护车的铃声——双音报警器的组装与调试

知识链接 11.1　555 时基电路

11.1.1　集成时基电路

集成时基电路又称为集成定时器或 555 电路，是一种数字、模拟混合型的中规模集成电路，应用十分广泛。它外加电阻、电容等元件可以构成多谐振荡器、单稳电路、施密特触发器等。它是一种产生时间延迟和多种脉冲信号的电路，由于内部电压标准使用了三个 5kΩ 电阻，故取名 555 电路。其电路类型有双极型和 CMOS 型两大类，二者的结构与工作原理类似。一般双极型产品型号最后的三位数码都是 555 或 556，而 CMOS 产品型号最后四位数码都是 7555 或 7556，二者的逻辑功能和引脚排列完全相同，易于互换。555 和 7555 是单定时器。556 和 7556 是双定时器。双极型的电源电压为＋5V～＋15V，输出的最大电流可达 200mA，CMOS 型的电源电压为＋3V～＋18V，能直接驱动小型电机、继电器和低阻抗扬声器。

用途：可用作定时控制；用于调光、调温、调压、调速等多种控制；组成脉冲振荡、单稳、双稳和脉冲调制电路等。

1. 电路组成

555 时基电路主要由电压比较器、电阻分压器、基本 RS 触发器、输出缓冲器和开关管所组成，如图 11—1 所示。

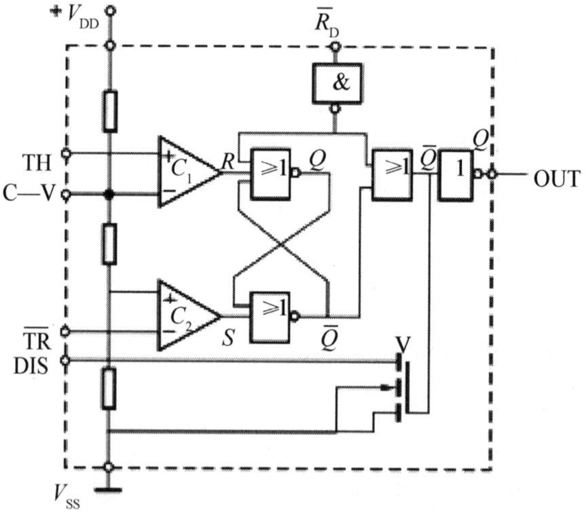

图 11—1　555 时基电路内部电路组成

2. 外引线排列图（如图 11—2 所示）

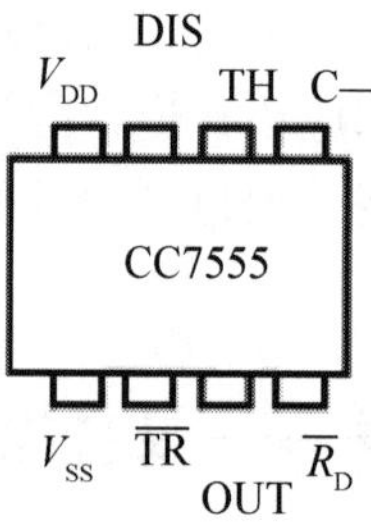

图 11—2　555 电路外引线排列图

11.1.2　工作原理

1. 电阻分压器和电压比较器

电阻分压器由三个等值电阻 R 组成，对电源电压 V_{DD} 分压。

比较器 C_1 的“－”端：$\frac{2}{3}V_{DD}$；比较器 C_2 的“＋”端：$\frac{1}{3}V_{DD}$。

当进入 TH 的电压大于$\frac{2}{3}V_{DD}$时，比较器 C_1 输出高电平 1；

若加在$\overline{TR}$的电压小于$\frac{1}{3}V_{DD}$，比较器 C_2 也输出高电平 1。

2. 基本 RS 触发器

（1）当 $C_1=1$，$C_2=0$，即 $R=1$，$S=0$ 时，$Q=0$，$\bar{Q}=1$。

（2）当 $C_1=0$，$C_2=1$，即 $R=0$，$S=1$ 时，$Q=1$，$\bar{Q}=0$。

（3）当 $C_1=0$，$C_2=0$，即 $R=0$，$S=0$ 时，RS 触发器保持原态不变。

（4）如果 $\bar{R}_D$，则 $Q=0$。$\bar{R}_D$ 为直接置 0 端，$\bar{R}_D$ 平时应接高电平 1。定时器的输出 $OUT=Q$。

3. 放电管 V 和输出缓冲器

（1）若 $Q=0$，$\bar{Q}=1$，放电管的栅极为高电平，V 导通。

（2）若 $Q=1$，$\bar{Q}=0$，放电管的栅极为低电平，V 截止。

输出端的反相器构成输出缓冲器。主要作用是提高电流驱动能力，同时还可隔离负载对定时器的影响。

（3）功能表（见表 11—1）。

表 11—1

复位 $\bar{R}_D$	高触发端 TH	低触发端$\overline{TR}$	输出 OUT	放电管 V
0	×	×	0	导通
1	$>2/3V_{DD}$	$>1/3V_{DD}$	0	导通
1	$<2/3V_{DD}$	$>1/3V_{DD}$	不变	不变
1	$<2/3V_{DD}$	$<1/3V_{DD}$	1	截止

知识链接 11.2　555 定时器构成单稳态电路

用 7555 定时器可构成单稳态电路。

11.2.1　电路组成

R，C 为定时元件；高触发端 TH 与放电端 DIS 相连；输入触发电平 v_I 加于低触发端$\overline{TR}$处，低电平有效；OUT 为信号的输出端，如图 11—3 所示。

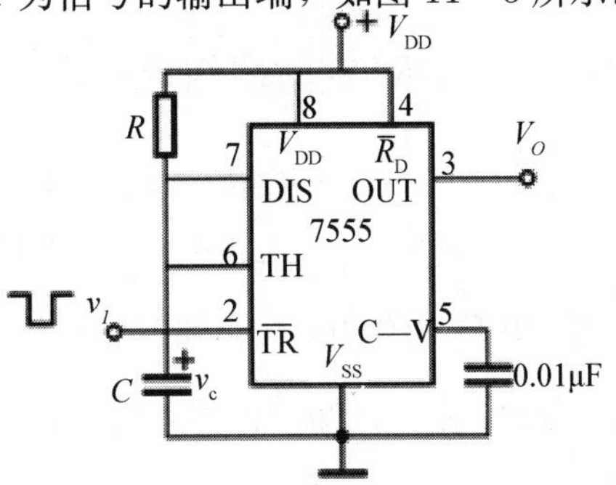

图 11—3　555 定时器构成的单稳态电路

11.2.2 工作原理

1. 电路的稳态

接通电源后，电源电压 V_{DD} 对电容 C 充电，电压 v_C 上升。当 v_C 高达 $\frac{2}{3}V_{DD}$ 时，输出电压 v_O 为低电平 0。同时，放电管 V 导通，电容对过放电端 DIS 放电。电路进入稳态，输出低电平 0。

2. 低电平触发，电路翻转，进入稳态

当低电平到来时，$\overline{TR}$ 端的电平小于 $\frac{1}{3}V_{DD}$。电路的输出将发生翻转，由低电平 0 变为高电平 1。同时，放电管截止，电源 V_{DD} 对电容 C 充电。定时开始，直到电容上的电压升高到 $\frac{2}{3}V_{DD}$，这时暂态结束。

3. 自动返回稳态的过程

电容上的电压上升到 $\frac{2}{3}V_{DD}$ 后，定时器自动复位，输出电平由 1 翻转为 0。电路重返稳定状态。

11.2.3 工作波形

该波形如图 11—4 所示。

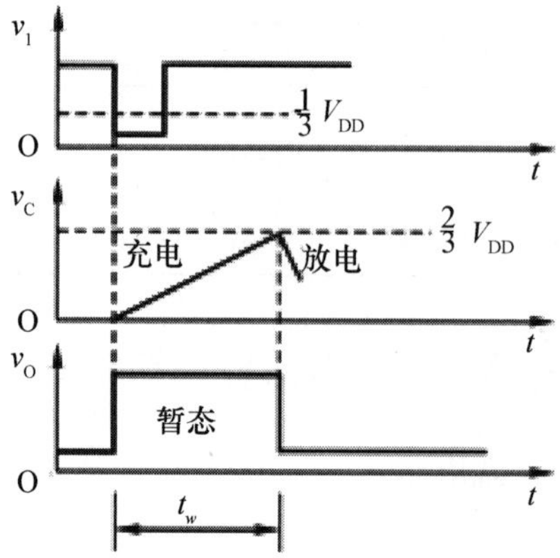

图 11—4 工作波形

输出脉冲宽度 t_w 的计算公式为：$t_w \approx 1.1RC$。

知识链接 11.3 555 定时器组成的多谐振荡器

由 555 定时器和外接组件 R_1、R_2、C 构成多谐振荡器，脚 2 与脚 6 直接相连，如图 11—5 所示。电路没有稳态，仅存在两个暂稳态，电路亦不需要外接触发信号，利用电源通过 R_1、R_2 向 C 充电，以及 C 通过 R_2 向放电 D_c 端放电，使电路产生振荡。电容 C 在 $\frac{2}{3}V_{CC}$ 和 $\frac{1}{3}V_{CC}$ 之间充电和放电，从而在输出端得到一系列的矩形波形，对应的波形如图 11—6 所示。

输出信号的参数如下。

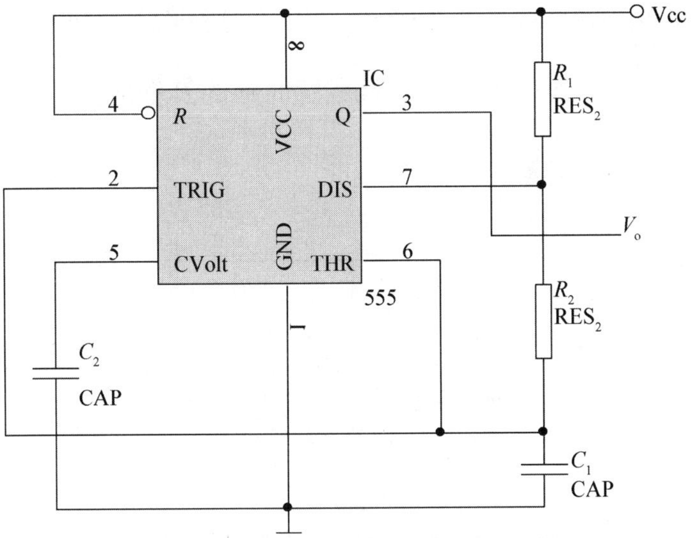

图 11—5　由 555 构成的多谐振荡器

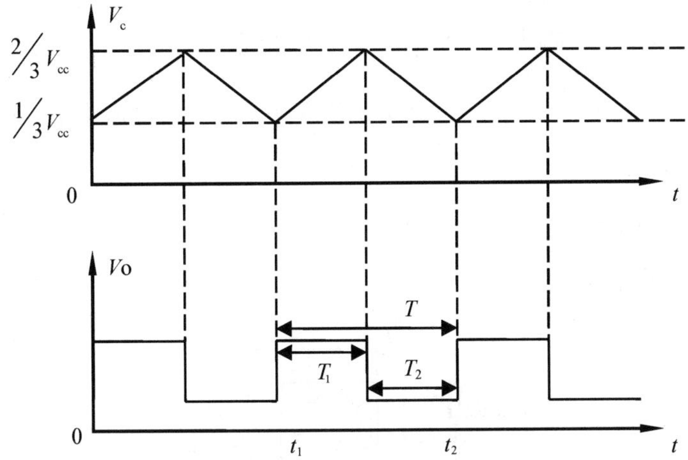

图 11—6　多谐振荡器的波形图

电路振荡周期：$T=t_{w2}+t_{w1}$

电容充电时间：$t_{w1}=0.7(R_1+R_2)C$

电容放电时间：$t_{w2}=0.7R_2C$

电路振荡频率：$f=\frac{1}{T}\approx\frac{1.43}{(R_1+2R_2)C}$

输出波形占空比：$q(\%)=\frac{t_{w1}}{T}=\frac{R_1+R_2}{R_1+2R_2}\times100\%$

其中 t_{w1} 为 V_C 由$\frac{2}{3}V_{CC}$上升到$\frac{1}{3}V_{CC}$所需时间，t_{w2} 为电容 C 放电所需时间。555 电路要求 R_1 与 R_2 均应不小于 1kΩ，但两者之和应不大于 3.3MΩ。

由于 555 定时电路内部的比较器灵敏度较高，而且采用差分电路形式，用 555 定时器组成的多谐振荡器的振荡频率受电源电压和温度变化的影响很小。

外部组件的稳定性决定了多谐振荡器的稳定性，555 定时器配以少量的组件即可获得较高精度的振荡频率和具有较强的功率输出能力。因此，这种形式的多谐振荡器应用很广。

知识链接 11.4　集成定时器的其他应用

11.4.1　路灯自动控制器

其电路如图 11—7 所示。

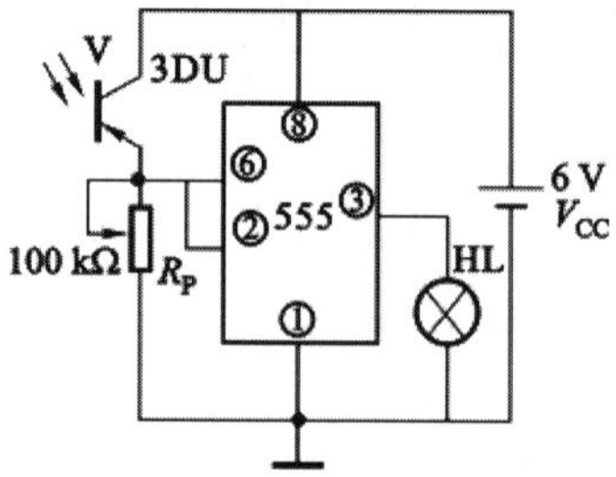

图 11—7　555 电路构成的路灯自动控制器

（1）白天因光线亮，光电三极管 3DU 的 C−E 间电阻下降，高触发端⑥脚将大于 $\frac{2}{3}V_{CC}$，定时器的输出端③脚为低电平，所以灯 L 不亮。

（2）天黑时，光电管 C−E 间电阻增大，使低触发端②脚电压小于 $\frac{1}{3}V_{CC}$，于是③脚为高电平，灯发光。

11.4.2　60s 定时电路

60s 定时电路如图 11—8 所示。

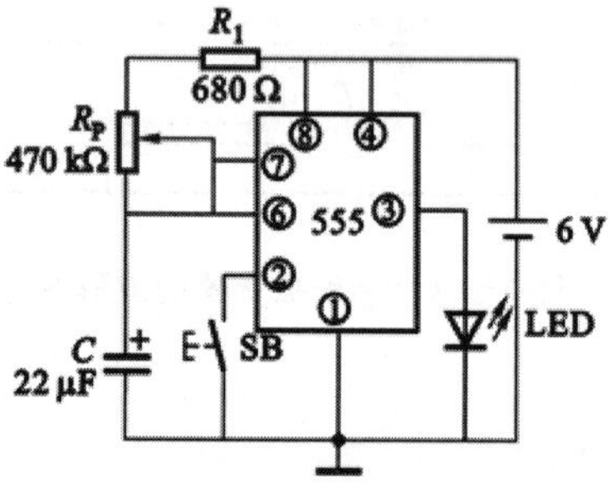

图 11—8　555 电路构成的 60s 定时电路

当按下定时按钮 SB 时，低触发端②脚就输入了一个小于 $\frac{1}{3}V_{CC}$ 的负脉冲，输出端③脚输出高电平，发光二极管 LED 亮。而定时器中的放电管 V 则截止，电源对电容 C 充电。当电容上电压升高到 $\frac{2}{3}V_{CC}$ 时，定时器翻转，③脚输出低电平，LED 灭，表示定时结束。

实训任务　救护车的铃声——双音报警器的组装与调试

【实训目的】

1. 掌握 555 构成电路的实际应用，通过双音报警器熟悉用 555 构成的多谐振荡电路。

2. 熟悉 555 时基电路控制端的功能和作用。

3. 学会分析变化的信号波形。

【实训原理】

选用 555 定时器组成多谐振荡器。而整个电路由两个 555 定时器 IC_1、IC_2 组成。中间加有 R_5 以连接 IC_1 的 3 脚与 IC_2 的 5 脚。通过 R_5 的方波的低频加至 IC_2 的控制电压端 5 脚，对第二级 IC_2 进行调制。当方波为高电平时，IC_2 的频率较低；而当方波为低电平时，IC_2 的振荡频率高，则扬声器会发出高低连续变化的双音。IC_2 的 5 脚为控制电压端，当方波加至此，改变了 IC_2 集成块的内部基准电压值，从而实现了对 555 振荡频率的控制，经 C_4 的滤波作用后，小型扬声器发出两种不同频率的“滴、嘟、滴、嘟……”的声响。

要求输出功率为 120mW，输出阻抗为 8Ω。为了与输出阻抗 8Ω 匹配，则应选用 8Ω 的扬声器。

IC_1 的振荡频率：$f_1=\frac{1.43}{(R_1+R_2)C_1}$，$f_1$ 约为 0.7Hz。

IC_2 的振荡频率：$f_2=\frac{1.43}{(R_3+2R_4)C_3}$，$f_2$ 约为 500Hz。

IC_2：$Uc=\sqrt{PR}$，$Uc=693\text{mV}$

$$Ic=\sqrt{\frac{P}{C}},I_c=86.625\text{mA}$$

$$IC_1：t_{pL}=0.7R_2C_1$$

$$t_{pH}=0.7(R_1+R_2)C_1$$

$$T_1=t_{pL}+t_{pH},f=\frac{1}{T_1}$$

频率范围为高频 1 500Hz，低频 500Hz。由 $f=\frac{1}{T_1}$ 得高频下周期为 0.67ms，低频下周期为 2ms。

电路原理图见图 11—9。

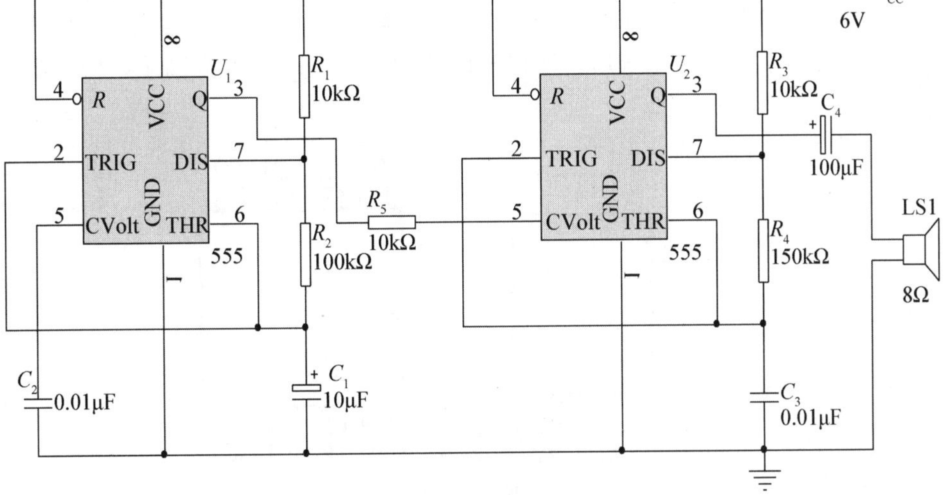

图 11—9

【实训步骤】

1. 该电路的设计使用多孔板制作。而制作电路产品要使用焊接技术。焊接前应准备好焊接工具和材料，清洁被焊件及工作台，进行元器件的插装及导线端的处理，左手拿焊丝，右手握电烙铁，同时进入备焊状态。电烙铁头放置焊件处加热，焊锡丝在电烙铁对侧，立即送入焊锡丝。待焊锡在焊点上全部湿润后，锡丝移开应略早于电烙铁。

2. 待焊点全部焊接完后，按照电路图用导线将各个焊点连接起来，电路就初步做成了。

3. 将电路接入微型计算机电源5V中，接通电源，试听扬声器声音。只能听见“滴……”的一种声音。接入示波器中几乎只见到一种波形，其间偶尔出现一点高频，电路设计的效果不好。

4. 现在取下 R_5，断开 IC_1 的3脚与 IC_2 的5脚，在 IC_2 的5脚接一个0.01μF的电容，接通电源，用示波器观察 IC_1 和 IC_2 的输出波形。观察到的 IC_1 和 IC_2 的输出波形均为正常的矩形方波。

5. 根据设计要求与仿真情况，最终选取了 R_3 为3kΩ，R_4 为100kΩ，R_5 为7kΩ，另加了一个电容 C_5 为0.01μF。高电平下出现高频，占空比约50%；低电平下出现低频，占空比较高，约75%。

【项目小结】

本项目主要学习了555电路及其应用，在日常生活中应用非常广泛，需要同学们掌握其基本电路及典型电路的应用和分析。

1. 555电路的内部构成和每部分的工作原理。
2. 555电路构成的多谐振荡器电路和原理及应用。
3. 555电路构成的单稳态触发器，单稳态触发器仅有一个稳态。

【知识能力测验】

一、填空题

1. 555定时器的最后数码为555的是________产品，为7555的是________产品。

2. 图11—10是由555定时器构成的________触发器，它可将缓慢变化的输入信号变换为________。由于存在回差电压；所以该电路的________能力提高了，回差电压约为________。

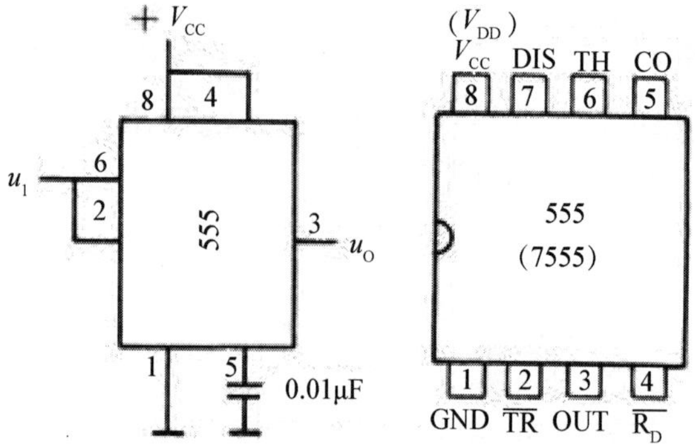

图11—10

3. 施密特触发器有________个阈值电压，分别称作________和________。

4. 施密特触发器具有________特性；单稳态触发器最重要的参数为________。

5. 某单稳态触发器在无外触发信号时输出为 0 态，在外加触发信号时，输出跳变为 1 态，因此，其稳态为________态，暂稳态为________态。

6. 单稳态触发器有________个稳定状态；多谐振荡器有________个稳定状态。

7. 占空比 q 是指矩形波________持续时间与其________之比。

8. ________触发器能将缓慢变化的非矩形脉冲变换成边沿陡峭的矩形脉冲。

9. 常见的脉冲产生电路有________，常见的脉冲整形电路有________、________。

10. 为了实现高的频率稳定度，常采用________振荡器；单稳态触发器受到外触发时进入________态。

二、选择题

1. 下面是脉冲整形电路的是（　　）。

A. 多谐振荡器　　B. JK 触发器　　C. 施密特触发器　　D. D 触发器

2. 多谐振荡器可产生（　　）。

A. 正弦波　　B. 矩形脉冲　　C. 三角波　　D. 锯齿波

3. 石英晶体多谐振荡器的突出优点是（　　）。

A. 速度高　　B. 电路简单

C. 振荡频率稳定　　D. 输出波形边沿陡峭

4. 单稳态触发器有（　　）个稳定状态。

A. 0　　B. 1　　C. 2　　D. 3

5. 555 定时器不可以组成（　　）。

A. 多谐振荡器　　B. 单稳态触发器

C. 施密特触发器　　D. JK 触发器

三、判断题

1. 多谐振荡器电路没有稳定状态，只有两个暂稳态。（　　）

2. 脉冲宽度与脉冲周期的比值称为占空比。（　　）

3. 单稳态触发器的暂稳态时间与输入触发脉冲宽度成正比。（　　）

4. 单稳态触发器有外加触发信号时，电路由暂稳态翻转到稳态。（　　）

5. 多谐振荡器是一种他激振荡器电路，该电路在接通电源后需外接触发信号才能产生一定频率和幅值的矩形脉冲或方波。（　　）

6. 为得到频率稳定很高的脉冲波形，多采用由石英晶体组成的石英晶体振荡器，因为石英晶体的选频特性非常好。（　　）

四、思考题

画出由 555 电路构成的路灯自动控制电路，并说明其工作原理。

项目 12　Protel DXP 2004 简介

【知识目标】

- 理解电子线路 CAD 的基本概念，了解 Protel DXP 2004 的发展过程和特点
- 掌握 Protel DXP 的安装、启动和关闭
- 了解 Protel DXP 主窗口的组成和各部分的作用
- 掌握 Protel DXP 工程文件及文件的新建、保存、打开

【技能目标】

- 能够熟练地将建立的工程文件及原理图文件保存在指定的文件路径下面
- 能针对不同的电路图建立工程文件和原理图

【情感目标】

- 培养学生学习兴趣，使之利用计算机基础操作技能，掌握好 Protel DXP 工程文件的新建、保存、打开的操作

【实训任务】

- 实训任务 1　认识 Protel DXP 2004 的主窗口
- 实训任务 2　基本放大电路的绘制

【情景导入】

Protel 是目前国内最流行的通用 EDA 软件，它将电路原理图设计、PCB 板图设计、电路仿真和 PLD 设计等多个实用工具组合起来构成 EDA 工作平台，是第一个将 EDA 软件设计成基于 Windows 的普及型产品。与 Protel 99SE 软件相比，Protel DXP 功能更加完备、风格更加成熟，并且界面更加灵活，尤其在仿真和 PLD 电路设计方面有了重大改进，摆脱了 Protel 前期版本基于 PCB 设计的产品定位，显露出一个普及型全线 EDA 产品崭新的面貌。

任务 1　认识 Protel DXP 2004 的主窗口

知识链接 12.1　初识 Protel DXP 2004

12.1.1　中英文界面的转换

初次启动后，将进入英文环境的导航者界面，如图 12—1 所示。

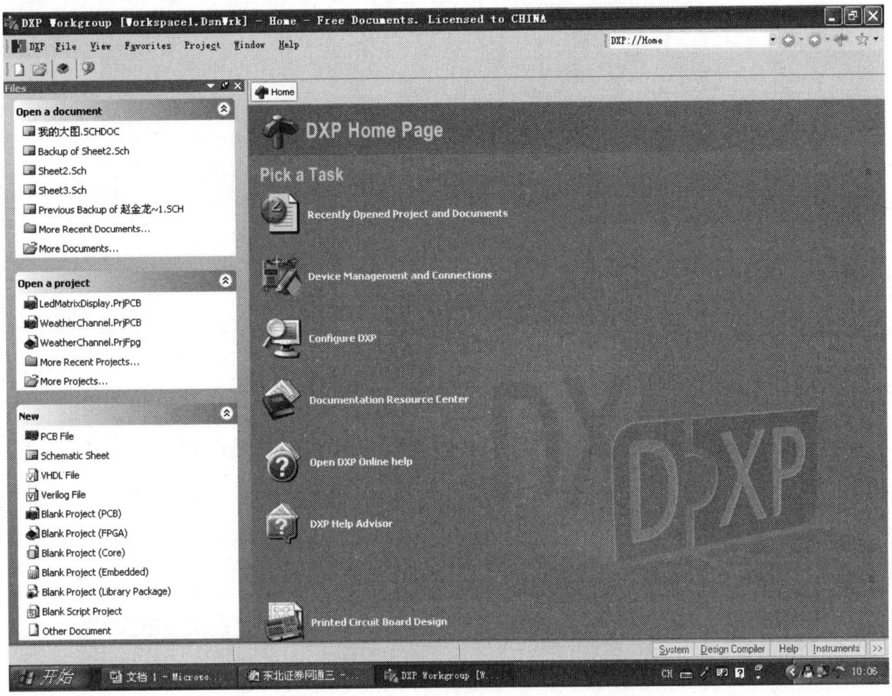

图 12—1　中英文界面的转换

将英文环境转换为中文环境的设置操作如下：

（1）启动英文导航者界面，如图 12—1 所示，单击主菜单栏中的 DXP 菜单按钮，在弹出的菜单中选择【Preferences】项，如图 12—2 所示。

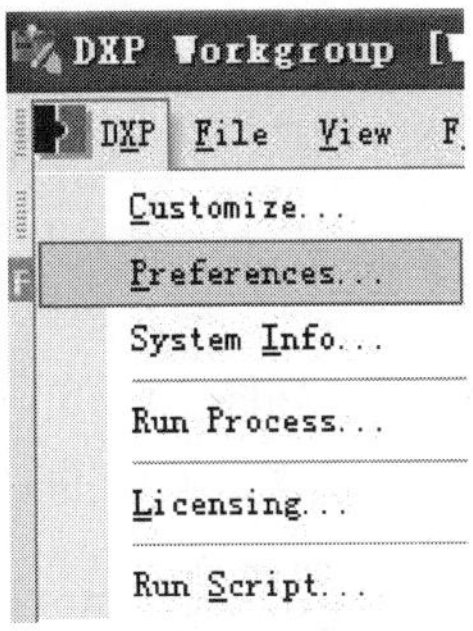

图 12—2　选择【Preferences】项

（2）选择【Preferences】项后，系统将弹出 DXP 系统参数设置对话框，如图 12—3

所示。

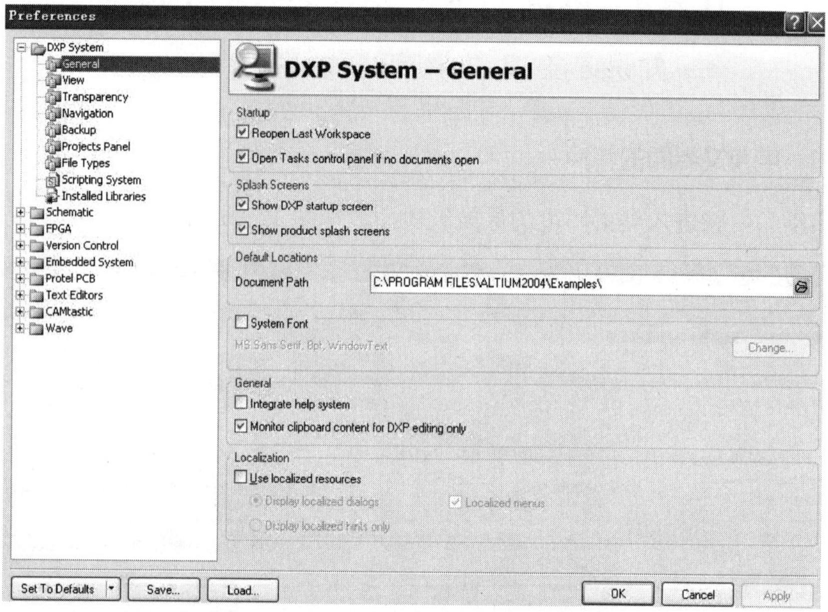

图 12—3　DXP 系统参数设置对话框

（3）在该对话框中，选择【DXP System】（DXP 系统参数设置）项中的【General】（惯用选项）标签页，并选中该标签页的最下方【Localization】（本地化）区域中的【Use localized resources】（使用经本地化的资源）复选框。此时系统将出现一个提示框，告诉用户此项设置将在重新启动 DXP 后生效，如图 12—4 所示。

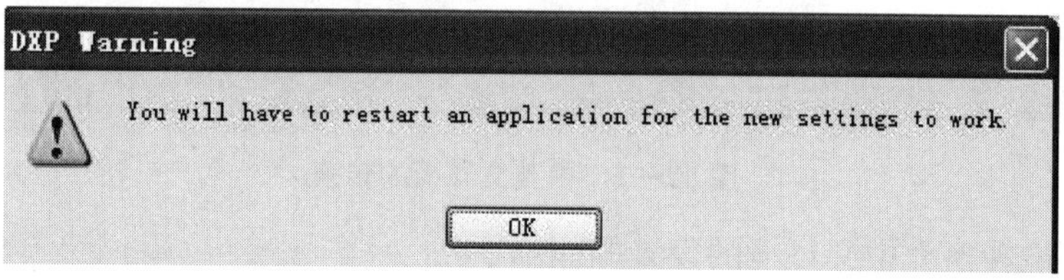

图 12—4　提示框

（4）单击提示框中的 OK 按钮，返回【Preferences】对话框，单击 OK 按钮确认，返回主界面，在主界面中单击右上角的关闭按钮关闭 DXP 系统。

（5）重新启动 DXP 后，可以看到 DXP 已经成为中文语言环境，如图 12—5 所示。

12.1.2　DXP 中文集成开发环境窗口

系统启动后进入中文集成开发环境，如图 12—5 所示。它主要包括以下几部分：

（1）系统菜单：用来设置各种系统参数，相应的其他所有的菜单和工具栏自动改变以适应将要编辑的文档。

（2）文件工作面板：使用该面板，可以进行各种有关项目或文档的快捷操作，包括打开、新建等。

（3）快速导航器：每次操作，系统均会以浏览器的方式记录快捷路径；如果在此区域中键入快捷提示，系统会进行相应的操作。用户可以将常用的快捷方式像 Internet 中的 Favorite（收藏）一样加入收藏夹。

（4）工作区面板：单击各标签可弹出相应的工作面板，便于快捷操作。

（5）工作区域：常用任务排列此处，可直接选择进入。

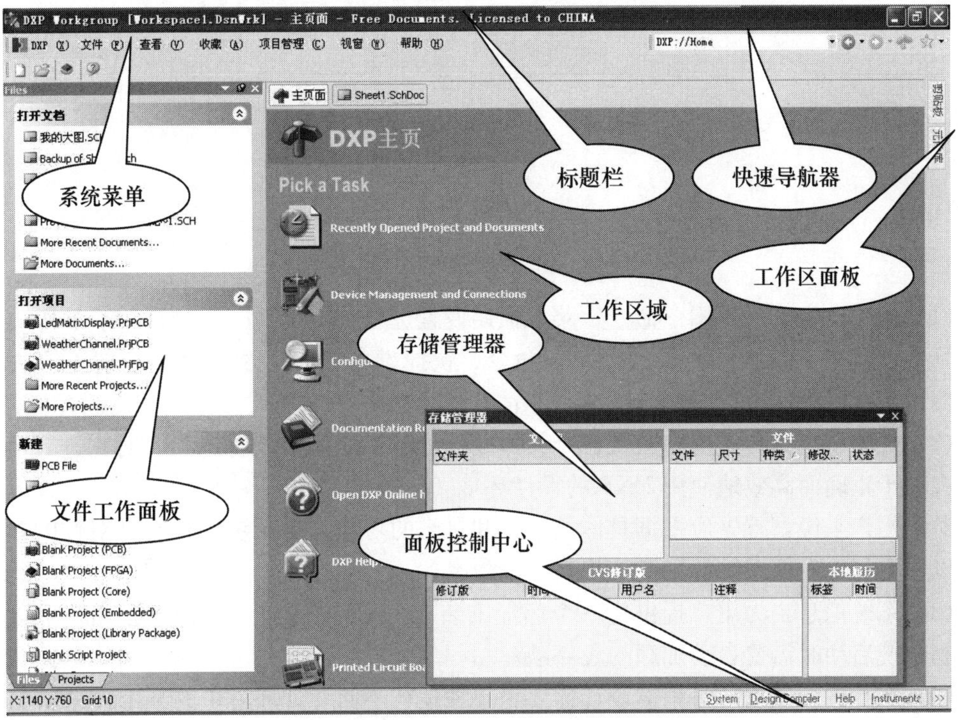

图 12—5　DXP 中文集成开发环境窗口

将中文环境转换为英文环境的设置操作：

在中文环境中，执行主菜单命令 DXP→【优先设定】，使弹出对话框中的“使用经本地化的资源”复选框处于未选中状态，重新启动 DXP 系统后，将进入英文环境。

12.1.3　DXP 的管理界面

在 DXP 集成开发环境的顶部有一个系统菜单栏，如图 12—6 所示。

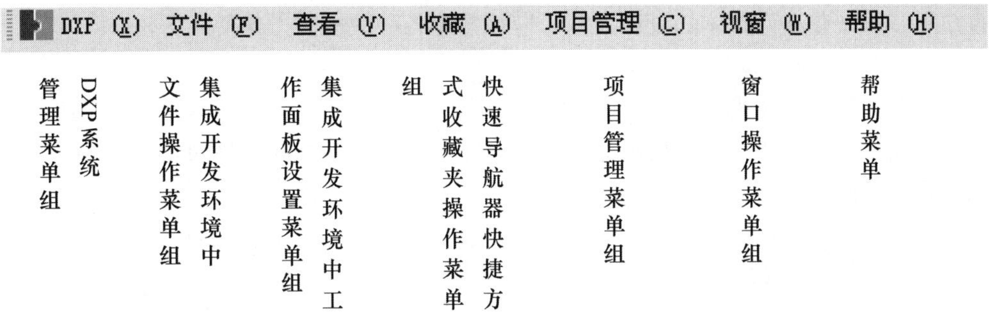

图 12—6　系统菜单栏

DXP 中的主要设置都可以通过这个菜单栏来完成，每个菜单下又有若干个下拉菜单，用于对设计环境进行个性化的设置。每个菜单的主要设置功能如图 12—6 所示。

下面重点介绍系统菜单组的功能（如图 12—7 所示）。

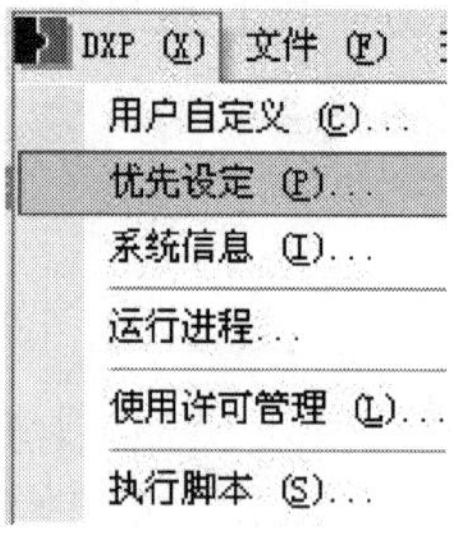

图 12—7　系统菜单组的功能设定框图

（1）用户自定义：是用户命令、菜单惯用设置选项。

具体涉及每个设计环境中的菜单、命令、快捷键的设置，建议用户一般不要去设置它，使用系统的默认设置即可，除非是非常有经验的用户。

（2）优先设定：是系统参数及各个具体设计环境中的参数设置选项，对它进行优先设置将有利于正确而高效地使用 DXP 的设计环境。

对于用户来说，首先应根据具体的条件和自己的习惯，对系统进行有针对性的参数设置，以便更好地发挥系统的功能，提高设计效率。

（3）系统信息：为用户提供每一个已经安装在 DXP 中的服务器信息，用户可以查询或选择系统启动时需要自动加载的程序项。

（4）运行进程：用户可根据设计需要，单独运行不同设计环境中的某个程序项。

（5）使用许可管理：用于激活 DXP 的使用许可管理，用户可以在此处选择不同的激活方式来激活 DXP 系统。

（6）执行脚本：是系统运行调试选项，类似常用的编辑环境中的调试过程。

12.1.4　工作面板

DXP 系统是采用各种不同的工作面板来进行各种管理和操作的，如文件管理面板、项目管理面板、导航器面板、元件库面板等。

这些工作面板几乎包括了所有的编辑和选择功能，灵活地应用它们，会给用户带来极大的方便。所以在进行具体的设计之前，应该熟悉各种面板的操作使用方法。

1. 工作面板的显示

有如下三种显示方式。

（1）隐藏方式：即工作面板不显示在工作区域中，而是隐藏在主页面窗口右下角，我们称之为面板控制中心。

当用到所需的工作面板时，可以单击面板控制中心的标签页【System】或【Design Compiler】，会弹出工作面板菜单，单击菜单中相应的工作面板名称，即可弹出相应的工

作面板窗口，此时的工作面板处于浮动显示状态或锁定显示状态。

也可以通过执行菜单【查看】→【工作区面板】→【System】，同样会弹出工作面板菜单供用户进行选择。

注意：系统的主要控制面板都隐藏在此处，灵活地使用面板控制中心可以让用户得到个性化的设计环境，使设计工作得心应手。

(2) 浮动显示方式：当工作面板处于浮动显示方式时，其右上角有个按钮。

在此方式下，通过光标拖拽可以改变工作窗口的大小和位置。单击右上角的关闭按钮，可以关闭工作窗口，变为隐藏方式。

单击按钮，则工作面板被锁定，同时按钮变为按钮。

(3) 锁定显示方式：当工作面板处于锁定显示方式时，其右上角有个按钮。

在锁定方式下，面板不能被拖动，单击关闭按钮，可以由锁定方式变为隐藏方式。

单击按钮，则工作面板变为浮动方式，同时按钮变为按钮。

注意：也可以用鼠标来进行显示方式的切换，具体方法是：

当面板处于浮动显示或锁定显示方式时，将鼠标放在面板上部的蓝色条上，按住鼠标左键拖动面板可自由移动，此时面板右上角的小图钉不显示。

同样，按住鼠标左键拖动面板向屏幕边缘移动，当出现虚线框时松开鼠标，则面板恢复原来的显示方式。

DXP 系统允许同时打开多个工作面板，这些面板既可以分开摆放，也可以叠加摆放，在叠加摆放状态下，单击面板上方的标题栏，可以进行面板切换显示。

2.【Files】(文件) 面板操作

该面板是 DXP 的文件操作中心，在文件面板中可以轻松地新建或打开各种文件，包括项目文件、设计文件等。当然也可以在系统菜单中完成相应的操作。

打开文件面板的方法如下：

(1) 利用面板控制中心打开。

(2) 直接单击集成开发环境中左边的面板隐藏标签页中的【Files】标签打开。

(3) 执行菜单命令打开。

打开后的【Files】面板如图 12—8 所示。

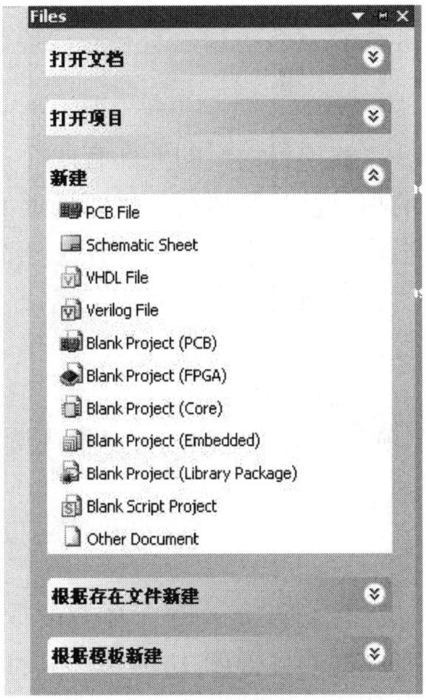

图 12—8　Files 面板

文件面板的操作方法如下：

(1) 单击【打开文档】右侧的展开按钮，可以在展开栏中选择一个已经存在的文件，单击该文件打开。

(2) 单击【打开项目】右侧的展开按钮，可以在展开栏中选择一个已经存在的项目文件，单击该文件打开。

(3)【新建】栏的功能：为用户提供新建一个设计文件或一个项目文件的快捷方式。

该栏列举了许多常用的设计文件类型，单击相应的图标即可生成一个新的设计文件或设计项目。

（4）【根据存在文件新建】栏：表示从已存在的设计文件或项目文件中打开一个设计文档。

（5）【根据模板新建】栏：表示从模板文件中创建一个新的文档，单击右侧的展开按钮，可以在展开栏中选择各种模板文件类型。

注意：当许多选择项区域或菜单栏目内容因为屏幕显示区域大小的限制，不能够完全显示出来时，可单击右侧的隐藏按钮，把展开的区域关闭。

3.【Projects】（项目）面板操作

它是项目管理工作面板，其作用是管理工作区或项目中的所有设计文件，其打开方法与文件面板一样。打开后的项目面板如图 12—9 所示。

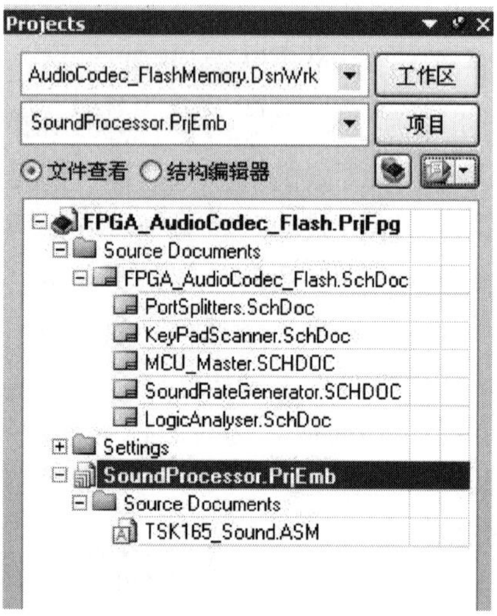

图 12—9　项目面板

在项目面板的上部有两个选择项，分别是【文件查看】与【结构编辑器】，指示打开的项目及其文档在项目面板上的显示方式。系统默认是【文件查看】方式，采用这种方式显示，项目中的所有设计文档都是按照类型来分类管理的。

在项目面板上有 4 个按钮（右上部），通过使用这 4 个按钮，可以完成对工作区、项目及设计文档的各种管理操作。

当打开一个项目组后，“工作区”按钮左侧的信息框内显示了该项目组的文件名，而“项目”按钮左侧的信息框内则显示了当前所选中的项目名称。

知识链接 12.2　Protel DXP 2004 文件管理

在 DXP 系统中，所有的设计文件不是以数据库的形式来组织和存放的，而是采用工程中的项目管理方式，来对设计文件进行组织和管理。在这种管理方式下，设计文件是分散的，甚至可以放置在不同的目录下，必要时使用 Windows Explorer 来查找，直接添加在设计项目中就可以了。

12.2.1　项目及项目文件

在 DXP 中，任何一项设计都被看作是一个项目，在这个项目中，建立了与该设计有关的各种文档的连接关系，并保存了与该设计有关的设置，而各个文档的实际内容并没有真正包含到项目中。

DXP提供了多种类型的项目，主要有PCB项目、FPGA项目、核心项目、集成元件库、嵌入式软件项目、脚本项目等。

项目文件则是设计项目的管理者，DXP允许用户把文件存放在自己喜欢的文件夹中，甚至是同一个项目的设计文件分别存放在不同的文件夹中，用户只要将相关的设计文件加入项目文件中即可。

建议用户在设计一个项目时，新建一个设计文件夹，将设计文件放在一起，这样便于项目的管理、阅读和更改。

项目文件有多种类型，DXP中主要有以下几种：

（1）*.DesWrK—— 工作区文件，用来管理用户的工作环境，以便下次启动后能够保持用户的设计风格。

（2）*.DsnWrK、*.PrjGrP——项目组文件。

（3）*.LibPkg——集成元件库文件，用来管理系统中的集成元件库。

（4）*.Pjt、*.PrjEmb——嵌入式软件项目文件。

（5）*.PrjCor——核心项目文件。

（6）*.PrjFpg、*.PrjFpga——FPGA项目文件。

（7）*.PrjPcb——PCB项目文件。

（8）*.PrjScr——脚本项目文件。

12.2.2　项目的打开与创建

1. 打开项目

两种方法：

（1）执行菜单命令【文件】→【打开项目】。

（2）在文件工作面板上，在【打开项目】栏中直接单击项目名称。

在项目面板上，项目打开的同时，该项目的文档列表也被打开了。不同的文件按照其类别放在不同的文档下，原理图文件和PCB文件放在源文件（Source Documents）下，数据库文件和输出文件放在设置文件（Settings）下，而原理图库文件和PCB库文件放在库文件（Libraries）下。

2. 创建新项目

两种方法：

（1）菜单创建。执行菜单命令【文件】→【创建】→【项目】，在弹出的菜单中列出了可以创建的各种项目类别，如图12—10所示，单击选择即可。

（2）文件面板创建。打开文件面板，在【新建】栏中列出了各种空白项目，单击选择即可。

对于各种类型的项目来说，创建一个新项目的步骤都是相同的。

例12—1　创建一个新的PCB项目。

操作：在项目选择菜单中单击PCB项目，或在文件面板的【新建】栏中单击Blank Project（PCB），则【Projects】面板出现，系统自动在当前的项目面板工作区下面添加了一个新的PCB项目，默认名为“PCB－Project1.PrjPCB”，并在该项目下列出了“No Documents Added”文件夹，如图12—11所示。

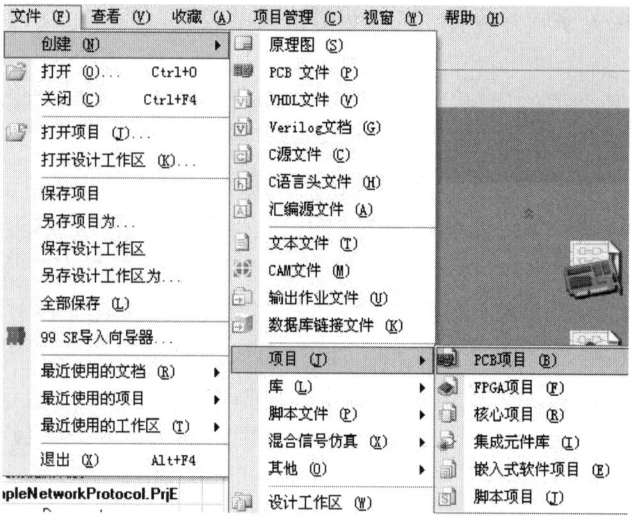

图 12—10　创建项目框图

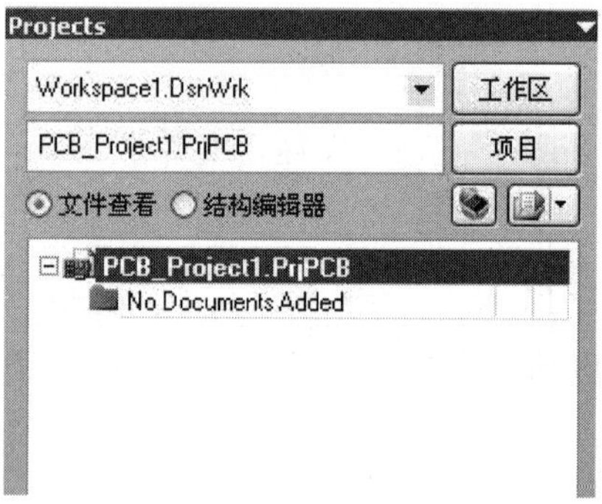

图 12—11　创建 PCB 文件

用户要新创建一个自己的项目，必须把默认的项目另存为其他的名称，如“MyProject”。

操作：执行项目命令菜单中的【另存项目为】，则弹出项目保存对话框，选择保存路径并键入项目名，单击“保存”按钮后，即建立了自己的 PCB 项目“MyProject. PrjPCB”。

12.2.3　创建设计文件

DXP 的每种项目中，都可以包含多种类型的文件，具体的文件类型及相应的扩展名在【File Types】标签页中已列举，用户可以参看并进行设置。

在电路设计过程中，经常用到的几种主要设计文件如表 12—1 所示。

表 12—1　　**经常使用几种主要设计文件**

序号	文件扩展名	设计文件	备注
1	*. Schdoc	原理图设计文件	
2	*. Schlib	原理图库文件	
3	*. Pcbdoc	PCB 设计文件	
4	*. Pcblic	PCB 库文件	

续前表

序号	文件扩展名	设计文件	备注
5	*.Pcb3D	PCB 3D 显示文件	
6	*. Pcb3Dlib	PCB 3D 库文件	
7	*.net	网络表文件	

用户在创建了自己的项目后，就可以在该项目下创建各种设计文件了。

设计文件的创建方法有两种：

(1) 菜单创建。执行菜单命令【文件】→【创建】，在弹出的菜单中列出了可以创建的各种文件类型，如图 12—12 所示，单击选择即可。

(2) 文件面板创建。打开文件面板，在【新建】栏中单击【Other Document】，同样会弹出一个创建文件菜单，单击菜单中的某一类文件，则系统会自动在当前的项目下创建一个相应类型的设计文件，并同时进入相应的设计环境。如图 12—13 所示。

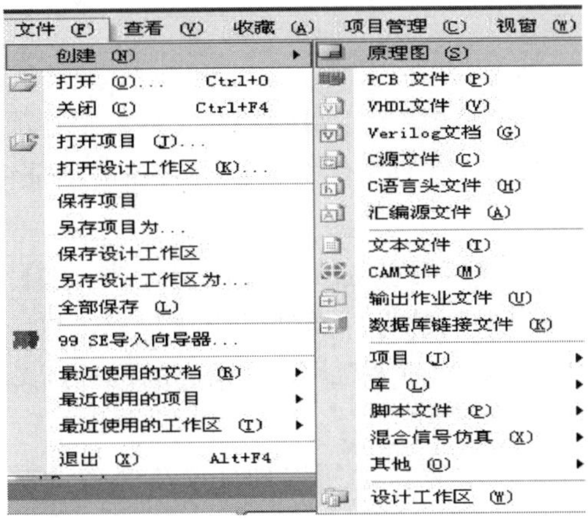

图 12—12　创建原理图文件

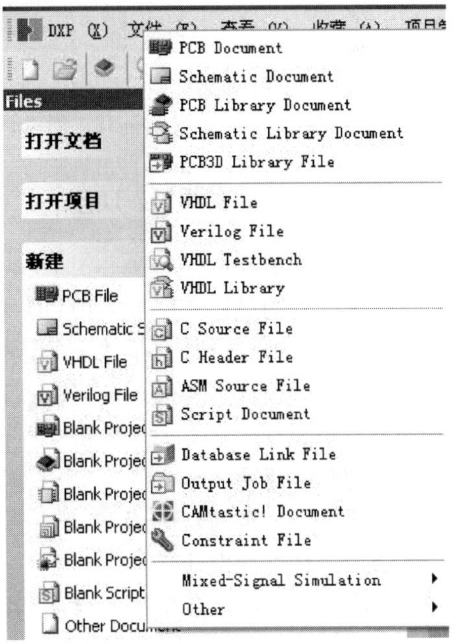

图 12—13　创建文件菜单

例 12—2　创建一个原理图文件。

操作：单击菜单中的【原理图】或【Schematic Document】，则项目面板出现，系统自动创建一个默认名为“Sheet1. SchDoc”的原理图文件，并添加在“MyProject. PrjPCB”项目的源文件夹中，同时原理图的编辑环境打开，供用户进行原理图设计，如图 12—14 所示。

同样，执行文件命令菜单中的【另存为】，则弹出文件保存对话框，选择保存路径并键入项目名，单击“保存”按钮后，即建立了自己的原理图文件“My Sheet1. SchDoc”，如图 12—15 所示。

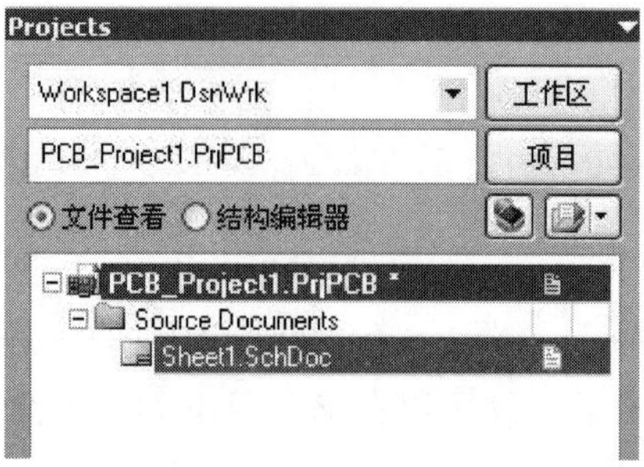

图 12—14 创建一个默认名为“Sheet1. SchDoc”的原理图文件

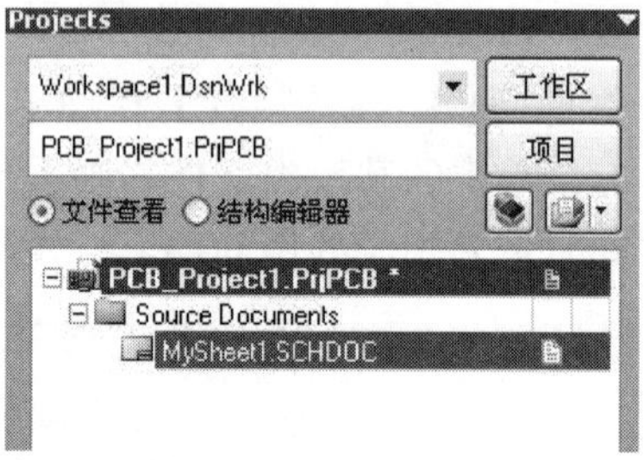

图 12—15 创建原理图文件“My Sheet1. SchDoc”

12.2.4 把设计文件加入项目

有以下两种情况：

(1) 把已有的设计文件加入项目。在项目面板中，选中该项目的项目文件，执行项目命令菜单中的命令【追加已有文件到项目中】，则弹出追加文件对话框，在该对话框中，可以选择已有的设计文件加入到当前项目中。

(2) 把新的设计文件加入项目。在项目面板中，选中要追加文件的项目，执行项目命令菜单中的命令【追加新文件到项目中】，则弹出可追加的文件类型供用户选择，然后单击即可，一个默认名的新的设计文件已自动追加到该项目中了，同时相应的设计环境打开，供用户进行文件设计。

通过执行文件命令菜单中的【另存为】操作，可将默认的所追加的文件另存为其他名称。

12.2.5 在项目中移去设计文件

在项目面板上，选中要移走的设计文件，执行项目命令菜单中的【从项目中删除】命令，则弹出确定删除提示框，单击 Yes 按钮即可完成移去操作。

注意：在项目中移去设计文件，只意味着该设计文件与项目的连接中断，而设计文件的内容并没有被删除，在需要的时候仍然可以将设计文件加入项目中。

12.2.6 工作区

为了对项目和设计文件进行更有效、更协调的管理，DXP 采用了新型的设计工作区 (Design Workspace) 管理方式。

所谓工作区，就是系统为用户提供的一个开发管理环境，在该环境中，可以同时管理多个不同的项目、多个不同的文件。

前面对项目和文件进行的各种操作，都是在工作区内进行的。

对工作区的操作有以下两种。

1. 打开工作区

执行菜单命令【文件】→【打开设计工作区】，系统会弹出设计工作区选择对话框，在该对话框中可以选择一个扩展名为“. DsnWrk”或“. PrjGrp”的项目组文件。

当打开一个项目组时，该项目组下的所有设计项目同时在项目面板中被打开。

2. 新建工作区

执行菜单命令【文件】→【创建】→【设计工作区】，即可新建一个设计工作区，默认名为“Workspace1. DsnWrk”。

用户要新建一个自己的工作区，应该将默认的工作区另存为其他的名称。

具体操作过程：执行工作区菜单命令中的【另存设计工作区为】命令，则系统弹出设计工作区保存对话框，选择适当位置，键入工作区名称，然后单击“保存”按钮，即建立了自己的工作区。

在自己的工作区中，用户就可以创建自己的设计项目或设计文件了。

12. 2. 7　把项目加入工作区

有以下两种情况。

1. 把已存在的项目加入工作区

在项目面板中，选中相应的工作区，执行工作区命令菜单中的命令【追加已存在项目】，则弹出追加项目对话框，在该对话框中，可以选择已存在的项目加入到当前工作区中。

2. 把新项目加入工作区

就是在工作区中新建一个项目，具体操作如下。

在项目面板中，选中相应的工作区，执行工作区命令菜单中的命令【追加新项目】，则弹出可追加的项目类型供用户选择，然后单击即可，一个默认名的新的项目已自动追加到该工作区中了。

任务 2　基本放大电路的绘制

知识链接 12. 3　Protel DXP 2004 电路原理图设计基础

12. 3. 1　电路原理图的设计知识

进行电子电路设计时，首先要有一个设计方案，而将电路设计方案表达出来的最好方法就是画出清晰、正确的电路原理图。同时，利用电路原理图还可以进行各种仿真分析。

1. 电路原理图的设计过程

根据设计需要选择出元器件，并把所选用的元器件和相互之间的连接关系明确地列出，直观地表达出设计概念。

2. 电路原理图的基本组成

就是电子元器件符号和连接导线，电子元器件符号包含了该元器件的功能，连接导线则包含了元器件的电气连接信息。

电路原理图设计的质量好坏直接影响到 PCB 印刷电路板的设计质量。

3. 电路原理图绘制的原则

（1）应该保证整个电路原理图的连线正确，信号流向清晰，便于阅读分析和修改。

（2）应该做到元器件的整体布局合理、美观、实用。

4. 绘制电路原理图的步骤

（1）启动 DXP 原理图编辑器，新建电路原理图文件。

（2）设置原理图的相关参数，如图纸的大小、版面及环境参数等。

（3）加载元件库，在图纸上放置需要的各种元器件。

（4）编辑元器件的属性，并对元器件进行合理的布局调整。

（5）使用导线或网络标签对所有的元器件进行电气意义上的连接。

（6）对电路原理图进行整体的编辑、调整。

（7）保存文档，打印。

12.3.2 原理图编辑环境

1. 创建新原理图文件

DXP 系统采用了以项目为中心的设计环境，在一个项目中，文件与文件之间互有联系，当项目被编辑后，项目中的电路原理图文件或 PCB 印刷电路板文件的任何改变都会被同步更新。

所以，在创建新的原理图文件时，应首先创建一个新的 PCB 项目，然后将所创建的新的原理图文件添加到该项目中。

创建方法如下：

（1）首先选择合适的保存路径，建立一个属于该项目的文件夹，用于专门存放和管理该项目所有的相关设计文件。例如：在“D：\”下面建立一个文件夹“×××”。

（2）创建一个新的 PCB 项目。

执行菜单命令【文件】→【创建】→【项目】→【PCB 项目】，在【Projects】面板上，系统自动创建了一个默认名为“PCB-Project1. PrjPCB”的项目，执行项目命令菜单中的【另存项目为】命令，将其存为自己喜欢或者与设计项目有关的名字。

（3）创建新的原理图文件。

执行项目命令菜单中的【追加新文件到项目中】→【Schematic】，系统将在该 PCB 项目中追加一个新的空白原理图文件，默认名为“Sheet1. SchDoc”。执行文件命令菜单中的【另存为】命令，将其另存为自己喜欢或者与设计项目有关的名字。

对于该项目所在的工作区，用户可以保存为自己的工作区，也可以不保存。

注意：上述操作方法不是必需的，如果用户只是进行单独的原理图设计，就没有必要创建一个项目文件，而是可以直接创建一个原理图文件。对于这样的文件，DXP 系统称之为“自由文档”。

2. 打开原理图编辑环境。

在打开一个原理图设计文件或创建了一个新的原理图文件的同时，DXP 的原理图编辑器将被启动，即打开了电路原理图的编辑环境，如图 12—16 所示。

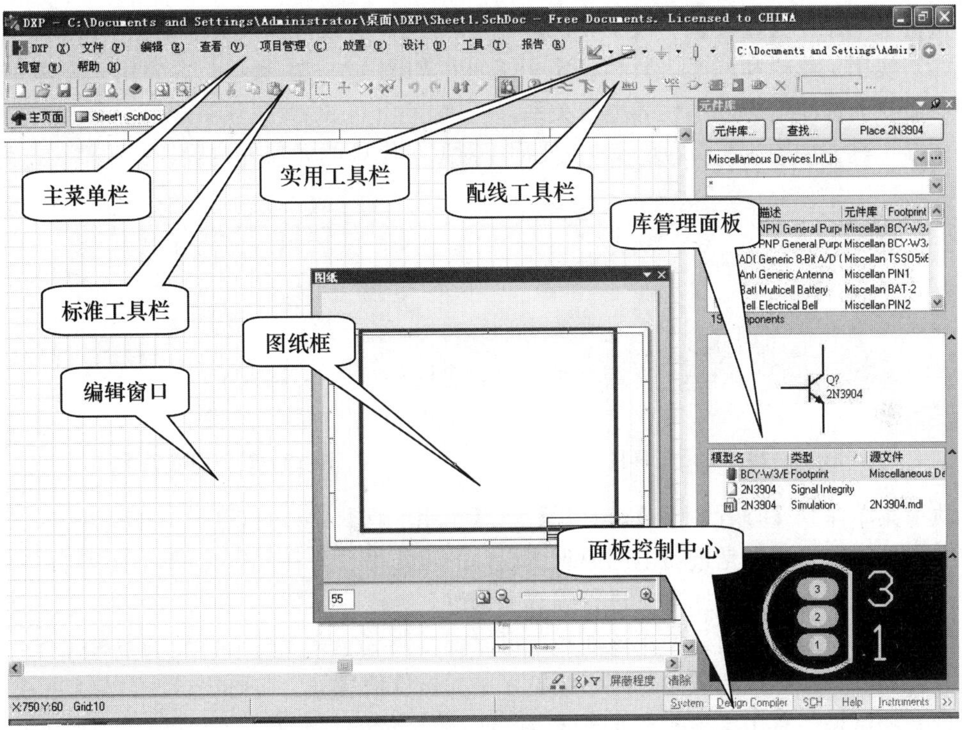

图 12—16　电路原理图的编辑环境对话框

(1) 主菜单栏。DXP 系统对于不同类型的文件进行操作时，主菜单内容会发生相应的改变。在原理图编辑环境下，其主菜单如图 2—17 所示。在设计过程中，对原理图的各种编辑操作都可以通过主菜单栏中的相应命令来完成。

图 12—17　主菜单栏

(2) 标准工具栏。它为用户提供了一些常用的文件操作快捷方式，如打印、缩放、复制、粘贴等，以按钮图标的形式表示，如图 12—18 所示。当把鼠标放置并停留在某个按钮图标上时，则该图标按钮所要完成的功能就会在图标下方提示出来，便于用户操作使用。

图 12—18　标准工具栏

执行菜单命令【查看】→【工具栏】→【原理图标准】，可以对该工具栏进行增减等操作，以便用户创建自己的个性工具栏。(这种方式只能进行打开/关闭操作，不能创建个性工具栏。)

(3) 配线工具栏。它的作用主要是用于放置原理图中的元器件、电源、地、端口、图纸符号、未用管脚标志等，同时完成连线操作。如图 12—19 所示。

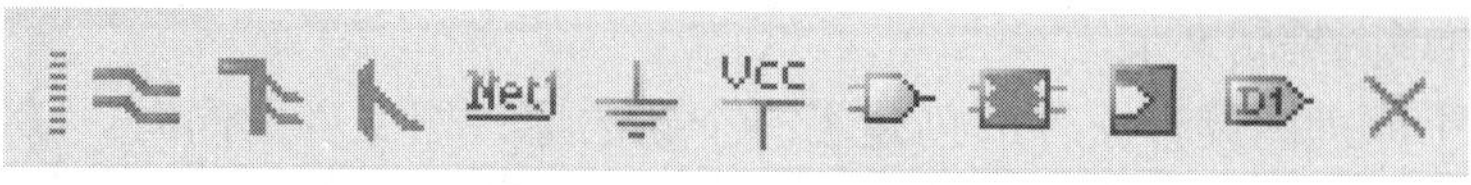

图 12—19　配线工具栏

执行菜单命令【查看】→【工具栏】→【配线】，可以打开或关闭该工具栏。

（4）实用工具栏和调准工具栏。实用工具栏如图 12—20 所示，主要用于在原理图中绘制所需要的标注信息，不代表电气关系。

调准工具栏如图 12—21 所示，主要用于对原理图中的元器件位置进行调整、排列。

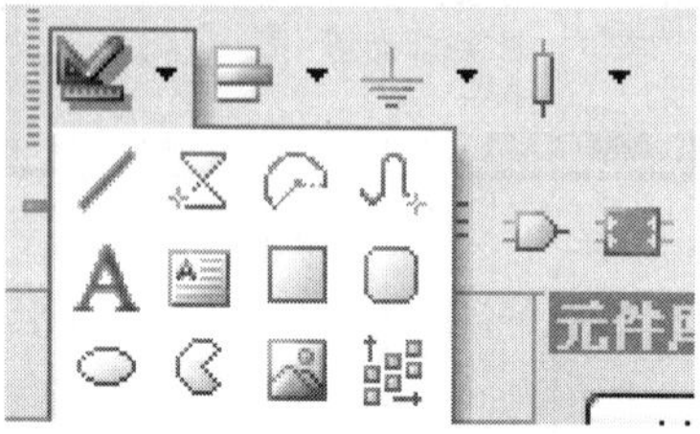

图 12—20　实用工具栏

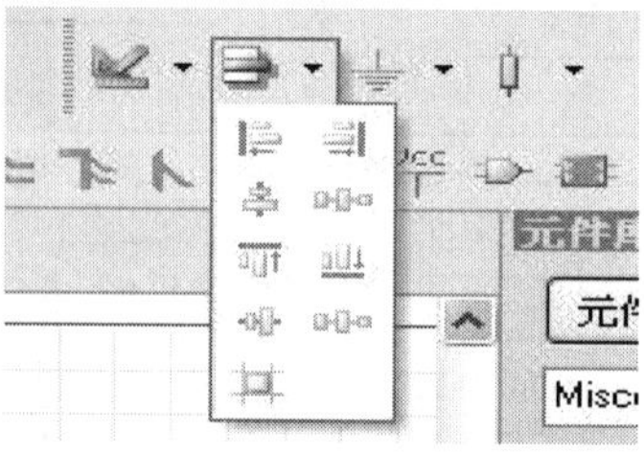

图 12—21　调准工具栏

执行菜单命令【查看】→【工具栏】→【实用工具】，可以打开或关闭这两个工具栏。

（5）编辑窗口。就是进行电路原理图设计的工作平台，在此窗口中，用户可以新画一个原理图，也可以对现有原理图进行编辑和修改。

（6）元件库面板。通过使用该面板，可以方便快捷地完成对元件库的各种操作，如搜索选择元器件、加载或卸载元件库、浏览库中元器件信息等。

（7）图纸框。它用于显示目前编辑窗口中所显示的部分在整张原理图中的大小和位置，为设计者提供明确位置，以便能方便地找到所需要的部分。

随着光标在原理图上的移动，当编辑窗口内容改变时，图纸框中的红色方框也随之移动，灵活指示选中部分在整个原理图中的位置。

（8）面板控制中心。它用来打开或关闭各种工作面板。它与集成开发环境中的面板控制中心相比，增加了一项标签页【SCH】，如图 12—22 所示。

图 12—22　面板控制中心

【SCH】用来打开在原理图编辑环境中要用到的【Filter】（过滤器）面板、【Inspector】（检查器）面板、【List】（列表）面板及图纸框等。

12.3.3　图纸设置

用户可以根据设计对象的复杂程度对图纸的大小及其他相关参数进行定义。

1．设置图纸大小

执行菜单命令【设计】→【文档选项】，或在编辑窗口内单击鼠标右键，在弹出的菜单中执行【选项】→【文档选项】或【文档参数】命令，将会打开一个【文档选项】对话框，如图 12—23 所示。

该对话框中有三个标签页，即图纸选项、参数和单位。

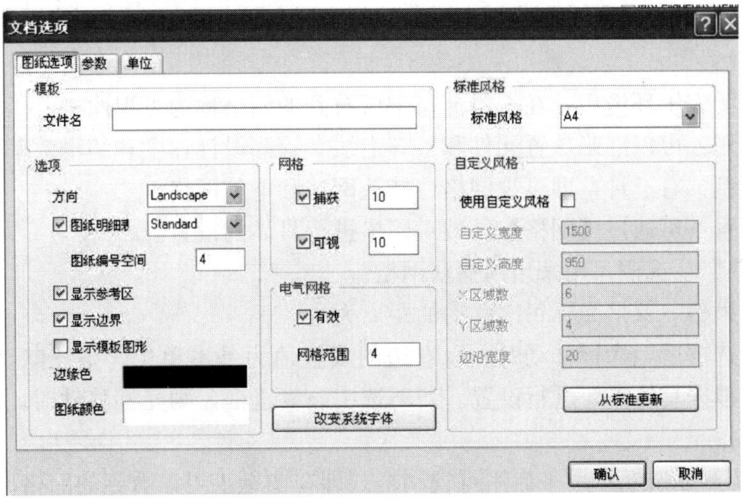

图 12—23　文档选项对话框

选择【图纸选项】标签页，这个标签页的右半部分就是图纸大小的设置部分。

有以下两种设置方式可供根据设计需要进行选择：

（1）标准风格。通过单击右边的按钮，在下拉列表框中选择已定义好的图纸标准尺寸，共有 18 种标准规格，A0～A4 为公制图纸尺寸，A～E 为英制图纸尺寸，OrCAD A～OrCAD E 为 CAD 标准尺寸，还有其他格式三种。选择后，单击对话框下方的“从标准更新”按钮，将对目前的编辑窗口中的图纸尺寸进行更新。

（2）自定义风格。选中【使用自定义风格】复选框，激活自定义功能，在宽度、高度、X 轴参考坐标分格、Y 坐标参考分格及边框宽度文本框中输入自定义的图纸尺寸，然后单击“更新”或“确定”按钮。

2. 设置图纸方向、标题栏和颜色

这些项目的设置可在图 12—23 所示的对话框左侧的【选项】区域中完成。

（1）设置图纸方向。通过“方向”右侧的按钮设置，可设置为水平方向（Landscape）即横向，也可设置为垂直方向（Portrait）即纵向。

（2）设置图纸标题栏。图纸标题栏（明细表）是对设计图纸的附加说明，可以在此栏目中对图纸做简单的描述，也可以作为日后图纸标准化时的信息。

有两种预先定义好的标题栏格式：标准格式（Standard）和美国国家标准格式（ANSI）。选中【图纸明细表】复选框，即可进行标题栏格式选择，并可对图纸进行编号。

（3）设置图纸颜色。单击欲设置的【边缘色】或【图纸颜色】的颜色框，会弹出选择颜色的对话框，点击选中的颜色，会在【新建】栏中相应显示，确认后单击“确认”按钮完成设置。

（4）其他设置。

1）【显示参考区】：用来设置是否显示边框中的参考坐标。

2）【显示边界】：用来设置是否显示图纸边框。

3）【显示模板图形】：用来设置是否显示模板上的图形、文字及专用字符串等。

4）字体、字形、字号的设置：单击“改变系统字体”按钮，会打开字体设置对话框，用户可自行设置。

3. 网格设置

进入原理图编辑环境后，在编辑窗口中所看到的网格称为可视网格。

网格的作用：可以准确放置元件和整齐走线，提高设计速度和编辑效率。

网格的类型：有三种，即可视网格、捕获网格和电气网格。

网格的设置：可通过【网格】区域对网格进行具体的设置。

(1)【捕获】复选框：用来启用捕获网格。

所谓捕获风格，就是光标每次移动的距离大小。

选中该复选框后，光标移动时，以右边的设置值为基本单位，系统默认值为 10 个像素点，用户可根据具体需要进行设置。若不选中该复选框，则光标移动时，以 1 个像素点为基本单位。

(2)【可视】复选框：用来启用可视网格。即在图纸上可以看到的网格。

选中该复选框后，可对图纸上网格间的距离进行具体的设置。系统默认值为 10 个像素点。若不选中该复选框，则图纸上将不显示网格。

(3)【电气网格】：用来引导布线。该项设置非常有用，当进行画线操作或对元件进行电气连接时，此功能可以让用户非常轻松地捕捉到起始点或元器件的管脚。

(4)【有效】复选框：功能是系统能够自动寻找电气节点。即选中该复选框后，在绘制连线时，系统会以光标所在位置为中心，以【网格范围】中的设置值为半径，向四周搜索电气节点。如果在搜索半径内有电气节点，则光标将自动移动到这个节点上，并在该节点上显示一个亮圆点。

执行菜单命令【查看】→【网格】，弹出的菜单用于切换三种网格的启用状态，如图 12—24 中所示。

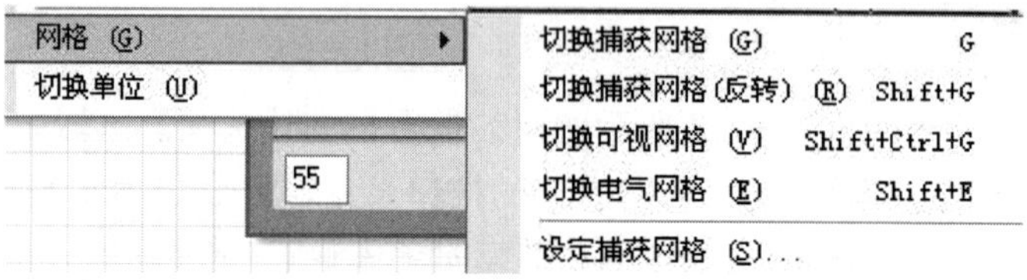

图 12—24 网格的切换

选择【设定捕获网格】，可以输入捕获网格的数值。

4. 设置图纸设计信息

此项记录了电路原理图的设计信息和更新记录，它可以使用户更系统、更有效地对自己设计的图纸进行管理。

实训任务 1 认识 Protel DXP 2004 的主窗口

【实训目的和任务】

1. 掌握软件的打开方法。
2. 能区分 Protel 软件主窗口的名称及作用。

3. 掌握原理图绘制的工作区域。

【实训仪器】

安装有 Protel DXP 2004 软件的计算机一台。

【实训步骤】

认识 Protel DXP 2004 主窗口（见图 12—25），将各窗口的名称填入对应的方框内。

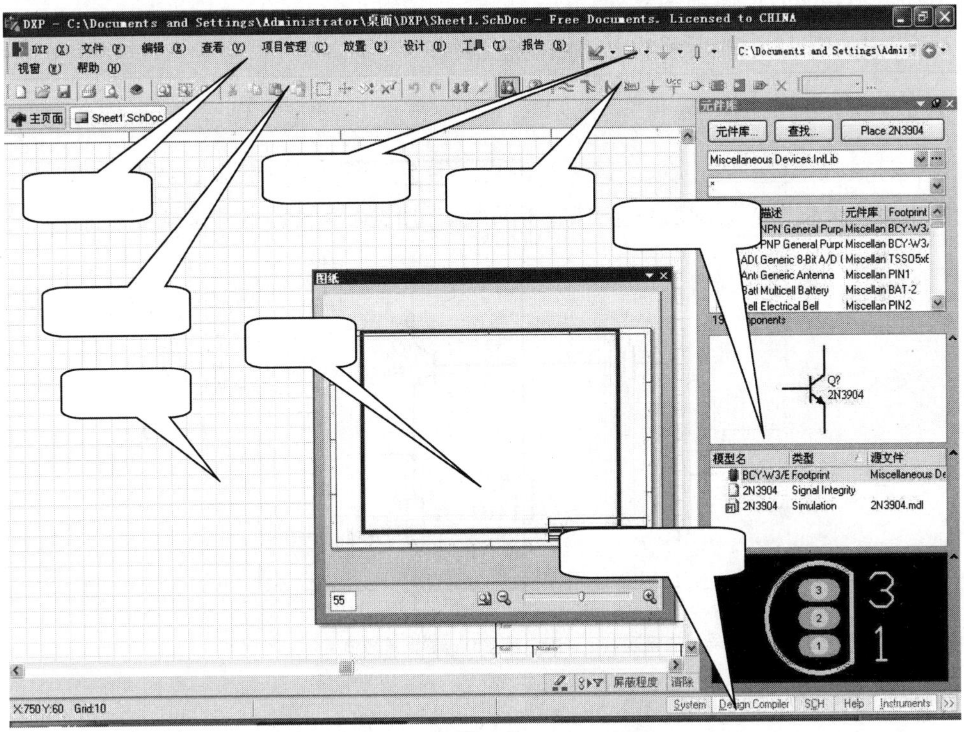

图 12—25 Protel DXP 2004 主窗口

实训任务 2 基本放大电路的绘制

【实训目的和任务】

1. 掌握元件的找取和放置。
2. 能简单绘制基本的电路图

【实训仪器】

安装有 Protel DXP 2004 软件的计算机一台。

【实训步骤】

1. 启动软件
单击桌面上的快捷方式启动。

2. 设置原理图相关参数

执行菜单命令【设计】→【文档选项】，或在编辑窗口内单击鼠标右键，在弹出的菜单中执行【选项】→【文档选项】或【文档参数】命令，将会打开一个【文档选项】对话框。

3. 创建原理图元件文件

执行菜单命令【文件】→【创建】→【项目】→【PCB 项目】，在【Projects】面板上，系统自动创建了一个默认名为"PCB-Project1. PrjPCB"的项目。创建新的原理图文件。

执行项目命令菜单中的【追加新文件到项目中】→【Schematic】，系统将在该 PCB 项目中追加一个新的空白原理图文件

4. 完成如图 12—26 所示的电路图的绘制。

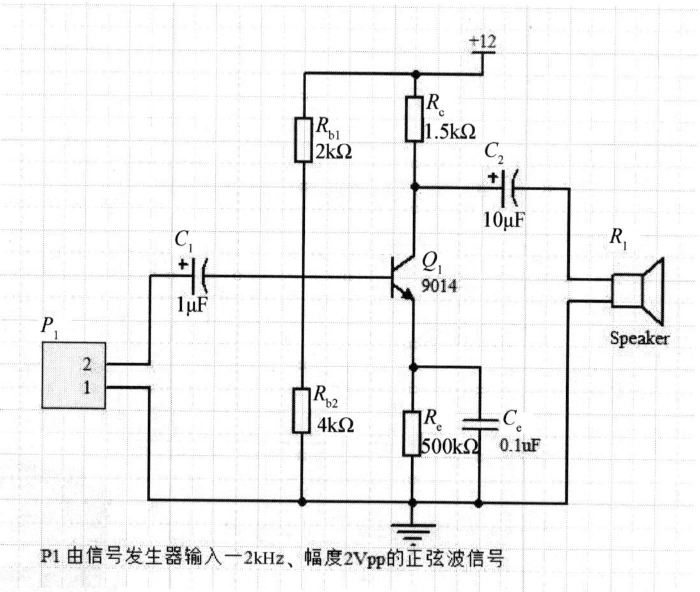

图 12—26

【项目小结】

1. 本项目重点任务为认识 Protel DXP 2004 的界面组成。
2. 掌握项目文件的新建及文件的管理。
3. 熟悉绘图工具的正确使用。

【知识能力测验】

一、填空题

1. Protel DXP 是________公司生产的电路板设计系统的最新版本。
2. Protel DXP 主要由四大部分组成：________、________、________、________。
3. Protel DXP 主窗口即 Design Explorer DXP 窗口，该窗口主要由________、________、________、________、________等组成。
4. 工作区面板可以通过________、________或________显示方式适应桌面工作环境。
5. 原理图设计系统主要用于________的设计，印制电路板设计系统主要用于

________的设计。

6. CAD是________的简称，列出一种CAD软件________。

二、判断题

1. 在Protel DXP中用户只能单独完成设计项目，不能通过网络完成设计项目。（　　）

2. 按组合键Alt+F4可以关闭Protel DXP。（　　）

3. 在Protel DXP中一定要建立项目后才可以新建原理图文件。（　　）

三、选择题

1. 电子线路设计自动化软件的英文缩写为（　　）。

A. CAM　　B. CAD　　C. EDA　　D. CAE

2. 状态栏的打开和关闭可利用菜单进行设置，方法为执行菜单命令（　　）。

A. [View]/[Status Bar]　　B. [View]/[Command Status]

C. [View]/[Toolbars]　　D. [View]/[Workspace Panels]

3. Protel DXP中项目文件的文件名后缀为（　　）。

A. .IntLib　　B. .SchDoc

C. .PcbDoc　　D. .PrjPCB

四、简答题

叙述原理图的一般设计流程。

附录1　常用电子元器件手册

第1节　部分电气图形符号

一、电阻器、电容器、电感器和变压器的相关图形符号

图形符号	名称与说明	图形符号	名称与说明
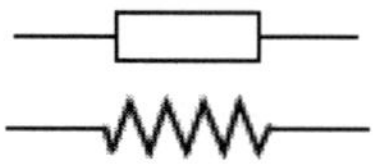	电阻器一般符号		电感器、线圈、绕组或扼流图。注：符号中半圆数不得少于3个
	可变电阻器或可调电阻器	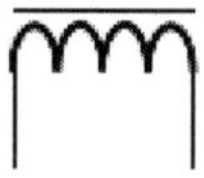	带磁芯、铁芯的电感器
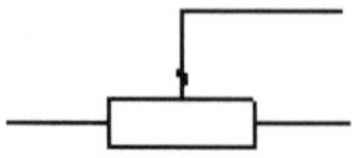	滑动触点电位器		带磁芯连续可调的电感器
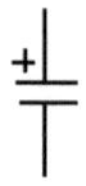	极性电容		双绕组变压器 注：可增加绕组数目
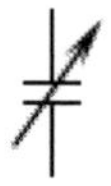	可变电容器或可调电容器		绕组间有屏蔽的双绕组变压器 注：可增加绕组数目
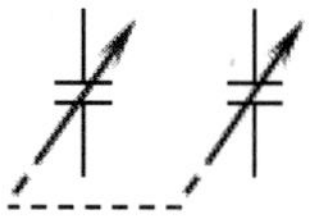	双联同调可变电容器。注：可增加同调联数		在一个绕组上有抽头的变压器
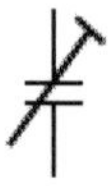	微调电容器		

二、半导体管的相关图形符号

图形符号	名称与说明	图形符号	名称与说明
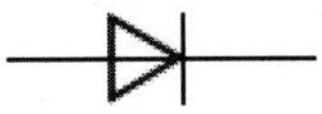	二极管	(1) (2) 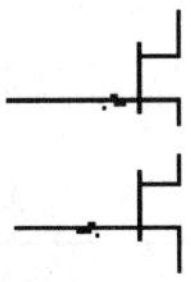	JFET 结型场效应管 (1) N 沟道 (2) P 沟道
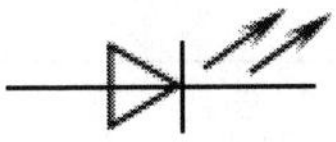	发光二极管		
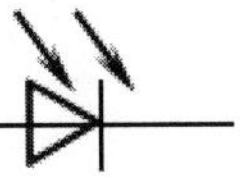	光电二极管	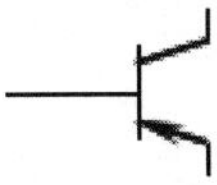	PNP 型晶体三极管
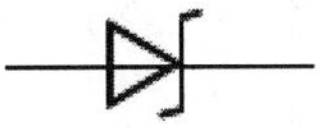	稳压二极管	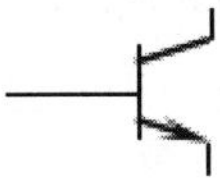	NPN 型晶体三极管
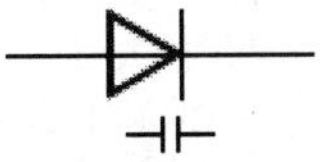	变容二极管	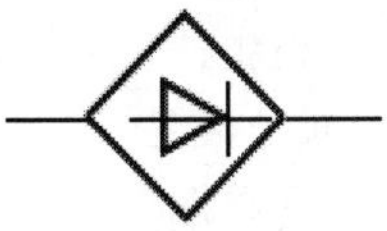	全波桥式整流器

三、其他电气图形符号

图形符号	名称与说明	图形符号	名称与说明
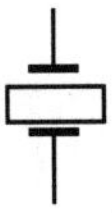	具有两个电极的压电晶体 注：电极数目可增加	 或 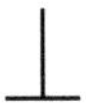	接机壳或底板
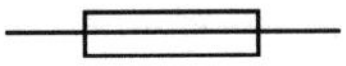	熔断器	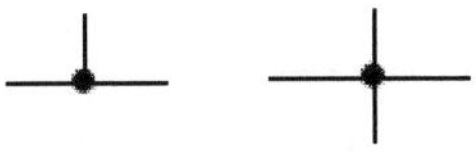	导线的连接
	指示灯及信号灯	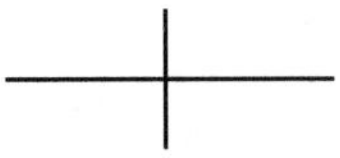	导线的不连接
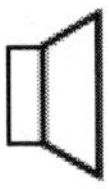	扬声器		动合（常开）触点开关
	蜂鸣器		动断（常闭）触点开关
	接大地	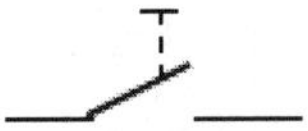	手动开关

第 2 节　常用电子元器件的型号命名法及主要技术参数

一、电阻器和电位器

1. 电阻器和电位器的型号命名方法

电阻器和电位器的型号命名方法

第一部分：主称		第二部分：材料		第三部分：特征分类			第四部分：序号
符号	意义	符号	意义	符号	意义		
					电阻器	电位器	
R	电阻器	T	碳膜	1	普通	普通	对主称、材料相同，仅性能指标、尺寸大小有差别，但基本不影响互换使用的产品，给予同一序号；若性能指标、尺寸大小明显影响互换时，则在序号后面用大写字母作为区别代号
W	电位器	H	合成膜	2	普通	普通	
		S	有机实芯	3	超高频	—	
		N	无机实芯	4	高阻	—	
		J	金属膜	5	高温	—	
		Y	氧化膜	6	—	—	
		C	沉积膜	7	精密	精密	
		I	玻璃釉膜	8	高压	特殊函数	
		P	硼碳膜	9	特殊	特殊	
		U	硅碳膜	G	高功率	—	
		X	线绕	T	可调	—	
		M	压敏	W	—	微调	
		G	光敏	D	—	多圈	
		R	热敏	B	温度补偿用	—	
				C	温度测量用	—	
				P	旁热式	—	
				W	稳压式	—	
				Z	正温度系数	—	

示例：

（1）精密金属膜电阻器：

R　J　7　3

3 —— 第四部分：序号
7 —— 第三部分：类别（精密）
J —— 第二部分：材料（金属膜）
R —— 第一部分：主称（电阻器）

（2）多圈线绕电位器：

W　X　D　3

3 —— 第四部分：序号
D —— 第三部分：类别（多圈）
X —— 第二部分：材料（线绕）
W —— 第一部分：主称（电位器）

2. 电阻器的主要技术指标

(1) 额定功率。

电阻器在电路中长时间连续工作不损坏，或不显著改变其性能所允许消耗的最大功率称为电阻器的额定功率。电阻器的额定功率并不是电阻器在电路中工作时一定要消耗的功率，而是电阻器在电路工作中所允许消耗的最大功率。不同类型的电阻具有不同系列的额定功率。

电阻器的功率等级

名称	额定功率（W）					
实芯电阻器	0.25	0.5	1	2	5	—
线绕电阻器	0.5 25	1 35	2 50	6 75	10 100	15 150
薄膜电阻器	0.025 2	0.05 5	0.125 10	0.25 25	0.5 50	1 100

(2) 标称阻值。

阻值是电阻的主要参数之一。不同类型的电阻，阻值范围不同；不同精度的电阻，阻值系列亦不同。根据国家标准，常用的标称电阻值系列如下所示。E24、E12 和 E6 系列也适用于电位器和电容器。

标称值系列

标称值系列	精度	电阻器（W）、电位器（W）、电容器标称值（pF）							
E24	±5%	1.0 2.2 4.7	1.1 2.4 5.1	1.2 2.7 5.6	1.3 3.0 6.2	1.5 3.3 6.8	1.6 3.6 7.5	1.8 3.9 8.2	2.0 4.3 9.1
E12	±10%	1.0 3.3	1.2 3.9	1.5 4.7	1.8 5.6	2.2 6.8	2.7 8.2	—	—
E6	±20%	1.0	1.5	2.2	3.3	4.7	6.8	8.2	—

表中数值再乘以 10^n，其中 n 为正整数或负整数。

(3) 允许误差等级。电阻的精度等级如下所示。

电阻的精度等级

允许误差（%）	±0.001	±0.002	±0.005	±0.01	±0.02	±0.05	±0.1
等级符号	E	X	Y	H	U	W	B
允许误差（%）	±0.2	±0.5	±1	±2	±5	±10	±20
等级符号	C	D	F	G	J（I）	K（Ⅱ）	M（Ⅲ）

3. 电阻器的标志内容及方法

(1) 文字符号直标法。

用阿拉伯数字和文字符号两者有规律的组合来表示标称阻值、额定功率、允许误差等级等。符号前面的数字表示整数阻值，后面的数字依次表示第一位小数阻值和第二位小数阻值，其文字符号所表示的单位如下所示。如 1R5 表示 1.5Ω，2K7 表示 2.7kΩ。

文字符号对应电阻器的表示单位

文字符号	R	K	M	G	T
表示单位	欧姆（Ω）	千欧姆（10^3Ω）	兆欧姆（10^6Ω）	千兆欧姆（10^9Ω）	兆兆欧姆（10^{12}Ω）

例如：

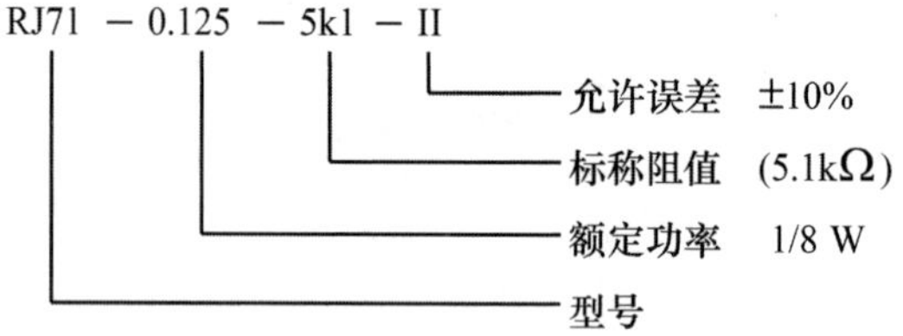

由标号可知，它是精密金属膜电阻器，额定功率为1/8W，标称阻值为5.1kΩ，允许误差为±10%。

（2）色标法。

色标法是将电阻器的类别及主要技术参数的数值用颜色（色环或色点）标注在它的外表面上。色标电阻（色环电阻）器可分为三环、四环、五环三种标法。其含义如下所示。

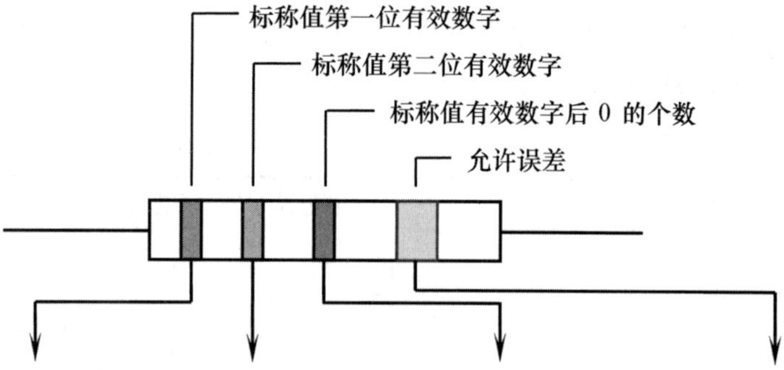

颜色	第一位有效值	第二位有效值	倍率	允许偏差
黑	0	0	10^0	
棕	1	1	10^1	
红	2	2	10^2	
橙	3	3	10^3	
黄	4	4	10^4	
绿	5	5	10^5	
蓝	6	6	10^6	
紫	7	7	10^7	
灰	8	8	10^8	
白	9	9	10^9	－20%～＋50%
金			10^{-1}	±5%
银			10^{-2}	±10%
无色				±20%

两位有效数字阻值的色环表示法

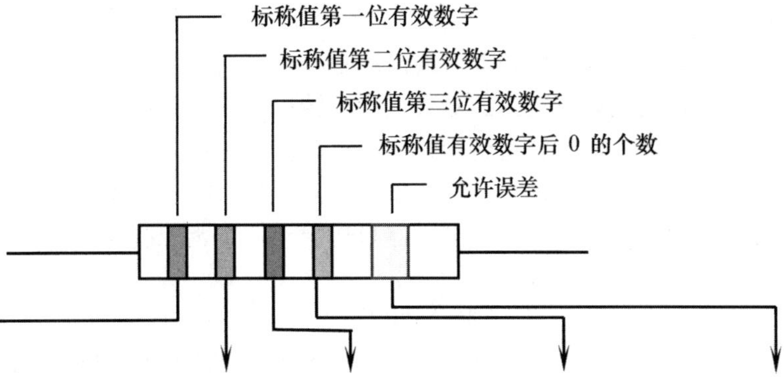

颜色	第一位有效值	第二位有效值	第三位有效值	倍率	允许偏差
黑	0	0	0	10^0	
棕	1	1	1	10^1	±1%
红	2	2	2	10^2	±2%
橙	3	3	3	10^3	
黄	4	4	4	10^4	
绿	5	5	5	10^5	±0.5%
蓝	6	6	6	10^6	±0.25
紫	7	7	7	10^7	±0.1%
灰	8	8	8	10^8	
白	9	9	9	10^9	
金				10^{-1}	
银				10^{-2}	

三位有效数字阻值的色环表示法

三色环电阻器的色环表示标称电阻值（允许误差均为±20%）。例如，色环为棕黑红，表示 $10\times10^2=1.0\text{k}\Omega\pm20\%$的电阻器。

四色环电阻器的色环表示标称值（二位有效数字）及精度。例如，色环为棕绿橙金表示 $15\times10^3=15\text{k}\Omega\pm5\%$的电阻器。

五色环电阻器的色环表示标称值（三位有效数字）及精度。例如，色环为红紫绿黄棕表示 $275\times10^4=2.75\text{M}\Omega\pm1\%$的电阻器。

一般四色环和五色环电阻器表示允许误差的色环的特点是该环离其他环的距离较远。较标准的表示应是表示允许误差的色环的宽度是其他色环的（1.5～2）倍。

有些色环电阻器由于厂家生产不规范，无法用上面的特征判断，这时只能借助万用表判断。

4. 电位器的主要技术指标

(1) 额定功率。

电位器的两个固定端上允许耗散的最大功率为电位器的额定功率。使用中应注意额定功率不等于中心抽头与固定端的功率。

(2) 标称阻值。

标在产品上的名义阻值，其系列与电阻的系列类似。

(3) 允许误差等级。

实测阻值与标称阻值误差范围根据不同精度等级可允许±20%、±10%、±5%、±2%、±1%的误差。精密电位器的精度可达±0.1%。

（4）阻值变化规律。

指阻值随滑动片触点旋转角度（或滑动行程）之间的变化关系，这种变化关系可以是任何函数形式，常用的有直线式、对数式和反转对数式（指数式）。

在使用中，直线式电位器适合于作分压器；反转对数式（指数式）电位器适合于作收音机、录音机、电唱机、电视机中的音量控制器。维修时若找不到同类品，可用直线式代替，但不宜用对数式代替。对数式电位器只适合于作音调控制等。

5．电位器的一般标志方法

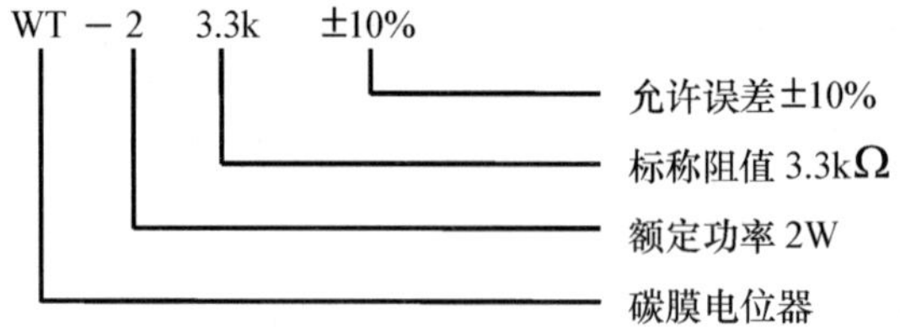

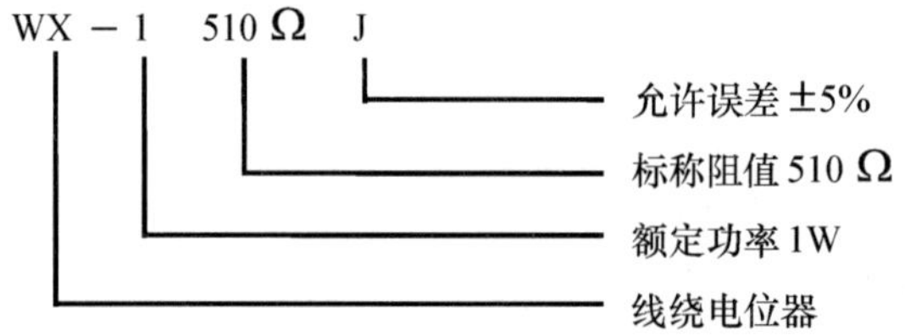

二、电容器

1．电容器型号命名法

电容器型号命名法

<table>
<tr><th colspan="2">第一部分：主称</th><th colspan="2">第二部分：材料</th><th colspan="6">第三部分：特征、分类</th><th rowspan="3">第四部分：序号</th></tr>
<tr><th rowspan="2">符号</th><th rowspan="2">意义</th><th rowspan="2">符号</th><th rowspan="2">意义</th><th rowspan="2">符号</th><th colspan="5">意义</th></tr>
<tr><th>瓷介</th><th>云母</th><th>玻璃</th><th>电解</th><th>其他</th></tr>
<tr><td rowspan="16"></td><td rowspan="16">电容器</td><td>C</td><td>瓷介</td><td>1</td><td>圆片</td><td>非密封</td><td>—</td><td>箔式</td><td>非密封</td><td rowspan="16">对主称、材料相同，仅尺寸、性能指标略有不同，但基本不影响互换使用的产品，给予同一序号；若尺寸性能指标的差别明显；影响互换使用时，则在序号后面用大写字母作为区别代号</td></tr>
<tr><td>Y</td><td>云母</td><td>2</td><td>管形</td><td>非密封</td><td>—</td><td>箔式</td><td>非密封</td></tr>
<tr><td>I</td><td>玻璃釉</td><td>3</td><td>迭片</td><td>密封</td><td>—</td><td>烧结粉固体</td><td>密封</td></tr>
<tr><td>O</td><td>玻璃膜</td><td>4</td><td>独石</td><td>密封</td><td>—</td><td>烧结粉固体</td><td>密封</td></tr>
<tr><td>Z</td><td>纸介</td><td>5</td><td>穿心</td><td>—</td><td>—</td><td>—</td><td>穿心</td></tr>
<tr><td>J</td><td>金属化纸</td><td>6</td><td>支柱</td><td>—</td><td>—</td><td>—</td><td>—</td></tr>
<tr><td>B</td><td>聚苯乙烯</td><td>7</td><td>—</td><td>—</td><td>—</td><td>无极性</td><td>—</td></tr>
<tr><td>L</td><td>涤纶</td><td>8</td><td>高压</td><td>高压</td><td>—</td><td>—</td><td>高压</td></tr>
<tr><td>Q</td><td>漆膜</td><td>9</td><td>—</td><td>—</td><td>—</td><td>特殊</td><td>特殊</td></tr>
<tr><td>S</td><td>聚碳酸酯</td><td>J</td><td colspan="5">金属膜</td></tr>
<tr><td>H</td><td>复合介质</td><td>W</td><td colspan="5">微调</td></tr>
<tr><td>D</td><td>铝</td><td rowspan="6"></td><td colspan="5" rowspan="6"></td></tr>
<tr><td>A</td><td>钽</td></tr>
<tr><td>N</td><td>铌</td></tr>
<tr><td>G</td><td>合金</td></tr>
<tr><td>T</td><td>钛</td></tr>
<tr><td>E</td><td>其他</td></tr>
</table>

示例如下：

（1）铝电解电容器。

C D 1 1

第四部分：序号
第三部分：特征分类（箔式）
第二部分：材料（铝）
第一部分：主称（电容器）

（2）圆片形瓷介电容器。

C C 1－1

第四部分：序号
第三部分：特征分类（圆片）
第二部分：材料（瓷介质）
第一部分：主称（电容器）

（3）纸介金属膜电容器。

C Z J X

第四部分：序号
第三部分：特征分类（金属膜）
第二部分：材料（纸介）
第一部分：主称（电容器）

2. 电容器的主要技术指标

（1）电容器的耐压。

常用固定式电容的直流工作电压系列为：6.3V，10V，16V，25V，40V，63V，100V，160V，250V，400V。

（2）电容器容许误差等级。

电容器容许误差等级

容许误差	±2%	±5%	±10%	±20%	－30%～＋20%	－20%～＋50%	－10%～100%
级别	0.2	I	II	III	IV	V	VI

电容常用字母代表误差如下：B——±0.1%，C——±0.25%，D——±0.5%，F——±1%，G——±2%，J——±5%，K——±10%，M——±20%，N——±30%，Z——－20%～80%。

（3）标称电容量。

固定式电容器标称容量系列和容许误差

系列代号	E24	E12	E6
容许误差	±5%	±10%	±20%
标称容量对应值	10，11，12，13，15，16，18，20，22，24，27，30，33，36，39，43，47，51，56，62，68，75，82，90	10，12，15，18，22，27，33，39，47，56，68，82	10，15，22，23，47，68

注：标称电容量为表中数值或表中数值再乘以10^n，其中 n 为正整数或负整数，单位为 pF。

3. 电容器的标志方法

（1）直标法。

容量单位：F（法拉）、μF（微法）、nF（纳法）、pF（皮法或微微法）。

1 法拉 $=10^6$ 微法 $=10^{12}$ 微微法，1 微法 $=10^3$ 纳法 $=10^6$ 微微法

1 纳法 $=10^3$ 微微法

例如：4n7 表示 4.7nF 或 4 700pF；0.22 表示 0.22μF；51 表示 51pF。

有时用大于 1 的两位以上的数字表示单位为 pF 的电容，例如 101 表示 100 pF；用小于 1 的数字表示单位为 μF 的电容，例如 0.1 表示 0.1μF。

（2）数码表示法。

一般用三位数字来表示容量的大小，单位为 pF。前两位为有效数字，后一位表示位率。即乘以 10^i，i 为第三位数字，若第三位数字 9，则乘 10^{-1}。如 223J 代表 22×10^3pF＝22 000pF＝0.22μF，允许误差为±5%；又如 479K 代表 47×10^{-1}pF，允许误差为±5%的电容。这种表示方法最为常见。

（3）色码表示法。

这种表示法与电阻器的色环表示法类似，颜色涂于电容器的一端或从顶端向引线排列。色码一般只有三种颜色，前两环为有效数字，第三环为位率，单位为 pF。有时色环较宽，如红红橙，两个红色环涂成一个宽的，表示 22 000pF。

三、电感器

1. 电感器的分类

常用的电感器有固定电感器、微调电感器、色码电感器等。变压器、阻流圈、振荡线圈、偏转线圈、天线线圈、中周、继电器以及延迟线和磁头等，都属电感器种类。

2. 电感器的主要技术指标

（1）电感量。

在没有非线性导磁物质存在的条件下，一个载流线圈的磁通量与线圈中的电流成正比，其比例常数称为自感系数，用 L 表示，简称为电感。即：

$$L=\frac{\varphi}{I}$$

式中，φ 为磁通量；I 为电流强度。

（2）固有电容。

线圈各层、各匝之间、绕组与底板之间都存在着分布电容。统称为电感器的固有电容。

（3）品质因数。

电感线圈的品质因数定义为：

$$Q=\frac{\omega L}{R}$$

式中，ω 为工作角频率；L 为线圈电感量；R 为线圈的总损耗电阻。

（4）额定电流。

线圈中允许通过的最大电流。

（5）线圈的损耗电阻。

线圈的直流损耗电阻。

3. 电感器电感量的标志方法

（1）直标法。

单位有 H（亨利），mH（毫亨），μH（微亨）。

（2）数码表示法。

方法与电容器的表示方法相同。

（3）色码表示法。

这种表示法也与电阻器的色标法相似，色码一般有四种颜色，前两种颜色为有效数字，第三种颜色为倍率，单位为 μH，第四种颜色是误差位。

四、半导体分立器件

1. 半导体分立器件的命名方法

（1）我国半导体分立器件的命名法。

国产半导体分立器件型号命名法

第一部分		第二部分		第三部分				第四部分	第五部分
用数字表示器件电极的数目		用汉语拼音字母表示器件的材料和极性		用汉语拼音字母表示器件的类型				用数字表示器件序号	用汉语拼音表示规格的区别代号
符号	意义	符号	意义	符号	意义	符号	意义		
2	二极管	A	N型，锗材料	P	普通管	D	低频大功率管		
		B	P型，锗材料	V	微波管		（f_α<3MHz，		
		C	N型，硅材料	W	稳压管		P_C≥1W）		
		D	P型，硅材料	C	参量管	A	高频大功率管		
				Z	整流管		（f_α≥3MHz		
3	三极管	A	PNP型，锗材料	L	整流堆		P_C≥1W）		
		B	NPN型，锗材料	S	隧道管	T	半导体闸流管		
		C	PNP型，硅材料	N	阻尼管		（可控硅整流器）		
		D	NPN型，硅材料	U	光电器件	Y	体效应器件		
		E	化合物材料	K	开关管	B	雪崩管		
				X	低频小功率管	J	阶跃恢复管		
					（f_α<3MHz，	CS	场效应器件		
					P_C<1W）	BT	半导体特殊器件		
				G	高频小功率管	FH	复合管		
					（f_α≥3MHz	PIN	PIN型管		
					P_C<1W）	JG	激光器件		

举例如下。

1）锗材料PNP型低频大功率三极管。

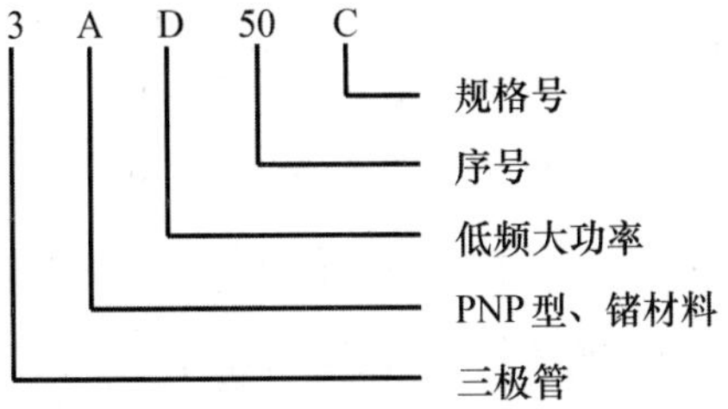

2）硅材料NPN型高频小功率三极管。

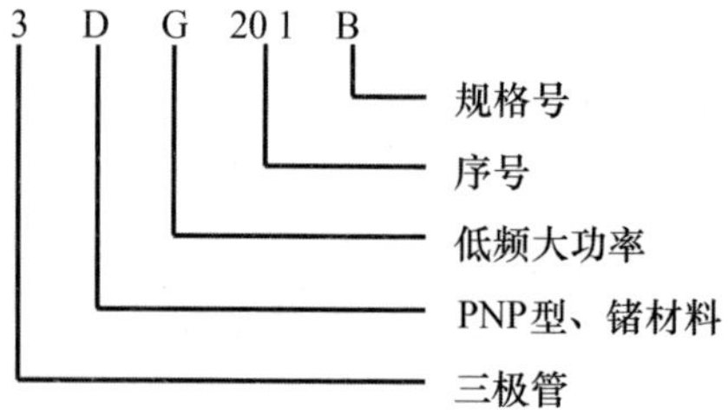

3）N 型硅材料稳压二极管。

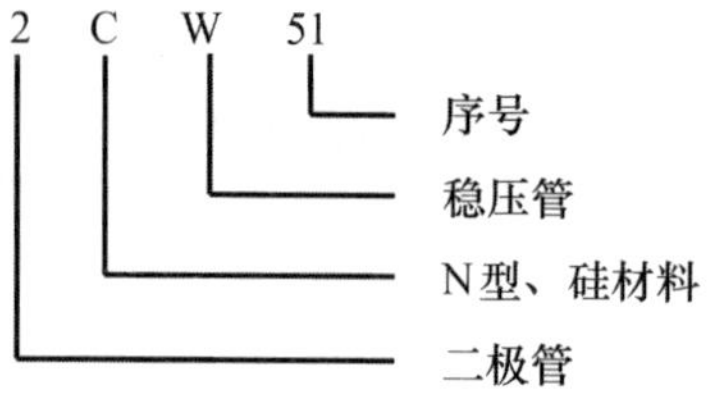

4）单结晶体管。

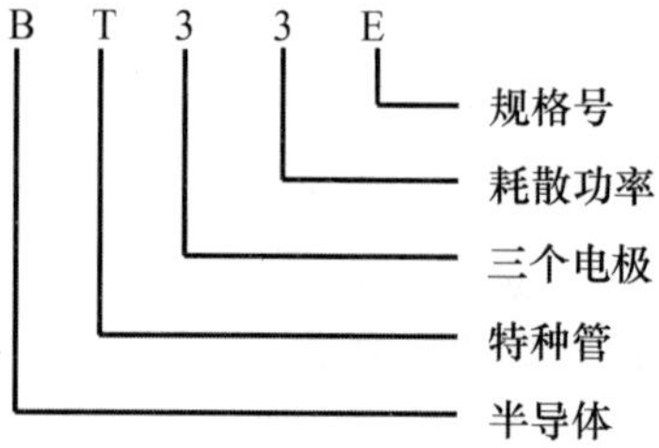

（2）国际电子联合会半导体器件命名法。

国际电子联合会半导体器件型号命名法

第一部分		第二部分				第三部分		第四部分	
用字母表示使用的材料		用字母表示类型及主要特性				用数字或字母加数字表示登记号		用字母对同一型号者分挡	
符号	意义	符号	意义	符号	意义	符号	意义	符号	意义
A	锗材料	A	检波、开关和混频二极管	M	封闭磁路中的霍尔元件	三位数字	通用半导体器件的登记序号（同一类型器件使用同一登记号）	A B C D E …	同一型号器件按某一参数进行分挡的标志
		B	变容二极管	P	光敏元件				
B	硅材料	C	低频小功率三极管	Q	发光器件				
		D	低频大功率三极管	R	小功率可控硅				
C	砷化镓	E	隧道二极管	S	小功率开关管				
		F	高频小功率三极管	T	大功率可控硅	一个字母加两位数字	专用半导体器件的登记序号（同一类型器件使用同一登记号）		
D	锑化铟	G	复合器件及其他器件	U	大功率开关管				
		H	磁敏二极管	X	倍增二极管				
R	复合材料	K	开放磁路中的霍尔元件	Y	整流二极管				
		L	高频大功率三极管	Z	稳压二极管即齐纳二极管				

示例：

```
A   F   239   S
|   |    |    └── AF239 型某一参数的 S 挡
|   |    └─────── 普通用登记序号
|   └──────────── 高频小功率三极管
└──────────────── 锗材料
```

国际电子联合会晶体管型号命名法的特点如下。

1）这种命名法被欧洲许多国家采用。因此，凡型号以两个字母开头，并且第一个字母是 A、B、C、D 或 R 的晶体管，大都是欧洲制造的产品，或是按欧洲某一厂家专利生产的产品。

2）第一个字母表示材料（A 表示锗管，B 表示硅管），但不表示极性（NPN 型或 PNP 型）。

3）第二个字母表示器件的类别和主要特点。如 C 表示低频小功率管，D 表示低频大功率管，F 表示高频小功率管，L 表示高频大功率管等。若记住了这些字母的意义，不查手册也可以判断出类别。例如，BL49 型，一见便知是硅大功率专用三极管。

4）第三部分表示登记顺序号。三位数字者为通用品；一个字母加两位数字者为专用品，顺序号相邻的两个型号的特性可能相差很大。例如，AC184 为 PNP 型，而 AC185 则为 NPN 型。

5）第四部分字母表示同一型号的某一参数（如 h_{FE}或 N_F）进行分挡。

6）型号中的符号均不反映器件的极性（指 NPN 或 PNP）。极性的确定需查阅手册或测量。

（3）美国半导体器件型号命名法。

美国晶体管或其他半导体器件的型号命名法较混乱。这里介绍的是美国晶体管标准型号命名法，即美国电子工业协会（EIA）规定的晶体管分立器件型号的命名法。

美国电子工业协会半导体器件型号命名法

第一部分		第二部分		第三部分		第四部分		第五部分	
用符号表示用途的类型		用数字表示 PN 结的数目		美国电子工业协会（EIA）注册标志		美国电子工业协会（EIA）登记顺序号		用字母表示器件分挡	
符号	意义	符号	意义	符号	意义	符号	意义	符号	意义
JAN 或 J	军用品	1	二极管	N	该器件已在美国电子工业协会注册登记	多位数字	该器件在美国电子工业协会登记的顺序号	A B C D …	同一型号的不同挡别
		2	三极管						
无	非军用品	3	三个 PN 结器件						
		n	n 个 PN 结器件						

举例如下：

1）JAN2N2904。

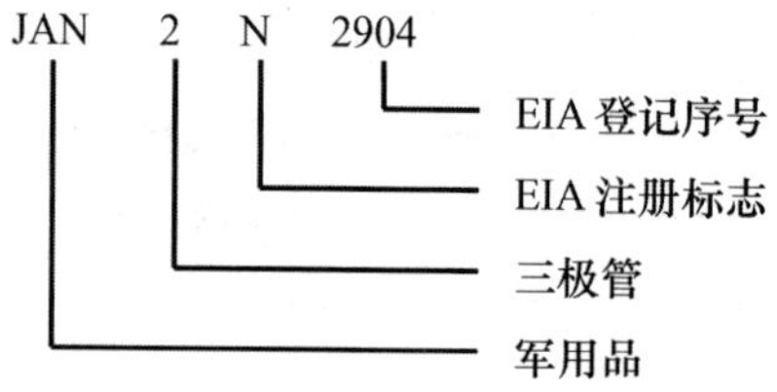

2）1N4001。

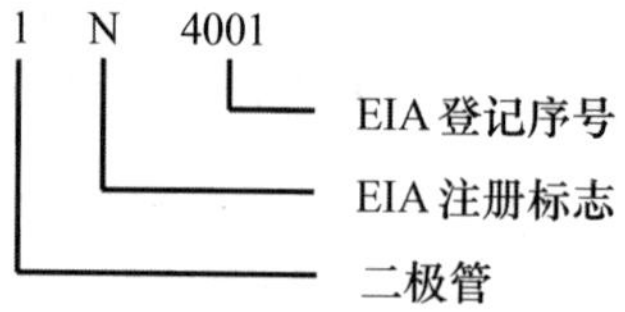

美国晶体管型号命名法的特点如下。

1）型号命名法规定较早，又未作过改进，型号内容很不完备。例如，对于材料、极性、主要特性和类型，在型号中不能反映出来。例如，2N开头的既可能是一般晶体管，也可能是场效应管。因此，仍有一些厂家按自己规定的型号命名法命名。

2）组成型号的第一部分是前缀，第五部分是后缀，中间的三部分为型号的基本部分。

3）除去前缀以外，凡型号以1N、2N或3N……开头的晶体管分立器件，大都是美国制造的，或按美国专利在其他国家制造的产品。

4）第四部分数字只表示登记序号，而不含其他意义。因此，序号相邻的两器件可能特性相差很大。例如，2N3464为硅NPN，高频大功率管，而2N3465为N沟道场效应管。

5）不同厂家生产的性能基本一致的器件，都使用同一个登记号。同一型号中某些参数的差异常用后缀字母表示。因此，型号相同的器件可以通用。

6）登记序号数大的通常是近期产品。

（4）日本半导体器件型号命名法。

日本半导体分立器件（包括晶体管）或其他国家按日本专利生产的这类器件，都是按日本工业标准（JIS）规定的命名法（JIS—C—702）命名的。

日本半导体分立器件的型号，由五至七部分组成，通常只用到前五部分。第六、七部分的符号及意义通常是各公司自行规定的。第六部分的符号表示特殊的用途及特性，其常用的符号如下：

M——松下公司用来表示该器件符合日本防卫厅海上自卫队参谋部有关标准登记的产品。

N——松下公司用来表示该器件符合日本广播协会（NHK）有关标准的登记产品。

Z——松下公司用来表示专用通信用的可靠性高的器件。

H——日立公司用来表示专为通信用的可靠性高的器件。

K——日立公司用来表示专为通信用的塑料外壳的可靠性高的器件。

T——日立公司用来表示收发报机用的推荐产品。

G——东芝公司用来表示专为通信用的设备制造的器件。

S——三洋公司用来表示专为通信设备制造的器件。

第七部分的符号，常被用来作为器件某个参数的分挡标志。例如，三菱公司常用R、

G、Y 等字母；日立公司常用 A、B、C、D 等字母，作为直流放大系数 h_{FE}的分挡标志。

日本半导体器件型号命名法（前五部分）

第一部分		第二部分		第三部分		第四部分		第五部分	
用数字表示类型或有效电极数		S 表示日本电子工业协会（EIAJ）的注册产品		用字母表示器件的极性及类型		用数字表示在日本电子工业协会登记的顺序号		用字母表示对原来型号的改进产品	
符号	意义	符号	意义	符号	意义	符号	意义	符号	意义
0	光电（即光敏）二极管、晶体管及其组合管	S	表示已在日本电子工业协会(EIAJ)注册登记的半导体分立器件	A	PNP 型高频管	四位以上的数字	从 11 开始，表示在日本电子工业协会注册登记的顺序号，不同公司性能相同的器件可以使用同一顺序号，其数字越大越是近期产品	A B C D E F …	用字母表示对原来型号的改进产品
				B	PNP 型低频管				
				C	NPN 型高频管				
				D	NPN 型低频管				
1	二极管			F	P 控制极可控硅				
				G	N 控制极可控硅				
2	三极管、具有两个以上 PN 结的其他晶体管			H	N 基极单结晶体管				
				J	P 沟道场效应管				
3 …	具有四个有效电极或具有三个 PN 结的晶体管			K	N 沟道场效应管				
$n-1$	具有 n 个有效电极或具有 $n-1$ 个 PN 结的晶体管			M	双向可控硅				

举例如下：

1）2SC502A（日本收音机中常用的中频放大管）。

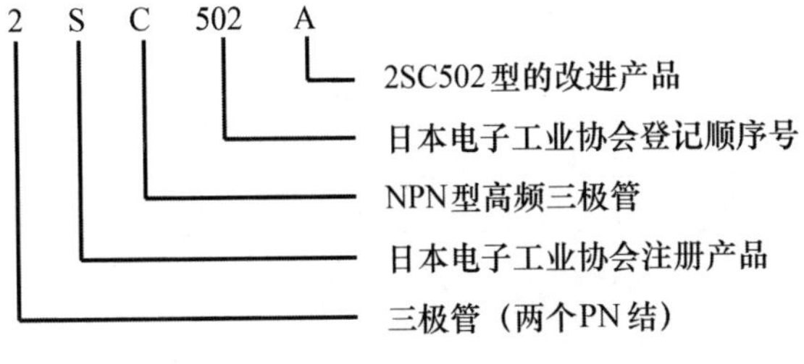

2）2SA495（日本夏普公司 GF—9494 收录机用小功率管）。

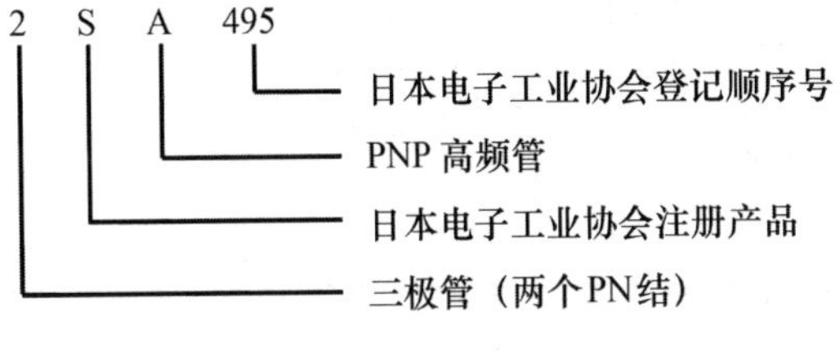

日本半导体器件型号命名法有如下特点：

1）型号中的第一部分是数字，表示器件的类型和有效电极数。例如，用“1”表示二极管，用“2”表示三极管。而屏蔽用的接地电极不是有效电极。

2）第二部分均为字母 S，表示日本电子工业协会注册产品，而不表示材料和极性。

3）第三部分表示极性和类型。例如用 A 表示 PNP 型高频管，用 J 表示 P 沟道场效应三极管。但是，第三部分既不表示材料，也不表示功率的大小。

4）第四部分只表示在日本工业协会（EIAJ）注册登记的顺序号，并不反映器件的性能，顺序号相邻的两个器件的某一性能可能相差很远。例如，2SC2680 型的最大额定耗散功率为 200mW，而 2SC2681 的最大额定耗散功率为 100W。但是，登记顺序号能反映产品时间的先后。登记顺序号的数字越大，越是近期产品。

5）第六、七两部分的符号和意义各公司不完全相同。

6）日本有些半导体分立器件的外壳上标记的型号，常采用简化标记的方法，即把 2S 省略。例如，2SD764，简化为 D764，2SC502A 简化为 C502A。

7）在低频管（2SB 和 2SD 型）中，也有工作频率很高的管子。例如，2SD355 的特征频率 f_T 为 100MHz，所以，它们也可当高频管用。

8）日本通常把 P_{cm}≥1W 的管子，称为大功率管。

2. 常用半导体二极管的主要参数

部分半导体二极管的参数

<table>
<tr><th>类型</th><th>参数
型号</th><th>最大整流电流（mA）</th><th>正向电流（mA）</th><th>正向压降（在左栏电流值下）（V）</th><th>反向击穿电压（V）</th><th>最高反向工作电压（V）</th><th>反向电流（μA）</th><th>零偏压电容（pF）</th><th>反向恢复时间（ns）</th></tr>
<tr><td rowspan="4">普通检波二极管</td><td>2AP9</td><td rowspan="2">≤16</td><td>≥2.5</td><td rowspan="2">≤1</td><td>≥40</td><td>20</td><td rowspan="2">≤250</td><td rowspan="2">≤1</td><td rowspan="2">f_H(MHz)150</td></tr>
<tr><td>2AP7</td><td>≥5</td><td>≥150</td><td>100</td></tr>
<tr><td>2AP11</td><td>≤25</td><td>≥10</td><td rowspan="2">≤1</td><td rowspan="2"></td><td>≤10</td><td rowspan="2">≤250</td><td rowspan="2">≤1</td><td rowspan="2">f_H(MHz)40</td></tr>
<tr><td>2AP17</td><td>≤15</td><td>≥10</td><td>≤100</td></tr>
<tr><td rowspan="6">锗开关二极管</td><td>2AK1</td><td rowspan="6"></td><td rowspan="2">≥150</td><td rowspan="2">≤1</td><td>30</td><td>10</td><td rowspan="6"></td><td rowspan="2">≤3</td><td rowspan="2">≤200</td></tr>
<tr><td>2AK2</td><td>40</td><td>20</td></tr>
<tr><td>2AK5</td><td>≥200</td><td>≤0.9</td><td>60</td><td>40</td><td>≤2</td><td>≤150</td></tr>
<tr><td>2AK10</td><td>≥10</td><td>≤1</td><td>70</td><td>50</td><td rowspan="3">≤2</td><td rowspan="3">≤150</td></tr>
<tr><td>2AK13</td><td rowspan="2">≥250</td><td rowspan="2">≤0.7</td><td>60</td><td>40</td></tr>
<tr><td>2AK14</td><td>70</td><td>50</td></tr>
<tr><td rowspan="7">硅开关二极管</td><td>2CK70A～E</td><td rowspan="7"></td><td>≥10</td><td rowspan="3">≤0.8</td><td rowspan="7">A≥30
B≥45
C≥60
D≥75
E≥90</td><td rowspan="7">A≥20
B≥30
C≥40
D≥50
E≥60</td><td rowspan="7"></td><td rowspan="2">≤1.5</td><td>≤3</td></tr>
<tr><td>2CK71A～E</td><td>≥20</td><td>≤4</td></tr>
<tr><td>2CK72A～E</td><td>≥30</td><td rowspan="5">≤1</td><td rowspan="5">≤5</td></tr>
<tr><td>2CK73A～E</td><td>≥50</td><td rowspan="4">≤1</td></tr>
<tr><td>2CK74A～D</td><td>≥100</td></tr>
<tr><td>2CK75A～D</td><td>≥150</td></tr>
<tr><td>2CK76A～D</td><td>≥200</td></tr>
</table>

续前表

类型	参数 / 型号	最大整流电流（mA）	正向电流（mA）	正向压降（在左栏电流值下）（V）	反向击穿电压（V）	最高反向工作电压（V）	反向电流（μA）	零偏压电容（pF）	反向恢复时间（ns）
整流二极管	2CZ52B…H	2	0.1	≤1		25…600			同2AP普通二极管
	2CZ53B…M	6	0.3	≤1		50…1 000			
	2CZ54B…M	10	0.5	≤1		50…1 000			
	2CZ55B…M	20	1	≤1		50…1 000			
	2CZ56B…B	65	3	≤0.8		25…1 000			
	1N4001…4007	30	1	1.1		50…1000	5		
	1N5391…5399	50	1.5	1.4		50…1 000	10		
	1N5400…5408	200	3	1.2		50…1 000	10		

3. 常用整流桥的主要参数

几种单相桥式整流器的参数

参数 / 型号	不重复正向浪涌电流（A）	整流电流（A）	正向电压降（V）	反向漏电（μA）	反向工作电压（V）	最高工作结温（℃）
QL1	1	0.05	≤1.2	≤10	常见的分挡为：25，50，100，200，400，500，600，700，800，900，1 000	130
QL2	2	0.1				
QL4	6	0.3				
QL5	10	0.5				
QL6	20	1				
QL7	40	2		≤15		
QL8	60	3				

4. 常用稳压二极管的主要参数

部分稳压二极管的主要参数

测试条件 / 参数 / 型号	工作电流为稳定电流	稳定电压下	环境温度小于50℃		稳定电流下	稳定电流下	环境温度小于10℃
	稳定电压（V）	稳定电流（mA）	最大稳定电流（mA）	反向漏电流	动态电阻（Ω）	电压温度系数/10^{-4}（℃）	最大耗散功率（W）
2CW51	2.5～3.5	10	71	≤5	≤60	≥−9	0.25
2CW52	3.2～4.5		55	≤2	≤70	≥−8	
2CW53	4～5.8		41	≤1	≤50	−6～4	
2CW54	5.5～6.5		38	≤0.5	≤30	−3～5	
2CW56	7～8.8		27		≤15	≤7	
2CW57	8.5～9.8	5	26		≤20	≤8	
2CW59	10～11.8		20		≤30	≤9	
2CW60	11.5～12.5		19		≤40	≤9	

续前表

测试条件 / 参数 / 型号	工作电流为稳定电流	稳定电压下	环境温度小于50℃		稳定电流下	稳定电流下	环境温度小于10℃
	稳定电压（V）	稳定电流（mA）	最大稳定电流（mA）	反向漏电流	动态电阻（Ω）	电压温度系数/10^{-4}（℃）	最大耗散功率（W）
2CW103	4～5.8	50	165	≤1	≤20	−6～4	1
2CW110	11.5～12.5	20	76	≤0.5	≤20	≤9	
2CW113	16～19	10	52	≤0.5	≤40	≤11	
2CW1A	5	30	240		≤20		1
2CW6C	15	30	70		≤8		1
2CW7C	6.0～6.5	10	30		≤10	0.05	0.2

5. 常用半导体三极管的主要参数

（1）3AX51（3AX31）型PNP型锗低频小功率三极管。

3AX51（3AX31）型半导体三极管的参数

原型号		3AX31				测试条件
新型号		3AX51A	3AX51B	3AX51C	3AX51D	
极限参数	P_{CM}（mW）	100	100	100	100	$T_a=25℃$
	I_{CM}（mA）	100	100	100	100	
	T_{jM}（℃）	75	75	75	75	
	BV_{CBO}（V）	≥30	≥30	≥30	≥30	$I_C=1mA$
	BV_{CEO}（V）	≥12	≥12	≥18	≥24	$I_C=1mA$
直流参数	I_{CBO}（μA）	≤12	≤12	≤12	≤12	$V_{CB}=-10V$
	I_{CEO}（μA）	≤500	≤500	≤300	≤300	$V_{CE}=-6V$
	I_{EBO}（μA）	≤12	≤12	≤12	≤12	$V_{EB}=-6V$
	h_{FE}	40～150	40～150	30～100	25～70	$V_{CE}=-1V$　$I_C=50mA$
交流参数	f_α（kHz）	≥500	≥500	≥500	≥500	$V_{CB}=-6V$　$I_E=1mA$
	N_F（dB）	—	≤8	—	—	$V_{CB}=-2V$　$I_E=0.5mA$　$f=1kHz$
	h_{ie}（kΩ）	0.6～4.5	0.6～4.5	0.6～4.5	0.6～4.5	$V_{CB}=-6V$　$I_E=1mA$　$f=1kHz$
	h_{re}（×10）	≤2.2	≤2.2	≤2.2	≤2.2	
	h_{oe}（μs）	≤80	≤80	≤80	≤80	
	h_{fe}	—	—	—	—	
h_{FE}色标分挡		（红）25～60；（绿）50～100；（蓝）90～150				
管　脚		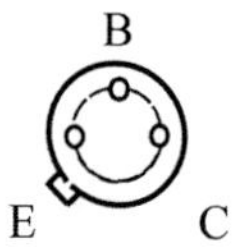				

（2）3AX81型PNP型锗低频小功率三极管。

3AX81 型 PNP 型锗低频小功率三极管的参数

型　号		3AX81A	3AX81B	测试条件
极限参数	P_{CM}（mW）	200	200	
	I_{CM}（mA）	200	200	
	T_{jM}（℃）	75	75	
	BV_{CBO}（V）	－20	－30	I_C＝4mA
	BV_{CEO}（V）	－10	－15	I_C＝4mA
	BV_{EBO}（V）	－7	－10	I_E＝4mA
直流参数	I_{CBO}（μA）	≤30	≤15	V_{CB}＝－6V
	I_{CEO}（μA）	≤1000	≤700	V_{CE}＝－6V
	I_{EBO}（μA）	≤30	≤15	V_{EB}＝－6V
	V_{BES}（V）	≤0.6	≤0.6	V_{CE}＝－1V　I_C＝175mA
	V_{CES}（V）	≤0.65	≤0.65	V_{CE}＝V_{BE}　V_{CB}＝0　I_C＝200mA
	h_{FE}	40～270	40～270	V_{CE}＝－1V　I_C＝175mA
交流参数	f_β（kHz）	≥6	≥8	V_{CB}＝－6V　I_E＝10mA
h_{FE}色标分挡		（黄）40～55；（绿）55～80；（蓝）80～120；（紫）120～180；（灰）180～270；（白）270～400		
管　脚		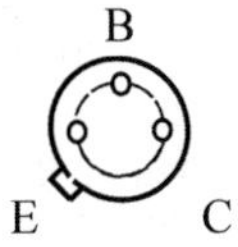		

（3）3BX31 型 NPN 型锗低频小功率三极管。

3BX31 型 NPN 型锗低频小功率三极管的参数

型　号		3BX31M	3BX31A	3BX31B	3BX31C	测试条件
极限参数	P_{CM}（mW）	125	125	125	125	T_a＝25℃
	I_{CM}（mA）	125	125	125	125	
	T_{jM}（℃）	75	75	75	75	
	BV_{CBO}（V）	－15	－20	－30	－40	I_C＝1mA
	BV_{CEO}（V）	－6	－12	－18	－24	I_C＝2mA
	BV_{EBO}（V）	－6	－10	－10	－10	I_E＝1mA
直流参数	I_{CBO}（μA）	≤25	≤20	≤12	≤6	V_{CB}＝6V
	I_{CEO}（μA）	≤1000	≤800	≤600	≤400	V_{CE}＝6V
	I_{EBO}（μA）	≤25	≤20	≤12	≤6	V_{EB}＝6V
	V_{BES}（V）	≤0.6	≤0.6	≤0.6	≤0.6	V_{CE}＝6V　I_C＝100mA
	V_{CES}（V）	≤0.65	≤0.65	≤0.65	≤0.65	V_{CE}＝V_{BE}　V_{CB}＝0　I_C＝125mA
	h_{FE}	80～400	40～180	40～180	40～180	V_{CE}＝1V　I_C＝100mA
交流参数	f_β（kHz）	—	—	≥8	f_α≥465	V_{CB}＝－6V　I_E＝10mA
h_{FE}色标分挡			（黄）40～55；（绿）55～80；（蓝）80～120；（紫）120～180；（灰）180～270；（白）270～400			
管　脚			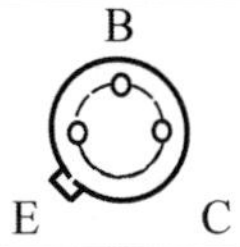			

（4）3DG100（3DG6）型 NPN 型硅高频小功率三极管。

3DG100（3DG6）型 NPN 型硅高频小功率三极管的参数

原型号		3DG6				测试条件
新型号		3DG100A	3DG100B	3DG100C	3DG100D	
极限参数	P_{CM}（mW）	100	100	100	100	
	I_{CM}（mA）	20	20	20	20	
	BV_{CBO}（V）	≥30	≥40	≥30	≥40	I_C＝100μA
	BV_{CEO}（V）	≥20	≥30	≥20	≥30	I_C＝100μA
	BV_{EBO}（V）	≥4	≥4	≥4	≥4	I_E＝100μA
直流参数	I_{CBO}（μA）	≤0.01	≤0.01	≤0.01	≤0.01	V_{CB}＝10V
	I_{CEO}（μA）	≤0.1	≤0.1	≤0.1	≤0.1	V_{CE}＝10V
	I_{EBO}（μA）	≤0.01	≤0.01	≤0.01	≤0.01	V_{EB}＝1.5V
	V_{BES}（V）	≤1	≤1	≤1	≤1	I_C＝10mA　I_B＝1mA
	V_{CES}（V）	≤1	≤1	≤1	≤1	I_C＝10mA　I_B＝1mA
	h_{FE}	≥30	≥30	≥30	≥30	V_{CE}＝10V　I_C＝3mA
交流参数	f_T（MHz）	≥150	≥150	≥300	≥300	V_{CB}＝10V I_E＝3mA f＝100MHz R_L＝5Ω
	K_P（dB）	≥7	≥7	≥7	≥7	V_{CB}＝－6V　I_E＝3mA　f＝100MHz
	C_{ob}（pF）	≤4	≤4	≤4	≤4	V_{CB}＝10V　I_E＝0
h_{FE}色标分挡		（红）30～60；（绿）50～110；（蓝）90～160；（白）>150				
管　脚		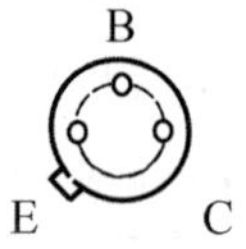				

（5）3DG130（3DG12）型 NPN 型硅高频小功率三极管。

3DG130（3DG12）型 NPN 型硅高频小功率三极管的参数

原型号		3DG12				测试条件
新型号		3DG130A	3DG130B	3DG130C	3DG130D	
极限参数	P_{CM}（mW）	700	700	700	700	
	I_{CM}（mA）	300	300	300	300	
	BV_{CBO}（V）	≥ 40	≥ 60	≥ 40	≥ 60	I_C＝100μA
	BV_{CEO}（V）	≥ 30	≥ 45	≥ 30	≥ 45	I_C＝100μA
	BV_{EBO}（V）	≥ 4	≥ 4	≥ 4	≥ 4	I_E＝100μA
直流参数	I_{CBO}（μA）	≤ 0.5	≤ 0.5	≤ 0.5	≤ 0.5	V_{CB}＝10V
	I_{CEO}（μA）	≤ 1	≤ 1	≤ 1	≤ 1	V_{CE}＝10V
	I_{EBO}（μA）	≤ 0.5	≤ 0.5	≤ 0.5	≤ 0.5	V_{EB}＝1.5V
	V_{BES}（V）	≤ 1	≤ 1	≤ 1	≤ 1	I_C＝100mA　I_B＝10mA
	V_{CES}（V）	≤ 0.6	≤ 0.6	≤ 0.6	≤ 0.6	I_C＝100mA　I_B＝10mA
	h_{FE}	≥30	≥ 30	≥ 30	≥ 30	V_{CE}＝10V　I_C＝50mA

续前表

原型号		3DG12				测试条件
新型号		3DG130A	3DG130B	3DG130C	3DG130D	
交流参数	f_T（MHz）	≥150	≥150	≥300	≥300	$V_{CB}=10V$ $I_E=50mA$ $f=100MHz$ $R_L=5\Omega$
	K_P（dB）	≥6	≥6	≥6	≥6	$V_{CB}=-10V$ $I_E=50mA$ $f=100MHz$
	C_{ob}（pF）	≤10	≤10	≤10	≤10	$V_{CB}=10V$ $I_E=0$
h_{FE}色标分挡		（红）30～60；（绿）50～110；（蓝）90～160；（白）＞150				
管　脚		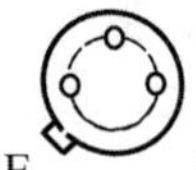				

（6）9011～9018 塑封硅三极管。

9011～9018 塑封硅三极管的参数

型　号		（3DG）9011	（3CX）9012	（3DX）9013	（3DG）9014	（3CG）9015	（3DG）9016	（3DG）9018
极限参数	P_{CM}（mW）	200	300	300	300	300	200	200
	I_{CM}（mA）	20	300	300	100	100	25	20
	BV_{CBO}（V）	20	20	20	25	25	25	30
	BV_{CEO}（V）	18	18	18	20	20	20	20
	BV_{EBO}（V）	5	5	5	4	4	4	4
直流参数	I_{CBO}（μA）	0.01	0. 5	0，5	0.05	0.05	0.05	0.05
	I_{CEO}（μA）	0.1	1	1	0.5	0.5	0.5	0.5
	I_{EBO}（μA）	0.01	0.5	0，5	0.05	0.05	0.05	0.05
	V_{CES}（V）	0.5	0.5	0.5	0.5	0.5	0.5	0.35
	V_{BES}（V）		1	1	1	1	1	1
	h_{FE}	30	30	30	30	30	30	30
交流参数	f_T（MHz）	100			80	80	500	600
	C_{ob}（pF）	3.5			2.5	4	1.6	4
	K_P（dB）							10
h_{FE}色标分挡			（红）30～60；（绿）50～110；（蓝）90～160；（白）＞150					
管　脚								

6．常用场效应管主要参数

常用场效应三极管主要参数

参数名称	N 沟道结型				MOS 型 N 沟道耗尽型		
	$3D_{J2}$	$3D_{J4}$	$3D_{J6}$	$3D_{J7}$	$3D_{01}$	$3D_{02}$	$3D_{04}$
	D～H	D～H	D～H	D～H	D～H	D～H	D～H
饱和漏源电流 I_{DSS}（mA）	0.3～10	0.3～10	0.3～10	0.35～1.8	0.35～10	0.35～25	0.35～10.5
夹断电压 V_{GS}（V）	＜|1～9|	＜|1～9|	＜|1～9|	＜|1～9|	≤|1～9|	≤|1～9|	≤|1～9|

续前表

参数名称	N沟道结型				MOS型N沟道耗尽型		
	$3D_{J2}$	$3D_{J4}$	$3D_{J6}$	$3D_{J7}$	$3D_{01}$	$3D_{02}$	$3D_{04}$
	D～H	D～H	D～H	D～H	D～H	D～H	D～H
正向跨导 g_m（μV）	＞2 000	＞2 000	＞1 000	＞3 000	≥1 000	≥4 000	≥2 000
最大漏源电压 BV_{DS}（V）	＞20	＞20	＞20	＞20	＞20	＞12～20	＞20
最大耗散功率 P_{DNI}（mW）	100	100	100	100	100	25～100	100
栅源绝缘电阻 r_{GS}（Ω）	$\geqslant 10^8$	$\geqslant 10^8$	$\geqslant 10^8$	$\geqslant 10^8$	$\geqslant 10^8$	$\geqslant 10^8 \sim 10^9$	≥100
管脚							

五、模拟集成电路

1. 模拟集成电路（国产）命名方法

模拟集成电路（国产）型号含义

第0部分		第一部分		第二部分	第三部分		第四部分	
用字母表示器件符合国家标准		用字母表示器件的类型		用阿拉伯数字表示器件的系列和品种代号	用字母表示器件的工作温度范围		用字母表示器件的封装	
符号	意义	符号	意义		符号	意义	符号	意义
C	中国制造	T	TTL		C	0～70℃	W	陶瓷扁平
		H	HTL		E	−40℃～85℃	B	塑料扁平
		E	ECL		R	−55℃～85℃	F	全封闭扁平
		C	CMOS		M	−55℃～125℃	D	陶瓷直插
		F	线性放大器		…	……	P	塑料直插
		D	音响、电视电路				J	黑陶瓷直插
		W	稳压器				K	金属菱形
		J	接口电路				T	金属圆形

示例如下：

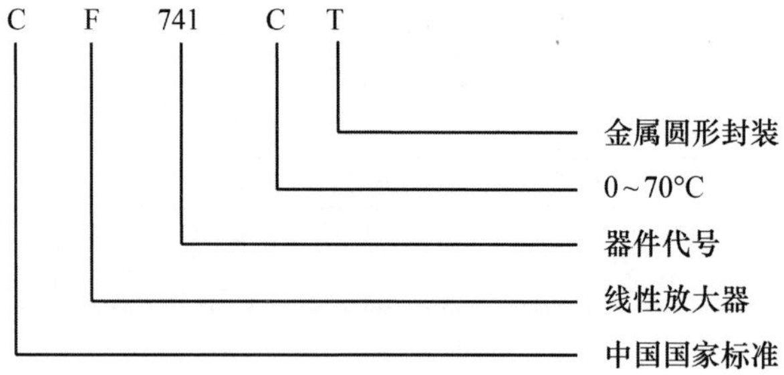

2. 部分模拟集成电路引脚排列

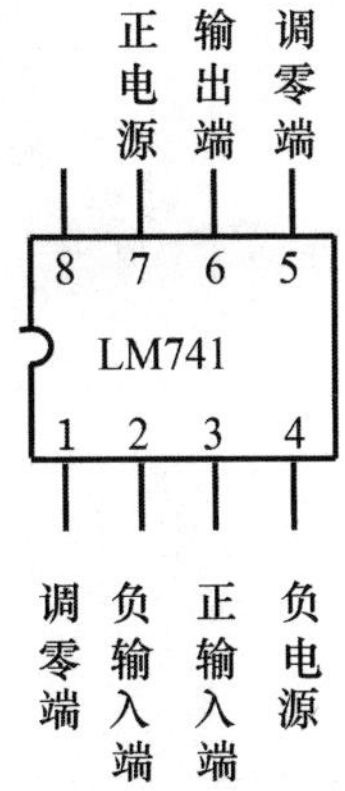

运算放大器

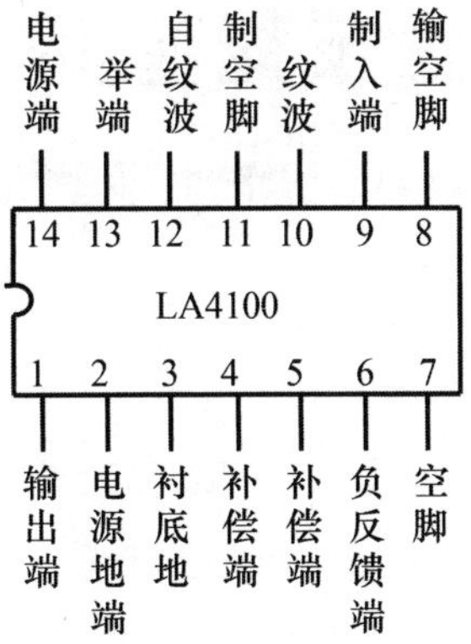

音频功率放大器

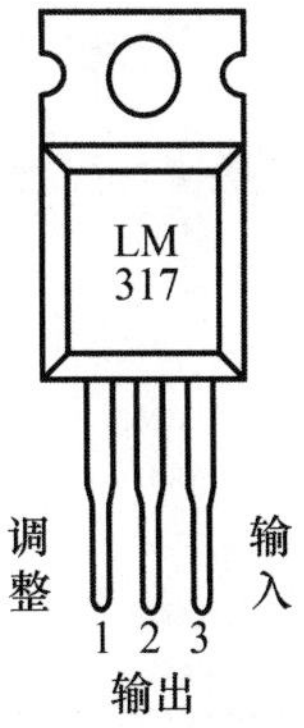

集成稳压器

3. 部分模拟集成电路主要参数

(1) μA741 运算放大器的主要参数。

μA741 的性能参数

电源电压 $+U_{CC}-U_{EE}$	+3V～+18V，典型值+15V −3V～−18V，典型值−15V	工作频率	10kHz
输入失调电压 U_{IO}	2mV	单位增益带宽积 $A_u \cdot BW$	1MHz
输入失调电流 I_{IO}	20nA	转换速率 S_R	0.5V/μs
开环电压增益 A_{uo}	106dB	共模抑制比 CMRR	90dB
输入电阻 R_i	2MΩ	功率消耗	50mW
输出电阻 R_o	75Ω	输入电压范围	±13V

(2) LA4100、LA4102 音频功率放大器的主要参数。

(3) CW7805、CW7812、CW7912、CW317 集成稳压器的主要参数。

CW78××，CW79××，CW317 参数

参数名称（单位）	CW7805	CW7812	CW7912	CW317
输入电压（V）	+10	+19	−19	≤40
输出电压范围（V）	+4.75～+5.25	+11.4～+12.6	−11.4～−12.6	+1.2～+37
最小输入电压（V）	+7	+14	−14	$+3 \leqslant V_i - V_o \leqslant +40$
电压调整率（mV）	+3	+3	+3	0.02%/V
最大输出电流（A）	加散热片可达 1A			1.5

附录 2　电子仪器仪表装配工国家职业技能鉴定标准

1. 职业概况

1.1　职业名称

电子仪器仪表装配工。

1.2　职业定义

使用手工工具、仪器、仪表从事电子仪器仪表组合装配与调试的人员。

1.3　职业等级

本职业共设五个等级，分别为：初级（国家职业资格五级）、中级（国家职业资格四级）、高级（国家职业资格三级）、技师（国家职业资格二级）、高级技师（国家职业资格一级）。

1.4　职业环境

室内、常温。

1.5　职业能力特征

有一定学习能力，有较强的空间感和计算能力，有准确的分析、推理、判断能力，手指、手臂灵活。

1.6　基本文化程度

初中毕业。

1.7　培训要求

1.7.1　培训期限

全日制职业学校教育，根据其培训目标和教学计划确定。晋级培训期限：初级不少于400标准学时；中级不少于400标准学时；高级不少于300标准学时；技师不少于180标准学时；高级技师不少于180标准学时。

1.7.2　培训教师

培训初、中级工的教师，应具有本职业高级以上职业资格证书或具有相关专业中级以上专业技术职称；培训高级工的教师，应具有本职业技师以上职业资格证书或具有相关专业高级专业技术职称；培训技师的教师，应具有本职业高级技师职业资格证书或相关专业高级专业技术职称，并具有丰富的生产和工艺实践经验；培训高级技师的教师，应取得本职业高级技师职业资格证书4年以上，或具有相关专业高级专业技术职称，并具有丰富的生产组织和工艺实践经验。

1.7.3　培训场地设备

标准教室及具备必要的电子仪器仪表装调设备和工具的技能训练场所。

1.8　鉴定要求

1.8.1　适用对象

从事或准备从事本职业的人员。

1.8.2　申报条件

1.8.2.1　初级（具备以下条件之一者）

（1）经本职业初级正规培训达规定标准学时数，并取得毕（结）业证书。

（2）从事本职业学徒期满。

（3）连续从事本职业 2 年以上。

1.8.2.2　中级（具备以下条件之一者）

（1）取得本职业初级职业资格证书后，连续从事本职业工作 3 年以上，经本职业中级正规培训达到规定标准学时数，并取得毕（结）业证书。

（2）取得本职业初级职业资格证书后，连续从事本职业工作 5 年以上。

（3）连续从事本职业工作 6 年以上。

（4）取得经劳动保障行政部门审核认定的、以中级技能为培养目标的中等以上职业学校本职业（专业）毕业证书。

1.8.2.3　高级（具备以下条件之一者）

（1）取得本职业中级职业资格证书后，连续从事本职业工作 4 年以上，经本职业高级正规培训达规定标准学时数，并取得毕（结）业证书。

（2）取得本职业中级职业资格证书后，连续从事本职业工作 7 年以上。

（3）取得高级技工学校或经劳动保障行政部门审核认定的、以高级技能为培养目标的高等职业学校本职业（专业）毕业证书。

1.8.2.4　技师（具备以下条件之一者）

（1）取得本职业高级职业资格证书后，连续从事本职业工作 5 年以上，经本职业技师正规培训达规定标准学时数，并取得毕（结）业证书。

（2）取得本职业高级职业资格证书后，连续从事本职业工作 7 年以上。

（3）取得本职业高级职业资格证书的高级技工学校毕业生，连续从事本职业工作 2 年以上。

1.8.2.5　高级技师（具备以下条件之一者）

（1）取得本职业技师职业资格证书后，连续从事本职业工作 3 年以上，经本职业高级技师正规培训达规定标准学时数，并取得毕（结）业证书。

（2）取得本职业技师职业资格证书后，连续从事本职业工作 5 年以上。

1.8.3　鉴定方式

分为理论知识考试和技能操作考核。理论知识考试采用闭卷笔试，技能操作考核采用实际操作方式进行，两项考试（考核）均采用百分制，成绩皆达 60 分及以上者为合格。技师、高级技师鉴定还须进行综合评审。

1.8.4　考评人员与考生配比

理论知识考试原则上按每 20 名考生配备 1 名考评人员（20∶1）；技能操作考核原则上按 5 名考生配备 1 名考评人员（5∶1）。

1.8.5　鉴定时间

各等级的理论知识考试时间均为120分钟，技能操作考核时间为240～360分钟。

1.8.6　鉴定场所设备

理论知识考试场所为标准教室。技能鉴定场所应具备能满足技能鉴定需要的厂房，以及电子仪器仪表装配所需的工具、仪器仪表和工艺装备器材，环境符合环境保护和安全生产要求。

2. 基本要求

2.1　职业道德

2.1.1　职业道德基本知识

2.1.2　职业守则

(1) 热爱本职工作，忠于职守。

(2) 遵章守纪，安全生产。

(3) 尊师爱徒，团结互助。

(4) 勤俭节约，关心企业。

(5) 钻研技术，勇于创新。

2.2　基础知识

2.2.1　基础理论知识

(1) 电工学理论知识。

(2) 电子技术（模拟、数字）基础理论知识。

(3) 仪器制造工艺学。

(4) 手动、气动、电动工具、夹具的设计制造的基础知识。

(5) 自动调节、成分分析及测量技术的基础知识。

(6) 识图、绘图基本知识，公差与配合知识。

(7) 焊接技术基础知识。

(8) 计算机应用基础知识。

2.2.2　专业理论知识

(1) 仪器仪表的分类、工作原理及调试方法。

(2) 常用仪器仪表的名称、型号、规格、用途、使用范围及维护保养知识。

(3) 仪器仪表结构及零部件基础知识。

(4) 误差理论及数据处理方法。

2.2.3　其他必备知识

(1) 常用法定计量单位及换算方法。

(2) ISO 9000质量保证体系的基本知识。

2.2.4　法律、法规常识

(1)《中华人民共和国电力法》中有关安全用电的内容。

(2)《中华人民共和国计量法》、《中华人民共和国消防法》、《中华人民共和国环境保护法》的有关内容。

(3)《中华人民共和国劳动法》中有关劳动合同和集体合同、工作时间和休息、休假、工资、劳动安全卫生、职业培训、社会保险和福利、劳动争议、法律责任的内容。

2.2.5　安全生产知识

3. 工作要求

本标准对初级、中级、高级、技师、高级技师的技能要求依次递进，高级别包括低级别的要求。

3.1　初级

职业功能	工作内容	技能要求	相关知识
一、装配前的准备	（一）学习并理解图样及技术资料	1. 能看懂一般的零部件图和简单的电气原理图 2. 能看懂装配流程卡 3. 能识别电气原理图中常用元器件的名称、规格、型号、用途	1. 辨认所应用的零部件（元器件）的知识 2. 三视图知识
	（二）选择和检查工具、设备及必备材料	1. 能分选出合格零件与不合格零件 2. 能判断常用元器件的质量 3. 能清点及正确摆放各种工具 4. 能按工艺要求准备并调整好工具和工艺装备	1. 岗位职责与作业规范 2. 常用工具的名称、规格、用途 3. 元器件的原理及应用知识 4. 工艺装备的类别、用途及维护知识 5. 万用表的使用要求
二、一般部件的装配	（一）零部件的清理和预处理	1. 按工艺要求选择合理的清理、清洗零部件的方法 2. 能按要求完成对零部件的清理和清洗 3. 能按工艺要求对零部件进行预处理	1. 常用紧固件的种类、代号、规格 2. 常用黏合剂的名称、代号与性能 3. 焊剂、焊料及化工试剂的使用方法及防护知识
	（二）装配	1. 能核对装配位置是否合格 2. 能使用相应的工具、材料、辅料，通过焊接、螺纹连接、粘接、铆接、销连接等装配手段完成装配工作 3. 能用卡尺、万用表等计量器具进行检测	1. 计量器具的使用、维护与管理程序 2. 零部件识图知识

3.2　中级

职业功能	工作内容	技能要求	相关知识
一、装配前的准备	（一）学习并理解图样及技术资料	1. 能看懂产品零部件图 2. 能看懂电气原理图及接线图 3. 能绘制简单的电气原理草图 4. 能看懂装配工艺卡及相关工艺文件说明书	1. 机械制图基本知识 2. 电气原理图基本知识
	（二）选择和检查工具、设备及必备材料	1. 能检查出前道工序装配后存在的缺陷并指导其改正 2. 能识别所用原材料的规格、型号及主要技术指标 3. 能核对所用工具、夹具及测量设备是否齐全	1. 相关量具及仪器仪表、设备的使用方法与注意事项 2. 公差与配合的基本知识 3. 形状与位置公差基本知识

续前表

职业功能	工作内容	技能要求	相关知识
二、装配调试	(一)组装	1. 能按技术要求对核心零部件进行检测 2. 能绕制电阻、电感、变压器 3. 能按工艺要求独立完成对产品的焊接与总装 4. 能按工艺要求和设计意图调整零部件的位置、间隙 5. 能对整机装配质量(虚焊、接地、屏蔽、绝缘等)进行检查	1. 常见仪器仪表的分类、分级、原理及结构 2. 工艺装备的工作原理及调整保养方法 3. 绕线工具的使用方法
	(二)调试	1. 能独立按要求连接并使用调试设备 2. 能按调试规程对产品进行调试,并能解决调试中的一般问题	相关产品的工作原理、技术要求及调试方法

3.3 高级

职业功能	工作内容	技能要求	相关知识
一、装配前的准备	(一)学习并理解图样及技术资料	1. 能看懂产品的原理图 2. 能看懂产品总装配图 3. 能看懂装配工艺卡、有关的工艺说明书和生产工艺流程	1. 产品设计规程 2. 专业技术标准及检定规程
	(二)检查工具、设备及必备材料	1. 能对所用工具设备进行调试及校准 2. 能检查与指导初级、中级工装配前的准备工作 3. 能运用计算机对关键工序、关键工艺进行管理	1. 工具、夹具、量具的结构、原理及使用方法 2. 关键工序、关键工艺对产品质量的影响 3. 计算机基本操作知识
二、装配调试	(一)组装	1. 能操作工装夹具及自动焊接设备 2. 能熟练使用各种调试设备 3. 能对技术要求较高的零部件的质量及有关指标进行检测 4. 能从最合理的途径实现整机装配	1. 自动焊接设备的操作知识 2. 零部件质量对产品性能的影响 3. 零部件质量分析的基本方法
	(二)调试	1. 能按整机技术要求,进行产品的质量检查和性能的逐项测试 2. 能分析不合格项目产生的原因,并能提出解决办法 3. 能检查与指导初级、中级工的调试工作	1. 所用测试、调试设备的性能指标及维护保养方法 2. 数据处理及误差理论

3.4　技师

职业功能	工作内容	技能要求	相关知识
一、装配前的组织准备与核查	(一) 理解图样及技术资料	1. 能掌握产品各单元部件和整机的工作原理及系统图与装配图 2. 能全面理解有关技术文件，并能指出生产过程中的关键和难点	技术文件的编制及更改程序
	(二) 生产工艺的准备与核查	1. 能对生产工具设备、计量器具的完整性进行核查，并提出报废、检修或再用意见 2. 能独立处理和解决生产工艺难题 3. 能核查生产管理中计算机应用软件的正确及合理性	1. 常用测试工具、设备知识 2. 计算机应用软件知识
二、装配	(一) 试装配	1. 能组织有关人员对装配线进行全面检查并提出改进意见 2. 能解决试装中的技术工艺问题	专用设备的结构、原理及使用方法
	(二) 批量装配	1. 能发现生产中影响产品质量的问题，并提出相应的解决办法 2. 能提出有关提高工作效率的合理化建议	ISO 9000 全面质量管理知识
三、整机调试	(一) 首批整机调试	1. 能按整机调试规程进行整机调试，并验证调试规程的合理性和可操作性 2. 能对整机调试过程提出改进意见	整机调试的有关技术文件及资料
	(二) 成批整机调试	1. 能指导初级、中级、高级工进行整机调试，指出整机调试过程中的质量问题 2. 能正确使用和维护调试设备，并排除设备使用过程中的一般故障	1. 同类产品的行业标准和国家标准 2. 调试设备的维护保养知识
四、培训	培训初级、中级、高级工	能培训初级、中级、高级工，并能通过示范、面授、纠错等方法，帮助受培训者提高操作技能	生产实习教学的有关知识

3.5　高级技师

职业功能	工作内容	技能要求	相关知识
一、生产前的组织与检查	准备图样和技术资料	1. 掌握新产品和国内外同类产品的特点 2. 能解决新老产品在生产准备过程中的各种问题 3. 熟悉所有产品的装配工艺过程	1. 新产品设计、生产知识 2. 国内外同类产品的信息

续前表

职业功能	工作内容	技能要求	相关知识
二、生产指导与工艺创新	（一）生产指导	1. 能指导装配前的全面检查并能解决试装配中出现的难题 2. 能解决装配与调试中出现的难题 3. 能判别工艺装备、工具、夹具、计量器具、辅助设备是否存在故障 4. 指导实施生产过程的计算机管理	1. 装配工艺学的有关知识 2. 设备管理制度 3. 计算机硬件知识及相应的软件知识
	（二）工艺改进	1. 掌握国内外同类产品技术发展动态及信息 2. 能结合生产实际，提出工艺改进意见、改造方案 3. 能组织开展全面质量管理活动，贯彻 GB/T 19000（ISO 9000）	1. 有关电子仪器仪表新技术、新材料、新工艺的相关信息 2. 外语专业词汇
三、推动技术进步	（一）开展技术改造与技术革新	能根据生产需要，以提高质量、提高效率为目的，改进工艺装备	1. 机加工的有关知识 2. 仪器、设备调试原理
	（二）参与新产品设计及工艺验证	1. 在产品开发中能吸收运用新技术、新材料 2. 能在工艺验证过程中发现原方案的不足与缺陷，并提出改进意见	有关新产品、新技术、新材料、新工艺的知识
四、培训	开展系统培训	1. 能制定培训方案 2. 能编写培训讲义 3. 能组织开展系统的专业技术培训	制定教学计划及编写培训讲义的有关知识

4. 比重表

4.1 理论知识

项目			初级（%）	中级（%）	高级（%）	技师（%）	高级技师（%）
基本要求	1. 职业道德		10	5	5	—	—
	2. 基础知识		35	25	20	—	—
相关知识	装配前的（组织）准备、核查及生产前的组织与检查	学习并理解图样和技术资料	5	10	15	15	20
		选择和检查工具、设备及必备材料	5	15	10	—	—
		生产工艺的准备与检查	—	—	—	10	—
	一般部件的装配	零件的清理和预处理	40	—	—	—	—
		装配	5	—	—	—	—
	装配调试	组装	—	30	20	—	—
		调试	—	15	30	—	—
	生产指导与工艺改进	生产指导	—	—	—	—	18
		工艺改进	—	—	—	—	15
	装配	试装配	—	—	—	10	—
		批量装配	—	—	—	10	—

续前表

项目			初级（%）	中级（%）	高级（%）	技师（%）	高级技师（%）
	整机调试	首批整机调试	—	—	—	25	—
		成批整机调试	—	—	—	20	—
	推动技术进步	开展技术改造与技术革新	—	—	—	—	13
		参与新产品的设计及工艺验证	—	—	—	—	14
	培训	培训初、中、高级工	—	—	—	10	—
		开展系统培训	—	—	—	—	20
合计			100	100	100	100	100

4.2　技能操作

项目			初级（%）	中级（%）	高级（%）	技师（%）	高级技师（%）
技能要求	装配前的（组织）准备、核查及生产前的组织与检查	学习并理解图样和技术资料	10	10	10	20	20
		选择和检查工具、设备及必备材料	20	10	10	—	—
		生产工艺的准备与核查	—	—	—	10	—
	一般部件的装配	零件的清理及预处理	50	50	—	—	—
		装配	20	30	—	—	—
	装配调试	组装	—	—	40	—	—
		调试	—	—	40	—	—
	生产指导与工艺改进	生产指导	—	—	—	—	18
		工艺改进	—	—	—	—	15
	装配	试装配	—	—	—	10	—
		批量装配	—	—	—	10	—
	整机调试	首批整机调试	—	—	—	25	—
		成批整机调试	—	—	—	15	—
	推动技术进步	开展技术改造与技术革新	—	—	—	—	13
		参与新产品的设计及工艺验证	—	—	—	—	14
	培训	培训初、中、高级工	—	—	—	10	—
		开展系统培训	—	—	—	—	20
合计			100	100	100	100	100

附录 3　理实一体实训报告

<table>
<tr><td>班级</td><td></td><td>姓名</td><td></td><td>工位号</td><td></td></tr>
<tr><td>实训日期</td><td></td><td>实训任务名称</td><td></td><td>实训成绩</td><td></td></tr>
<tr><td colspan="6">实训目的和任务</td></tr>
<tr><td colspan="6"></td></tr>
<tr><td colspan="6">实训原理与技术</td></tr>
<tr><td colspan="6"></td></tr>
<tr><td colspan="6">实训内容及步骤</td></tr>
<tr><td colspan="6"></td></tr>
<tr><td colspan="6">实训收获</td></tr>
<tr><td colspan="6"></td></tr>
<tr><td colspan="6">实训改进意见</td></tr>
<tr><td colspan="6"></td></tr>
<tr><td colspan="4">教师评语：</td><td colspan="2">得分：</td></tr>
</table>

参考文献

［1］陈振源. 电子技术基础. 第2版. 北京：高等教育出版社，2006.

［2］《职业技能鉴定指导》编审委员会. 无线电装接工. 北京：中国劳动出版社，1998.

［3］康华光. 电子技术基础（模拟部分）. 第5版. 北京：高等教育出版社，2006.

［4］闫石. 电子技术基础（数字部分）. 第5版. 北京：高等教育出版社，2006.

图书在版编目（CIP）数据

电子技术基础与技能项目教程/周波，徐文平主编. —北京：中国人民大学出版社，2014.6
中等职业教育电子技术应用专业规划教材
ISBN 978-7-300-19528-5

Ⅰ.①电… Ⅱ.①周…②徐… Ⅲ.①电子技术-中等专业学校-教材 Ⅳ.①TN

中国版本图书馆 CIP 数据核字（2014）第 134911 号

中等职业教育电子技术应用专业规划教材
电子技术基础与技能项目教程
主　编　周　波　徐文平
副主编　何祖权　米运波　万川利

出版发行	中国人民大学出版社		
社　　址	北京中关村大街 31 号	**邮政编码**	100080
电　　话	010－62511242（总编室）		010－62511770（质管部）
	010－82501766（邮购部）		010－62514148（门市部）
	010－62515195（发行公司）		010－62515275（盗版举报）
网　　址	http://www.crup.com.cn		
	http://www.ttrnet.com（人大教研网）		
经　　销	新华书店		
印　　刷	唐山玺诚印务有限公司		
规　　格	185 mm×260 mm　16 开本	**版　　次**	2014 年 7 月第 1 版
印　　张	19	**印　　次**	2021 年10月第 5 次印刷
字　　数	445 000	**定　　价**	39.00 元